陶富源文集 第2卷

实践主导论

SHIJIAN ZHUDAO LUN

陶富源 著

安徽师范大学出版社

·芜湖·

责任编辑:张奇才　吴顺安
谢晓博　陈　艳
装帧设计:丁奕奕
责任印制:桑国磊

图书在版编目(CIP)数据

实践主导论/陶富源著.—芜湖:安徽师范大学出版社,2016.5
(陶富源文集;第2卷)
ISBN 978-7-5676-2279-1

Ⅰ.①实… Ⅱ.①陶… Ⅲ.①马克思主义哲学—实践论—文集 Ⅳ.①B023-53

中国版本图书馆CIP数据核字(2015)第280325号

实践主导论
陶富源　著

出版发行:安徽师范大学出版社
芜湖市九华南路189号安徽师范大学花津校区　邮政编码:241002
网　　址:http://www.ahnupress.com/
发 行 部:0553-3883578　5910327　5910310(传真) E-mail:asdcbsfxb@126.com
印　　刷:浙江新华数码印务有限公司
版　　次:2016年5月第1版
印　　次:2016年5月第1次印刷
规　　格:710×1000　1/16
印　　张:24
字　　数:395千
书　　号:ISBN 978-7-5676-2279-1
定　　价:90.00元

出版说明

本套文集为安徽师范大学政治学院陶富源教授从事马克思主义哲学研究40多年成果的结集，按内容及篇幅共分为十卷，收入该文集的大部分作品为当年公开出版或发表过的。为了保留原作的本来面貌，除对个别文字、标点符号、部分参考文献作必要的技术处理外，对原文不作实质性改动。由于时间仓促，水平所限，在编辑过程中难免有疏漏，敬请读者海涵。

作者简介

陶富源（1944.11.3—　），江苏海安人，1969年7月毕业于北京大学哲学系，安徽师范大学政治学院教授，博士生导师。现任中国历史唯物主义学会常务理事、中国人学学会常务理事。曾任国家社会科学基金学科评审组专家。终身享受国务院特殊津贴。获全国模范教师、省级教学名师、省十大杰出教师等荣誉称号，获省“五一”劳动奖章等10多项荣誉。主持和完成国家社会科学基金项目3项，其最终成果获“良好”等级。独撰和合作出版著作、译作13部，发表论文200多篇，其中在《中国社会科学》《哲学研究》《马克思主义研究》上发表论文16篇。获省部级教学科研成果一等奖、曾宪梓教育基金会高等学校教师奖三等奖等10多项奖项。

总　序

哲学是时代的产物。

中国共产党的十一届三中全会，开启了中华民族走向经济腾飞、文化复兴的伟大时代。这是一个古老民族从挫折中总结，于艰难中奋起，不断走向昌盛的时代，是一个解放思想、继往开来、锐意革新的时代。

沐浴着时代风雨，鼓荡起哲思才情，四十多年，一路走来。作为我的哲学旅程的一些记录和反映，共独撰和合作出版了著作和译作13部，发表学术论文200余篇。在发表的论文中，有近半数的论文被《新华文摘》《光明日报》《中国人民大学报刊复印资料》《全国高等学校文科学术文摘》（现用名）等转载、摘介和被多种著作所引用。

我信奉马克思主义哲学，因为它是指引人类走向彻底解放的真理，是科学的哲学。和一切科学一样，马克思主义哲学会随着时代的变化而发展。它的某些具体结论和具体原理，有的可能有错，而被证伪；有的也会过时，而被取代，但其基本原理具有持久的生命力，是不会从根本上被驳倒，被推翻，因而是必须坚持的。当然，马克思主义哲学的基本原理也要与时俱进，要经过不断改进、补充和丰富，从而能更系统、更全面、更正确地反映不断发展着的时代精神。

我这几十年来，除对自己留意以外，确也时时想到国家，想到社会，想到自己的责任，因而对治学始终持一种认真的态度，并以能为马克思主义哲学的宣传和发展尽自己的一点微力，而感到欣慰。

承蒙学界朋友的鼓励和支持，我对多年来撰写和发表的部分文稿进行了梳理和审定，按相关专题，分成十卷出版。这十卷的书名分别是：《形上智慧论》《实践主导论》《终极关怀论》《哲学与马克思主义哲学》《青年马克思与费尔巴哈》《唯物辩证论与实践智慧》《唯物史观在当代》《政治文明的哲学观照》《精神家园的哲学守望》《学术论文写作通鉴》。

收入该文集的个别文章在发表时因各种原因删节较多，现恢复原稿，这种情况已在文中作了说明。其余文章，除个别文字校正外，未作修改，以保持原貌。有少量文章是与别人合作撰写的，对此在书中也有标明。

本文集的出版，得到了安徽师范大学领导、政治学院领导的大力支持，得到了我的学生兼好友王平、陶庭马、方芳、金承志、马和平、杨晶、张涛、黄友生、毛加兴等的帮助，得到了我的家人的关怀，也得到了安徽师范大学出版社的鼎力相助。对各方的支持，谨此致以衷心的谢意。

作　者

2015年10月20日

2016年版序言

“实践主导论”这一概念中的“实践”，是指实践观点。因此，实践主导论，也就是实践观点主导论。在哲学史上，许多哲学家和哲学派别都有自己的实践观点，但把实践理解为人的能动的、对象性的、感性物质活动，理解为人的存在和发展的方式，并把作这种理解的实践观点视为自己哲学主导观点的，惟有马克思主义哲学一家。因此，在这个意义上可以说，马克思主义哲学是以科学的实践观点为主导的哲学。那么，相对实践这一主导观点，在马克思主义哲学体系中，什么是其基础观点呢？其基础观点就是辩证唯物观点。在马克思主义哲学体系中，作为基础观点的辩证唯物观点和作为主导观点的实践观点是不可分割的。如果离开了作为基础观点的辩证唯物观点，那么实践观点也就成了无根附会之说、架空蹈虚之论。也就是说，对实践概念的理解就会陷入唯心论的泥潭。反之，如果离开了作为主导观点的实践观点，那么也就没有作为世界观的辩证唯物观点的创立，即不可能实现从自然唯物主义到辩证唯物主义世界观的提升。

《实践主导论》的写作，是鉴于以往哲学教科书对马克思主义哲学本质精神理解的偏颇，和对这种偏颇作过度反拨的“实践本体论”的反思，以马克思《关于费尔巴哈的提纲》为理论源头，通过自己的探索所实现的一种理论推进，即对马克思主义哲学以实践观点为主导的辩证唯物主义所作的一种回溯性的理论概括和体系展开。

一

唯物论是马克思主义哲学的第一原理。但马克思主义哲学不仅是唯物主义，而且是克服了旧唯物主义形而上学机械论和直观论的辩证唯物主义。

以往哲学教科书，包括苏版教科书，和艾思奇本以及以此为基础修订、改编的多种中版教科书，都坚持了对马克思主义哲学本质精神的辩证唯物主义理解，这是正确的。但它偏重从客体维度，即自然客体和社会客体，及其运动、变化和发展的维度，而多少忽视从主体实践的维度，即人对自然和社会改造的维度，去理解和说明辩证唯物主义。在这种说明中，人的主体能动性淡化了，人通过实践对客观世界辩证运动的推进和展示隐退了；以实践为主导环节向人能动呈现和展示的，或向人生成的自然界的辩证运动被归结为单纯自在的辩证运动；原本作为人的活动的社会历史也被说成了社会基本矛盾自行运动的过程。于是在那里，实践仅仅作为一个与认识论相关的概念而被限定在非常有限的范围内和层次上。这是以往哲学教科书在关于马克思主义哲学辩证唯物主义理解和说明上的一个严重缺陷。实践主导论的提出，就是为克服以往哲学教科书的这一缺陷，而主张把马克思主义哲学的本质精神概括表述为实践主导的辩证唯物主义。当然，这样做，也是为了与“实践本体论”划清界限。

二

“实践本体论”，是在20世纪80年代中期开始并延续多年的，关于实践唯物主义与辩证唯物主义关系的讨论中，一些论者所提出的一个理论观点。该观点否认自在自然及其辩证运动对人、人的实践，以及人通过实践所创造的感性世界的意义，认为实践是人及其感性世界的惟一基础，即所谓的“本体”。因而认为，实践观点是马克思主义哲学的首要的基本的观点，即所谓的“实践首要论”。该观点认为，在马克思主义哲学逻辑体系中，实践观点是涵盖和展示其他观点的逻辑起点，即所谓的“实践核心论”。

对实践本体论及其别样称谓的“实践首要论”和“实践核心论”，我是不表赞同的。

如前所说，以往哲学教科书对作为马克思主义哲学本质精神的辩证唯物主义的理解和说明有缺陷，即它遮蔽了马克思辩证唯物主义的实践本质精神，指明这一点，是完全正确的。但也不能因此而走向另一极端，即脱离辩证唯物主义这一理论基础，去孤立强调实践的重要地位和作用，以至把实践抽象化、绝对化、本体化。这样一来，实践也就成了神化了的绝对。于是，“实践本体论”，也就成了抽象能动的唯心主义的一种形态表现。

作为人类实践最基本形式的生产实践是以自然界的存在为前提，以其运动变化的规律为依据的。因而马克思主义哲学坚持“自然界优先论”，并且是在这一前提下，去肯定实践的重要地位和作用的。可见，所谓“实践首要论”，在马克思主义哲学那里是不存在的，它是与“自然界优先论”相对立的。

由是，在马克思主义哲学体系中，辩证客观实在概念即科学的物质概念，才是涵盖其他概念包括实践概念的逻辑起点和展开的逻辑根据。其他概念包括实践概念，都是物质概念的逻辑引申，同时也是对它的表现和能动的展示。物质概念与实践概念在逻辑上的这样一种根据与引申的关系不能颠倒过来。那种不以物质概点为逻辑根据的实践概念，绝不是唯物主义，而只能是唯心主义的实践概念。因此，在马克思主义哲学体系中，根本不存在那种充当马克思主义哲学逻辑起点的实践概念。由此可见，那种把实践概念说成是马克思主义哲学逻辑起点的“实践核心论”，也是不能成立的，是虚妄的。

正是鉴于在马克思主义哲学实践本质精神理解上存在的“实践本体论”“实践首要论”，以及“实践核心论”等的理论乱象，为了拨乱反正，正本清源，笔者提出了实践主导论的理论观点。这“源”，就是马克思的《关于费尔巴哈的提纲》。

三

也就是说，实践主导论的提出，既不是源于头脑的单纯主观想象，也不是在理论争论中为击败对手而萌生的纯然主观需要，而是以马克思《关于费尔巴哈的提纲》（以下简称《提纲》）为理论源头的一种理论上的推进和展开。

《提纲》是青年马克思从黑格尔唯心主义走向费尔巴哈唯物主义，又从费尔巴哈唯物主义走向自己的现代唯物主义，或曰实践活动的唯物主义的关节点。它是马克思于1845年春写下的，被恩格斯称之为

“非常宝贵的”、“包含着新世界观天才萌芽”[1]和作为“历史唯物主义的起源”[2]的“第一个文件”。

《提纲》作为新世界观的天才萌芽，对一切旧哲学，包括唯心主义、旧唯物主义，特别是费尔巴哈唯物主义，从世界观角度进行了总清算。即以自己哲学的实践主导原则取代了旧唯物主义的直观受动原则和唯心主义的抽象能动原则，从而实现了哲学史上一场真正的哲学革命，即实现了唯物主义与辩证法以实践为主导环节的有机统一。

包括费尔巴哈在内的旧唯物主义局限于直观受动原则，而不懂得实践对展示和呈现，以及理解和说明世界的物质性和辩证性，以及人和人类社会的生成，所具有的重大意义，因而导致了其唯物主义的形而上学性即直观性，以及历史观和人观上的唯心主义。正如马克思所指出的：“从前的一切唯物主义——包括费尔巴哈的唯物主义——的主要的缺点是：对对象、现实、感性，只是从客体的或者直观的形式去理解，而不是把它当作人的感性活动，当作实践去理解。”[3]

以柏拉图为开山祖，中经莱布尼茨、康德，到黑格尔集大成的唯心辩证论，是以抽象能动为主导原则，形成了各自的哲学理论。在唯心主义发展史上，柏拉图最早以理念的形式肯定了思维派生存在的抽象能动观点。莱布尼茨赋予作为世界本原的精神性“单子”以绝对的能动性，从而为上述“派生”提供了所谓的内在根据。不过康德对此则不以为然，他把人视为认识论意义上的世界中心，认为作为人的标示的先天理性才具有综合和统摄感性的能动性。康德的这种先天理性能动性思想，在黑格尔那里突破了认识论范围的限制，而上升和泛化为一种派生及统摄世界的绝对理念。作为其绝对理念自我运动的一个环节表现的实践能动性，在黑格尔哲学中得到了充分肯定。他把实践视为人对自然的改造，同时也是人在实践中的自我生成。然而他所理解的实践是想象主体改造想象客体的想象活动，即抽象精神的活动。这样一来，也就导致了包括黑格尔辩证论在内的一切唯心辩证论的抽象性和神秘性。正如马克思所指出的，唯心主义是抽象地发展了能动

① 《马克思恩格斯选集》第4卷，213页，北京：人民出版社，1995年。
② 《马克思恩格斯全集》第39卷，24、25页，北京：人民出版社，1972年。
③ 《马克思恩格斯选集》第1卷，58页，北京：人民出版社，1995年。

的方面，因为它“当然是不知道现实的、感性的活动本身的”[①]。

鉴于旧唯物主义的直观受动原则和唯心主义抽象能动原则的片面和错误，马克思提出了关于自己哲学的实践主导原则的思想。在《提纲》中，马克思虽然没有用“实践主导”这一概念来表述，但实践主导的思想跃然于字里行间，是贯穿通篇的主线和灵魂。这表现在：

第一，《提纲》第1条，在坚持客体原则的前提下，更加强调主体实践原则，从而与旧唯物主义及唯心主义从根本上划清了界限。

第二，《提纲》第2条，指出实践是认识的根本基础和检验认识真理性的标准。

第三，《提纲》第3条，说明实践是环境与人及实践活动三者改变的共同基础。

第四，《提纲》第4条，说明通过实践改变世俗基础是宗教消亡的途径。

第五，《提纲》第5、6、7条，说明人的本质是人在实践活动中所结成的一切社会关系的总和。

第六，《提纲》第8、9、10条，说明全部社会生活在本质上是实践的；新唯物主义的出发点是现实的人，即“社会化的人类”；新唯物主义是“实践活动的唯物主义”，从而第一次把实践作为马克思唯物主义的根本特征加以肯定和明确指认。

第七，《提纲》第11条，是对整个《提纲》内容的总结，说明了马克思主义哲学所实现的哲学变革的实质在于：给哲学提出了一个崭新的任务，即不仅要面向过去，认识世界，以及研究如何认识世界，更重要的是要面向未来，改变世界，以及研究如何改变世界。

总之，《提纲》以实践主导原则为核心，从而标志着青年马克思与旧哲学的彻底决裂和马克思主义新哲学的由此诞生。

《实践主导论》的写作，说到底，是在当代视域中重新发现和回归《提纲》这个马克思主义哲学的起始点，在总结当代人，特别是当代中国人的实践经验和理论成果的基础上，用当代中国人的语言来阐述马克思主义哲学的本质精神，即实践主导的辩证唯物主义。

① 《马克思恩格斯选集》第1卷，58页，北京：人民出版社，1995年。

四

实践主导的辩证唯物主义，不仅是要强调辩证唯物主义的实践功能。毋庸置疑，辩证唯物主义有其强大的实践功能，即它是无产阶级和广大人民群众通过斗争，争取彻底解放的理论武器。实践主导的辩证唯物主义，也不仅是要求其信奉者必须具有把辩证唯物主义理论付诸行动的哲学态度或哲学取向。即不仅要做一个理论的马克思主义者，而且要做一个行动的或实践的马克思主义者。毫无疑问，这样的要求是合理的，也是符合马克思主义哲学的本质精神的。实践主导的辩证唯物主义，从根本上说，是指其内在的建构要以实践为主导原则。也就是说，离开了实践观点的主要支撑作用，就不可能有辩证唯物主义哲学大厦的建立。

辩证唯物主义哲学的顶层是世界观，其子层包括自然观、历史观、人观、认识观（论）、价值观、方法观（论）等。这些观点的相互交结，并为之旋转的枢纽是科学的实践观。笔者把实践观点所发挥的这种枢纽作用，用“实践主导论”来概括和指谓。

就辩证唯物主义的世界观来说，唯物论、辩证论及其统一是其顶层结构。在哲学史上，旧唯物论从来都局限于自然观的领域，而没有真正获得世界观的意义，也没有能跳出机械论、直观论的窠臼。其根本原因就在于它没有形成科学的实践观，没有借助实践观点这个中介，从自然唯物主义跃升到历史唯物主义，从而也没有能通过实践，形成关于自在态物质、自为态物质（从事实践活动的人）、人工态物质等三种具体物质形态的概念及其在辩证的运动中、在人的能动的活动中所实现的关于世界统一于物质，即统一于客观实在的辩证唯物主义的世界观。

也就是说，离开实践观点的主要支撑作用，唯物论不仅是残缺不全的，而且是机械的、直观的，即形而上学的；在历史观上必然陷于唯心主义；在人观上必然陷于抽象的先天人性论；在认识观上必然是直观的反映论，而不是在实践基础上能动的反映与设计的统一论，即人在实践中通过“反映”认识世界，又通过“设计”改造世界的科学的能动的认识论；在价值论上必然是消极被动的唯客体价值论。

总之，实践主导的辩证唯物主义以其内含的实践主导原则，不仅与局限于自然领域的、单纯直观的旧唯物主义划清了界限，而且与抽象能动的唯心主义划清了界限，从而成为在实践基础上不断获得确证和丰富的、真正科学的世界观理论。

五

《实践主导论》的写作，在思想内容上不是简单地回归马克思主义哲学的本质精神，而是以其本质精神为指导，即坚持和弘扬实践主导的辩证唯物主义所要求的面向时代、面向实践的精神，立足于当代，对马克思主义原著进一步进行深入解读，对中外传统哲学和当代其他哲学的优秀成果加以充分吸取。不仅如此，更为重要的是要运用马克思主义哲学的立场、观点和方法，对当代人类实践，特别是13亿中国人所进行的改革开放和现代化建设实践，以及现代科技发展所铸造的时代精神加以概括、凝炼，并在此基础上进行综合创新。本书的写作力求体现当今的时代精神，不仅用“实践主导的辩证唯物主义”这一新的概念来概括和标示马克思主义哲学的本质精神，而且在逻辑展开过程中，在具体论述中，提出了一系列新的观点和见解。当然，对马克思主义哲学的创新，只有进行时，没有完成时。我愿在有生之年，继续努力，为马克思主义哲学的创新尽一点力量。

作　者

2015年10月20日

2000年版序言

20多年前，华夏大地上兴起的“实践标准”问题的大讨论，从思想上解放了全国人民，也解放了哲学。中国社会主义事业的发展，由此迈开了震惊中外的历史性步伐；中国马克思主义哲学的发展也从此进入了一个生气勃勃的崭新阶段。

伴随着邓小平理论和“中国特色社会主义道路”的形成，伴随着经济全球化和新科技革命浪潮的激荡，马克思主义哲学在中国的发展正经历着一场深刻的变革，其标志是：它已基本突破了以往哲学教科书的体系模式，一个具有当代视角和中国特色的马克思主义哲学新形态已在酝酿和形成之中。这一变革，是当代中国实践发展的哲学表现，也是当今时代进步的哲学呼声。

源自苏联20世纪30年代形成的以往哲学教科书体系，是当时苏联的马克思主义哲学家根据当时实际斗争的需要和理论发展状况，以马克思恩格斯和列宁的部分原著为蓝本，在系统化、通俗化、原理化的原则下建构起来的。它对马克思主义哲学的宣传和普及也曾发挥过重要作用。但是，这一体系模式除了难免的历史局限性以外，在精神实质、逻辑结构、思维方式等方面都存在着不少缺陷。

以往哲学教科书体系比较强调马克思主义哲学对唯物主义的坚持，而多少忽视了它对以往唯物主义的超越；忽视了马克思主义哲学是以实践为主导原则的唯物主义，是通过物质实践使自然不断向人生成、不断获得历史展开，不断创造人本身以及人的世界的唯物主义。由于旧体系不能在实践基础上对自然和社会加以辩证统一的理解，因而在逻辑结构上也就表现为，使主要关于自然的观点和方法的辩证唯物主义和关于社会历史学说的唯物史观被分割为两个并列的部分。在思维方式上，由于不能立足于实践来理解和表述马克思主义哲学的基本观点和特征，因而马克思主义哲学作为世界观，只是被看作关于万事万物的共同本质和普遍规律的一种科学知识，一种对普遍真理的获取，而不是理解为对宇宙人生关系的总体性把握，不是对真善美统一的追求。

在新中国成立以后，中国的哲学工作者汲取中国传统哲学的智慧，特别是毛泽东哲学的丰富思想极大地补充和扩展了苏联哲学教科书体系的内容，形成了它的中国版本。但是就总体框架而言，并没有能实现根本性的突破。加之，在一个时期中，由于“左”的指导思想的严重影响，这个被视为“正宗”的体系模式，似乎也只能对它加以局部的修改、解释，而不能加以彻底的反思和重建，因而不仅使它原有的根本缺陷未能得到克服，而且随着时间推移，它的历史局限性也愈加突出。

当今中国发生的这一场哲学变革，就是要克服以往哲学教科书体系的上述缺陷，恢复马克思主义哲学的精神实质，探索和形成中国马克思主义哲学的新形态，使马克思主义哲学更加贴近实践，贴近生活，从而产生使人激动不已的力量，真正成为像马克思所说的“浸进同时代人的灵魂，也就是浸进使他们激动的爱与恨的感情里”[①]的哲学。

使哲学更加贴近实践，就当前的中国来说，最根本、最重要、最切近的实践就是12亿中国人民正在进行的建设中国特色社会主义的伟大实践，改革开放和现代化建设的伟大实践，探索社会主义市场经济体制的伟大实践，中华民族走向经济腾飞、文化复兴的伟大实践。当代中国的马克思主义哲学理所当然地应当首先面向中华民族的这一伟大实践，同时面向世界，面向未来，为指导中国特色社会主义现代化建设事业奠定深层的哲学基础，为促使中华民族的全面复兴增添哲学智慧的翅膀。

为了实现这一宏伟目标，必须有这样一批人，志趣高远，不计个人得失；眼界广阔，视及千载万家，为马克思主义哲学的建设，进行自觉的有成效的探索，进行矢志不渝的努力。这里不仅包括要立足时代的高度，对马克思主义哲学原著进行重新解读，对传统哲学和当代其他哲学的优秀成果加以充分汲取，而且特别重要的是，要运用马克

① 《马克思恩格斯全集》第1卷，121页，北京：人民出版社，1956年。

思主义哲学的基本原理和方法，对当今人类实践和科学技术发展所铸造的时代精神进行提炼和升华，并在此基础上进行综合创新。

所幸的是，当代中国共产党人和广大哲学工作者已经开始了这种自觉有效的探索和开拓。可以说，这20多年在新中国历史上是哲学界最活跃、最繁荣，涌现的人才和成果最多的时期，在研究的广度和深度上是以往任何时期都不可比拟的。

放在我面前的《实践主导论》这本著作，就是一本洋溢着时代气息、内容新颖、学术含量厚重的力作。

该书的作者陶富源教授，是毕业于北大的20世纪60年代的哲学系的学生。在校期间他为人诚恳朴实，为学勤奋刻苦，给我留下了深刻印象。大学毕业后，他被分配到安徽芜湖，以后不久，我也从北大调到南大。由于相距较近，他经常来宁看我，切磋学术。

30多年来，富源同志一直从事马克思主义哲学的教学和研究，发表了不少科研成果。《实践主导论》（以下简称《主导论》）是他的一本新作。此书写好后，他要我为之写序。我当即表示，这是一件好事，我愿先睹为快。

通览全书，我觉得这本书大致有以下几个特点。

第一，开拓性。对以往哲学教科书体系的根本缺陷进行批评，这在哲学界算不得是什么新鲜事，不少人早已这样做了。在批评之后，如何进行建设，可不是一件轻松的事情。尽管如此，也有人开始在做，但是大量的还是以单篇论文形式表述的研究成果。著作也出了几部，其中也以专题研究的文集居多。相对而言，本书的一个突出特点，是抓住马克思主义哲学的根本精神，从加强马克思主义哲学原理的学科体系建设的高度，就若干重大理论问题展开论述，既从整体去统摄、把握局部；又把局部作为生长点，作为与社会生活联系，吸收新鲜血液的管道，去丰富、深化和活化整体。全书30多万字，共分11章。各章相对独立，但又浑然一体。在对马克思主义哲学原理的研究和表述方面，采用这种整体与局部相统一的方法，不失为一个大胆的、开拓性的尝试。

第二，创新性。作为尝试，可能成功，也可能失败。我认为《主导论》一书的尝试是成功的，是包含了不少新鲜内容的尝试。这表现在以下三个方面。一是对学术界的既有成果进行了新的概括和论证。

比如书中指出："哲学变革的实质，从根本方面来说，是指符合时代进步要求的哲学主导原则的转换。""马克思主义哲学所实现的变革，就根本点来说，也就是以贯穿自己哲学的实践主导原则去取代了旧唯物主义的直观受动原则和唯心主义的抽象能动原则。"这种对马克思主义哲学变革实质的概括，言简意赅，一目了然。二是对既有的马克思主义哲学原理进行了创造性的理解和说明。比如，书中指出："辩证法和形而上学的斗争，从有哲学以来就一直存在着。这个斗争是从两个维度展开的。""一是从过程观的维度"，"二是从系统观的维度展开的"。这种关于辩证法与形而上学斗争的理解和说明，就很有新意。三是从现实生活和现代科学发展中提炼出了一些新概念、新观点，加深和丰富了对马克思主义哲学的理解。比如，关于物质的自在态、自为态、人工态统一的观点，人类认识的感性、理性、统性三阶段统一的观点，"设计"是由认识到实践的中介的观点，等等，都是作者通过多年研究提出来的新鲜见解。书中这一类给人耳目一新的见解和论述还有不少。

第三，逻辑性。这是《主导论》的又一特点。整部著作在逻辑联系中，在范畴和原理的顺序推演中，从抽象到具体，从简约到丰富，层层深入地展开论述。比如，书中在说明物质生产基础上的社会有机系统这一问题时，从物质生产的发展引出社会分工，进而引出社会交往，又从社会交往引出社会交往关系，即社会关系，引出社会关系结构，并进而引出社会系统结构。这样环环相扣，前后照应，从而显示了强大的逻辑力量和理论自身的辩证本性。当然，作为一种探索，某些概念的概括不一定十分准确，某些范畴的逻辑定位不那么十分恰当，这也是难免的。

我个人认为，富源同志的这部著作，反映了他坚实的学术功底和勇于探索的精神，不仅具有较高的学术价值，而且对我们提高对马克思主义哲学精神实质的认识，加强马克思主义哲学理论的建设，促进社会主义精神文明的发展，也是很有现实意义的。因此，我乐于向广大读者，特别是广大青年推荐这部著作。

孙伯鍨

2000年9月于南京大学

目　录

第一章　伟大变革的实质分析

一部哲学史，不是各种哲学体系简单更替的历史，而是包括转折和变革的历史。

哲学的变革从根本方面来说，是指符合时代进步要求的哲学主导原则的转换。这种转换在马克思主义哲学产生以前已经进行过多次。和这些以往的变革相比，马克思主义哲学的创立是人类思想史上的壮丽日出，它所实现的是哲学史上最伟大的变革。

马克思主义哲学的产生是社会历史发展到19世纪中叶的必然结果。

从18世纪英国工业革命起，到1789年法国政治大革命以后，资产阶级在取得巨大胜利的同时，也给自己带来了巨大的社会问题，即生产的社会化、国际化和生产资料资本主义私有制的矛盾。在探索和解决这个时代的内在矛盾的过程中，马克思恩格斯认识到无产阶级的历史使命和无产阶级实践的巨大意义。作为这一认识成果的哲学升华，马克思恩格斯在总结和继承了人类当时最优秀的思想成果的基础上，创立了以科学实践观为核心的无产阶级世界观的理论体系。

如何看待马克思主义哲学所实现的这一伟大变革？是某些论者所认为的，是对唯物主义和唯心主义对立的超越；或是某些论者所认为的，是实现了从“物质”基点到“实践”基点的转移；还是对唯物主义基本原则的彻底坚持，是以这个原则为前提的对人与世界总体关系在实践基础上的能动把握。只有从理论上澄清这些问题，才能对马克思主义哲学所实现的伟大变革的实质获得科学的说明。

一、唯物主义的坚持与创新

马克思主义哲学的创立，所实现的哲学变革的实质是什么？有的论者认为：马克思主义哲学超越了唯物论和唯心论的对立，这正是马克思主义哲学诞生的秘密，引起哲学发生革命变革的实质。既然是超越，有的论者也就据此认为，不能把马克思主义哲学归结为唯物主义的一种形态。

说马克思主义哲学所实现的变革超越了唯心主义，当然毫无疑义；说马克思主义哲学超越了唯物主义，因而不是唯物主义哲学，这就令人费解了。这一见解虽然大胆，但缺乏可靠的根据，是不能成立的。这里所说的不能成立，是指这一见解不符合马克思恩格斯从唯心主义走向唯物主义，并进而创立新唯物主义的实际历程。下面就此作一些具体说明。

（一）转向费尔巴哈是转向唯物主义

1. 马克思通过费尔巴哈转向唯物主义

马克思主义哲学是由马克思恩格斯创立的。马克思恩格斯青年时代受到黑格尔哲学的熏陶。19世纪40年代，德国资产阶级革命形势日益成熟，在哲学上，表现为德国古典唯心主义的终结和唯物主义的兴起。费尔巴哈作为激进的资产阶级民主派的代表，打破了黑格尔的唯心主义体系，恢复了唯物主义的权威，在当时的思想界发挥了巨大的解放作用。马克思恩格斯接受了这个洗礼。在世界观的转变过程中，青年马克思于1843年通过写作《黑格尔法哲学批判》超越了黑格尔唯心主义，而转到了费尔巴哈人本学唯物主义的立场。

费尔巴哈之所以能对黑格尔哲学进行具有重大历史意义的批判，是由于他抓住了黑格尔哲学的唯心主义本质，在哲学基本问题上，创造性地运用了对唯心主义实行“颠倒”的唯物主义原则和方法。费尔巴哈指出，黑格尔“把第二性的东西当作第一性的东西，而对真正第一性的东西或者不予理会，或者当作从属的东西抛在一边”①。费尔巴哈又说：“我们只要经常将宾词当作主词，将主体当作客体和原则，就是说，只要将思辨哲学颠倒过来，就能得到毫无掩饰的、纯粹的、显明的真理。”②由上可见，费尔巴哈所创立的唯物主义颠倒方法具有普遍的基本的意义，因而它对黑格尔唯心主义和一切唯心主义都有着摧毁性的威力。

---

① 《费尔巴哈哲学著作选集》上卷，77页，北京：商务印书馆，1984年。

② 《费尔巴哈哲学著作选集》上卷，102页，北京：商务印书馆，1984年。

马克思当时受费尔巴哈影响，转到唯物主义立场，主要表现在以下三个方面：

（1）运用颠倒方法批判黑格尔唯心主义。马克思肯定地说："费尔巴哈完成了对宗教的批判，因为他同时也为批判黑格尔的思辨以及全部形而上学拟定了博大恢宏、堪称典范的纲要。"①他批评"思辨的思维却把这一切头足倒置"②，"把主体变成谓语，谓语变成主体"。马克思还讽刺思辨唯心主义是"儿子生出母亲，精神产生自然界"③的哲学。

（2）从物质出发去说明观念。马克思说："决不可以把思维同那思维着的物质分开。物质是一切变化的主体。"④在谈到精神批判与物质批判的关系时，他指出："批判的武器当然不能代替武器的批判，物质力量只能用物质力量来摧毁。"⑤在论及神学问题与世俗问题的关系时，他又说："我们不把世俗问题化为神学问题。我们要把神学问题化为世俗问题。""我们用自由公民的世俗桎梏来说明他们的宗教桎梏。"⑥

（3）形成了历史唯物主义思想萌芽。马克思在《黑格尔法哲学批判》中批判了黑格尔关于国家决定市民社会的观点。他说，黑格尔把国家这一现实理念"变成了独立的主体，而家庭和市民社会对国家的现实关系变成了理念所具有的想象的内部活动"；并指出，"实际上，家庭和市民社会是国家的前提，它们才是真正的活动者；而思辨的思维却把这一切头足倒置"。马克思认为应该把这个被颠倒的关系重新颠倒过来。他明确认为："政治国家没有家庭的天然基础和市民社会的人为基础就不可能存在。"⑦青年马克思用市民社会来说明国家、法律，从而表明这时他已经开始具有了历史唯物主义的思想因素。正如普列汉诺夫所指出的："马克思阐明他的唯物主义历史观是从批评黑格尔的法权哲学开始的。"⑧

---

① 《马克思恩格斯文集》第1卷，342页，北京：人民出版社，2009年。

② 《马克思恩格斯全集》第1卷，251页，北京：人民出版社，1956年。

③ 《马克思恩格斯全集》第2卷，214页，北京：人民出版社，1957年。

④ 《马克思恩格斯全集》第2卷，164页，北京：人民出版社，1957年。

⑤ 《马克思恩格斯选集》第1卷，9页，北京：人民出版社，1995年。

⑥ 《马克思恩格斯全集》第1卷，425页，北京：人民出版社，1956年。

⑦ 《马克思恩格斯全集》第1卷，250、250—251、252页，北京：人民出版社，1956年。

⑧ ［俄］普列汉诺夫：《马克思主义基本问题》，张仲实译，10页，北京：生活·读书·新知三联书店，1961年。

2. 马克思没有超越唯物主义

由上可见，马克思以费尔巴哈为中介，超越了唯心主义而进至唯物主义，并不存在某些论者所认为的是对唯物主义的超越。

那么，如何看待青年马克思如下的一些论述呢？这也是一些论者抓住不放，所一再援引作为其“超越”论的所谓论据之所在。

这些论述是，马克思在《1844年经济学哲学手稿》中说：“我们在这里看到，彻底的自然主义或人道主义，既不同于唯心主义，也不同于唯物主义，同时又是把它们二者统一起来的真理。我们同时也看到，只有自然主义能够理解世界历史的行动。”①在《神圣家族》中，马克思又说：“唯灵论（即唯心主义）和唯物主义过去在各方面的对立已经在斗争中消除，并为费尔巴哈永远克服。”②

马克思的这些论述能作为“超越论”的所谓论据吗？从字面上看似乎能够成立。但是如果联系马克思世界观转变过程的具体历史情境作深入的分析，那么就不难获得否定性的结论。

如上所述，马克思在世界观的形成过程中，曾经受到费尔巴哈人本学唯物主义的重大影响。然而，同样作为一个客观事实存在的是，费尔巴哈从来也没有承认自己是一个唯物主义者，并且在批判黑格尔唯心主义的同时，他还一再声称要与唯物主义划清界限。在他看来，“唯物主义、唯心主义……都不是真理；只有人本学是真理”③。那么能否凭费尔巴哈的自我声明，从上述论述的字面意义上去断定费尔巴哈也主张“超越”唯物唯心的对立呢？不能。

在这一方面，恩格斯对费尔巴哈的研究给我们树立了榜样。在《路德维希·费尔巴哈和德国古典哲学的终结》中，恩格斯并没有因费尔巴哈不承认自己是唯物主义者而妨碍他去肯定费尔巴哈恢复唯物主义王座的巨大功绩，也没有停留在费尔巴哈要与唯物主义划清界限的有关声明的字面意义上，而是如实地分析这一声明所包含的真实内容，从而科学地说明了费尔巴哈哲学在唯物主义发展史上的地位及其局限。

恩格斯指出：18世纪的唯物主义是机械唯物主义，它甚至把人也

---

① ［德］马克思：《1844年经济学哲学手稿》，中央编译局译，105页，北京：人民出版社，2000年。
② 《马克思恩格斯全集》第2卷，120页，北京：人民出版社，1957年。
③ 《费尔巴哈哲学著作选集》上卷，205页，北京：商务印书馆，1984年。

说成是一架机器。当历史进入19世纪上半期，自然科学已经有了长足发展的情况下，德国的庸俗唯物主义的小贩们，仍然停留在18世纪机械唯物主义的水平上，甚至把思想也说成是物质。费尔巴哈对这种忽视人、贬低人的“冷酷的唯物主义”深为不满。恩格斯认为，“费尔巴哈拒绝为这种唯物主义负责是完全对的”①。换句话说，就其思想实质而言，费尔巴哈所反对的只是机械的庸俗的唯物主义，而非反对一般的唯物主义。然而正如恩格斯所指出的，由于费尔巴哈“把这些巡回传教士的学说同一般唯物主义混淆起来”②，因而他又犯了用个别代替一般的方法论错误。

恩格斯对费尔巴哈哲学的上述分析，对当时处于费尔巴哈巨大影响下的青年马克思也是适用的。马克思在写作《1844年经济学哲学手稿》（以下简称《手稿》）和其后写作《神圣家族》时，还处于费尔巴哈人本主义的思维框架之中。《手稿》对费尔巴哈表示了高度的赞扬，甚至达到了某种迷信的程度。马克思在《手稿》中指出：“只是从费尔巴哈才开始了实证的人道主义和自然主义的批判。”③不仅如此，马克思在《手稿》中还沿用费尔巴哈的术语，把自己当时的哲学见解，也称之为“彻底的自然主义或人道主义”。所不同的是，马克思在《手稿》中并没有像费尔巴哈那样回避唯物主义这个术语，而是对“自然主义”或“人道主义”作了唯物主义的理解。用马克思的话说，费尔巴哈哲学是体现了“和人道主义相吻合的唯物主义”④；他在《手稿》中甚至还认为：“费尔巴哈的伟大功绩在于……创立了真正的唯物主义和实在的科学。”⑤

马克思在《手稿》和《神圣家族》中如此肯定费尔巴哈的唯物主义，那么又如何说明“超越论”所援引的马克思的上述论述呢？在我看来，这里只是用语上的不确切和混乱。如前所说，这种情况在费尔巴哈那里早已存在，青年马克思当时还处于费尔巴哈哲学思想的巨大影响下，以至这种表述的不确切和混乱也被《手稿》和《神圣家族》延续下来。另外，《手稿》和《神圣家族》本身是马克思主义理论成熟

① 《马克思恩格斯选集》第4卷，229页，北京：人民出版社，1995年。
② 《马克思恩格斯选集》第4卷，229—230页，北京：人民出版社，1995年。
③ 《马克思恩格斯全集》第42卷，46页，北京：人民出版社，1979年。
④ 《马克思恩格斯文集》第1卷，327页，北京：人民出版社，2009年。
⑤ 《马克思恩格斯文集》第1卷，200页，北京：人民出版社，2009年。

之前的著作。这些著作往往带有过渡性和两重性的特点，包含某些旧的哲学的因素和痕迹。因此，出现用语上的不确切和表述上的前后不一等情况，也是不难理解的。当然，这会给不加深察的研究者理解马克思当时的真实思想带来一些困难。但只要联系上述有关论述的上下文，把握好马克思对费尔巴哈的批判继承关系，而不是把它孤立起来作断章取义的理解，还是不难窥其精神实质的。

马克思上述论述的精神实质有二：一是表明《手稿》和《神圣家族》对费尔巴哈人本学唯物主义的继承，也就是说，肯定了费尔巴哈人本主义对先前唯物主义机械性的一定程度的超越。关于这一层含义，前文已经有所说明，这里不再重复。二是这些论述也在一定程度上表明《手稿》对费尔巴哈唯物主义直观性的超越。尽管马克思当时还没有意识到或没有完全意识到这一点，但《手稿》中确实已经开始了这种超越。具体说来就是，费尔巴哈的“自然主义”（自然主义是就自然与人的关系而言的，是一种主张从自然出发，以自然为人的基础，并按照其自然本性加以对待的唯物主义）或“人道主义”（人道主义是就人与人的关系而言的，是主张在人与人的关系处理上，按照人的自然本性加以对待的唯物主义），与马克思在《手稿》中所说的“自然主义”或“人道主义”就其共同点来说，都是以人为中心的，都是对先前敌视人的机械唯物主义的超越。但费尔巴哈所理解的人，是作为感性存在的自然物，用费尔巴哈的话说，他的哲学的出发点就是“我是一个实在的感觉的本质，肉体总体就是我的‘自我’，我的实体本身”[①]。而《手稿》时期的马克思所指谓的人，则是作为感性活动的自然物。《手稿》指出，“人直接地是自然存在物。人作为自然存在物……是能动的自然存在物”[②]，即“正是在改造对象世界的过程中，人才真正地证明自己是类存在物”[③]，亦即社会的存在物。这样，马克思沿着从人的活动的能动性到人的活动的社会性的思路，进一步揭示出人类社会的历史归根到底是劳动的发展史。[④]因此可以说，在《手稿》中，马克思虽然还没有提出“实践唯物主义”这一概念，但已经包含

① 《费尔巴哈哲学著作选集》上卷，169页，北京：商务印书馆，1984年。

② 《马克思恩格斯文集》第1卷，209页，北京：人民出版社，2009年。

③ 《马克思恩格斯文集》第1卷，163页，北京：人民出版社，2009年。

④ 参见《马克思恩格斯文集》第1卷，196页，北京：人民出版社，2009年。

了实践唯物主义的思想因素。比如《手稿》中说“只有自然主义能够理解社会历史的行动”[①]，换句话说，马克思要创立一种能够理解社会历史行动的唯物主义。可见《手稿》中关于“彻底的自然主义或人道主义……不同于唯物主义”一语，表现了一种不同于旧唯物主义而创立实践的唯物主义和在社会历史中贯彻唯物主义的追求和努力，而并非像“超越论”者所理解的，是所谓超越一般的唯物主义。

（二）超越费尔巴哈创立新唯物主义

自然主义或人道主义作为对唯物主义的不确切的、肤浅的表述，只是马克思主义哲学形成过程中表现出来的一种理论现象，随着马克思主义哲学的接近形成和最终确立，马克思自己也不再使用“自然主义”和“人道主义”这类术语来称谓自己的哲学了。

1845年春，马克思写作的《关于费尔巴哈的提纲》（以下简称《提纲》）作为“新世界观的天才萌芽的第一个文件”[②]，鲜明地批判了“从前的一切唯物主义——包括费尔巴哈的唯物主义”的直观性和不彻底性，而把自己的哲学称之为“新唯物主义”和“实践活动的唯物主义”。

在《提纲》之后，马克思恩格斯合著的《德意志意识形态》（以下简称《形态》）一书是马克思主义哲学创立的标志。该书的第一卷第一章“费尔巴哈”的副标题是“唯物主义和唯心主义观点的对立”。文中有这样的话：“我们这些意见正是针对费尔巴哈的，因为只有他才至少向前迈进了几步，只有他的著作才可以认真地加以研究。”[③]费尔巴哈多少向前迈进了几步，指的是：“费尔巴哈比‘纯粹的’唯物主义者（指机械唯物主义者——引者注）有很大的优点：他承认人也是‘感性对象’。”书中同时指出：“当费尔巴哈是一个唯物主义者的时候，历史在他的视野之外；当他去探讨历史的时候，他不是一个唯物主义者。”因为他“把人只看作是‘感性对象’（是指人是现实的、受外在自然制约的对象——引者注），而不是‘感性活动’（是指人是现实的、从事改造自然活动的能动存在物——引者注）。”因而在“实践的唯物主义

① 《马克思恩格斯文集》第1卷，209页，北京：人民出版社，2009年。
② 《马克思恩格斯选集》第4卷，213页，北京：人民出版社，1995年。
③ 《马克思恩格斯文集》第1卷，514页，北京：人民出版社，2009年。

者”即“共产主义的唯物主义者看到改造工业和社会结构的必要性和条件的地方，他却重新陷入唯心主义”①。

这里，马克思恩格斯把机械唯物主义、费尔巴哈人本学唯物主义和自己的“实践唯物主义”之间的批判继承关系作了较为完整的科学的阐明。我们只能从这种批判继承关系上去理解后者对前者的超越，即前者和后者都保持了一般唯物主义的传统，后者又克服或曰超越了前者在表现形态上所具有的缺点和局限性。与这种理解不同，“超越论”者并不是在唯物主义的具体形态意义上讲马克思主义哲学对以往唯物主义的超越，而是在一般唯物主义的意义上讲超越，所以，这是根本不能成立的。

（三）唯物主义原则的全面贯彻

马克思创立了自己的新唯物主义哲学以后，他把唯物主义原则贯穿于各个方面的研究，取得了巨大的成功。直到1883年逝世，他都没有离开过这种唯物主义观点。

1. 在人学观方面

马克思指出，关于人的本质和本性的概念，只是移植于人们头脑中的，由生产的物质条件和生产关系所决定的个人的关系和社会关系，这种关系反映在意识中，就是“关于人的生存方式或关于人的最切近的逻辑规定的观念”②。因此，“每个个人和每一代所遇到的现成的东西：生产力、资金和社会交往形式的总和，是哲学家们想象为‘实体’和‘人的本质’的东西的现实基础”③。马克思的这些论述，为揭示人的本质指明了正确的方向。

2. 在历史观方面

马克思指出：“意识在任何时候都只能是被意识到了的存在，而人们的存在就是他们的现实生活过程。”④“不是意识决定生活，而是生活决定意识。”⑤“这种历史观（指马克思恩格斯的唯物史观——引者注）和唯心主义历史观不同，它不是在每个时代中寻找某种范畴，而

① 《马克思恩格斯选集》第1卷，78页，北京：人民出版社，1995年。
② 《马克思恩格斯全集》第3卷，200页，北京：人民出版社，1960年。
③ 《马克思恩格斯选集》第1卷，92—93页，北京：人民出版社，1995年。
④ 《马克思恩格斯选集》第1卷，72页，北京：人民出版社，1995年。
⑤ 《马克思恩格斯选集》第1卷，73页，北京：人民出版社，1995年。

是始终站在现实历史的基础上，不是从观念出发来解释实践，而是从物质实践出发来解释观念的形成。”[①]马克思又说：“统治阶级的思想在每一时代都是占统治地位的思想。这就是说，一个阶级是社会上占统治地位的物质力量，同时也是社会上占统治地位的精神力量。支配着物质生产资料的阶级，同时也支配着精神生产资料……占统治地位的思想不过是占统治地位的物质关系在观念上的表现，不过是以思想的形式表现出来的占统治地位的物质关系。”[②]马克思的这些论述奠定了社会存在决定社会意识这一唯物史观的理论基础。

3. 在经济学方面

马克思批判蒲鲁东的经济学唯心主义，指出他把一系列经济学范畴看成是“不依赖于实际关系而自生的思想”，看成是先验的观念和思想的产物，这是对范畴与现实关系的颠倒。马克思认为，应该把这种颠倒的关系重新颠倒过来。他说：“经济范畴只不过是生产的社会关系的理论表现，即其抽象。”[③]马克思的这一论述正确地解决了关于政治经济学的研究对象问题。

4. 在社会主义理论方面

马克思恩格斯指出：“共产党人的理论原理，决不是以这个或那个世界改革家所发明或发现的思想、原则为根据的。”[④]共产主义“是用实际手段来追求实际目的的最实际的运动”，即“那种消灭现存状况的现实的运动。这个运动的条件是由现有的前提产生的”[⑤]。生产力和生产关系的普遍而高度的发展，以及基于这两者矛盾之上的无产阶级和资产阶级的斗争，就是这种现实的前提。基于这种对于现实前提的分析，马克思恩格斯实现了从以往空想社会主义到科学社会主义的飞跃。

5. 在方法论方面

马克思一直坚持用唯物主义观点分析问题和解决问题。1867年，马克思在《资本论》第一卷的一个注文中说：“……通过分析找出宗教幻想的世俗核心，比反过来从当时的现实生活关系中引出它的天国形式要容易的多。后面这种方法是唯一的唯物主义的方法，因而也是惟

① 《马克思恩格斯选集》第1卷，92页，北京：人民出版社，1995年。
② 《马克思恩格斯选集》第1卷，98页，北京：人民出版社，1995年。
③ 《马克思恩格斯文集》第1卷，602页，北京：人民出版社，2009年。
④ 《马克思恩格斯选集》第1卷，285页，北京：人民出版社，1995年。
⑤ 《马克思恩格斯全集》第3卷，236、40页，北京：人民出版社，1960年。

一科学的方法。”[①]1868年3月6日，马克思在致路·库格曼的信中说：“我的阐述方法不是黑格尔的阐述方法，因为我是唯物主义者，而黑格尔是唯心主义者。”[②]在《〈资本论〉第一卷第二版跋》中，马克思又指出：“我的辩证方法，从根本上来说，不仅和黑格尔的辩证方法不同，而且和它截然相反。在黑格尔看来，思维过程，即他称为观念而甚至把它转化为独立主体的思维过程，是现实事物的创造主，而现实事物只是思维过程的外部表现。我的看法则相反，观念的东西不外是移入人的头脑并在人的头脑中改造过的物质的东西而已。”[③]

以上所引，仅是马克思的大量哲学论述中的极小部分，然而仅此就足以表明，马克思主义哲学的创立所实现的哲学变革，是对旧唯物主义即以往的自然唯物主义和费尔巴哈人本学唯物主义的超越，是对唯物主义基本原则的坚持和创新，即创立新的唯物主义，而不是“超越论”者所认为的，是对一般唯物主义的超越。如像“超越论”者那样来理解马克思主义哲学所实现的哲学变革的实质，就必然会走偏方向，那样理解的哲学变革，也就不是马克思主义哲学所实现的变革，甚至可以说称不上是变革，更谈不上是伟大变革，而只能是一种历史的倒退。

当然，要全面揭示马克思主义所实现的哲学变革的实质，仅仅说明马克思恩格斯是对唯物主义的坚持与创新还是不够的，还必须进一步说明这种坚持与创新何以能够实现。应该说，这其中的关键是实践主导原则的确立。

二、实践主导原则的确立

如上所说，马克思主义哲学的创立是对唯物主义的坚持和创新。这里的坚持和创新是辩证统一的：是创新中的坚持，是坚持中的创新。马克思主义哲学对唯物主义在创新中的坚持，就其根本点来说，就是把旧唯物主义对自然、对人的唯物主义直观理解，创造性地推移到对人的实践活动的唯物主义的能动理解，这就是科学实践观的形

① 《马克思恩格斯文集》第5卷，429页，北京：人民出版社，2009年。
② 《马克思恩格斯文集》第10卷，280页，北京：人民出版社，2009年。
③ 《马克思恩格斯选集》第2卷，111—112页，北京：人民出版社，1995年。

成；马克思主义哲学对唯物主义在坚持中的创新，就其根本点来说，也就是立足于科学实践观，以其为主导原则，发展唯物主义，即形成以实践为核心的历史的辩证的唯物主义。下面就科学实践观的形成、实践主导原则的确立来分别作一些说明。

（一）科学实践观的形成

马克思在从事哲学活动的开始，就十分重视对实践问题的研究，而且这也是他一生理论活动的中心。但是马克思对实践的科学理解，或者说，马克思科学实践观的形成，是经历了一个发展过程的。这个过程大体可以分为四个阶段。

1.“博士论文”时期的理论批判实践观

1841年，马克思作为青年黑格尔派的一员，站在无神论的立场上，写作了题为《德谟克利特的自然哲学和伊壁鸠鲁的自然哲学的差别》的博士论文。文中他把黑格尔在《精神现象学》中所阐述的、作为绝对精神展开自身的一个环节的“自我意识”加以高扬，认为应该用“自我意识”哲学，来反对“一切天上的和地上的神”[①]；应该使“理论精神变成实践的力量”，以作用于“理论精神之外的尘世的现实”[②]。

重视理论批判的作用，重视理论要与外在世界发生关系、变成实践力量，这些认识是很深刻的。但是马克思在这里所讲的实践还是哲学的实践，即纯粹的理论批判。用他自己的话说：“哲学的实践本身是理论的。”[③]由于马克思当时还不了解实践本身意味着客观的活动，所以他还不能揭示精神批判与物质活动的关系，还不能科学说明精神批判的力量及其能动性的根源，只能把它归结为精神本身的所谓“自由”本性。这里所体现的还是黑格尔辩证唯心主义的意蕴。

2.《德法年鉴》时期的政治批判实践观

经过《莱茵报》时期的实践，到《德法年鉴》时期对宗教异化根源的探索，马克思认识到：“在我们看来，宗教已经不是世俗狭隘性的

① 《马克思恩格斯全集》第1卷，12页，北京：人民出版社，1995年。

② 《马克思恩格斯全集》第1卷，75页，北京：人民出版社，1995年。

③ 《马克思恩格斯全集》第40卷，258页，北京：人民出版社，1982年。

原因，而只是它的表现。”[①] “这个国家、这个社会产生了宗教，一种颠倒的世界意识，因为它们就是颠倒的世界。”[②]因此，要消灭宗教，就要改造宗教产生的世俗基础。在“人的自我异化的神圣形象被揭穿以后”，就要去“揭露具有非神圣形象的自我异化”，亦即政治异化。要把“对天国的批判”变成对“尘世的批判”，把“对神学的批判变成对政治的批判”[③]。不过，这时候，马克思并没有把理论批判和政治批判对立起来。他认为，从事政治批判不但需要理论，也需要物质力量，并且特别强调物质力量在政治批判中的重要性。他说，批判的武器当然不能代替武器的批判，物质的力量只能用物质的力量来摧毁。他还把政治批判实践与群众、与无产阶级的斗争联系起来，认为实践力量来源于为理论所掌握的群众，为哲学所武装起来的无产阶级。这里表明了马克思向科学实践观的接近。不过，在《德法年鉴》时期，马克思还没有研究生产实践，还不了解生产实践在人类社会发展中的作用。

3. “巴黎手稿”时期的物质生产实践观

马克思在世界观的转变过程中，从宗教异化追寻到政治异化，把社会的政治异化看作是宗教异化产生的原因。那么，为什么会产生政治异化呢？马克思通过对政治经济学的研究，进一步追本溯源，发现政治异化不能从政治本身去寻找原因，而必须从经济中，从私有财产的产生及其根源——劳动异化中去寻找原因。从政治异化进一步探究到劳动异化，是青年马克思形成科学实践观过程中的一个有着重要意义的环节。

这一发展是在《1844年经济学哲学手稿》中实现的。《手稿》论述了两种劳动：一是理想的劳动，即人的自由自觉的活动。在青年马克思看来，这种活动是人的本质的体现和实现；二是异化劳动，即非人的、造成人苦难的劳动。马克思在《手稿》中论述了劳动异化的四个方面的表现：第一，劳动者同自己的劳动产品相异化。这是指劳动产品不属于劳动者自己，反过来支配劳动者；第二，劳动者同劳动活动相异化。这是指劳动者在为别人劳动，而不是为自己劳动；第三，人

① 《马克思恩格斯全集》第1卷，425页，北京：人民出版社，1956年。
② 《马克思恩格斯选集》第1卷，1页，北京：人民出版社，1995年。
③ 《马克思恩格斯选集》第1卷，2页，北京：人民出版社，1995年。

同自己的人类本质相异化。这是指人在劳动中是被动的、受束缚的，因而不感到快乐，只感到痛苦；第四，人与人相异化。这是指人剥削人、人压迫人的关系。马克思在关于理想劳动和异化劳动的论述中，表达了关于生产劳动是人的根本特性，生产劳动的物质性、能动性，以及初步说明了生产劳动的社会性等思想，指出生产劳动是“人的能动的类生活”①，是“对象性的……自然存在物的活动”②，是人按照自己的目的，“按照任何一个种的尺度来进行生产”③的活动，并且认为这种对象性活动总是以一定的社会形式表现出来的。即认为“活动和享受，无论就其存在内容或就其存在方式来说，都是社会的活动和社会的享受”④。与此相联系，马克思还用劳动来说明社会历史。他说：“对社会主义的人来说，整个所谓世界历史不外是人通过人的劳动而诞生的过程，是自然界对人来说的生成过程。”⑤

总之，《手稿》对生产劳动的理解包含着丰富的现实内容，从而为日后科学实践观的创立提供了重要的思想材料。但是也应该看到，他把理想的劳动作为人类社会的基础，作为人的理想本质，从理想的劳动去批判现实的劳动，即异化劳动，只注意现实生产的非人性质，而对现实生产本身的条件、内在矛盾和发展规律还缺乏认识，这样也就既不能说明劳动何以被异化，也不能说明何以能克服这种异化，结果还只能以某种一成不变的人性假设为前提，以某种所谓原初的“本真状态”为出发点，从而停留在关于人性理想、人性异化和人性复归的一般的抽象议论中。

4.《提纲》和《形态》中科学实践观的形成

任何理论都有其内在的发展逻辑。当青年马克思用异化劳动理论来说明宗教异化、政治异化和资本主义社会中其他一切异化现象的根源时，随之而来的一个新问题也就产生了，那就是劳动异化的根源在哪里？《手稿》中也正是这样提出问题的：“现在要问，人怎样使他的劳动外化、异化？这种异化又怎么以人的发展的本质为根据？我们把私有财产的起源问题变成为外化劳动对人类发展进程的关系问题，就

① 《马克思恩格斯选集》第1卷，47页，北京：人民出版社，1995年。
② 《马克思恩格斯文集》第1卷，209页，北京：人民出版社，2009年。
③ 《马克思恩格斯文集》第1卷，163页，北京：人民出版社，2009年。
④ 《马克思恩格斯文集》第1卷，187页，北京：人民出版社，2009年。
⑤ 《马克思恩格斯文集》第1卷，196页，北京：人民出版社，2009年。

已经为解决这一任务得到了许多东西……问题的这种新的提法本身就已包含问题的解决。”[①]马克思在这里提出，要从人类发展的进程的角度去说明异化劳动的产生。这一观点是有重要意义的，至少它为上述问题的解决指出了一个大致的方向。但是，现存的《手稿》还没有能对这一问题作出明确的回答。

很显然，既然异化劳动作为其他一切异化现象的根源，那么也就是说，不能反过来再用其他异化现象来说明劳动异化现象的根源。这样劳动异化现象的根源也只能从劳动本身去寻找。然而，从劳动本身去说明劳动异化的根源，就必然要引导到承认劳动的内在矛盾，即青年马克思后来所揭示的生产力与生产关系的矛盾。正是由于这个矛盾的运动，才在一定阶段上产生了私有制，产生了阶级剥削和阶级压迫等一系列被马克思称之为异化的现象，并且随着生产力与生产关系的矛盾及其所派生的经济基础与上层建筑的矛盾的不断发展和不断解决，必将最终消灭一切异化现象，彻底实现人类的解放。历史唯物主义的创立就是从科学实践观的创立获得突破的。

青年马克思在理论上的这一转变，是从《神圣家族》开始的。在《神圣家族》中，马克思恩格斯已经把现实的物质生产作为历史的基础，提出了历史的发源地不是在“天上的迷蒙的云尖雾聚之处”，而是在“地上的粗糙的物质生产”中的观点，并得出了不去认识“某一历史时期的工业，即生活本身的直接的生产方式”，就不能真正地认识这个历史时期的重要结论。[②]马克思还从人对物质生活资料的依赖关系，指出了人们在物质生产过程中的必然发生的相互关系，[③]从而接近了对生产关系思想的发现。

在这个基础上，马克思于1845年3月写作的《评弗里德里希·李斯特的著作〈政治经济学的国民体系〉》一文指出，不能混淆资本主义社会的现实的物质生产和自由人的社会劳动，即理想的生产，也不能脱离工业所处的环境来谈论工业。至此，马克思主义的实践观已经呼之欲出了。科学实践观的最终确立，是在《关于费尔巴哈的提纲》和《德意志意识形态》中。其主要表现如下：

---

① ［德］马克思：《1844年经济学哲学手稿》，中央编译局译，63页，北京：人民出版社，2000年。

② 参见《马克思恩格斯文集》第1卷，350页，北京：人民出版社，2009年。

③ 参见《马克思恩格斯文集》第1卷，268页，北京：人民出版社，2009年。

（1）肯定了生产劳动是最基本的实践活动。明确地把生产实践活动与其他活动区别开来，指出这种活动是物质活动，它决定一切其他活动，“如脑力劳动、政治活动和宗教活动”。马克思主义产生以前，人们谈论比较多，并予以重视的是脑力劳动、政治活动和宗教活动。在西方哲学中，最早使用“实践”概念的是亚里士多德。他的实践指的是伦理实践和政治实践。近代康德区分了“理论理性”“实践理性”。后者所指是伦理领域的意志活动，是道德立法的活动，而把生产劳动认作人类最基本的实践活动，则是马克思主义的首创，这也是马克思主义科学实践观的基本之点。因为只有立足于这个基本点，其他一切实践活动的物质根源性、能动性和社会历史性，才能获得科学的说明。

（2）深刻揭示了生产实践的内在矛盾。即生产力和生产关系的矛盾，以及生产实践发展的规律，即生产力和生产关系矛盾运动的规律。对生产实践内在矛盾及其发展规律的揭示，不仅从生产实践内部说明了生产力和生产关系是人在生产活动中所形成和创造的属人的对象，是人的本质力量的显示，同时也从生产实践内部说明了生产力与生产关系的矛盾和统一对人的活动的制约作用。换句话说，这样也就从根本上揭示了生产实践的能动性和受动性及其统一的内在根据。

（3）指明了生产实践是联系人与自然、自然与社会等的中介。把生产实践看作是历史主体的人和客体环境相互创造的基础，是人与自然、人与人、人与社会、人的思维和存在相互联系的中介。这就从哲学世界观意义上科学地肯定了生产实践在人类世界中的核心地位和重要作用，从而为马克思恩格斯在新世界观形成中确立实践主导原则提供了客观根据。

总之，在马克思主义看来，人类实践是以生产实践为最基本形式的，以生产力和生产关系的矛盾运动为根本动力的，人与环境、主体和客体互相作用的、能动的社会物质活动。这就是马克思主义的科学实践观。

科学实践观的形成，是马克思主义哲学创立的突破口。马克思恩格斯就是以科学实践观的创立为前提，从而进一步确立了他们自己哲学的主导原则即实践原则。

（二）马克思主义哲学的实践主导原则

费尔巴哈曾说："一种新的原则，经常是带着一个新的名称出现的，就是说，它将一个名称从低级的、从属的地位中提升到君主的地位，将它当成最高的称号。"[①]费尔巴哈的这一见解是正确的。哲学是由一系列命题或范畴为环节构成的整体。哲学家们总要选取一个命题或范畴作为自己哲学的主导原则，去整合和贯穿这个哲学体系中的其他命题或范畴。因此，某一哲学的主导原则是该哲学体系的普照之光，是它的核心和灵魂，这也是这个哲学体系与其他哲学体系相区别的根本标志。因此，在这个意义上可以说，真正的哲学变革，说到底，也就是符合时代进步要求的哲学主导原则的转换。

马克思主义哲学所实现的变革，就根本点来说，也就是以贯穿自己哲学的实践主导原则取代了旧唯物主义的直观受动原则和唯心主义的抽象能动原则。当然这里所说的哲学变革或主导原则的转换是在世界观层次上说的。哲学世界观作为人们把握世界的一种方式，它必须建立关于世界的统一性理论，即要建立关于世界与人相统一的理论。以什么样的主导原则去建立世界与人相统一的理论，这是马克思主义哲学与旧唯物主义、唯心主义的原则分歧之所在，也是马克思主义哲学对一切旧哲学实现变革的关键之所在。

1. 旧唯物主义的直观受动原则

旧唯物主义是以直观受动原则为主导，建立其世界与人相统一的世界观理论的。

所谓直观是指通过感官对事物进行朴素的观察。直观作为一种认识形式，有其相当的适用性。首先，它是人类早期直观认识阶段上的基本认识形式，在人类认识的发生、发展史上起过重要作用。其次，当人类认识从直观认识阶段发展到反省认识阶段（理性认识）和自觉认识（辩证综合）阶段以后，直观仍然是人们获得感性认识的一个不可缺少的环节。所以，列宁在《哲学笔记》中，甚至用"生动的直观"来表示人们获得感性认识的阶段。

但是就直观这种认识形式来说，它具有相当的局限性。一是它只

① 《费尔巴哈哲学著作选集》上卷，117页，北京：生活·读书·新知三联书店，1959年。

能提供对事物表面的片面的认识，而不能揭示事物的本质及运动规律，因而必须把对事物感性直观的理解上升到理性思维的理解。二是感性直观的生动性、丰富性及至理性思维的深刻性归根到底都是以实践为基础，是实践基础上产生的，是实践能动性的一种折光。所以，对于事物的理解不能局限于感性直观的理解。正如恩格斯所指出的："人的思维的最本质的和最切近的基础，正是人所引起的自然界的变化。"①

由于包括费尔巴哈在内的旧唯物主义者脱离人的实践活动，孤立地强调直观的作用，那么这种直观也就具有了纯粹受动的性质。因而当他们把直观作为其哲学理论的主导原则时，从而也就使他们的唯物主义成为一种直观的唯物主义。在直观的唯物主义看来，自然界是物质的，人是自然界的一部分，人也是自然存在物。旧唯物主义主张从直观的或自然客体的原则来理解人与世界的统一。这有对的一面。但它仅仅以自然为基础，直观地理解这种统一，因而完全排除了人的能动活动在人与世界统一中的作用和意义。所以这种统一观导致了旧唯物主义在自然观上的形而上学性和历史观上的唯心主义，而这样两点缺陷都根源于旧唯物主义对于人与世界总体关系的直观受动的理解。因为人的实践活动是世界中事物之间相互联系的一种新的方法。直观是以既成对象为前提的，而不是以在人的活动中的生成对象为前提的。正是抓住这样一个根本点，所以马克思在《提纲》中指出："从前的一切唯物主义——包括费尔巴哈的唯物主义——的主要缺点是：对对象、现实、感性，只是从客体的或者直观的形式去理解，而不是把它们当作人的感性活动，当作实践去理解。"②

这里需要指出的是，费尔巴哈脱离人的实践，仅仅从直观的形式去理解事物，理解人与世界的总体关系，但不能说费尔巴哈没有自己的实践观，至少不能说他在口头上不重视实践。因为在他那里确有不少近似于马克思主义哲学的精彩提法。例如，他说："新哲学……本质上具有一种实践倾向。""从理想到实在的过渡，只有在实践哲学中才有它的地位。"③那么，怎样看待费尔巴哈的这些论述呢？

① 《马克思恩格斯选集》第4卷，329页，北京：人民出版社，1995年。

② 《马克思恩格斯选集》第1卷，58页，北京：人民出版社，1995年。

③ 《费尔巴哈哲学著作选集》上卷，186页，北京：商务印书馆，1984年。

（1）费尔巴哈所理解的实践是指生活消费实践。也就是说，费尔巴哈虽然重视实践，但费尔巴哈所理解的实践主要是指人的生活消费实践，因而他对实践内容的理解是褊狭的。他认为，人是一个肉体的存在，因此，人需要吃、喝、住、穿等。他说："最实践的处世原则，是利己主义（这里的利己主义是指从自身出发的为我原则——引者注）……它给予人以一个坚定固实的生活原则。"[①]费尔巴哈把实践理解为生活实践，并把实践理解为合乎人性、保护和发展人性的活动，这有他的可取之处，但又是很不够的。他不了解人的生活需要是通过生产获得满足，并随着生产的发展而不断提高和丰富化的，因而生产实践是人类最基本的实践活动。坚持这一点，这也是马克思主义的科学实践观与费尔巴哈哲学和以往一切哲学的实践观相区别的一个基本之点。

（2）费尔巴哈所理解的实践消解了人的主体能动性。费尔巴哈立足于生活实践，把实践理解为感性的尘世的生活，这也是对的。但是，由于他不了解实践作为社会的高级的物质活动同一般的自然物质活动的区别，这样也就把人的实践等同于动物的消极适应自然的本能活动。因此，尽管他强调了实践的感性现实性的一面，却牺牲了实践作为专属人的活动所具有的能动性和创造性的特征。所以从总体上说，费尔巴哈对实践的理解是不对的。

（3）费尔巴哈不了解革命实践活动的意义。与上述两点相联系，费尔巴哈不了解实践批判活动的意义，即不了解人们通过实践，既改造了客观世界、创造了一个人化世界，又创造了主体自身，提高了人的认识能力和实践能力。也就是说，人及人的世界都是与人的实践活动相联系的自然历史过程的运行系统。

总之，费尔巴哈虽然有自己的实践观，虽然在口头、字面上他十分强调自己的哲学的实践倾向，但由于他的实践观总体上是不科学的，因而他并不能把实践作为主导原则去建构自己的哲学。在这一点上，费尔巴哈和其他一切旧唯物主义者是有共同之处的，都是以直观受动原则去建构关于世界与人相统一的世界观理论的。

① 《费尔巴哈哲学著作选集》下卷，146页，北京：商务印书馆，1984年。

2.唯心主义的抽象能动原则

与旧唯物主义相反，唯心主义则是以抽象能动原则为主导，去建立关于世界与人相统一的世界观理论的。

这里的抽象是片面之意，是说唯心主义在解决哲学基本问题时，脱离了物质对于精神的决定作用，只看到精神的能动作用，并把人的物质活动也归结为单纯的精神能动作用的表现，把人对物质世界的改造和创新说成是精神对物质的纯粹创造和派生。

在唯心主义发展史上，柏拉图最早以理念的形式肯定了思维派生存在的唯心主义观点。在柏拉图那里，作为精神的“理念”是本原，作为现实的物质世界则是“理念”的“摹本”和“影子”。但是他对精神如何派生存在则不能自圆其说。

这一问题的解答，在莱布尼茨那里获得了初步的进展。莱布尼茨较早地从本体论的角度肯定了思维的能动性。他认为，作为世界本原的精神性“单子”是绝对能动的实体，它的运动，构成了丰富多彩的现实世界。莱布尼茨的这一思想，在唯心主义的逻辑发展过程中，标志着由思维派生存在的规定向肯定思维能动性的规定的过渡。但是莱布尼茨所肯定的能动性只是客观精神的能动性，对于这一点，康德则不以为然。

康德在认识论中完成了一次“立场转换”。他引进了一种在他看来是革命性的思考问题的方式，在他那里人是认识论意义上的世界的中心。康德的《纯粹理性批判》从数学自然科学究竟如何可能的追问开始，探讨了科学知识形成的条件。康德认为，感性经验是人的认识的质料，先验的直观形式及知性范畴是人的认识的决定因素。一切知识都是感性质料与先验直观的和知性的形式的结合。因而在他看来，知识的产生就在于，运用先验的直观形式和知性原理对“感性杂多”进行综合的结果。

康德的主体（理性）能动性的思想，在德国古典哲学的集大成者黑格尔那里获得了继承和极大的发展。黑格尔认为绝对精神是世界的本原，绝对精神通过自身的一系列辩证运动“外化”为自然界，精神又通过劳动获得自我复归，即扬弃这种异化，重新占有自己的对象化了的本质。这样黑格尔在其关于绝对精神异化与复归的论述中，不仅肯定了人的认识的能动性，而且强调了实践的能动性。在黑格尔看来，人在实践中，不仅“将世界的实在加以陶铸锻炼”，而且同时也就是人的自我生成和发展。马克思肯定了黑格尔这个关于“把劳动看做人的本质，看做人的自我确证的本质”[①]的思想，认为这个思想是很深刻的。

但是，黑格尔所惟一承认的实践，是抽象的精神活动，是绝对精神自我运动的一个环节。他认为实践的主体是“单纯的主观目的”，实现目的的实践过程是“理性的机巧”，是理性利用人们的努力“完成他的目的”[②]。这些表明了黑格尔实践观的唯心主义性质，即他惟一承认的能动性是绝对精神的能动性。由此，黑格尔关于通过劳动实现人与世界相统一的合理思想笼罩上了神秘主义的色彩。在马克思主义看来，实践能动性并不是精神能动性，而是把实践中的精神参与因素加以外化、物化的能动性。

3. 马克思主义哲学的实践主导原则

鉴于世界与人统一问题上，旧唯物主义坚持直观受动原则和唯心主义坚持抽象能动原则的片面性和错误，马克思恩格斯提出了以实践为主导原则的关于世界与人相统一的理论。马克思在《1844年经济学哲学手稿》中已经指出，他要创立的新哲学是既有别于唯心主义，也有别于旧唯物主义，同时是把它们二者统一起来的真理。[③]这个统一的基础是什么呢？马克思明确指出：“主观主义和客观主义，唯灵主义和唯物主义，活动和受动”，这些“理论的对立本身的解决，只有通过实践方式，只有借助于人的实践力量，才是可能的”[④]。在这些认识的基础上，《关于费尔巴哈的提纲》则是第一次对实践在新唯物主义体系中的主导地位作了纲领性的阐述，指明自己所创立的新哲学，是以实践为基础来理解和改造人与世界的唯物主义。这里的言说，其所指，不仅是认识论意义上，也不仅仅是历史观意义上，而且主要是哲学世界观意义上的。所谓认识论意义，是指肯定实践是认识的基础；所谓历史观意义，是指肯定人类历史归根到底是劳动发展史；所谓世界观意义，是指实践作为世界各部分的新的联系方式，透过这个联系方式，

① 《马克思恩格斯文集》第1卷，205页，北京：人民出版社，2009年。

② ［德］黑格尔：《小逻辑》，贺麟译，392—395页，北京：商务印书馆，1980年。

③ 参见［德］马克思：《1844年经济学哲学手稿》，中央编译局译，105页，北京：人民出版社，2000年。

④ ［德］马克思：《1844年经济学哲学手稿》，中央编译局译，88页，北京：人民出版社，2000年。

才能对整个世界获得唯物辩证的理解。

在马克思主义哲学看来，哲学作为世界观的理论，是对人与世界关系的总体性把握。所谓人与世界关系的总体性把握，是指人与世界关系中的一切方面、一切问题都可以上升为一个总体性的问题，即思维与存在，或精神与物质的关系问题。因此，思维与存在的关系问题也就成为哲学的基本问题。

思维与存在的关系问题之所以会成为哲学的基本问题，说到底是因为它是人的生活世界的根本矛盾，即主观与客观的矛盾的哲学表现。这个矛盾是在人的实践中确立的，是由于有了人类的实践活动才有了人与世界、思维与存在的对立，同时，人只有通过实践活动才能使人与世界、思维与存在的矛盾在不断产生中获得不断解决。思维与存在的矛盾在实践中的不断产生和解决这一思想，克服了旧哲学把物质本原性和思维能动性相互割裂、相互对立的缺陷，把能动和受动统一于实践一身。这种统一，表现为能动中的受动和受动中的能动的过程的统一。

所谓能动中的受动，是指实践所具有的客观受动性，不是纯粹外在的受动性，而是人的能动的受动性，即实践通过自身的认识环节内化了外在的规律性因素，它表明了人类实践的合规律性。在此种意义上，实践过程是人类将外在规律同化于自身的能动过程。

所谓受动中的能动，是指实践所具有的能动性，不是纯粹的精神能动性，而是以受动为前提的能动性，是指实践对于必然性、规律性的为我性，它包括在合规律性基础上形成的实践的主观目的、价值指向，以及伴随着的情感、意志等在其之中。实践主体的主观性表明了实践的合目的性。

由于马克思主义哲学以实践为基础来理解和解决哲学的基本问题，来理解和解决人与世界的关系问题，因而实践观点就成为贯穿马克思主义哲学的本体论、认识论和历史观的根本观点，从而形成了以实践为核心的唯物论与辩证法相统一，唯物辩证的自然观与历史观相统一，追求真、善、美统一，坚持认识世界和改造世界相统一的严密的科学体系。

马克思主义哲学的本体论是彻底的唯物主义一元论，它肯定世界的物质性和自然对人的意识的先在性。但是自从人和人类社会出现以后，在人力所能及的范围内，物质世界的存在和发展就不是一个完全自在的过程，而是通过人的实践所实现的人与世界相互作用的过程。在这个过程中，物质的客观性和世界的物质统一性通过人的实践不断获得现实的展示和确证。因此，坚持实践主导原则，才能有科学的、彻底的唯物主义一元论。

由于实践是自在世界和人化世界相互联系、相互作用的中介，所以自在世界通过实践获得能动的展示，人化世界通过实践获得现实的生成。因而实践也就成了人类认识世界的基础。从本质上说，认识是一个在实践基础上由现象到本质、由一级本质到二级本质以至更深本质的无限发展的辩证过程，同时，认识又是一个在实践中不断修正错误和发展真理的过程。

唯物史观的创立是马克思的伟大贡献。马克思主义哲学认为，人类历史是自然通过人类活动的现实生成。这样以实践为基础，也就把唯物辩证的自然观和唯物辩证的历史观统一起来。因而人类活动特别是物质生产活动也就成为人类社会存在和发展的前提和基础。从根本上说，人类社会的发展就是作为劳动结果又作为劳动延续的中介物质力量即生产力，与作为劳动结果又作为劳动延续的中介物质关系即生产关系的矛盾运动过程。

实践作为人的能动性表现，同时又是对自身的能动性创造。因此，人的发展过程也就是人在实践中不断改造外物，同时也改造自身的过程，是人的本质、人的各种关系、人的发展不断丰富、全面和完善化的过程。人的发展在实践中获得实现，同时人的发展又是推动实践前进的根本力量。因此，实践的发展过程，既是人的能动性的发展过程，也是人的本质力量日益充分展示的过程。

实践是人与世界各种关系生成的基础，其中包括改造关系、认识关系、价值关系、审美关系。实践唯物主义把实践作为自己哲学的主导原则，就必定要研究宇宙、人生关系的真理性问题，而且要研究宇宙、人生关系的价值性问题，要追求宇宙、人生关系问题上的真、善、美统一。

马克思主义哲学以实践范畴作为自己理论体系的核心。因而它的历史使命和社会功能，不仅表现在它能够正确地说明和解释世界，而且更为重要的是能够有效地改造世界，从而能在实践基础上实现其科学性与革命性的统一。这一点表现了马克思主义哲学创立的异常深刻的历史意义，即通过实践追求人的彻底解放和人的全面发展，已经上升成为历史的主要课题。马克思主义哲学就是肩负人类彻底解放这一伟大使命的无产阶级的思想武器。

总之，马克思主义哲学以实践为主导原则，从而对以往一切哲学实现了最根本的变革；同时也以实践为核心建构了自己哲学的理论体系。这个理论体系，就是实践的历史的辩证的唯物主义。

三、实践的历史的辩证的唯物主义

关于实践的历史的辩证的唯物主义，可以从三层肯定性含义来理解：第一，在要不要坚持唯物主义基本路线的问题上，它的回答是肯定的。就是说，它首先是一种唯物主义，而不是唯心主义。第二，在“要什么样的唯物主义”这个更具体、更现实的问题上，它的回答是实践的、历史的、辩证的唯物主义。这一提法特别强调的是，不要停留在一般唯物主义的水平上，而要前进到实践的、历史的、辩证的唯物主义。第三，马克思主义哲学唯物主义的实践性、历史性、辩证性是互补的、统一的。也就是说，要把实践唯物主义、历史唯物主义、辩证唯物主义等马克思主义哲学的不同称谓作统一的而不是相互排斥的理解。当然，这里的历史唯物主义，不仅包括狭义理解的历史唯物主义，即马克思主义社会历史观意义上的历史唯物主义，而是广义理解的历史唯物主义，即指在作为中介的实践展开的基础上，历史地理解自然存在、社会存在及其相互作用的唯物主义。

坚持以上三层含义之间的统一性是至关重要的，因为这关系到对马克思主义哲学所实现的哲学变革的精神实质的理解。按照马克思主义的方式来理解和对待这场伟大的变革，就意味着同时反对三种不正确的见解：一是通过主观地理解实践，否定或背离唯物主义而走向唯心主义。在现实生活中这种见解以“实践本体论”或“实践一元论”为代表。二是在纯粹自然意义上理解唯物主义，因而贬低实践，忽视实践在马克思主义哲学中的主导地位，最终以某种方式回到旧唯物主义。源自苏联20世纪30年代初形成的以往哲学教科书体系，在某种程度上表现了这种色彩和倾向。三是把实践唯物主义与辩证唯物主义作对立的理解，把马克思主义实践唯物主义理解为关于实践的唯物主义，把马克思主义辩证法理解为关于实践、劳动的辩证法，从而否认作为世界观的实践的历史的辩证的唯物主义，并把马克思和恩格斯对立起来，认为马克思主张实践唯物主义，恩格斯所主张的实际是辩证唯物主义。以上这三种观点都对马克思主义哲学所实现的哲学变革的精神实质作了不正确的理解。

下面就这三种观点作一些具体分析。

（一）“实践本体论”错在哪里

十一届三中全会以来，我国哲学界通过关于实践唯物主义的讨论，对实践范畴在马克思主义哲学中的地位和作用获得了新的认识，作出了新的评价，其成就是巨大的。那么能否由此将实践唯物主义称作实践本体论呢？有一些论者对此发表了肯定性的见解，认为“实践唯物主义就是实践本体论”。

实践本体论者立论的一个重要理论前提就是，实践唯物主义的研究对象与旧唯物主义不同。他们认为，旧唯物主义所追求的是那个与人无关的，而且就人的活动而言实际上并不存在的原初自然界。实践唯物主义并不否认自然界先于人类而存在，也不否认在人的世界之外存在着广袤的无限宇宙。但实践唯物主义的研究对象不是与人无关的自然，而是“现实的感性的世界”。这个感性世界不包括人类产生之前的自然界，也不包括人类尚未涉及的非人化自然。他们这个观点的理论依据就是马克思在《1844年经济学哲学手稿》中的那段话：“被抽象地理解的、自为的、被确定为与人分隔开来的自然界，对人来说也是无。”[①]据此，他们认为实践唯物主义所关注的不是人之前、人之外的自然界，而是实践范围内的现实世界、属人世界。

实践本体论者在对实践唯物主义的研究对象作出这种限定之后，又进一步把这个“现实的感性世界”理解为实践活动，认为实践是这个感性世界的本质和基础，因而认为实践唯物主义不再把那种无主体的自然（物质）作为全部哲学的出发点。所以，实践唯物主义就是实践本体论。他们这个观点的理论依据就是马克思恩格斯在《德意志意

① 《马克思恩格斯文集》第1卷，220页，北京：人民出版社，2009年。

识形态》中所说的那段话："他周围的感性世界决不是某种开天辟地以来就直接存在的、始终如一的东西，而是工业和社会状况的产物，是历史的产物，是世世代代活动的结果。""这种活动、这种连续不断的感性劳动和创造、这种生产，正是整个现存的感性世界的基础。"①他们认为，马克思的这段话就是告诉人们，必须把现实的感性世界看作是实践中的存在。

为了说明实践本体论的正确性，实践本体论者还对物质本体论进行了批判。他们认为旧唯物主义的本体论是物质本体论，实际上是自然本体论。这种本体论的特点，把独立于人之外的自然界看作是世界的本原，把现实世界中的复杂多样的事物一概还原为自然，进而以这种无主体的自然来解释丰富多彩的人的世界，这样就不能不使整个理论体系带上自然哲学的色彩。因此，在他们看来，为了和旧唯物主义划清界限，就必须用实践本体论取代自然本体论，从而真正突出马克思主义哲学所实现的哲学变革的本质。

强调实践在马克思主义哲学中的核心地位，以实践为主导原则来划清马克思主义哲学与旧唯物主义的界限，这是应该肯定的。但是把实践唯物主义等同于实践本体论，并用实践本体论取代物质本体论的观点是不能成立的。

1. 实践唯物主义并非只是实践及其创造物的唯物主义

把实践唯物主义研究对象限定在实践范围内，是对马克思主义唯物主义的一种曲解。马克思主义哲学是一种世界观理论。在这一点上，旧唯物主义、唯心主义和马克思主义哲学是共同的。恩格斯在谈到唯物主义时曾经指出："唯物主义"是"建立在对物质和精神关系的特定理解上的一般世界观"②。列宁在论及辩证唯物主义时也指出："马克思一再把自己的世界观叫作辩证唯物主义，恩格斯的《反杜林论》（马克思读过全部手稿）阐述的也正是这个世界观。"③

既然马克思主义哲学是一种世界观理论，那么把实践唯物主义的研究对象定格为实践范围内的现实世界、属人世界，就是片面的、狭隘的。因为实践范围的属人世界或人化世界，只是世界的局部表现、

① 《马克思恩格斯选集》第1卷，76、77页，北京：人民出版社，1995年。
② 《马克思恩格斯选集》第4卷，227页，北京：人民出版社，1995年。
③ ［俄］列宁：《唯物主义和经验批判主义》，中央编译局译，246页，北京：人民出版社，1960年。

特殊形态，而不是世界的整体。如果这样来理解实践唯物主义，那么，作这种理解的实践唯物主义也就丧失了它的世界观本性，也就转换成了关于实践及其创造物的唯物主义理论。我认为这是对马克思主义的实践唯物主义的一种曲解。在我看来，马克思主义的实践唯物主义是以实践为基础，对宇宙人生总体关系进行理解和改造的唯物主义。

马克思主义哲学认为，实践首先是以人的自身活动来引起、调整和控制人与自然之间的物质变换的过程。在这个过程中，人和人之间又必然要结成一定的关系，即社会关系，互换其活动。同时，“劳动过程结束时得到的结果，在这个过程开始时就已经在劳动者的表象中存在着，即已经观念地存在着……这个目的是他所知道的，是作为规律决定着他的活动的方式和方法的。”①这就是说，实践内在地包含了人与自然、人与社会以及人与其意识的关系。这些关系的总和又构成了现存世界的基本关系。可以说，实践以缩影的形式映现着现存世界，它蕴含着现存世界的全部秘密，是人类面临的一切现实矛盾的汇集点。因此，尽管现实的实践是有限的，实践所创造的对象世界也是有限的，但是实践所联系、所表现的世界是无限的。正因为如此，马克思主义哲学主张从实践去反观、透视和理解现存世界，把“对象、现实、感性”“当作实践去理解”。

对于整个世界来说，“当作实践去理解”，就是要通过实践这种物质存在的最高形式，即人和人类社会的存在方式和世界辩证运动的最高产物和最高表现，即实践的辩证运动，去全面地认识世界的物质本性和辩证本性，并从而为人类改造世界提供普遍根据和法则。因此，关于世界一般本性的认识，其实是对人自身实践活动的认识，是对实践这一能动的感性对象进行的最普遍的抽象思维的结果。

总之，马克思主义的实践唯物主义，就是以实践为透视点，对人与世界、主体与客体、主观与客观关系所进行的理论反思，并从而争取人自身解放的唯物主义。作这样理解的实践唯物主义，才是作为科学世界观的马克思主义的实践唯物主义。

2. 实践唯物主义并非以实践为本体

作为马克思主义世界观的实践唯物主义只能以物质为本体，而不

① 《马克思恩格斯文集》第5卷，208页，北京：人民出版社，2009年。

能以实践为本体。这里所说的本体是指世界万事万物的共同本质。唯心主义主张精神是世界的共同本质，因而认为世界统一于精神；唯物主义认为物质是世界的共同本质，因而认为世界统一于物质。马克思主义的实践唯物主义作为唯物主义的一个派别，与其他一切唯物主义一样，也主张物质是世界的共同本质，世界统一于物质，即主张物质本体论。但马克思主义哲学所理解的物质，是相对于意识而言的客观实在性。如果从主体人的角度说，物质的具体形态可以分为三类：一是自在态物质，即未被人类作用和改造过的自然物质存在；二是自为态物质，即进行物质实践活动的人；三是人工态物质，即人工自然和人类的社会存在。

马克思主义物质观与旧唯物主义物质观的根本区别在于：旧唯物主义把物质理解为某种或某些具体的自然物质形态或某些自然物质属性，认为世界的统一性就是在某种或某几种具体的自然物质形态或某些自然物质属性基础上的统一。在这里，旧唯物主义的根本错误就在于，把作为个别物质的自然物质形态与物质一般混同了起来，由此就造成了旧唯物主义的形而上学性和唯物主义的不彻底性。马克思主义物质观把物质定义为不依人的意志为转移的客观实在性，这就从根本上克服了旧唯物主义物质观的缺陷，从而赋予唯物主义的物质本体论以完全科学的形态。

实践本体论者置马克思主义哲学的物质观与旧唯物主义的物质观的区别于不顾，径直地把物质本体论等同于旧唯物主义所理解的自然本体论，这是十分武断的。这样做的结果，只能是把早已弄清的问题重新引向混乱和谬误。在作了上述武断的处理后，实践本体论者把“物质”放在与实践相对立的位置上，贬低自然物质，脱离自然物质的前提去夸大劳动、实践的作用，把劳动、实践哲学本体化。这样做，实际上是犯了和旧唯物主义相类似的错误，即用物质个别去取代物质一般。所不同的只是旧唯物主义用自然物质个别去混同物质一般，而实践本体论者则走得更远，它用作为物质的个别形态的物质实践去取代和否定物质一般，进而用所谓实践本体论去否定和取代物质本体论。这种否定和取代的结果，不仅会如上面所说，使实践唯物主义丢失它的世界观本性，而且也会使实践作为属人世界的基础这一原理无法获得科学的说明，最终还可能会导致对于实践的唯心主义理解。关于这后两点，将在下面作进一步的说明。

3. 人化自然和人类社会不可能单凭实践创生

在“现存感性世界”的意义上，实践本体论也不能成立。人化自然和人类社会是实践的产物和结果，这是应该肯定的。但是人化自然和人类社会的产生，除了有实践基础以外，还必然有其自然基础，是这两个基础的统一。也就是说，人化自然和人类社会不是人类实践凭空创造的，而是在一定的自然基础上创造的。关于这一点，马克思指出：“没有自然界，没有感性的外部世界，工人什么也不能创造。”①马克思又说，劳动“只创造了物质的新的生产能力……人并没有创造物质本身。甚至人创造物质的这种或那种生产能力，也只是在物质本身预先存在的条件下才能进行”②。马克思还从更根本的意义上指出，人“所以创造或设定对象，只是因为它是被对象所设定的，因为它本来就是自然界”③。

总之，离开了实践基础，人化自然、人类社会不可能靠自然自在生成。因此，旧唯物主义的自然本体论不可能是彻底的唯物主义一元论。因为离开了物质实践，就不能对人本身和人类历史给予唯物主义的说明；同样明显的是，离开了自然基础，人化自然、人类社会也不可能单凭实践创造产生，否则人类实践也就成了神化了的绝对。因此，对于人化自然和人类社会的产生，自然基础和实践基础是缺一不可的。另外自然只有通过实践才能成为属人世界的所谓自然基础，同样，实践只有以自然为前提才能得以进行，从而也才能作为属人世界的所谓实践基础。因此，我们在理解马克思恩格斯在《德意志意识形态》中的那段话，即“这种活动、这种连续不断的感性劳动和创造、这种生产，正是整个现存的感性世界的基础”时，决不能像实践本体论那样，把这里所说的“实践是感性世界的基础”理解为惟一的基础。如果作这种理解，很显然是对原文的曲解。实践本体论以这种曲解作为立论的根据，自然是不能成立的。

4. 马克思并非排斥非人化自然

马克思对黑格尔抽象自然观的批判，并不是对非人化自然的排

① 《马克思恩格斯文集》第1卷，158页，北京：人民出版社，2009年。

② 《马克思恩格斯全集》第2卷，58页，北京：人民出版社，1957年。

③ 《马克思恩格斯文集》第1卷，209页，北京：人民出版社，2009年。

斥。人化自然是打上人的印记、体现人的本质力量，并服务于人的自然，因而人化自然对人类的意义是十分重大的。但是，能否由此否定非人化自然的客观存在及其对人类的重大意义呢？不能。世界是无限的，人类的认识和实践既是有限的，又是无限的。人类认识和实践的任务就是要不断打破有限，向无限进展。从这个意义上说，非人化自然恰恰是人类认识和实践的重点。那种为了建立实践本体论，把马克思主义哲学的对象限制在“属人世界”的观点，是和人类认识和实践无限发展的本性相违背的。这里涉及对马克思的一段话如何理解的问题。马克思在《1844年经济学哲学手稿》中说：“被抽象地理解的、自为的、被确定为与人分隔开来的自然界，对人来说也是无。”[①]如何理解这里的“无”呢？有的论者把“无”理解为“不存在”。他们认为，“离开人的实践活动，一切存在对人来说都无从谈起”，“实践之外是否有某物存在”，“是形而上学的先验问题”。对“无”作这种理解，我们是不赞成的。唯心主义者贝克莱说：“存在就是被感知”；某些论者换了一个说法，即“存在就是被实践”。按照这种观点加以推理，那么在没有人和人的实践活动以前，自然界也是无，也是不存在的。很显然，这是十分荒谬的观点，是和自然科学所揭示的事实不相符合的。

还有的论者认为，这里的“无”是无意义。即认为非人化自然对人来说是无意义的。这一理解也不妥当。非人化自然对人来说还是有意义的。当然，这里所说的意义有的是潜在的，有的是现实的。人类对非人化自然的认识和改造，其目的或是要把非人化自然的潜在意义转化为现实意义，或是把其负面意义转化为正面意义。比如，通过河道治理把容易泛滥的河流变成农田灌溉的水源。因此，不能武断地说非人化自然无意义。如果是那样，人们对于遥远的天体和人类出现以前的地球演化的积极探索倒真的是不可思议的了。

应该说，马克思的上面一段话含义比较模糊，容易引起争议。但是如果研究这段话的上下文，还是不难得出正确的结论的。马克思在这里是批判黑格尔所理解的自然。黑格尔所理解的自然是一种从绝对观念派生的、思辨的自然。在黑格尔看来，自然是绝对观念的自我异化。当绝对观念在纯逻辑中经历了全部过程之后，必须自我扬弃，从

① 《马克思恩格斯文集》第1卷，220页，北京：人民出版社，2009年。

自身中释放出自然界；否则，必然会在逻辑中再一次重复全部抽象过程。在黑格尔哲学中，作为与自然界相对立的主体是绝对观念，而不是人。人和自然是绝对观念发展中的不同环节，是彼此分离的。正是针对黑格尔的这个观点，马克思认为，脱离人的思维，即“抽象思维本身是无，绝对观念本身是无”，因而从绝对观念派生出来的自然界也是非感性的、抽象的。这种抽象的自然，既不能作为人的存在的现实前提，也不能作为人的改造的现实对象，因而是“与人分离的”。这种抽象孤立的与人分离的自然界对人来说也是无，即不是真实的自然，而“是自然界的思想物”[①]。因此，那种把马克思对黑格尔抽象自然观的批判，说成是对非人化自然的排斥和批判，其实是张冠李戴。某些论者以此作为实践本体论立论的根据，自然也是不能成立的。事实上，马克思在强调人化自然的同时，总是承认外部自然界的优先地位，总是承认整个世界是由人类历史和自然界所构成的，承认“自然和历史——这是我们在其中生存、活动并表现自己的那个环境的两个组成部分”[②]。

5. 实践本体论把实践与物质对立起来是错误的

因为这样一来，也就逻辑地否定了实践的自然物质前提，否定了实践的客观物质性根据。这样也就为唯心地理解实践开了方便之门。实践是一种物质性活动，但又不是纯客观的本能活动，它始终是和人的意识相联系而存在的。正因为如此，所以列宁指出：“人类的实践不仅具有（休谟主义和康德主义所谓的）现象的意义而且还具有客观实在的意义。”[③]列宁这里所说的现象的意义，也就是主观的意义，即主观呈现或感性表现的意义。正因为实践具有这两方面的意义，所以列宁认为，对于实践“可以作主观的解释，也可以作客观的解释”[④]。然而实践中有主观性因素或精神性因素的参与，不能由此把实践活动归结为主观性活动或精神活动。因为这里的精神性参与因素是以物质性参与因素为基础和前提，并借以把自身物化、外化的活动，而不是抽象精神的活动。如果排除了实践的自然前提和物质根据，那么实践的

① ［德］马克思：《1844年经济学哲学手稿》，中央编译局译，116页，北京：人民出版社，2000年。

② 《马克思恩格斯全集》第39卷，64页，北京：人民出版社，1975年。

③ ［俄］列宁：《唯物主义和经验批判主义》，中央编译局译，96页，北京：人民出版社，1960年。

④ ［俄］列宁：《唯物主义和经验批判主义》，中央编译局译，292页，北京：人民出版社，1960年。

客观物质性也就不见了，剩下的也就只有纯粹的主观性了。哲学史上，黑格尔哲学的实践观、实用主义的实践观以及西方马克思主义所宣扬的实践一元论哲学，实际上都是对实践作了纯粹主观解释，即唯心主义的解释。因此那种主张用实践本体论取代物质本体论的观点，已经逻辑地包含了走向唯心主义的可能。所以，吸取哲学史上一些哲学家在实践问题上失足于唯心主义的教训，不无借鉴意义。当然，有些“实践本体论”的持有者，为了和唯心主义划清界限，也一再声称，他们所讲的实践是“物质实践”“客观的物质活动”。然而，他们在这样说的同时，却又把实践与物质对立起来加以理解。这种前后不一说明，他们并不真正懂得马克思主义所说的“物质实践”，就其本质而言是统一于物质，是以物质为前提、为根本内容的实践。

（二）实践唯物主义与辩证唯物主义的统一

在说明这个问题以前，这里先要探求一下与此有关的一个问题，即相对于各种形式的唯心主义和旧唯物主义，马克思主义哲学的本性有哪些？应该说，马克思主义哲学的本质规定是多方面的，这些规定有唯物性、辩证性、实践性、历史性、人本性，等等。就这些规定的相互关系而言，其中的任何一个规定都是马克思主义哲学本质的一个侧面，不能涵盖和取代其他方面的规定，而且任何一个规定也只有在与其他规定的相互联系和相互映现中，才能获得自己的存在和科学的理解。从总体上说，马克思主义哲学的本质就是以上多种规定的综合。因此，离开唯物性讲辩证性、实践性、历史性、人本性，就不可能是马克思主义哲学所讲的辩证性、实践性、历史性和人本性，而只能是唯心主义所讲的辩证性、实践性、历史性、人本性；同样，离开辩证性、实践性、历史性、人本性，也不可能是马克思主义的唯物主义，而只能是形而上学的、非历史的、非人本的、直观的唯物主义。另外，马克思主义哲学唯物主义的辩证性，如果离开实践性等其他特性的互补和支持，也不可能达到自己辩证性的彻底贯彻和丰富展示，也不成其为马克思主义哲学的辩证性；同样，马克思主义哲学唯物主义的实践性，如果离开辩证性等其他特性的互补和支持，也不可能获得自己实践性的世界观根据和丰富的展示，也不成其为马克思主义哲学的实践性。

在关于实践唯物主义的讨论中有这样两种观点，它们分别从两个极端把马克思主义哲学的实践本性和辩证本性对立了起来，即把标明马克思主义哲学实践本性的实践唯物主义与标明马克思主义哲学辩证本性的辩证唯物主义对立了起来。曾经有一段时间，有些人一看到“实践唯物主义”这个名称，就认为是离经叛道；也有人指责使用“辩证唯物主义”名称的人是僵化保守。其实，这两种观点都失之偏颇。

马克思主义哲学是辩证唯物主义，同时也是实践唯物主义。“辩证唯物主义”准确地表达了马克思主义哲学是唯物主义和辩证法的有机统一，强调了马克思主义哲学唯物主义的辩证本性；“实践唯物主义”准确地表达了马克思主义哲学是以实践为主导原则的唯物主义，强调的是马克思主义哲学唯物主义的实践本性。因而从相对的意义上说，用辩证唯物主义或用实践唯物主义来称谓马克思主义哲学都是可以的。因此，既不能用实践唯物主义来否定和取代辩证唯物主义，同时也不能用辩证唯物主义来否定和排斥实践唯物主义。

实践唯物主义和辩证唯物主义这两个概念的前提和基础是共同的，都坚持唯物主义，即承认物质第一性，意识第二性，坚持物质对于意识的根源性、先在性、基础性；承认意识是人脑的机能和对客观世界的反映，并根据当代实践、科学和哲学的最新成果，对世界的物质统一性和意识对物质的依赖性和反映性作出符合时代水平的说明。承认唯物主义这个前提，就与唯心主义以及“实践本体论”“超越论”等错误理论划清了界限。

实践唯物主义坚持唯物主义，又强调实践的重要地位，强调对人类实践的深切关注和科学理解，并把实践确立为马克思主义哲学的主导原则。马克思强调以唯物主义观点来科学地理解实践。认为实践既是人与外部世界进行物质、能量和信息变换的基本形式，又是有意识、有目的地进行的人的活动，是人的理智、情感、意志等内在本质力量的对象性表现，是人的内在尺度与事物的外在尺度相统一的过程。另外，实践是一种革命批判的活动，它表现着人的创造性本质，引起外部世界的合目的性的变化，是人与世界关系发展和社会文明进步的最积极力量。马克思主义哲学强调从科学实践观的角度来理解人、人的世界和人与世界的关系及其时代特点，指导人们正确处理人与世界的复杂关系，帮助人们更好地生产、生活。正是在这个意义上，马克思把自己叫作实践的唯物主义者，把自己创立的哲学叫作实践活动的唯物主义，即实践唯物主义。

辩证唯物主义强调要坚持唯物主义，又强调要坚持辩证法。马克思主义哲学的辩证法，既包含着对费尔巴哈哲学在内的旧唯物主义的直观性的科学批判，也是奠定在对黑格尔唯心辩证法的合理改造基础上的。马克思强调对世界的实践理解，这实际上就是辩证的理解。辩证法的批判性和革命性是在现实世界的运动中得到表现和实现的，它不仅是自然辩证法，也是实践辩证法、社会辩证法、历史辩证法、人性辩证法、思维辩证法，是真正具有广泛性、普适性和有效性的辩证法。它不仅是客观辩证法，也是主观辩证法、活动辩证法。它不仅关注人与世界关系的自在辩证运动，而且把人的感性实践活动作为一种积极因素加入人与世界关系的辩证运动过程之中，通过实践的合目的性展开，来影响人与世界关系的辩证发展方向和过程，并在这个过程中来达到对人与世界关系的辩证理解。马克思主义哲学是一种合理形态的辩证法，是辩证的唯物主义。

由上可见，马克思主义哲学的辩证本性和实践本性不是相互排斥，而是密切联系、根本一致的。与此相联系，辩证唯物主义与实践唯物主义也是相互包含、互相补充、辩证统一的。这种统一包含两层含义。第一，马克思主义哲学的辩证本性内在地包含着对实践的辩证理解，同时又对人们通过实践促进事物的辩证发展提出了必然要求，提供了哲学支持。第二，马克思主义哲学的实践本性是辩证本性的能动实现和体现，只有透过实践和实践所实现的辩证运动的科学理解，以此作为基础，才能对世界的普遍联系获得唯物辩证的认识。

承认运动，这是辩证法的一个基本观点。在物质与运动的关系上，17世纪的唯物主义经常把物质与运动放在互不相干的状态下。18世纪的法国唯物主义力图克服上一世纪流行的关于物质僵化被动的观点，提出了物质自己运动的理论。其中狄德罗的运动观尤为突出。狄德罗不仅承认运动是物质所固有的，而且还形成了事物从低级到高级的演进过程的理论。狄德罗关于运动和发展的思想已经在某种程度上具有辩证的性质。但18世纪是力学的世纪，狄德罗摆脱不了时代的局限，用“力”来说明运动，仍然是处在机械论的束缚之下。

第一，辩证法是承认事物自我运动，承认事物之间存在着相互作用的。但是承认这些还不是彻底的辩证法，因为承认相互作用还只是对事物运动的现象性说明，而关键在于指示事物运动的本质，也就是要说明事物的相互作用是如何发生的。在这样一个根本问题上，费尔巴哈比狄德罗有所前进。费尔巴哈有的地方把事物的相互作用理解为互为“前提”、互相“依赖”、互相“吸引”、互相“需要”、互相“产生”。[①]在这里，费尔巴哈实际是猜测到了关于矛盾同一性的思想。在另一些地方，费尔巴哈对把事物的相互作用理解为事物之间的“对立”“不同”“冲突”。[②]费尔巴哈还曾用“正好相反”来表示矛盾，[③]在这里，费尔巴哈实际是接触到了关于矛盾斗争性的思想。这些都是费尔巴哈哲学思想中的可贵之处。但是也应该看到，费尔巴哈虽然讲到矛盾，并有了关于同一性和斗争性的思想，然而在他那里，还只是抽象的规定，还没有上升到理性的具体，也就是说没有作为对立统一、作为矛盾来叙述。

第二，费尔巴哈的上述辩证观点还没有上升到哲学的普遍性，还只是在论及自然领域或认识领域时有所表现。因此，从总体上说，费尔巴哈虽然比18世纪的唯物主义接近了彻底的辩证法，但他的直观的唯物主义仍然没有摆脱形而上学的窠臼。那么，造成包括费尔巴哈在内的唯物主义者的这种形而上学性，或者说，使得唯物主义在发展过程中不断得到丰富的辩证法思想最终没有能上升到彻底的辩证法，即马克思主义辩证法的高度的原因是什么呢？应该说，原因是多方面的，如果从认识对象和思维方式上说，他们的共同缺陷在于没有能把实践的辩证运动及其在世界整体联系中的地位和作用作为认识对象，因而也就没有能从人的实践的角度来俯视、理解并说明世界的辩证运动，当然也就不可能从这种彻底的辩证法中引出批判的革命的结论。或者说，他只看到并承认自在形态的辩证法，而没有看到并承认人为形态的辩证法。当然，人为形态的辩证法是以自在形态的辩证法为前提的。或者说，人去改变事物，是以事物的可变为前提的。诚然，“可变”在这里又是通过“改变”而实现的。

从物质运动的形式来说，表现为从低级到高级的不断递进，即表

① 参见《费尔巴哈哲学著作选集》下卷，59页，北京：商务印书馆，1984年。
② 参见《费尔巴哈哲学著作选集》下卷，45页，北京：商务印书馆，1984年。
③ 参见《费尔巴哈哲学著作选集》上卷，178页，北京：商务印书馆，1984年。

现为机械的、物理的、化学的、生物的、社会的运动。在这个序列中，后续的每一种运动形式都是以前一种运动形式为基础产生的，同时相对于前一种运动形式，而又更深入、更充分地显示了世界的辩证性质。社会运动是最高级的运动，它是在自然运动的基础上通过人的实践而实现的运动。具体来说就是，自然界的辩证发展形成自然史，在自然发展的一定阶段上产生了人。如同马克思所说："人的存在是有机生命所经历的前一个过程的结果。只是在这个过程的一定阶段上，人才成为人。"[①]正是在这个意义上，马克思认为，"人直接地是自然存在物"；但马克思又认为，人不是一般的自然存在物，而是"能动的自然存在物"[②]。人是在自然基础上通过劳动改造自然、改造自身、创造了人类的历史。由此，马克思认为："人类史是我们自己创造的，而自然史不是我们自己创造的。"[③]在承认自然史与人类史相区别的同时，马克思恩格斯又认为："只要有人存在，自然史和人类史就彼此相互制约。"[④]可见，如果没有人的劳动，自然的辩证运动就不可能通过劳动获得更为现实的表现，历史的辩证运动也就不可能通过劳动得以展开，自然史与人类史相互联系、相互制约的辩证运动也就不会出现。

另外，通过实践所实现的辩证运动是世界辩证运动的最高产物和最高表现。从认识论的角度来看，如果能透过对实践的科学理解，也就为全面地认识世界的辩证联系提供了认识基础。这就是马克思所说的人体解剖是猴体解剖的一把钥匙。这种认识方法犹如站在高山之巅，鸟瞰大地，自然是无限风光，尽收眼底。反之，由于旧唯物主义者不了解实践的意义，自然也就不可能运用这种思维方式，对世界的辩证运动获得彻底的全面的了解。尽管他们在不断吸取物理学、化学、生物学的新成果的基础上，不断在自己的哲学中增添了不少辩证论的思想因素，但从世界观的总体上说，这都还带有偶然的个别的性质。这种认识方式犹如从山脚向上登高，虽然观赏到的景致范围不断扩大，但在到达山顶以前，这种观赏所及仍然是片面的、局部的。所以，在哲学史和自然科学史上，那些停留在自然观上的唯物主义哲学

① 《马克思恩格斯全集》第26卷（III），545页，北京：人民出版社，1974年。
② 《马克思恩格斯全集》第42卷，167页，北京：人民出版社，1979年。
③ 《马克思恩格斯全集》第23卷，410页，北京：人民出版社，1972年。
④ 《马克思恩格斯全集》第3卷，20页，北京：人民出版社，1960年。

家和以自然客体为研究对象而又缺少辩证世界观训练的自然科学家，固然可以具有一定程度的辩证论思想，或曰自发的辩证论，但在世界观的总体上却难以挣脱形而上学的束缚，费尔巴哈就是这一方面的典型。

相比之下，黑格尔优越于包括费尔巴哈在内的一切旧唯物主义者的地方在于，黑格尔在所谓的绝对精神否定自身、异化为自然界和克服这种异化又回到精神自身的过程中，把劳动作为一个环节，作为“精神”扬弃异化达到自身统一的一种活动方式。黑格尔抓住了劳动这个环节去说明人自身的产生，去说明人与自然、人与社会的关系。这是他的辩证法的深刻之处，也是黑格尔辩证法成为一个较为完整形态的世界观意义上的辩证法的秘密所在。如上所说，黑格尔辩证法是唯心辩证法，他把劳动理解为抽象的“精神劳动”。他不承认自然界在时间上有自己的历史，①不承认自然的辩证运动是人的劳动的自然前提，也没有能从社会历史的意义上来说明劳动的辩证发展，或者说，在劳动基础上来展开社会历史的辩证运动。之所以如此，其基本原因是由于他的唯心主义体系的束缚，从而造成了他的辩证法的种种不彻底性。

由此可见，脱离劳动及劳动所创造的人类历史的辩证运动，就不可能对整个世界获得唯物辩证的理解。同样，离开自然的辩证运动，脱离劳动和社会的自然基础，也不可能对劳动和劳动所创造的人类历史，以至整个世界获得科学的和彻底辩证的说明。

另外，人们要获得关于世界的唯物辩证的认识，说到底是为了付诸实践、改造世界。正如马克思所说：“哲学家们只是用不同的方式解释世界，问题在于改变世界。”②当然，这决不仅仅是马克思主义辩证法家的一种价值取向，而是取决于唯物辩证法的本质规定。马克思在谈到唯物辩证法的本质时指出：“辩证法，在其合理形态上，引起资产阶级及其夸夸其谈的代言人的恼怒和恐怖，因为辩证法在对现存事物的肯定的理解中同时包含对现存事物的否定的理解，即对现存事物的必然灭亡的理解；辩证法对每一种既成的形式都是从不断的运动中，因而也是从它的暂时性方面去理解；辩证法不崇拜任何东西，按其本

① 参见《马克思恩格斯选集》第4卷，345页，北京：人民出版社，1995年。

② 《马克思恩格斯选集》第1卷，57页，北京：人民出版社，1995年。

质来说，它是批判的和革命的。”[1]只有革命实践才是人的真正的批判活动，才是人对现存事物的现实否定，并在否定中推动其辩证发展的手段。所以，坚持唯物辩证法，就必然要肯定实践否定性的合理性及其重大意义，同时也就内在地要求通过革命实践推动客观世界和人本身的辩证发展。

总之，坚持辩证唯物主义，必然要肯定革命实践的辩证否定性及其重大意义。换句话说，辩证唯物主义必然是实践的唯物主义；同样，承认实践唯物主义，就必然会承认通过实践所展示、所实现的物质世界的辩证发展。换句话说，实践唯物主义必然是辩证的唯物主义。实践唯物主义和辩证唯物主义是统一的，它们是从不同角度对马克思主义哲学所作的概括。

（三）马克思恩格斯哲学导向的根本一致

1. 马克思恩格斯通过不同的哲学道路殊途同归

马克思主义哲学是以实践为核心的历史的辩证的唯物主义的一体化哲学。列宁认为，马克思主义哲学是一个包括唯物史观在内的严整的科学世界观。“在这个由一整块钢铁铸成的马克思主义哲学中，决不可去掉任何一个基本前提、任何一个重要部分，不然就会离开客观真理，就会落入资产阶级反动谬论的怀抱。”[2]

近几十年来，列宁关于“马克思主义哲学是一块整钢般的一体化哲学”这一命题，受到来自西方马克思主义的挑战。他们制造了马克思和恩格斯对立的神话，以求达到肢解马克思主义哲学的目的。这一神话也传入我国，一些人对此不加分析，盲目信从，认为由于马克思恩格斯走的是不同的哲学道路，因而形成了不同的哲学导向，即马克思“以研究‘自我意识’为起点”，最终建立了“体现人文主义导向”的实践唯物主义；而恩格斯则是受到“重视自然科学的英国唯物主义”的“一定影响”，最终建立了“体现科学主义导向”的现代唯物主义，即后人所概括的“辩证唯物主义”。我们认为，这种所谓马克思恩格斯在哲学导向上的对立是不存在的，因为这有悖于历史的真相。

① 《马克思恩格斯选集》第2卷，112页，北京：人民出版社，1995年。

② ［俄］列宁：《唯物主义和经验批判主义》，中央编译局译，326—327页，北京：人民出版社，1960年。

马克思恩格斯在成为马克思主义者以前，是走过不同的哲学道路，但是这不能成为所谓的二者对立论的根据。因为这种不同不是某些论者所说的，马克思在哲学思想的演变过程中经过了“自我意识”哲学这一阶段，恩格斯则没有经过这一阶段，而是受到重视自然科学的英国唯物主义的影响，等等。这种不同主要表现在，马克思是通过对黑格尔哲学，特别是黑格尔法哲学的批判，形成了市民社会决定国家的唯物史观的思想萌芽，[①]恩格斯则主要是在对资产阶级经济学的批判中，揭示了经济条件和经济利益对于社会发展的最终决定作用。[②]另外，这种不同不是某些论者所认为的二水分流，而是殊途同归。关于这一点，有马克思恩格斯的言论为证。马克思在1859年写作的《〈政治经济学批判〉序言》中回忆说：“自从弗里德里希·恩格斯批判经济学范畴的天才大纲（指《政治经济学批判大纲》——引者注）……发表以后，我同他不断通信交换意见，他从另一条道路（参见他的《英国工人阶级状况》）得出同我一样的结果。”[③]恩格斯1885年在论述共产主义者同盟的历史时，也曾回忆说：“当我1844年夏天在巴黎拜访马克思时，我们在一切理论领域中都显出意见完全一致，从此就开始了我们共同的工作。”[④]在以后的几十年中，这两位巨人携手合作，肝胆相照，共同锻造着无产阶级争取解放的哲学武器。有的论者无视这一历史事实，任意剪裁历史，杜撰所谓马克思和恩格斯对立的论据，这样做是很不妥当的。

2. 马克思恩格斯共同创立了实践性与辩证性统一的唯物主义哲学

马克思恩格斯共同锻造的哲学武器是什么呢？在我们看来，是实践唯物主义、历史唯物主义，同时也是辩证唯物主义，综合起来说，即实践的历史的辩证的唯物主义。

可是有的论者认为，“辩证唯物主义……只是恩格斯现代唯物主义的逻辑贯彻”，“抛弃的正是马克思的实践唯物主义”。这就是说，在这些论者看来，辩证唯物主义只是体现了恩格斯的哲学思想，并不代表马克思的哲学思想，而马克思的哲学思想是实践唯物主义，不同于恩

① 参见《马克思恩格斯全集》第1卷，250—251页，北京：人民出版社，1956年。

② 参见《马克思恩格斯全集》第19卷，259页，北京：人民出版社，1972年。

③ 《马克思恩格斯选集》第2卷，33页，北京：人民出版社，1995年。

④ 《马克思恩格斯选集》第4卷，196页，北京：人民出版社，1995年。

格斯的哲学思想。事情的真实情况如何呢？

“新唯物主义”或“现代唯物主义”，这是马克思主义哲学的创始人马克思和恩格斯对自己哲学的称呼。这个名称说明马克思主义哲学既不同于古代朴素唯物主义，也不同于近代机械唯物主义，以及费尔巴哈的人本学唯物主义，当然更不同于形形色色的唯心主义哲学，而是对以往全部哲学的根本变革，是在吸取人类创造的全部优秀文化成果的基础上，根植于现代社会和现代科学文化土壤中的，反映时代精神精华的全新的唯物主义哲学。

“辩证唯物主义”这一称呼，虽然不是由马克思，也不是由恩格斯提出来的，但这一称呼确实又是对他们的哲学世界观的一种简明而科学的概括。首先使用辩证唯物主义来称呼自己哲学的，是把马克思作为该派之首的工人哲学家约瑟夫·狄慈根，后来，普列汉诺夫在1891年发表的《黑格尔逝世六十周年》一文中，五次使用了“辩证唯物主义”来称谓马克思主义哲学。对于狄慈根和普列汉诺夫的上述概括，恩格斯都给予了肯定。恩格斯在《路德维希·费尔巴哈和德国古典哲学的终结》中指出：“值得注意的是，不仅我们发现了这个多年来已成为我们最好的工具和最锐利的武器的唯物主义辩证法，而且德国工人约瑟夫·狄慈根不依靠我们，甚至不依靠黑格尔也发现了它。”[①]对于普列汉诺夫的上述概括，恩格斯1891年12月3日在致考茨基的信中也赞扬说：“文章好极了。”[②]应该承认，这也包括了对该文中使用“辩证唯物主义”这一重要概念的肯定。

现在的问题是，辩证唯物主义是否如某些论者所说的，只是反映了恩格斯的哲学思想，而没有体现马克思的哲学思想。我们认为，根本不是这样。恩格斯曾明确说过：“马克思和我，可以说是把自觉的辩证法从德国唯心主义哲学中拯救出来并用于唯物主义的自然观和历史观的惟一的人。”[③]马克思也曾多次郑重声明：“黑格尔辩证法……无疑是整个哲学的最新成就。”[④]“德国的先生们认为，黑格尔的辩证法是条死狗”，而“恩格斯和我……严肃地对待死狗黑格尔”[⑤]，“公开承认

① 《马克思恩格斯选集》第4卷，243页，北京：人民出版社，1995年。
② 《马克思恩格斯全集》第35卷，356页，北京：人民出版社，1971年。
③ 《马克思恩格斯选集》第3卷，349页，北京：人民出版社，1995年。
④ 《马克思恩格斯全集》第29卷，540页，北京：人民出版社，1972年。
⑤ 《马克思恩格斯全集》第32卷，672页，北京：人民出版社，1972年。

我是这位伟大思想家的学生”。只不过，“辩证法在黑格尔手中神秘化了”。正是在这个意义上马克思指出：“我的辩证方法，从根本上说，不仅和黑格尔的辩证方法不同，而且和它截然相反。”[①] “因为我是唯物主义者，黑格尔是唯心主义者。”[②]由此可见，有的论者把辩证唯物主义说成是对马克思哲学的背离，而仅仅是恩格斯哲学思想的逻辑贯彻是没有丝毫根据的。

另外，有的论者把实践唯物主义说成仅仅是马克思的哲学，而不是对恩格斯哲学思想的体现，这也没有丝毫根据。

如果尊重历史事实，那么应该承认，无论是马克思还是恩格斯都没有把马克思主义哲学体系直接概括为“实践唯物主义”。但是同时又应该承认，马克思和恩格斯又确实在自己的著作中运用了“把感性理解为实践活动的唯物主义”和“实践的唯物主义者”[③]这样两个概念。运用这两个概念，意在强调他们所主张的新唯物主义的实践本性。换句话说，马克思主义的唯物主义是一种通过实践来理解并改造世界的唯物主义。因此，今人把马克思主义哲学概括为实践唯物主义，可以视为是对马克思恩格斯上述思想的一种引申。如果不是像某些人那样，把实践唯物主义曲解为“实践本体论”或“超越论”，或是把它片面地理解为关于实践的唯物主义，而是在强调马克思主义哲学世界观的实践本性的意义上，那么把马克思主义哲学概括为实践唯物主义是可取的，这是符合马克思哲学思想，同时也是符合恩格斯哲学思想的一种科学引申。关于实践唯物主义也体现了恩格斯的哲学思想，有的论者对此持否定态度，而只要指出如下事实，就足以说明问题了。

在关于实践唯物主义的科学性的证明中，人们从马克思恩格斯的著作中引用得比较多的有两点理论根据。其中第一点是在《关于费尔巴哈的提纲》中。《提纲》指出，“新唯物主义”是“把感性理解为实践活动的唯物主义”[④]。第二点是在《德意志意识形态》中。这一著作指出：“对实践的唯物主义者即共产主义者来说，全部问题都在于使现存世界革命化，实际地反对并改变现存的事物。”[⑤]《提纲》的作者是

① 《马克思恩格斯选集》第2卷，111—112页，北京：人民出版社，1995年。

② 《马克思恩格斯全集》第32卷，526页，北京：人民出版社，1974年。

③ 《马克思恩格斯选集》第1卷，60、75页，北京：人民出版社，1995年。

④ 《马克思恩格斯选集》第1卷，60页，北京：人民出版社，1995年。

⑤ 《马克思恩格斯选集》第1卷，75页，北京：人民出版社，1995年。

马克思。它标志着马克思经过实践探索和理性批判的艰难历程以后，实现了对费尔巴哈人本主义以及一切旧哲学的彻底决裂，同时也标志着新世界观的由此萌生。但是从马克思1844—1847年的笔记中发现这个提纲，加以文字的整理，并给予高度评价的是恩格斯。恩格斯认为这是“非常宝贵的”、“包含着新世界观的天才萌芽的第一个文件”[①]，并且在1888年把《提纲》收入他的《路德维希·费尔巴哈和德国古典哲学的终结》一书的单行本中，作为附录第一次发表出来。以上事实说明，恩格斯对贯穿于《提纲》中的科学的实践观，对于马克思关于“把感性理解为实践活动的唯物主义”的思想是完全赞同的。《德意志意识形态》是马克思主义哲学世界观的第一次系统的表述，是马克思恩格斯合写的一本极为重要的著作。其中的上述论述体现了马克思恩格斯的共同哲学思想，这也是毫无疑义的。有的论者无视上述基本事实，把实践唯物主义说成是与恩格斯哲学思想相对立的另一种哲学体系，这是极不严肃的，其观点是不能令人赞同的。

总之，马克思和恩格斯共同创立了马克思主义哲学，即实践性与辩证性相统一的唯物主义哲学。

3. 马克思恩格斯共同创立了辩证唯物的自然观与历史观相统一的哲学

马克思主义哲学是一块整钢般的一体化哲学，不仅表现为实践唯物主义与辩证唯物主义的统一，而且表现为马克思主义哲学的自然观与历史观的统一。

马克思恩格斯在创立唯物主义历史观的时候，虽然没有形成辩证唯物主义自然观的理论体系，但又是从唯物主义的自然观出发，才创立了唯物主义历史观。从历史联系的角度看，在黑格尔哲学解体的过程中，费尔巴哈抓住黑格尔思维派生存在的唯心主义的观点，实现了主宾词的颠倒，说明自然界和以自然为基础的人才是第一性的，思维是第二性的、派生的，从而在黑格尔唯心主义体系上打开了一个缺口，形成了具有费尔巴哈特点的唯物主义自然观。费尔巴哈对黑格尔的批判，使青年马克思受到极大启发，他开始转到费尔巴哈的自然观的立场。但是他对费尔巴哈“过多地强调自然而过少地强调政治”又不甚满意，于是他运用费尔巴哈的唯物主义的颠倒方法在费尔巴哈所

① 《马克思恩格斯选集》第4卷，213页，北京：人民出版社，1995年。

没有涉及的一个全新的领域——社会历史领域开始了对黑格尔唯心主义的批判，从而创立了唯物主义历史观，或用列宁的话说，是实现唯物主义从自然观到历史观的向上发展。这就是马克思为自己确立的哲学研究方向。可是有些论者根本无视这种历史联系，把唯物主义历史观这个关于现实的人及其历史发展的科学混同于一般的人文主义，然后在人文与自然的对立中思维。殊不知，对于马克思主义哲学来说，脱离了唯物主义自然观作基础，就不可能产生唯物主义历史观。因此，坚持自然与人的统一，坚持自然史与人类史的统一，对于唯物史观的创立来说，这是不可或缺的理论前提。

在马克思恩格斯通过对社会领域的共同研究创立了唯物史观以后，为了补充、丰富和完善他们所创立的这一历史理论，马克思把主要精力用于研究政治经济学、写作巨著《资本论》上。恩格斯则花相当精力去研究社会历史的自然基础，即对自然界的辩证发展进行考察，从而给唯物主义历史观进行哲学世界观的论证，并在整体上完成辩证唯物主义理论体系的创立工作。因此，辩证唯物主义自然观的理论体系的创立，这是他们所创立的唯物主义历史观理论体系的内在要求和必然的延伸，也是创立辩证唯物主义哲学的思维行程的必经阶段。这一思维的发展轨迹，在他们系统表述历史唯物主义的第一部著作《德意志意识形态》中已经初显端倪。《德意志意识形态》指出："在思辨终止的地方，在现实生活面前，正是描述人们实践活动和实际发展过程的真正的实证科学开始的地方。"①这个地方就是："全部人类历史的第一个前提无疑是有生命的个人的存在。因此，第一个需要确认的事实就是这些个人的肉体组织以及由此产生的个人对其他自然的关系。"所以马克思恩格斯认为："任何历史记载都应当从这些自然基础以及它们在历史进程中由于人们的活动而发生的变更出发。"②于是，对社会历史的自然基础进行考察，作为一个新的研究课题被逻辑地提了出来。另外，马克思恩格斯在创立历史唯物主义的过程中所形成的"自然的历史"和"历史的自然"等辩证观点，也为他们去科学地认识自然提供了借鉴和指导。因此，在这个意义上也可以说，不从辩证唯物主义历史观的高度去认识自然，也就不可能形成马克思主义

① 《马克思恩格斯选集》第1卷，73页，北京：人民出版社，1995年。

② 《马克思恩格斯选集》第1卷，67页，北京：人民出版社，1995年。

自然观。正是基于对自然的辩证唯物主义考察，恩格斯创立了关于自然辩证法的理论。对于恩格斯的这一理论贡献，马克思不仅给予了高度评价，而且也部分地参与了这一理论的创立工作。

恩格斯在《反杜林论》第一编和《自然辩证法》等著作中比较集中地论述了马克思主义自然观。至于《反杜林论》，马克思不仅写了其中的第十章，而且这整部著作直到个别词句也是符合马克思的观点的。因为在这本书付印以前，恩格斯按照两人之间形成的习惯，已把全部原稿念给马克思听了。所以，恩格斯在序言中特别声明："我的这部著作不可能在他不了解的情况下完成，这在我们相互之间是不言而喻的。"①但是由于受到被批判对象的局限，恩格斯在《反杜林论》中还未能详尽地阐述自然科学问题，特别是自然科学与哲学的关系问题，这正是恩格斯写作《自然辩证法》所要解决的问题。人所共知，恩格斯《自然辩证法》的写作，同样是同马克思商讨并得到马克思支持的。恩格斯曾经说："要确立辩证的同时又是唯物主义的自然观，需要具备数学和自然科学的知识。"②因而这是一个巨大的工程，所以马克思恩格斯只有分工合作才能胜任。从他们遗留下来的书籍摘要和笔记以及通信中，可以看出这两位朋友在自然科学研究方面是互相取长补短的。马克思除了写作经济学的巨著外，主要研究数学和地质学，恩格斯则集中精力研究物理、化学、生物学，特别是生物人类学。为了深入研究物理学和化学，恩格斯还拜马克思为师，学习数学，特别是微积分。至于恩格斯关于自然辩证法研究的一些看法，马克思不仅认为"完全正确"③，而且还认为：《自然辩证法》是比《反杜林论》"更加重要得多的著作"④。马克思对《自然辩证法》之所以给予如此崇高的评价，不仅表明了马克思对这部著作中的基本观点的赞同，而且主要的是这部著作在马克思主义的世界观体系中具有重大的意义。这种意义可以概括为三点：(1) 恩格斯在此著作中，以辩证唯物主义观点为指导，总结了自然科学的成果，揭示了自然界发展的普遍规律，第一次系统地阐明了他们对"自然史"的根本观点。(2) 恩格斯

① 《马克思恩格斯选集》第3卷，347页，北京：人民出版社，1995年。
② 《马克思恩格斯全集》第20卷，13页，北京：人民出版社，1971年。
③ 《马克思恩格斯全集》第1卷，910页，北京：人民出版社，1995年。
④ 《马克思恩格斯全集》第34卷，194页，北京：人民出版社，1972年。

在《自然辩证法》中应用大量的研究成果，充实和丰富了唯物主义历史观，特别是《劳动在从猿到人转变过程中的作用》一文，说明了一个从自然界的辩证发展过渡到人类社会的重要理论问题。（3）由于辩证唯物主义自然观以及自然科学观作为他们共同创立的哲学世界观的一个重要组成部分，填补了基本上是一个空白的领域，从而使他们的哲学体系更加完整。

以上事实表明，根本不存在某些论者所说的马克思的“人文主义导向”与恩格斯的“科学主义导向”的对立。在马克思主义哲学创立的过程中，尽管马克思和恩格斯在理论贡献的主要方面有所不同，但是他们的共同任务是借助辩证法的工具，在唯物主义的基础上，揭示人处理和驾驭自身与世界总体关系的最普遍的根据和法则，即揭示整个世界发展的一般规律，特别是社会历史发展的规律，进而科学地阐明无产阶级通过革命实践用社会主义战胜资本主义的规律，从而得出科学社会主义的结论。换句话说，用马克思主义的实践的历史的辩证的唯物主义来研究和改造现存世界，必然在我们面前展现出一个无产阶级革命时代的前景。这就是马克思主义哲学具有科学性和革命性高度统一的集中表现。马克思主义哲学之所以具有这样的特点，就是因为它完整而严谨，它是“一块整钢”，即实践的历史的辩证的唯物主义的一体化哲学。谁要是置马克思主义哲学的整体联系于不顾，把其中的某一观点孤立起来，加以夸大，并与其他观点对立起来，那么就会肢解马克思主义哲学，“就会离开客观真理，就会落入资产阶级反动谬论的怀抱”[①]。

总之，马克思恩格斯所实现的伟大哲学变革，其基本路线是唯物主义的坚持和创新，其关键和核心是科学的实践主导原则的确立，其伟大成果是实践的历史的辩证的唯物主义的产生。

① ［俄］列宁：《唯物主义和经验批判主义》，中央编译局译，327页，北京：人民出版社，1960年。

第二章　物质概念的立体审视

科学的物质概念，是马克思主义哲学的基石。马克思恩格斯在哲学上所完成的最深刻的革命变革，导致唯物主义最高形态的创立，即实践的历史的辩证的唯物主义的创立，其最基本的前提就是科学的物质概念的形成。它是对唯心主义物质观的彻底排斥和对旧唯物主义物质观的根本超越。因此，正确理解物质概念，就成为科学说明马克思恩格斯所实现的哲学变革的实质，成为坚持马克思主义哲学的党性原则，以及掌握马克思主义哲学一系列基本原理的一个基本之点。许多年来，哲学争论中不少带根本性的分歧，都是与对马克思主义哲学的物质概念的不同理解有关的。

科学理解马克思主义哲学的物质概念，必须要注意以下三点。第一，马克思主义哲学的物质概念是一个世界观意义上的哲学概念，它所指谓的不是具体的物质形态，也不是万事万物所构成的宇宙总体，而是揭示一切物质形态的共同本质的普遍概念。第二，马克思主义哲学的物质概念，是个广泛已极的概念，它包括自在态物质存在、自为态物质存在和人工态物质存在。不能用物质个别取代物质一般，也不能用物质一般否定物质个别，那种把物质一般归结为物质的个别形态，或把物质一般与物质的个别形态绝对对立起来的观点，都是不正确的。第三，物质概念因其最抽象、最简单，因而马克思主义哲学应以物质为逻辑起点，时间和空间、实体和联系、系统和过程都是物质概念由抽象到具体展开的一些环节。下面就此来作一些具体说明。

一、物质概念的三种含义

（一）物质概念三种含义的区别

把物质定义为客观实在，这是马克思主义哲学关于物质含义的哲学表述。除此以外，在人类生活中还有另外两种意义上使用的物质概念。也就是说，包括上述含义在内，物质概念有三种含义，或者说有三种不同含义的物质概念。分别说来就是：

1. 具体物质形态意义上的物质含义

这个意义上的物质概念所指谓的是具体的物质形态，是具体的存在物。这种物质也就是恩格斯所说的“实存的物质”[①]。它具有个别性。一张桌子、一个苹果、一片树叶，都是实存的物质。物质形态千姿百态，各个特殊。它具有可感性。即它们感性地存在着，现实地存在着，可以被人们所感知，包括直接的感知或间接的感知。它具有有限性。即任何一个具体事物都是在有限的空间和时间中存在的，都是有条件的。所以，当我们说“物质总是有生有灭的”，这里所说的物质就是指具体的物质形态，其意思是说，具体物质形态的存在总是有限的、非永恒的，是有生有灭的。正如恩格斯所指出的：“物质的每一有限的存在方式，不论是太阳或星云，个别动物或动物种属，化学的化合或分解，都同样是暂时的。”[②]

2. 各种物质形态集合体意义上的物质含义

在这个意义上的物质概念所指谓的是物质世界或宇宙总体。恩格斯说：“宇宙是一个体系，是各种物体相联系的总体”，“物质无非是各种物的总和”[③]。显然，这里的物质所指谓的是宇宙总体或整个世界。物质作为宇宙总体，作这样理解的物质具有惟一性，即我们通常所说的世界只有一个，此外并不存在与这个世界并列的另外的世界。至于意识、思维，不过是物质发展到一定阶段的产物，它是从属于物质世界的，而不是一个绝对孤立自存的世界。恩格斯指出，“我们自己所属

① ［德］恩格斯：《自然辩证法》，中央编译局译，233页，北京：人民出版社，1971年。

② 《马克思恩格斯选集》第4卷，279页，北京：人民出版社，1995年。

③ 《马克思恩格斯选集》第4卷，347、343页，北京：人民出版社，1995年。

的物质的、可以感知的世界，是惟一现实的”[1]；它具有系统整体性。它既不是各种孤立事物的简单相加，也不是各种物质形态的机械组合，而是各种物质形式相互联系、相互作用所形成的具有不同层次的物质系统整体；它具有无限性、永恒性。正如恩格斯所说：“当我们说，物质和运动既不能创造也不能消灭的时候，我们是说，宇宙是作为无限的进步过程而存在着，即以恶无限性的形式存在着。”[2]“除了永恒变化着的、永恒运动着的物质及其运动和变化的规律以外，再没有什么永恒的东西了。”[3]显而易见，正是在无可穷尽的具体物质形态、物质结构的永恒变化或转化中，表现出物质世界的无限性、永恒性。

3. 各种物质形态的共同本质意义上的物质含义

这个意义上的物质概念，所标志的是客观实在。物质世界作为各种物质形态的集合体，那么构成这个集合体的各种物质形态的共同本质是什么呢？关于这个问题的马克思主义回答，也就引出了物质范畴的第三种含义，即在各种物质形态的共同本质意义上的物质含义。恩格斯指出，这种意义上的物质作为“抽象”和“简称”，“用这种简称把感官可感知的许多不同的事物依照其共同的属性概括起来”[4]。恩格斯又指出：“物质本身是纯粹的思想创造物和纯粹的抽象。当我们把各种有形地存在着的事物概括在物质这一概念的时候，我们是把它们的质的差异撇开了。因此，物质本身和各种特定的、实存的物质不同，它不是感性地存在着的东西。”[5]在这里，恩格斯把“实存的物质”即各种物质形态，同“物质本身”即各种物质形态的共同本质之间的关系，看作是个别与一般、特殊与普遍的关系。也就是说，作为万事万物共同本质的物质，这种物质具有抽象性，即超感性，或曰不能被感知，而只能靠理性思维去把握。“这正是黑格尔所说的难处：我们固然能吃樱桃和李子，但是不能吃水果，因为还没有人吃过水果”[6]。因为水果无非是一切水果的具体形态——桃、李子、香蕉……的抽象。作

---

① 《马克思恩格斯选集》第4卷，227页，北京：人民出版社，1995年。
② 《马克思恩格斯选集》第4卷，344页，北京：人民出版社，1995年。
③ 《马克思恩格斯选集》第4卷，279页，北京：人民出版社，1995年。
④ 《马克思恩格斯选集》第4卷，343页，北京：人民出版社，1995年。
⑤ ［德］恩格斯：《自然辩证法》，中央编译局译，233页，北京：人民出版社，1971年。
⑥ 《马克思恩格斯选集》第4卷，343页，北京：人民出版社，1995年。

为水果的概念只能是从各种不同水果中抽象出来的共性，是对它们共性的把握，对物质概念的哲学含义也应该作如是观。即作为哲学范畴的物质具有普遍性、共性，它把各种物质形态所具有的异质性抽象掉了，舍去了。

那么，作为各种物质形态的共同本质意义上的物质，其含义是什么呢？这就是列宁所揭示的：物质是“不依赖于人的意识并且为人的意识所反映的客观实在”[①]。那么什么是客观实在呢？列宁说：“客观实在（＝既不依存于个别人，也不依存于全人类的实在）。”[②]在这里，列宁表述了客观实在的一重属性——客观性，即对于人类意识的不依存性，以区别于主观唯心主义所谓的主观存在，即主观精神。

除了这一重属性以外，客观实在还有另一重属性，即实在性。有人把实在性理解为实体性，这是不对的，关于这一点，后文还将作详细说明。还有人把实在性理解为存在性，于是在这种观点看来，客观实在性也就是客观存在性，这种理解也是不对的。因为如果作这样的理解还不足以把物质与精神区别清楚。原因在于，宗教里讲的上帝、造物主，客观唯心主义者讲的“客观理念”“绝对观念”，在他们看来也具有不依赖于人类的“客观”性质，但能否承认它们是物质呢？不能。因为客观理念、绝对观念、上帝之类不管信奉者如何说得天花乱坠，但它们并不是真实的存在，而是主观的杜撰。因此，作为物质的客观实在，应该解释为客观真实的存在，也就是说，物质作为客观实在，是客观性和真实性相统一的存在。只有作这样的解释，才能把唯物主义所说的物质不仅与主观唯心主义所说的主观精神区别开来，而且与客观唯心主义所说的客观精神区别开来。

那么，对客观实在的实在性作这样的解释是否有依据呢？有。列宁就是这样说明的。列宁说，“客观真实的存在”即“物质”[③]。列宁把物质定义为客观实在，这是对各种物质形态的共同本质的最一般、最抽象的规定，同时也是物质相对于意识而言的特殊性规定。所以列宁说，物质的惟一特性是客观实在性。因此，客观实在既是各种物质现象的共同属性的标志，也是物质相对于意识而言的惟一特性的标志。

---

① ［俄］列宁：《唯物主义和经验批判主义》，中央编译局译，261页，北京：人民出版社，1960年。

② ［俄］列宁：《唯物主义和经验批判主义》，中央编译局译，176页，北京：人民出版社，1960年。

③ ［俄］列宁：《唯物主义和经验批判主义》，中央编译局译，326页，北京：人民出版社，1960年。

有人说，运动作为物质的固有属性，为什么不能把运动也作为物质区别于意识的特性呢？提出这种疑问的人是把属性和特性这两个概念搞混淆了。所谓属性是指事物本身所固有的性质，所谓特性是指某一事物特有的性质。从属性和特性的定义中可以看出，属性和特性是有联系的，它们都是事物所具有的性质。但二者又有区别，属性和特性是从不同的角度讲的。属性是就事物本身而言的，指事物本身所具有的性质；特性是就一事物与另一事物的关系而言的，即就两个事物相比较而言的。特性是其他事物（特定的比较对象）所不具有而只为某事物所具有的性质。物质存在的属性很多，比如客观实在性、运动性、时空性、系统性，等等，但是相对于精神存在而言，只有客观实在性才是它所具有的惟一特性。在这种比较关系中，运动只是物质存在的一种属性，不是它的特性，因为精神也运动。换句话说，运动也是精神存在的一种属性，当然运动作为精神存在的属性，依存于物质存在，是物质存在的运动属性的一种表现和派生。

在前苏联哲学界和我国哲学界曾经有过关于本体论的物质定义和认识论的物质定义的争论。其中有一种观点认为，列宁给物质下了一个认识论的定义，没有给物质下一个本体论的定义。从马克思主义哲学的观点来看，所谓本体论的物质定义和认识论的物质定义，这种提法本身就是不妥的。

思维和存在的关系问题是哲学的基本问题。恩格斯说这个基本问题包括两个方面的内容，一是思维和存在或曰精神和物质谁是本原的问题，二是思维与存在的同一性问题。所谓本体论，就是关于解答哲学基本问题第一方面问题的理论，即世界是统一于物质还是统一于精神的哲学解答。所谓认识论，就是关于解答哲学基本问题第二方面问题的理论。哲学基本问题的两个方面是相互联系、相互制约的。关于哲学基本问题两个方面的理论，即本体论和认识论也是统一的。没有脱离认识论的本体论，也没有脱离本体论的认识论。因为任何本体论都要通过相应的认识论获得自己的表现和论证，而任何认识论都要以相应的本体论作为自己的前提和基础。所以，要给物质下一个纯粹本体论的定义或纯粹认识论的定义都是不可能的。列宁的物质定义也不是有些人所谓的“认识论定义”。列宁的物质定义首先具有本体论意义，同时又具有认识论意义。就列宁物质定义的本体论意义而言，它肯定了物质是第一性的，是不依赖于意识而存在的，而意识是第二性的，是派生的，这就是马克思主义哲学的本原观或世界的物质统一性原理，也即马克思主义哲学本体论的基本内容。

有人认为，从物质和意识的关系上给物质下定义，就不是“本体论”定义，或者说不具有本体论意义。然而，这恰恰表明这种观点的持有者对“本体”或“本原”的理解，也停留在古代哲学的所谓的“原初物质”或“宇宙之砖”的水平上。而这却是对“本体论”的一种非科学的理解方式。就列宁物质定义的认识论意义而言，它肯定了物质能被意识所反映，也就是说物质是意识的客观源泉；承认意识是对物质的反映，也就是承认客观真理。正如列宁所指出的：“认为我们的感觉是外部世界的映象；承认客观真理；坚持唯物主义认识论的观点——这都是一回事。”①

总之，谁如果想抛弃列宁的物质定义，而另外给物质下一个本体论定义，或者要求对物质下所谓本体论和认识论两个不同的定义，除了倒退和混乱以外，是不会有别的结果的。

从上面的分析可知，物质概念在不同的语境中，具有上述三种不同的含义。拿“人”这个概念来说，也存在这样三种情况。比如，某人到一户住家去喊开门，他问：“家里有人吗?”这里的“人”就是特指这座房子的居住者。又比如，我们常说，“要正确处理人与自然的关系”，这里的“人”指谓的是人的总体，即人类或人类社会。再比如，某人毒打一青年，有人站出来指责说：“他是人啦，你怎么能这样对待他?”这里的“人”就是一个普遍概念，指的是作为社会存在物的具有人身权利和人格尊严的人。

那么，区分物质概念的上述三种含义，其意义如何呢?

（二）区分物质概念三种含义的意义

这里的意义有以下三个方面：

1. 有利于划清马克思主义物质观和唯心主义物质观的界限

因为物质作为具体的物质形态，作为具体存在物的指称，或作为各种物质形态集合体的指称，这两种含义的物质概念并不是马克思主

① ［俄］列宁：《唯物主义和经验批判主义》，中央编译局译，121页，北京：人民出版社，1960年。

义哲学所特有的概念。对于物质的这样两种含义，是唯物主义者和唯心主义者都可以承认的。也就是说，不能以是否承认这样两种含义的物质来区分是唯物主义还是唯心主义，而只能以是否承认物质即客观实在性来作为区别唯物主义和唯心主义物质观的标准。比如，唯心主义者贝克莱并不否认日常生活中那些具体物质的存在，也不否认自然界是存在的。贝克莱说，他的哲学“没有使我们失去自然界中的任何一物”，“我决不对我们通过感觉或思考能够认识到的任何一物的存在提出异议。我用眼睛看到的和用手触到的那些物是存在的，是真实存在的，这一点我毫不怀疑。我们否定其存在的惟一的物，是哲学家们叫作物质……的东西”①，也就是说，贝克莱所否认的是被唯物主义哲学家看作是不依赖于意识而存在的东西，即作为客观实在性的物质。贝克莱认为，自然物，“它们都一样存在于心中，而且在那一种意义下，都一样是观念”②。客观唯心主义者黑格尔也不否认具体物的存在，不否认由各种具体物所构成的自然宇宙的存在，他所否认的是唯物主义把物质理解为不以意识为转移的存在，在他看来，“‘理性’是万物的无限的内容，是万物的精华和真相”，“做着它所创始的一切自然的……基础”，它“不但展开在‘自然宇宙’的现象中，而且也展开在……世界历史的现象中”③。由此可见，坚持物质的客观实在性，这是马克思主义哲学物质观的根本之点，也是马克思主义物质观和唯心主义物质观的主要区别之所在。

2. 有利于划清马克思主义物质观和旧唯物主义物质观的界限

在哲学史上，凡是唯物主义哲学家或哲学派别，都以这样或那样的方式断定物质是精神的本原，认为世界的统一性在于物质性，但由于他们对物质的理解不同，并由此形成了不同的唯物主义哲学形态，即古代朴素唯物主义、近代形而上学唯物主义和马克思主义的现代唯物主义。古代唯物主义和近代唯物主义的物质观的主要缺陷，是把物质个别混同于物质一般，用物质个别取代物质一般。当然，近代唯物主义与古代唯物主义在这方面有程度上的区别。这种区别表现在古代

① 转引自［俄］列宁：《唯物主义和经验批判主义》，中央编译局译，15页，北京：人民出版社，1960年。

② ［英］贝克莱：《人类知识原理》，关文运译，35页，北京：商务印书馆，1973年。

③ ［德］黑格尔：《历史哲学》，王造时译，47页，北京：生活·读书·新知三联书店，1957年。

唯物主义把物质一般等同于或归结为具体的存在物（或是水、火、气等），或是归结为物质结构的具体层次（或是元素、种子、原子等）。古代唯物主义对物质的理解是以感性直观或猜测为基础的，它不足以解释无限复杂的物质世界。建立在这种物质观上的唯物主义自然观是不稳固的，很容易被推翻。一旦科学证明，世界万物不是由水或火组成，原子也不是物质的最小单位，那么这种唯物主义也就不能成立了。近代唯物主义的物质观有了很大进步。近代唯物主义不再把某种具体物理解为一般物质，亦即不再从具体物的角度去说明世界的统一性。在他们看来，物质一般不是什么具体的东西，而是一切个别事物所固有的特性的集合；这种集合又是能够刺激我们感官而引起感觉的东西。霍尔巴赫认为："对于我们来说，物质一般地就是一切以任何一种方式刺激我们感官的东西；我们归之于不同的物质的那些特性，是以不同的物质在我们身上造成的不同的印象或变化为基础的。"[①]爱尔维修也指出："物质并不是一件东西，自然界中只有一些我们称之为形体的个体，物质这个名词只能了解为那些为一切形体所固有的特性的集合。"[②]那么这些特性是什么呢？在他们看来，这些特性是客观性、可知性，以及他们立足于自然物质的抽象而形成的重量、不可分性和不可入性等。可见，近代唯物主义对物质的认知虽然已从某种个别上升到某种一般，但还没有完成这个上升过程，而仍旧停留在某种个别、特殊的认识阶段，并未上升到对物质的最一般的认识。他们把自然物的某些属性当作物质的一般属性，仍然犯了以个别代替一般的错误。英国经验论者洛克认为万物由原子构成，原子是物质的最小单位，这是重犯了古代原子论物质观同样的错误。另外，他们仅仅看到物质的自然存在形态，而忽视其社会存在形态，因而建立在这种物质观上的唯物主义仍然是自然观上的唯物主义，是恩格斯所批判的那种半截子唯物主义。由于近代唯物主义物质观有这种缺陷，因而它也就很难抵御唯心主义的进攻。

马克思主义哲学完成了唯物主义发展史上关于物质从个别上升到

① 北京大学哲学系外国哲学史教研室编译：《十八世纪法国哲学》，587页，北京：商务印书馆，1960年。

② 北京大学哲学系外国哲学史教研室编译：《十八世纪法国哲学》，450页，北京：商务印书馆，1960年。

一般的科学认识过程。马克思主义哲学抓住了以往唯物主义物质范畴中的共性：物质总是存在于意识之外，是不依赖于意识而真实存在的东西。这就使马克思主义哲学超越了一切个别物质形态、一切物质结构层次的差异性，抓住了物质区别于意识的最一般的特性即客观实在性，并从客观实在性去理解世界的统一性。这样就使物质范畴上升成为彻底的唯物主义世界观的范畴，即具有最普遍涵盖性的范畴。

3. 有利于彻底批判不可知论

物质作为普遍概念抓住了物质一般、物质的共性。而一般的物质、共性的物质是不能单独存在的。一般存在于个别之中，因此物质一般是通过各种具体的物质形态而存在的，是通过各种具体的物质形态被人们所感知，进而在感知的基础上通过思维被把握的。关于物质能否被感知的问题，在我国哲学界也曾引起不同意见的分歧。一种观点以恩格斯的有关论述为依据，认为物质作为抽象，不是感性地存在着的东西，因而认为物质不具有可感性。另一种观点以列宁关于“这种客观实在是人感觉到的”这一论述为依据，认为物质具有可感性。怎样看待恩格斯和列宁在上述问题表述上的不同，以及由此引起的意见分歧呢？在我看来，不能在物质一般和物质个别的绝对对立中思维，也不能在感性和理性的绝对对立中思维。物质一般是不能被感知的，不具有可感性，但物质一般就其通过物质个别的存在和表现来说，又是可感知的，并且正是在感知基础上通过抽象思维来加以把握的。因此，恩格斯和列宁的论述是从不同角度说的，本质上是一致的，必须对这些论述作统一的理解。只有作这种统一的理解，才能和不可知论划清界限，才能彻底批判不可知论。

对于不可知论者休谟，通常有一种相当流行的说法，即他只满足于用经验来说明知觉的性质和人的心理活动，而不考虑外部世界的存在以及知觉与外部世界的关系问题，认为知觉以外是否有什么东西存在是不可知的。可是当我们认真考察休谟关于感觉发生的有关论述，尤其是《人性论》中最能体现他的本来思想的那些论述时，却不能不对以上看法作出修正。休谟认为，“感觉印象”的原因是“自然的和物理的”①，“外界对象引起知觉”②，感觉是“由感官得来的外部对象的

① ［英］休谟：《人性论》，关文运译，309页，北京：商务印书馆，1980年。

② ［英］休谟：《人性论》，关文运译，83页，北京：商务印书馆，1980年。

影像”。由此可见，休谟承认外部世界的存在，并承认外部世界是感觉的原因。但是休谟又说，感觉印象“是我们所不知的原因最初在心中产生的”，那么，休谟所说的这个原因的“不可知”是什么意思呢？休谟认为，外部对象是存在的，但是物质的本性如何，它们怎样成为感觉印象的原因，这是不可知的。休谟说：“我从来不想洞察物体的本性，或者说明它们的作用的奥秘原因，因为……我恐怕这样的事是超出人类知性的范围的。”[①]由此看来，休谟近似于康德，他们都把物自体和物质个别、把物质的本质和物质的现象绝对对立了起来，认为本体的东西（物自体）是存在的，但是我们只能认识物质的现象、认识个别，不能认识物质的本质、一般。[②]

由此可见，为了彻底批判不可知论，在物质一般与物质个别的关系上，我们既不能把个别当作就是一般。例如，不能把水、火、石头等当作就是物质本身；但也不能说，个别不是一般。例如，不能说水、火、石头等不是物质。物质一般如果不通过物质个别的存在而具有可感性，就没有关于物质的感性认识，那么也就不可能产生关于物质一般的理性认识。如果是那样，物质的本质或物自体倒真的会成为不可知论所谓的不可知，或真的变成如同“上帝”“绝对观念”等的虚假的范畴。

总之，区别物质的上述三种不同的含义及弄清其辩证联系，对于我们坚持马克思主义物质观，批判唯心主义物质观，克服旧唯物主义物质观的缺陷，以及批判不可知论，都是有重要意义的。

二、物质形态的哲学分类和统一

（一）物质的自在态、自为态、人工态

如上所说，物质即客观实在。这是对物质世界多样性统一的最高的哲学概括。客观实在性通过物质形态的多样性获得存在和表现，物质形态的多样性通过客观实在性加以贯穿和统一。这体现了马克思主义哲学在物质观上的辩证法，克服了形而上学唯物主义物质观的缺陷，并且也正确揭示了哲学的物质范畴同自然科学的物质概念之间的

① ［英］休谟：《人性论》，关文运译，79页，北京：商务印书馆，1980年。

② 参见周晓亮：《休谟及其人性哲学》，91页，北京：社会科学文献出版社，1996年。

区别和联系。

那么，为了彻底坚持马克思主义哲学的物质观，坚持彻底的唯物主义一元论，如何对具体的物质形态加以哲学的分类呢？

我们认为，这种分类必须坚持两条原则：第一，从任何角度进行的物质形态分类，必须具有世界的普遍涵盖性，即涵盖世界的万事万物；第二，这种分类必须体现马克思主义物质观对旧唯物主义物质观的变革，体现马克思主义对人类实践和人类社会的物质性的理解和肯定。

以往常见的物质形态分类有如下两种：一是从自然物质的聚集态和特性角度所作的分类，比如固态、液态、气态、等离子态、超固态、辐射场态、反物质态，等等；二是对各种物质形态所进行的实物态、场态、关系态的分类。

上述第一种分类法，只适用于自然物质形态，并不适用于自然物质形态以外的其他物质形态，比如社会物质形态，因而它不具有世界的普遍涵盖性，所以这种分类法是不可取的。上述第二种分类法，相对于第一种分类法有它的优越之处，它具有了世界的普遍涵盖性。这表现在，它在实体态的物质形态之外，又增加了关系态的物质形态。这种关系态的物质形态不仅包含了自然物之间的相互联系、相互作用，而且也包括了人与自然之间和人与人之间存在的种种物质关系。但是这种分类法的缺陷也是明显的。其一，场态应包含在关系态之中，因为场态是关系态的一种特殊形态媒介。因此，把场态与关系态并列起来是不适当的。其二，这种分类法不利于体现马克思主义哲学物质观对旧唯物主义物质观的变革和超越，因为旧唯物主义的物质观是一种自然主义的物质观，它不懂得人的实践和人类社会的物质性。

在我们看来，既具有世界的普遍涵盖性，又能体现马克思主义哲学精神的物质形态分类法只有一个，即从人与世界的总体关系的角度，把物质形态分为自在态、自为态、人工态三类。

所谓自在态物质，是指未被人类作用和改造过的自然物质存在。这种物质形态无限地存在着，除地球浅层、表层和有限的地外空间以外，存在的物质形态都是自在态物质。自在态物质作为一个范畴，它的内涵比物质范畴要丰富一些，即自在态物质所反映的不仅是客观实在物，而且是自在的客观实在物，这种客观实在物按照各自的自然本性和规律相互作用、运动、变化和转化，没有人的目的性的参与。

所谓自为态物质是指进行物质实践活动的人，或者人所从事的物质实践活动。马克思说："我（指人——引者注）本身的存在就是社会的活动。"[①]他又说："劳动是人的外化范围之内的或者作为外化的人的自为的生成。"[②]这里的人和实践是密切联系在一起的，实践总是人的实践，人是实践的主体；而人总是实践的人，实践是人的存在方式。人作为自为态物质存在，也就是说，人是能动地进行物质实践活动的存在。自为态物质作为一个范畴不仅比物质范畴要丰富一些，而且比自在态物质范畴也要丰富一些。自为态物质所反映的不仅是客观实在性、自然规定性，而且反映了人们的自觉能动性、社会历史性。它是人的自觉能动性与客观实在性和自然规定性与社会历史性通过实践相结合、相统一的存在。

所谓人工态物质，是指人类通过实践所形成的各种人工自然物和建立起来的社会关系、社会组织以及生成着的人本身。有人可能认为，这里的人工自然就是人化自然，其实二者是不等同的。人化自然是指人的本质力量所改造并为社会的人所占有的自然界，是属人的，作为人的本质力量的确证和服务于人的自然。因此，人化自然是从对主体积极意义上而言的人工自然物。但人工自然物除了包含这种积极意义上的人工自然物以外，还包括对主体而言的消极意义上的人工自然物，即反主体性的人工自然物。比如，污染的环境、破坏的生态、伪劣产品、废气、废渣、废液等。这种消极意义上的人工自然物不是对主体人的肯定，而是对主体人的否定，因而是人要通过实践加以改造和消除的东西。人工态物质作为一个范畴也比物质范畴、自在态物质范畴和自为态物质范畴的内涵更丰富一些，它所反映的不仅是客观实在性、自然规定性、人的能动性、社会历史性，而且反映了对主体人而言的对象性和现实价值性。

承认自在自然的物质性，这在唯物主义阵营中是没有分歧的。问题在于是否承认人是进行实践的自为态物质存在，或者说，实践是否是人的存在方式。另外，劳动基础上所形成的人类的社会存在是否是社会形式的物质存在。在这些问题上，表现了马克思主义物质观的彻

① 《马克思恩格斯文集》第1卷，188页，北京：人民出版社，2009年。

② 《马克思恩格斯文集》第1卷，205页，北京：人民出版社，2009年。

底性以区别于旧唯物主义物质观的狭隘性之所在。对此，分别作如下说明。

(二) 人是进行实践的自为态物质存在

人是什么？在黑格尔那里，人是绝对观念所派生的，人的本质被规定为普遍的自我意识（所谓普遍的自我意识，即指这里的自我意识不是人的自我意识，而是绝对观念借助人而实现的绝对观念从异化中觉醒的自我意识，或者说，是绝对观念的自我意识）。在批判黑格尔这种思辨主体观的过程中，费尔巴哈提出了自己的感性主体观。他认为，人不是一个纯粹精神的存在，而是一个以自然为基础的感性的存在。他说，旧哲学的出发点是这样一个命题："我是一个抽象的实体，一个仅仅思维的实体，肉体是不属于我的本质的"；新哲学则是以另一个命题为出发点："我是一个实在的感觉的本质，肉体总体就是我的'自我'，我的实体本身。"[①]在费尔巴哈看来，肉体属于主体自身，这就规定了主体具有感性的本质。

那么什么是感性呢？费尔巴哈所谓的感性归纳起来有两个方面的意思。其一是说，人是"感性对象"，即作为现实的客体，人是有肉有血的个体的存在，是一个要呼吸空气、要吃饭穿衣、具有感性需要的，因而是被条件所束缚的对象的存在。所以，人可以被他人所感知。其二是说，人是感性的主体，可以以直观的形式感知其他存在物。费尔巴哈关于主体人的上述规定，给人以存在的感性根据。

但是，仅就感性而言，动物也有。费尔巴哈觉察到了这一点，并认为人的感性不同于动物的感性，人的感性渗透着理性并受理性的支配。费尔巴哈的这一认识，一般说来也是对的。但他不懂得，人的理性本身也是作为结果而存在的，因为理性背后有着更深刻的东西，这就是人所进行的感性活动。正如马克思恩格斯在《德意志意识形态》中所指出的："可以根据意识、宗教或随便别的什么来区别人和动物。一当人开始生产自己的生活资料的时候，这一步是由他们的肉体组织所决定的，人本身就开始把自己和动物区别开来。"[②]可见，费尔巴哈只是注意到了人与动物的感性的不同，只是看到了这种不同的某种表

① 《费尔巴哈哲学著作选集》上卷，169页，北京：商务印书馆，1984年。

② 《马克思恩格斯选集》第1卷，67页，北京：人民出版社，1995年。

现，而没有找到这种不同的内在根据。

青年马克思在世界观转变过程中，对费尔巴哈的“感性”范畴进行了认真的研究，认为人的感性活动即生产劳动“是人的能动的类生活”。人的感性存在是以感性活动为基础的存在。这样，马克思就从费尔巴哈关于人的感性存在的理解进展到关于人的感性活动的理解。因此，马克思批评费尔巴哈“把人只看作是‘感性对象’，而不是‘感性活动’”，“仅仅限于在感情范围内承认‘现实的、单独的、肉体的人’”，根本看不到“现实存在着的、活动的人”[①]。

在马克思主义看来，人是自然界长期发展的产物，是统一的物质世界的一部分，人所需要的一切要向自然界去获取。但是，自然界并不能提供现成的物质生活资料，这就形成了人与外部世界的矛盾。这一矛盾通过人的有目的、有意识的自觉活动，内化为主体和客体的矛盾。人凭借自身体力和智力的协同作用进行创造性活动，成为活动的主体，自然界的事物被纳入人的活动中作为活动的客体，人通过实践活动，实现着在人与自然界两极对立之间的物质、能量、信息的相互转化运动。通过这种运动改变自然界物质的具体存在形态，使之成为适合于人类需要的形态。因此，人的活动是“创造形式的活动”[②]，它创造了物质自己运动的最高的能动表现形式，使物质运动过程中的矛盾获得了新的解决方式。在自然物质运动过程中的矛盾是自发解决的，而人与自然之间的矛盾则是通过人的活动自觉解决的。在这个过程中，实现着主体客体化和客体主体化的双向运动。

主体客体化的运动就是主体的内在因素向客体的渗透和转化，即主体的目的、要求、能力等内在因素，通过一定的手段，凝结和物化在作为活动结果的对象上。客体主体化的运动就是客体作为外在因素向主体的渗透和转化，即人在活动过程中，使对象的本质及其各种规定性转化为主体的本质力量、才能、技巧，转化为主体活动的各种方式。在这种主体和客体相互转化的运动中，自在自然转化成了人化自然，同时在这种转化中形成了人类社会，人也在这种转化中获得了从自然界中的提升和发展。

所以，人的发展、社会历史的发展和人的活动的发展三者是内在

① 《马克思恩格斯选集》第1卷，77—78页，北京：人民出版社，1995年。

② 《马克思恩格斯全集》第46卷（上册），259页，北京：人民出版社，1979年。

统一的过程。因此，人既不是黑格尔所片面理解的思辨的人，也不是费尔巴哈所片面理解的肉体的人，而是进行活动的现实的人，即在一定的社会物质生活条件下彼此结成一定的社会关系，不断地从事社会实践以满足自己的需要，从而获得生存和发展的能动的生命物质。因此，人作为自为形态的物质存在，实践就是人这种自为态物质的存在方式、活动形式。人的实践活动就是人在一定的社会条件下创造价值、争取自身自由的物质活动。

把实践理解为人的自为的物质活动，理解为能动的物质形态，这是马克思主义的一个重大的理论贡献，是马克思主义实践观区别于唯心主义实践观，特别是黑格尔的实践观以及旧唯物主义的实践观，包括费尔巴哈实践观的一个根本之点。关于这一点，马克思在《关于费尔巴哈的提纲》第一条中已经作了明确的说明，指出旧唯物主义"不了解'革命的'、'实践批判的'活动意义"。和旧唯物主义相反，"能动的方面却被唯心主义发展了，但只是抽象地发展了，因为唯心主义当然是不知道真正现实的、感性的活动本身的"。什么是"真正现实的、感性的活动"？它就是马克思主义所理解的，是人自觉进行的改造外部世界的物质实践活动，而不是唯心主义所理解的主体观念活动。在马克思看来，在主体能动性问题上存在着两种错误倾向：一是排斥主体能动性，忽视主体能动性对人和世界的变化发展的重要意义，这是旧唯物主义的形而上学局限性；另一种是离开客观物质前提，片面地夸大主体能动性的作用，把主体能动性说成是纯粹精神的能动性。马克思主义的功绩就在于把能动性从唯心主义那里夺过来，给予了唯物主义的说明，把实践如实地规定为客观的物质活动。

马克思《费尔巴哈的提纲》第一条的这一理论实质，也被资产阶级哲学家莱维认识到了。列宁在《唯物主义和经验批判主义》第二章第一节的末尾摘引了莱维评价《费尔巴哈的提纲》第一条的一段话。莱维作为一个以十分认真的态度细心推敲马克思《费尔巴哈的提纲》的资产阶级专家，一方面，他认为马克思坚持了一般唯物主义的共同立场。另一方面，他认为，马克思与旧唯物主义不同的地方在于：其一，马克思把能动力（列宁解释说："即人的实践"）从唯心主义手中夺过来，导入唯物主义体系之中，并且赋予这种能动力（即人的实践）以"唯心主义所不能承认的那种实在的和感性的特质"；其二，

“马克思的思想是这样的：正像同我们表象相应存在的是我们之外的实在的客体一样，同我们的现象的活动（休谟和康德所谓的‘现象’，实质是指人的感觉、知觉等主观的东西。这里所谓‘现象的活动’，是指主观的感觉、知觉活动——引者注）相应存在的是我们之外的实在的活动、物的活动。从这个意义上来讲，人类不仅是通过理论认识还通过实践活动参加到绝对物中去；这样，人类的全部活动就获得了一种使它可以同理论并驾齐驱的价值和尊严”。列宁认为，莱维的这段话“在本质上是正确的”①。

那么，如何理解实践的物质性呢？有这样一种观点认为，要坚持对实践的唯物主义理解，就必须“净化”实践，即从实践概念中彻底剔除精神因素、主观因素。这种观点是否可取呢？是不可取的。因为如果从实践中剔除了主观性因素也就无所谓实践可言。正如马克思所说：“主观性是主体的规定。”②人的一切活动，无不渗透着人的主观性，要不然，这种活动不可能是主体人的活动，而是动物的活动。实践主体的主观性表现为人进行实践活动的目的性、计划性，以及为实践目的所引发的人的活动的热情和意志等。

人的实践都是有目的的活动。马克思在分析生产劳动这一人类最基本的实践活动的过程时指出：“劳动过程的简单要素是：有目的的活动或劳动本身，劳动对象和劳动资料。”③“有目的的活动或劳动本身”一语清楚表明，马克思认为劳动是有目的的活动。列宁在评价黑格尔《逻辑学》一书中关于实践问题的论述时也明确肯定实践的含义包括两项：“实践＝要求（1）和外部现实性（2）。”④这里的“要求”，显然就是指目的。

目的，是人的实践活动这一特殊的物质运动形式与其他物质运动形式相区别的一个本质特征。马克思指出：“有意识的生命活动把人同动物的生命活动直接区别开来。正是由于这一点，人才是类存在物。”⑤这就是说，如果把目的排除在实践的要素之外，就不能区分人

① ［俄］列宁：《唯物主义和经验批判主义》，中央编译局译，95、96页，北京：人民出版社，1960年。

② 《马克思恩格斯全集》第1卷，272页，北京：人民出版社，1956年。

③ 《马克思恩格斯全集》第23卷，202页，北京：人民出版社，1972年。

④ ［俄］列宁：《哲学笔记》，中央编译局译，229页，北京：人民出版社，1974年。

⑤ 《马克思恩格斯文集》第1卷，162页，北京：人民出版社，2009年。

的实践活动与动物的活动。列宁也明确指出两种客观物质运动形式的根本区别，他说："客观过程的两种形式：自然界（机械的和化学的）和人有目的的活动。"[①]这就是说，如果把目的排除在实践的要素之外，也就不能区别人的实践活动与自然界的其他物质运动。

不仅如此，随着人的不断发展，人不断地超越动物愈远，人的活动的目的性还会更加自觉、更加鲜明。正如恩格斯所指出的："人离开动物越远，他们对自然界的影响就越带有经过事先思考的、有计划的、以事先知道的一定目标为取向的行为的特征。"[②]

那么，承认实践主体的主观性，承认实践的目的性，实践还有客观性吗？有。不仅有，而且总体上，实践还是客观物质活动。实践的客观性，一是认识论意义上的，它表现为实践作为认识的根源和对象不以认识主体的意志为转移性；二是世界观意义上的，即实践的主体、手段、过程和结果都是客观实在的。实践作为过程是主观见之于客观的活动，它具有外部的直接现实性。所谓直接现实性，是指实践能把认识中的计划、愿望、要求超出观念的范围，取得"外部现实性"的形式。马克思把人的实践称之为"感性活动"，即现实的人的现实活动，而不是"抽象的主体的想象的活动"，不是黑格尔所说的精神的劳动。在实践活动中，人"是作为现实的东西来和现实的东西相对立的"[③]。实践活动不是人体自身的生理变化和活动，不是向着自身，而是向着外部，是一种外化、物化的活动，是向着外部世界的创造性活动。实践活动的最基本形式是生产劳动。马克思在谈到生产劳动时指出，在这里，"人自身作为一种自然力与自然物质相对立。为了在对自身生活有用的形式上占有自然物质，人就使他身上的自然力——臂和腿、头和手运动起来。当他通过这种运动作用于他身外的自然并改变自然时，也就同时改变他自身的自然"[④]。劳动者利用物的机械的、物理的和化学的属性，以便把这些物当作发挥力量的手段，依照自己的目的作用于其他的物。因此，生产劳动就是劳动者运用自身的物质力量，借助物质手段对自然物进行加工制作的物质活动，与改造自然

① ［俄］列宁：《哲学笔记》，中央编译局译，200页，北京：人民出版社，1974年。
② 《马克思恩格斯选集》第4卷，382页，北京：人民出版社，1995年。
③ ［俄］列宁：《哲学笔记》，中央编译局译，229页，北京：人民出版社，1974年。
④ 《马克思恩格斯文集》第1卷，208页，北京：人民出版社，2009年。

的实践活动一样改造社会的实践活动，也是可以通过经验确定的，与物质前提相联系的物质生活过程。

实践有主观性和客观性两种因素的参与，那么又为什么说实践是客观的物质活动，是作为自为态物质的人的存在方式呢？如前所述，这是因为实践主体的主观性，是作为其中发生作用一个要素即主体的性质。这种要素的性质并不是作为主客体相互作用的活动系统的实践的性质。比如，水由氢和氧两种元素构成，它们各有自己的性质，但是作为由氢和氧化合而成的水则完全有了不同于氢和氧的新的性质。因此不能认为实践主体有主观性，由此引申认为，实践有主观性。这种推论是不对的。另外，实践主体的主观性和参与活动的要素的客观性不是平列的，而是其中的客观性决定了主体的主观性。这可以从实践的能动性和受动性这两个方面来加以理解。

从实践的能动性方面来说，作为“客观的物质活动”的实践，当然是在人所具有的精神性的能动力量的驱动下进行的。然而，这种精神能动力量不是什么神秘的精神在人身上的体现，而是物质固有的本质力量在作为“自然存在物”的人身上的特殊形式，因此，不是精神产生物质，而是物质产生人的能动精神。马克思在《神圣家族》中指出：“物质的原始形式是物质内部所固有的、活生生的、本质的力量，这些力量使物质获得个性，并造成各种特殊的差异。”[①]而驱动人的实践活动的人的主观能动力量——人的生命力、主观欲望、才能等，正是这种“物质内部所固有的本质力量”的特殊形式。马克思说：“人直接地是自然存在物。人作为自然存在物，而且作为有生命的自然存在物……具有自然力、生命力，是能动的自然存在物；这些力量作为天赋和才能，作为欲望存在于人身上。”“激情、热情是人强烈追求自己的对象的本质力量。”[②]它们不是上帝或绝对精神赋予人的目的，而是作为主体人的最原始的物质性的生存目的，也就是说，实践能动性所表现的精神能动力量是作为“自然存在物”的人所固有的活生生的本质力量。

从实践的受动性方面来说，“人作为自然的、肉体的、感性的、对象性的存在物，和动植物一样，是受动的、受制约的和受限制的存在

① 《马克思恩格斯全集》第2卷，163页，北京：人民出版社，1957年。

② 《马克思恩格斯文集》第1卷，209、211页，北京：人民出版社，2009年。

物，也就是说，他的欲望的对象是作为不依赖于他的对象而存在于他之外的；但是这些对象是他的需要的对象；是表现和确证他的本质力量所不可缺少的、重要的对象”[①]。支配实践的物质力量有两种：进行着精神活动的物质自身的客观需要，以及作为实践对象的外部的客观物质。首先，人的精神、人的活动的目的由实践者自身的客观物质性所支配。在人的能动性中，就含有由其客观的物质状态所必然产生的客观的需要，它规定着人的意志和欲望、激情与热情。这种客观的需要，它只是生命物质自身的客观需要，它支配着人的精神，作为一个重要原因，是人的活动目的形成的根据之一。其次，人在实践中还被客观存在的实践环境和对象所规定，这是人的活动目的之所以形成的另一个客观根据。马克思说，人“所以创造或设定对象，只是因为它是被对象所设定的”[②]，在马克思看来，人的主观精神由作为实践环境与对象的外部物质世界所“设定”，乃是人能够“设定”（改造）客观对象的前提与原因。

由上可见，人的能动精神是物质所固有的本质力量，是由作为实践主体的人的自身物质状况所产生的，是由主体物质自身的客观需要与实践的物质环境与对象所决定的。因此，不是实践主体的主观性产生和支配实践的客观性，而是实践的客观性产生和支配实践主体的主观性。因此，从根本上说，实践是客观的物质活动，是自为形态的物质——人的存在方式。

（三）社会存在即社会的物质存在

马克思主义哲学与以往的一切哲学体系之间的最重大区别在于，无论是对于自然，还是对于人和人类社会，都是完备的唯物主义的哲学学说。物质作为整个马克思主义世界观的初始范畴，在历史唯物主义中也起着中心范畴的作用。这个范畴就是作为物质的个别形态的社会存在概念。

列宁写道：“一般唯物主义认为客观真实的存在（物质）不依赖于人类的意识、感觉、经验等等。历史唯物主义认为社会存在不依赖于

① 《马克思恩格斯文集》第1卷，209页，北京：人民出版社，2009年。
② 《马克思恩格斯文集》第1卷，209页，北京：人民出版社，2009年。

人类的社会意识。”①

众所周知，在马克思主义哲学产生以前，只有自然观上的唯物主义，没有历史观上的唯物主义。唯心主义历史观在社会历史领域占据着统治的地位。

马克思主义最伟大的哲学功绩在于，它根据对社会现象的全面的科学的分析，得出了关于把社会关系分为物质关系和思想关系的结论，认为物质的社会关系即人们的社会存在，人们的思想关系即人们的社会意识。马克思指出：“不是人们的意识决定人们的存在，相反，是人们的社会存在决定人们的意识。”②马克思恩格斯以这样一个基本原理为基础，创立了历史唯物主义，并从而建立起了完整的唯物主义大厦。由此可见，坚持社会存在是社会物质存在的观点是十分重要的，它关系到对马克思主义哲学的伟大贡献的肯定和对马克思主义哲学唯物主义的科学理解。

那么，如何具体理解社会存在呢？在这个问题上，我国哲学界的意见并不一致。大体说来，主要有以下几种观点：

一是，社会存在就是人类社会生活的一切物质条件，包括地理环境、人口因素和物质资料的生产方式。

二是，社会存在就是物质财富的生产方式。

三是，社会存在是包括经济基础和政治上层建筑在内的一切存在。

四是，社会存在是人们的社会物质实践活动。

如何看待这些不同观点的分歧呢？

这些观点之间不是绝对排斥的，而是统一的。这里的统一包括两层含义。一是，社会存在作为一个多层次的体系，包含的内容是丰富的、多方面的，上述各种关于社会存在的指谓，都可以在社会存在的完整体系中获得相应的地位和逻辑层次上的说明。二是，社会存在的各层次都统一于人的物质实践活动，因为它们都是人的物质实践活动多方面的展开和产物。

社会存在作为一个有机系统，有构成的前提性条件，有它的原生层、次生层和再生层。

地理环境和人口是社会存在的前提性条件。

① ［俄］列宁：《唯物主义和经验批判主义》，中央编译局译，326页，北京：人民出版社，1960年。

② 《马克思恩格斯选集》第2卷，32页，北京：人民出版社，1995年。

人口是社会生活的主体——人类的总称。人口是社会生活的经常的必要的条件之一。没有一定限度的人口，就不能有社会生活。社会是由人组成的，没有人就没有社会。人类社会的存在和发展首先和根本的是人类自身的存在和发展。人作为社会存在物，是社会存在的主体。马克思说："个人是社会存在物。因此，他的生命表现……是社会生活的表现和确证。"[①]除人而外的一切其他的社会物质，都是人根据自身的需要，通过实践创造的产物。因此，人是社会存在的必不可少的重要前提。

地理环境是指作为社会自然基础的自然，它也是社会存在的前提性条件。人是自然界长期发展的产物。人产生以后，自然界成为人赖以生存的地理环境。第一，人最初是靠自然界提供的"现成生活资料"[②]而得以生存的；第二，地理环境给人们提供了"生产出和借以生产出自己的产品的材料"[③]；第三，地理环境中的一部分作为生产力的外在因素，比如温度、湿度等，虽然"它们不直接加入劳动过程，但是没有它们，劳动过程就不能进行，或者只能不完全地进行"[④]；第四，地理环境中还有相当一部分因素，在生产力发展的一定阶段上作为生产力发展的潜在因素而存在，并将随着生产力的发展逐步投入生产过程中去。

人口和地理环境作为社会存在的前提条件，从这个角度来说，它们只是前提条件，并不是现实的社会存在本身。但是如果换一个角度，把作为社会存在前提条件的人口和地理环境纳入劳动过程，转化为社会存在的构成因素，它们又是包含在社会存在之中的。当然，包括在社会存在之中的人口，已不仅是作为社会存在的前提性条件的人口，而是作为社会实践的主体；同样，包括在社会存在之中的地理环境也不仅是原先的作为社会存在形成前提的地理环境，而是社会实践活动的条件和改造的对象。因此，从科学所要求的严谨性角度说，人口和地理环境是社会存在的前提条件，是潜在的社会存在的因子。要使这些因子由社会存在的潜在形态变成社会存在的现实构成，必须按

① 《马克思恩格斯全集》第42卷，122—123页，北京：人民出版社，1979年。
② 《马克思恩格斯全集》第23卷，202—203页，北京：人民出版社，1972年。
③ 《马克思恩格斯全集》第42卷，92页，北京：人民出版社，1979年。
④ 《马克思恩格斯全集》第23卷，205页，北京：人民出版社，1972年。

照一定的方式联结起来，纳入生产过程，从而创造出自己需要的产品。这就是人作为生产力主体的实现，也是地理环境作为生产条件和劳动对象的实现，同时这也就是生产力的现实生成。

1. 生产力是原生的社会存在

生产力作为一种与自然相对立的社会力量，它的形成和性质既取决于作为劳动条件的地理环境，更取决于作为生产主体的人的种种因素，其中特别重要的是取决于主体人以什么样的劳动方式即生产力结构把这些因素联结起来、调动起来，从而投入生产过程。就生产力结构与生产力要素的关系来说，生产力结构对生产力要素具有依赖性的一面，它的存在是以生产力要素的存在为前提的；但生产力结构相对于生产力要素又具有超越性的一面。生产力结构是在生产力各要素的相互联系和相互作用中形成的，因而它对生产力的每个要素都具有整体的统摄性和支配性。

拿生产力结构对作为生产力前提之一的地理环境的支配作用来说，这表现在：第一，地理环境中的哪些部分被提升出来作为生产力的构成要素，这不仅取决于这些部分的性质，更取决于被生产力结构性质所决定的生产力发展水平。第二，这些被提升出来的部分在没有投入生产过程以前，它只是一种可能的生产力因素；当它作为生产力构成的一个环节被调动起来，才能作为现实的生产力因素发挥作用。

同样，对于人口因素也要作这样的具体分析。说到人，可以从不同意义上去加以规定。当我们谈到人口因素时，可以指一种潜在的劳动力，即一种可能的生产力因素，也可以指现实的劳动力，即现实的生产力因素。这种由潜在到现实的转化，既取决于劳动力的性质，更取决于被生产力结构性质所决定的生产力发展的需要。

由此看来，作为生产力构成的前提条件的地理环境的作用和人口因素的作用，对生产力的发展来说，显然不是决定性的。所以，“地理环境决定论”和“人口因素决定论”都是不对的。作为生产力各要素相互作用合力的形式表现——生产力结构，其作用不仅对其构成因素具有整体的决定性，而且作为社会存在的现实基础成为整个社会发展的最根本的动力，所以生产力是原生的社会存在。

2. 生产关系是次生的社会存在

生产关系作为次生的社会存在，缘于它是由生产力的发展所决定的。也就是说，人们不能按主观愿望任意选择生产关系，而只能按照既定的历史条件特别是生产力水平来选择生产关系。“手推磨产生的是封建主的社会，蒸汽磨产生的是工业资本家的社会。”[①]怎样理解生产力对生产关系的决定性呢？这必须将其放到整个生产过程中去加以理解。人们进行物质生产是为了满足人类的需要；要满足这种需要，首先必须把需要的产品生产出来。所以，人类需要的满足程度是和生产力的发展状况密切联系的。但是生产力的状况、产品的数量和质量只是满足需要的前提，不是需要的实际满足。要实际满足人们的需要，还必须把产品按照一定的规则，经过分配、交换让人们消费。经过消费，人的体力和智力得到了恢复和提高，于是又以新的活力投入生产过程，创造新的生产力和新的劳动产品。在这个由生产、分配、交换和消费四个环节所构成的社会生产体系中，这四个环节必须有机结合、相互促进，才能使生产得到发展，人们生活水平得以提高。因此，追求这四个环节的有机结合和相互促进，就成了社会发展的内在必然要求。为了做到这一点，其关键就是要根据生产力发展的需要，去建立适当的规则即生产关系，去进行产品的占有、分配和消费。生产关系就是人们在社会生产中利益关系的体现。所以，生产力决定生产关系，生产关系必须和生产力相适应以促进生产力的发展，说到底就是根源于社会发展的上述必然性，即现实个人的发展是人类生产发展，是生产关系适应生产力规律的必然性根据。

生产力和生产关系的相互作用结合成为生产方式。生产力和生产关系作为生产方式内在矛盾的两个方面，是既对立又统一的。生产力和生产关系的矛盾是人类社会的最基本的矛盾，是人类社会发展的最基本的动力。

被社会物质财富的生产方式所决定和派生的其他一切社会关系都是再生的社会存在，其中包括生活方式、家庭、民族、阶级、国家等所体现的社会关系。在这里，就政治上层建筑的核心即国家政权来作一些说明。

在生产力和生产关系矛盾运动的基础上又产生了经济基础和上层建筑的矛盾运动。上层建筑包括相互联系的两个部分，一是政治上层

① 《马克思恩格斯选集》第1卷，142页，北京：人民出版社，1995年。

建筑，二是思想上层建筑。思想上层建筑属于社会意识范畴，这是没有争议的。那么政治上层建筑的归属如何？有的论者认为，应归属于社会存在；有的论者认为，应归属于社会意识。我们认为，政治上层建筑应归属于社会存在。

3. 政治上层建筑也是不以社会意识为转移的社会物质存在

作为政治上层建筑核心的国家，其本质到底是为社会意识所派生，还是从社会的经济基础去求得说明，这是唯物主义国家观和黑格尔唯心主义国家观的一个根本区别之所在。

黑格尔站在客观唯心主义立场上，主张“自在自为的理性”是“国家的实体”。他说，“国家是伦理理念的现实”，“国家是绝对自在自为的理性的东西”，“国家的根据就是作为意志而实现自身的理性的力量”①。他还把国家神化，认为“神自身在地上的行进，这就是国家”②。

对于黑格尔在国家观上的庸俗唯心主义观点，马克思主义经典作家进行了深刻的批判，并在这种批判中鲜明地表述了自己的唯物主义国家观。

马克思指出：“家庭和市民社会本身把自己变成国家。它们才是原动力。可是在黑格尔看来却刚好相反，它们是由现实的理念产生的。”③马克思还指出：“实际上，不是国家由于统治意志而存在，相反地，是从个人的物质生活方式中所产生的国家同时具有统治意志的形式。”“对被统治的阶级来说也是如此，法律和国家是否存在，这也不是他们的意志所能决定的。”④

恩格斯也指出，在雅典，“国家是直接地和主要地从氏族社会本身内部发展起来的阶级对立中产生的”；在罗马，“平民的胜利炸毁了旧的血族制度，并在它的废墟上面建立了国家”。他指出，国家是社会内部客观存在的阶级矛盾不可调和的产物，不是外部强加于社会的力量，“也不像黑格尔所断言的是‘伦理观念的现实’、‘理性的形象和现实’”⑤。恩格斯又说：“国家总的说来还只是以集中的形式反映了支

① ［德］黑格尔：《法哲学原理》，范扬等译，253页，北京：商务印书馆，1979年。
② ［德］黑格尔：《法哲学原理》，范扬等译，259页，北京：商务印书馆，1979年。
③ 《马克思恩格斯全集》第1卷，251页，北京：人民出版社，1956年。
④ 《马克思恩格斯全集》第3卷，379、378页，北京：人民出版社，1960年。
⑤ 《马克思恩格斯选集》第4卷，169—170页，北京：人民出版社，1995年。

配着生产的阶级的经济需要。”[1]

由此可见，国家等“政治上层建筑”，只能是依赖于经济，而不是依赖于思想。任何统治阶级或个人的意志，决不可能在奴隶占有制的基础上建立资产阶级的政治专政，也不可能在公有制的基础上去建立资本主义或封建专制的国家。

国家政权等政治上层建筑是统治阶级经济利益的集中表现，是否也体现了统治阶级的意志呢？这一点是毫无疑义的。正如人的一切物质实践活动和所创造的物质成果都体现了人的主观性、目的性一样，国家作为阶级斗争的工具，必然要体现建立和掌握它们的阶级的意志。但是“意志”在这里已经不是观念的体现，而是物质的体现，或者说，是以物化形态来体现的。也就是说，国家政权已经是一种物化形态的客观物质力量，并反过来支配人的意识。因此，国家政权作为统治阶级经济利益的集中表现，作为这种经济利益的政治形式的同时，它本身又是一种经济力量。关于这一点，恩格斯指出：“暴力（即国家权力）也是一种经济力量！”[2]同时，“国家一旦成了对社会来说是独立的力量，马上就产生了另外的意识形态”[3]，并且“国家作为第一个支配人的意识形态力量出现在我们面前”[4]。

有的论者之所以会把国家政权误认为是属于社会意识的领域，就是因为他们把观念形态的社会意识与物化的社会意识，或社会意识的物化形式不加区别，混为一谈了。也就是说，他们没有把在头脑中进行的观念中的生活，即精神生活，与在头脑支配下的在头脑之外实际进行的生活，即社会的物质生活加以区别，混为一谈了。另外，人的物质实践活动的意识性与人的物质实践活动及其结果的不以人的意志为转移性是不同的两回事，但又不能因此对它们作对立的、互相排斥的理解。正如国家、军队的建立与掌握体现了统治阶级的意志，但是并不能由此而排斥它们的产生、发展以及灭亡有着不以任何阶级的意志为转移的客观性。

① 《马克思恩格斯选集》第4卷，252页，北京：人民出版社，1995年。
② 《马克思恩格斯选集》第4卷，705页，北京：人民出版社，1995年。
③ 《马克思恩格斯选集》第4卷，253页，北京：人民出版社，1995年。
④ 《马克思恩格斯选集》第4卷，253页，北京：人民出版社，1995年。

（四）物质形态的统一

上面，我们对自在态物质、自为态物质和人工态物质进行了具体的分析和说明。从这种分析和说明中不难看出，自在态物质、自为态物质和人工态物质的区别是相对的，而它们的统一则是绝对的。那么，如何理解这种统一呢？对于这种统一，必须作实践的历史的辩证的唯物主义的理解。

首先，自在态物质、自为态物质、人工态物质尽管各有特点，但它们都是物质的具体存在形态，都统一于物质，即客观实在性。坚持马克思主义哲学的唯物主义一元论，就必须坚持以上三者都统一于物质的观点，不然就不是彻底的唯物主义一元论，甚至还会掉入唯心主义的泥坑。只有坚持上述观点，才能和旧唯物主义的自然本体论、唯实践主义的实践本体论，还有所谓物质—实践本体论、社会关系本体论等种种不科学、不恰当的见解划清界限。

其次，自在态物质、自为态物质、人工态物质不仅表现为本质抽象意义上的物质统一，而且是在辩证的历史发展意义上的物质统一。即自在态物质在自己的联系、运动、变化中，在自然发展史中产生出了进行实践活动的人这种自为态物质；自为态物质在自在态物质的基础上通过持续的历史创造，又产生了人工态物质，创造了人类历史。这三种物质形态在辩证的历史的运动中不断递进，并相互作用。没有自在态物质，就不会派生出自为态物质；没有自在态和自为态物质，也不会创造出人工态物质。因此，那种用孤立的、静止的、片面的形而上学观点把自在态物质、自为态物质和人工态物质看作纯粹抽象统一的观点也是不对的，也是违背物质形态辩证发展和历史进化的实际的。

最后，自在态物质、自为态物质和人工态物质不仅是辩证的历史发展中的物质统一，而且是在人的能动活动中实现的辩证的历史发展中的物质统一。没有人的能动活动，自在态物质永远不会自发地产生出自为态物质以及人工态物质。作为自为态物质的人本身是人在自在态物质基础上，通过实践能动地创造的；实践也是自在态物质转化为人工态物质的中介、能动的基础。因此，从这个意义上说，那种在时间上远离人类的自在自然，或人类出现前的自然史，实质上是人类及其生存环境的产生史，它的各个发展阶段的成果及其遗迹，都不断地、日益地进入人类的实践活动中。地球本身，地球上的生物与非生物，都是宇宙不同发展阶段的产物。人类在实践中遇到的各种信息，大多是历史信息，包括从地质层和遥远的星系中传来的信息。也就是说，过去的历史不断地融入今天人们的现实生活中，使自在的死的历史转变成了通过实践展开的对人来说的活的历史。因此，当我们认识和改造现实的物质世界时，也认识既往的历史，改造着既往历史各个发展阶段所造成的各种事物，即在认识既往历史的基础上，创造新的历史，使事物的历史和事物的未来都处于“对人说来的生成过程”之中。因此，那种把今天的实践与人类出现前的历史截然区分的观点是形而上学的。另外，那种在空间上远离人类的自在物质，比如银河系、河外星系等发生的现象，也通过实践基础上的人类认识过程，进入神话、科学、艺术中，参与人类历史的进程。因此，自在态物质、自为态物质和人工态物质之间的统一，即辩证的历史的物质统一，对人说来，又是通过实践活动不断获得现实展示的能动的统一。

总之，把自在态物质、自为态物质、人工态物质之间的统一理解为实践的、历史的、辩证的物质统一，这是马克思主义哲学物质观的必然要求，也是马克思主义的实践的历史的辩证的唯物主义在自在态物质、自为态物质和人工态物质三者统一问题上的具体体现。

如果撇开物质的具体形态，那么，作为辩证唯物主义哲学概念的物质即客观实在范畴在逻辑上是如何展开自身、具体化自身的呢？这正是下文所要论述的。

三、物质即客观实在的逻辑展开

概念的具体展开是与概念的抽象形成相联系，并以此为前提。这就是马克思所讲的关于完整把握对象所必须经过的前后相继的两条认识道路的理论所揭示的。马克思指出：“在第一条道路上，完整的表象蒸发为抽象的规定；在第二条道路上，抽象的规定在思维行程中导致具体的再现。”[①]马克思的这段论述是对任何一个具体对象的完整认识

① 《马克思恩格斯选集》第2卷，18页，北京：人民出版社，1995年。

过程的最一般的概括，因而具有普遍的意义。就马克思主义哲学对世界的把握而言，也必须经过这样两条前后相继的认识道路。

（一）物质作为宇宙总体的抽象分析

在第一条道路上，物质作为由无限多的具体事物所构成的宇宙总体，是马克思主义哲学所研究的感性的现实的出发点。

最初，人们对于这个世界的认识是一个混沌的关于整体的表象，随着实践的发展和认识的深化，人们发现这个世界是由各种实在形式相互联系所构成的系统的集合体，是由各种运动形式不断转化所形成的过程的集合体。正如列宁所说的，“起初有一些印象浮现，而后有某种东西分出”①，系统和过程就是从关于世界的表象中最早分出来的东西。关于世界的系统性的思想，这在古代哲学家那里已经有了。关于世界的过程性的思想，也是古代辩证法的内容之一。

世界作为过程的集合体和系统的集合体，实际上是万事万物联系的横向和纵向表现：万事万物联系的横向表现是系统，万事万物联系的纵向表现是过程。因此，系统和过程的一般本质就是万事万物的联系。相对于系统和过程，万事万物的联系是对世界总体的更抽象表达。

万事万物极为丰富多样。大至星体、星系乃至总星系，小至分子、原子乃至各种基本粒子；简单如单细胞生物，复杂如动物、人类，等等，都是物质的实在形式。为了把握宇宙总体的这些构成部分，人们在认识中形成了一个一般的抽象概念：实体。

“实体”是个复杂的哲学概念。古往今来，各派哲学赋予它各种不同的含义。最早对实体范畴进行研究的是古希腊哲学家亚里士多德。到近代，笛卡尔、斯宾诺莎、洛克，都研究过实体范畴。特别是黑格尔，对实体范畴的考察达到了相当高的水平。

以往关于实体的理解均是围绕着实体与属性的关系展开的，主要是通过突出属性的依存性来强调实体的独存性，把实体视为属性的载体。其实，实体和属性并无分立关系。无数事实说明，任何实体都是具有多种性质的事物系统，离开了特有的性质，实体也就成了抽象的空洞。实体和属性是一体化关系，或者说，实体就是属性之集全。

---

① ［俄］列宁：《哲学笔记》，中央编译局译，356页，北京：人民出版社，1974年。

我们在这里要讲的实体，必须清除传统哲学中的不正确理解，而赋予它以新的含义。

在我们看来，所谓实体，指的就是相对独立的事物系统。这些事物系统与其他事物系统处于相互间断之中，具有相对独立存在的特性。就是说，实体具有既成性，它不是处在形成中的事物，而是已成为完整体系的事物；实体具有独存性，即它是具有独立地位的相对稳定的存在；实体具有外展性，是指实体作为一个相对独立的存在，必然以统一的功能和特定方式作用于外界事物，以表明自身的存在。

实体的存在是相对独立的，但不是绝对孤立的；因为世界上的事物本来都是相互联系的。在这里，实体和联系就成为互相关联、互相并列的一对范畴。

我们把实体看作独存性的事物系统，而联系就是指实体事物之间的相互关系和相互作用。

联系与关系和相互作用是怎样的一种逻辑情形呢？一种习惯的看法是，联系即关系，关系即相互作用，也即影响或制约。也就是说，这些概念是一个意思，它们之间可以画等号。这种看法对不对呢？在我们看来，联系是关系和相互作用的统一，相互关系是事物之间相互作用的内在根据，相互作用是事物之间相互关系的外在表现。联系就是相互关系和相互作用的这种内与外、根据与表现的统一和综合。

实体事物之间的联系，不能简单地划归实体事物本身，而是形成了一类相对持续的中间性事物，即联系事物。例如，人们改造自然的劳动活动，虽属于人的劳动能力的使用过程，但劳动活动本身不能简单地划归于人。因为没有作为劳动对象的自然界一方，也不会形成劳动活动。所以，劳动活动本质上属于人与自然之间的一种联系事物，而不是像人或自然那样的实体事物。又比如，基本粒子是实体事物，基本粒子之间发生的强相互作用、弱相互作用、电磁相互作用、引力相互作用就是种种物理联系事物。

联系事物作为一种不同于实体的事物，是实体事物之间的真实的关系与作用，而不是主观的臆造或凭主观建立起来的联系。在人的认识活动中，人们为了认识一个事物，往往需要进行多方面的联系来加以比较分析。比如，为了使人认识飞机的飞行速度，就与牛车的前进速度联系起来，加以比较说明。这样形成的事物之间的联系并非实际存在，也就是说，并非飞机和牛车在运行中有什么真实关系和相互作用，而只具有认识论意义，形不成真实的联系事物。因此，这类联系不在我们所讲的联系事物之内。

联系由实体之间发生关系和作用而形成，它具有不同于实体的若干特点。联系具有连续性，即联系必须发生在两个以上的间断性的实体之间，是实体的相互联结而形成的。世界上的事物均以联系而贯通。联系具有相互性，即实体之间发生的联系不是单方面的，而是参与联系的多方面相互作用的过程。比如，战争必须发生在双方的交战中，如果一方不想进攻或一方不想抵抗，均不会有战争发生。联系具有动态性，即联系是相对稳定的实体之间的活动性存在。基本粒子之间的相互作用，原子、分子之间的化合分解，生物与环境之间的生命活动都是一种动态存在。联系具有中间性，这里是说，联系是作为实体之间的中间事物而存在的。①

世界上的事物之所以有实体和联系的区别，归根到底在于世界的间断性与连续性。实体主要体现了世界的间断性，联系主要体现了世界的连续性。然而，世界的间断性和连续性是统一的，这种间断性和连续性的统一，在时间与空间的辩证统一中获得了更抽象的表述。

时空是物质存在的根本形式，或者说是物质世界间断性和连续性统一的根本形式。

时间从其自身来说，或从纯粹性上说，是指瞬间交替性、间断性。关于这一点，亚里士多德早就指出："正是刹那规定了时间，时间乃是位于两个刹那之间的东西。"②黑格尔也说："时间就是变的第一种形式，时间在直观中是纯粹的变。"③变就是消逝和发生，就是连续性的否定。所以，"纯否定性表现为时间"④。

空间从其自身来说，是指连续性。黑格尔说，"连续性表现为空间"。对此，他说："我们必须说；没有一半一半的空间，空间是连续的；一本书，一块木头，我们可以把它劈成两半，但对于空间我们却

① 参见韩民青：《论实体与关系》，《山东社会科学》，1987（1）。

② 北京大学哲学系外国哲学史教研室编译：《古希腊罗马哲学》，275页，北京：生活·读书·新知三联书店，1961年。

③ ［德］黑格尔：《哲学史讲演录》第1卷，贺麟、王太庆译，304页，北京：商务印书馆，1959年。

④ ［德］黑格尔：《哲学史讲演录》第1卷，贺麟、王太庆译，285页，北京：商务印书馆，1959年。

不能这样做，——因为空间只存在于运动中。”①

时间和空间作为一对矛盾，既对立又统一。这种统一，一方面表现为，作为间断性的时间通过连续性空间的连接，表现为自身的延续性；另一方面，作为连续性的空间通过间断性时间的分割，也表现为自己的非连续性。也就是说，在时空的统一中，时间和空间都是连续性和非连续性的统一。这种统一，作为事物的存在形式来说也就表现为作为间断性存在的实体事物和作为连续性存在的联系事物的统一。时间和空间的统一，作为事物的运动形式来说，也是“作为否定性和连续性的统一”②。黑格尔指出：“运动的本质是成为时间和空间的直接同一；运动是通过空间而现实存在的时间，或者说，是通过时间才被真正区分的空间。”③由上可见，时空的辩证统一，是对物质世界的一切实在形式和一切运动形式的一般抽象。

在对物质世界的、世代相继的唯物主义抽象分析中，人们逐渐认识到物质世界的任何一种实在形式、任何一种运动形式及其特性，都具有暂时的、相对的性质。物质世界只有作为不依赖于人的意识的客观实在性，才是永恒的、绝对的。所以，列宁说，物质的惟一特性是它的客观实在性。这是辩证唯物主义对物质世界的各种存在形式的共同本质的最抽象概括。

从以上的分析可知，在对物质世界的抽象认识过程中，作为集合概念，即作为宇宙总体的物质，与系统、过程、实体、联系、时间和空间等概念，是不同层次的范畴。就它们之间的包含关系而言，时空作为物质存在的最一般形式，从属于实体和联系的统一；实体和联系的统一，从属于系统和过程的统一；系统和过程的统一，从属于总体的物质世界。总之，物质世界就是在时空交织中存在的无数实体相互联系的系统和过程的统一体。

（二）物质作为客观实在的具体展开

对物质世界的抽象分析，揭示了各种物质形态的最一般、最本质

① ［德］黑格尔：《哲学史讲演录》第1卷，贺麟、王太庆译，285、287页，北京：商务印书馆，1959年。

② ［德］黑格尔：《哲学史讲演录》第1卷，贺麟、王太庆译，286页，北京：商务印书馆，1959年。

③ ［德］黑格尔：《自然哲学》，梁志学、薛华等译，58页，北京：商务印书馆，1980年。

的特性即客观实在性。在马克思主义哲学把握世界的认识过程中，物质作为客观实在是“第一条道路”的终点，同时也是“第二条道路”的起点，即为哲学的思维行程再现整个世界提供了逻辑的开端。在这里，物质作为普遍概念，即客观实在，此外就再也不能说什么了。

按照马克思主义关于“从抽象上升到具体”这个一切科学体系的叙述方法的原则，马克思主义哲学体系的逻辑顺序也应该从极其抽象的开端，经过抽象的不甚具体、向着愈来愈甚的具体的过渡。这其中的每一步具体都是从开端的向前引申，同时又是对开端的退后证明。根据这个原则，全面地展开马克思主义哲学的逻辑体系，这是本人力所不能及的。这里只是根据这个原则，来说明作为客观实在的物质与时间和空间、实体和联系、系统和过程的逻辑联系。

马克思主义哲学是彻底的唯物主义一元论。它认为物质是世界的本质，世界统一于物质。物质范畴以它的极为简单性和极大抽象性成为马克思主义哲学的开端。物质范畴在思维行程中要丰富和具体化自身，就要由此引申出“时间”“空间”范畴。通过空间范畴展开客观实在的广延性，和不同形式的客观实在的“互相邻近”的关系；通过时间范畴展开客观实在的延续性，和不同形式的客观实在的“逐渐生成”的关系。①时间、空间作为物质即客观实在的展开，自然也具有客观实在性。正如列宁所指出的：“物质不依赖于我们的意识而存在，也就必然要承认时间和空间的客观实在性。”②

时间、空间作为客观实在展开的两个侧面，作为物质的两个规定性，本身是相互沟通、相互规定、相互表现的。时空结合形式的有限性、间断性，表现为各种各样的物质实体或实体事物的存在。时间和空间结合形式的无限性、连续性，表现为各种各样的实体事物的联系或联系事物的存在。时间和空间结合形式的有限性、间断性和无限性、连续性的统一，就表现为实体事物和联系事物之间的统一。

实体和联系既相互区别，又不可分割，并在一定的条件下相互转化。

实体和联系是相互依存的。首先，联系是实体的联系，离开实体，联系无处发生和存在。世界上没有凭空产生的联系或关系。电磁

① 参见《马克思恩格斯选集》第4卷，267页，北京：人民出版社，1995年。

② ［俄］列宁：《唯物主义和经验批判主义》，中央编译局译，169页，北京：人民出版社，1960年。

联系是基本粒子的关系，化学联系是原子、分子的关系，新陈代谢是生物体与环境的关系，等等。其次，实体是联系的实体，实体离不开联系。离开了地球与太阳的关系，地球就无法存在；离开了人与自然之间的生产劳动关系，人就无法存在；同样，离开了人类个体之间的社会关系，人类个体也不能存在。任何实体都是在与其环境的相互关联、相互作用中存在的。实体与环境的联系，取决于实体的性质和环境的性质，因此，实体与外部环境的联系又成为实体得以表现的方式。

实体和联系又是相互包含的。较小的实体以相互联系而形成较大的实体，较大的实体又以联系而结成更大的实体，如此逐级扩展，最后形成了宇宙总体。在每一级扩展中，都由实体与联系相互交替来实现，这就造成了实体中包含联系，联系中又包含实体的局面。

实体和联系的相互包含、相互渗透，导致了它们的相互转化。比如，从基本粒子进化到原子，这是实体的发展。这个发展过程是通过基本粒子之间的外在电磁等物理关系转化为原子内的结构关系来实现的。基本粒子由于发展成为原子，形成更高的物质实体，从而具有了更高级的化学性能，产生了与环境对象的化学活动联系。这又是原本的物理联系向高级联系即化学联系发展的结果。

实体和联系相互规定、相互作用、相互转化，由此又可进一步引申出"系统"和"过程"范畴。系统，从抽象角度说，它概括了现代科学所揭示的从宏观到微观的各层次实体间的有机联系的存在，或者说，是事物联系的横向展开；从具体角度说，系统是由许多相互联系、相互作用的要素按照一定的层次和结构有序组织起来的具有特定功能的有机整体。过程从抽象角度说，它揭示了各种实体的生成和消亡的历史的联系，或者说，是事物联系的纵向展开；从具体角度说，过程是由许多相互联系、相互作用的阶段按照一定的顺序和结构形成的运动、变化和发展的存在。

系统和过程也是相互联系的。这表现在：过程总是系统的过程，任何过程都是一定系统的形成、运转和层次态结构变化的过程；而系统也总是过程的系统，任何系统总是一定过程展开的结果，同时又是继起过程的开端。

在具体的逻辑行程中，系统和过程概念又可以分别以一些更为具体的范畴去丰富和展开。

总之，物质作为客观实在也就表现为在时空交织中存在的无数的实体相互联系的系统和过程的客观实在性。

从以上关于物质作为客观实在的具体展开过程可以看出，这其中的每一个范畴都要通过其后继范畴以获得表现和现实性，任何一个后继范畴也必然要通过其前承的范畴而获得逻辑前提和根据。物质即客观实在，它是所有后继范畴的普遍性、共性，它又必然通过其内在包含的特殊构成环节即后继范畴加以展开、丰富起来，从而达于思维具体。关于这一点，黑格尔指出："概念的普遍性并非单纯是一个与独立自存的特殊事物相对立的共同的东西，而毋宁是不断地在自己特殊化自己，在它的对方里仍明晰不混地保持它自己本身的东西。"[①]这就是说，概念的特殊性只是概念普遍性自身的特殊性，特殊性不在普遍性之外，它乃是"普遍性特有的内在环节"。[②]普遍的概念通过它包含的特殊构成环节"把普遍者展示出来"，"特殊者是普遍者显露于外"[③]。可见，物质作为客观实在从抽象上升到具体的思维行程中，它是通过自身包含的一系列特殊环节的展开来达到思维具体的。因此，在把物质作为客观实在的具体展开的意义上，时间、空间、实体、联系、系统、过程等都是客观实在即物质的不同层次的特殊存在形式，它们都是作为特殊环节包含在物质之中的。因此，如果撇开其他范畴，把物质归结为它自身的某一个特殊构成环节是不妥的。

曾经有这样一种观点，把物质定义为"客观实在的实体"。这是不能令人赞同的。因为如果这样来定义物质，那么对物质的理解是狭隘的，也就不能与机械唯物主义者的物质观划清界限。因为机械唯物主义者也并不否认他们所说的"宇宙之砖"的客观性、实体性。他们所缺少的恰恰是关于各种实体事物的普遍联系及其运动、变化的过程的观点。因此，那种把客观实在论说成是实体实在论的观点是不正确的。这种观点之所以不正确，就是因为任何实体都是在联系中存在的。物质世界不是各种物质实体的累加性总和，也不是它们的机械性组合，而是通过多种多样的联系所结成的有机整体。有些论者之所以把客观实在论说成是实体实在论，从认识论的角度来说，是因为他们

① ［德］黑格尔：《小逻辑》，贺麟译，332页，北京：商务印书馆，1980年。

② 参见［德］黑格尔：《大逻辑》，《黑格尔全集》第5卷，42、43页，格洛克纳本。

③ ［德］黑格尔：《大逻辑》，《黑格尔全集》第5卷，43页，格洛克纳本。

虽然正确看到了联系对于实体的依赖性，但是，他们又夸大了联系对于实体的依赖性的一面，把联系不适当地归结为实体。他们不懂得联系是不同于实体事物的另一类事物存在形态。联系虽然离不开实体，但联系不等于实体。

与上述观点相反，还有一种观点把客观实在论说成是“关系实在论”，认为客观实在即关系实在。这种观点也是不能令人赞同的。这种观点虽然正确看到了实体对关系的依赖性，看到了实体总是存在于关系之中，受到关系的统摄与制约，但是它片面夸大了实体对关系的依赖性的一面，把实体归结为关系，这种归结也是不正确的。实体和关系不可分割，但并不表明它们是一回事，实体与关系的区别同样是明显的。实体事物虽处在联系之中，但毕竟是作为一个独立的单元和统一体系而存在的，否则，实体之间的关系也就不存在了。所以，实体离不开关系，但实体并不等同于关系。

由此可见，用实体取代关系，或用关系取代实体都是不对的。“实体实在论”和“关系实在论”都是对客观实在论的片面归结。物质既不是单纯的实体实在，也不是单纯的关系实在，而是无数实体及其关系相统一的客观实在。

另外，在我国哲学界还流行着这样一种观点，即试图把物质和物质性加以区别。这种观点实际是把物质作了实体性、载体性的旧唯物主义理解，而把时空、运动作为实体的属性归结为实体。于是认为时空、运动等只是物质的属性，而不是物质。但在马克思主义哲学看来，上述区分是一种杜撰。物质范畴作为世界万事万物共同本质的反映，它是一个广泛已极的概念。物质即客观实在，或曰物质性，或曰客观实在性，含义是一样的，即不以人的意识为转移性。如上所述，我们虽然不能把物质归结为它的任何一种表现形式或构成环节，但并不妨碍承认这些表现形式或构成环节是一种物质存在形式，或曰具有物质性，如承认时间、空间、实体、联系、系统和过程是物质的构成环节，并不妨碍承认它们都是物质的存在形式，都具有物质性一样。打个比方来说，“人”这个概念作为一切人的共性标示，即进行社会实践的自为物质存在，张三作为这种共性的个别形式，我们虽然不能说人是张三，即不能把一般等同于个别，但并不妨碍承认张三是（一个）人。如果像上述流行观点所认为的，运动、时空具有物质性，但不是物质（形式），这和把张三说成具有人的共性，但又说张三不是（一个）人，岂不是同样可笑吗？

总之，在人们把握物质世界即宇宙总体的过程中，物质即客观实在，是人们抽象把握世界的终点，也是人们具体把握世界的起点。时间和空间、实体和联系、系统和过程的逐次展开，是物质从抽象上升到具体的逻辑行程。

四、物质世界无限性与大爆炸宇宙学

（一）关于物质世界有限与无限的争论

对世界物质统一性的理解，必然伴随着对世界是有限还是无限问题的回答。辩证唯物主义物质观中包含了对物质形态的无限多样性及其运动变化过程的永恒性的肯定。即认为物质世界在本质上是无限的。

对世界有限还是无限的争论早已有之。

在日常生活中，人们看到的事物都是有限的，都是有边有沿、有始有终，可以穷尽的。那么天呢、地呢？有人推测也是有限的。于是人们设想有“天涯海角”，设想“天圆如覆盆，地方如棋局”，“浑天如鸡子，地如蛋中黄”，等等。这就是中国古代的“盖天说”“浑天说”。在国外还有人“计算”出宇宙长多少千米，在我国古代还传说，天的四周有八根像大山一样的柱子支撑着，是有尽头的。

不过也有人怀疑或反对上述说法。屈原在《天问》中质问道：“八柱何当？”即八根支天的柱子支撑在什么地方呢？柳宗元在《天对》中继承和发展了屈原的思想，批判了宇宙有限论，提出了宇宙无限论的见解。他说，“无极之极，漭弥非垠”，“东西南北，其极无方”。我国东汉时期的著名科学家张衡，在长期天文观察的基础上进一步提出“宇之表无极，宙之端无穷”的结论。

在马克思主义哲学史上，对物质世界无限性的问题，给予了比较集中论述的是恩格斯。恩格斯在《反杜林论》第五章“自然哲学”的“时间和空间”中批判了杜林关于世界有开端而无终点的观点，指出，宇宙无论在时间上还是空间上都是无限的。恩格斯说：“时间上的永恒性、空间上的无限性，本来就是，而且按照简单的词义也是：没有一个方向是有终点的，不论是向前或向后、向上或向下、向左或向右。”①

（二）大爆炸宇宙学没有推翻物质世界无限性

但是，随着自然科学的不断发展，到了20世纪，现代宇宙学的一系列新发展、新学说，特别是“爱因斯坦宇宙模型”和“大爆炸宇宙学”的提出，使一些人认为恩格斯的观点被证伪了，相反证明了杜林的宇宙有开端而无终点的观点是正确的。

为了澄清这个问题上的是非，我们有必要先来说明一下“爱因斯坦宇宙模型”和“大爆炸宇宙学”。

1915年，德国物理学家爱因斯坦在创立了广义相对论以后，用它来考察宇宙。1917年他发表了题为《根据广义相对论对宇宙学的考察》的论文，提出了他的宇宙模型，即爱因斯坦宇宙模型。

爱因斯坦的广义相对论把几何学和物理学统一起来，认为物质存在的空间不是平坦的欧几里德空间，而是弯曲的黎曼空间。

说到黎曼空间还必须追溯到19世纪德国数学家高斯。高斯提出了不同于欧几里德平面几何的球面几何。他说，与欧几里德的平面空间相对应，其几何性质是“无界无限”的，而对应于球面空间，其几何性质是“无界”而“有限”的。因为从球面上任何一点沿球面可以向任何方向无穷延伸，说明它没有界限；但另一方面，空间的大小，即球面的面积却为有限值。

到1854年，黎曼在更广泛的意义上证明了高斯的理论。黎曼几何以曲线为基础，认为直线只不过是一种理想的设定。如我们在地上划一直线，我们看似直线，而其实它只不过是地球上这个大曲线的一段。世界上根本没有直线。宇宙空间不是平直的，而是弯曲的。这在小尺度的情况下是看不出来的，而必须在大尺度中才能看出来。

在黎曼的时代，三维空间的弯曲还只是一种可能的设想；然而自从20世纪初广义相对论建立并得到验证以后，它就变成了现实。根据广义相对论，存在引力场的空间就是黎曼空间，认为光线在广大的天区中、在引力场的作用下会发生弯曲。1915年，爱因斯坦经过计算，

---

①《马克思恩格斯选集》第3卷，389页，北京：人民出版社，1995年。

发现“光线经过太阳要受到1.7的弯曲，光线经过木星要受到0.01的弯曲”[①]。为了证实上述预言，爱因斯坦建议利用日全食时观测太阳边缘通过的星光。

爱因斯坦断言，从一个点发出的星光，过若干年后，会回到原来的地方，如同一个人在地球上沿着一个方向行走，过若干年后还会回到原来的位置一样。所以，爱因斯坦的空间不是一个平直的欧几里德几何空间，而是弯曲的黎曼空间。

以这个结论为基础，根据自己的相对论，爱因斯坦提出了自己的静态有界无边宇宙模型，主张宇宙从它的空间广延来说是一个闭合的连续区、一个弯曲的封闭体。按照广义相对论的理论，物质引力和空间性质是密切联系在一起的。物质有质量，质量越大，引力场越强，强大的引力场能使空间弯曲，天体分布在弯曲封闭体内。

爱因斯坦认为，宇宙是一个类似于三维球面的空间，它的体积是有限的，但它又不存在任何的边界。因此，宇宙是一个有限无边的三维闭合体。

问题到了这里还远没有结束，因为后来又出现了大爆炸学说，使一些人更认为，这是对宇宙有限论的绝妙的证明。

1922年，苏联数学家弗里德曼根据爱因斯坦的广义相对论引力场方程得出的宇宙学说，认为宇宙不是静态的，而是膨胀的。1927年，比利时天文学家勒梅特进一步研究了弗里德曼的结论，提出了宇宙大尺度空间随时间膨胀的概念。1932年，勒梅特从宇宙膨胀理论出发，提出了宇宙演化学说。他认为，整个宇宙的物质最初聚集在一个“原始原子里”，后来发生猛烈爆炸，碎片向四面八方散开，形成了今天的宇宙。

1948—1949年，美国物理学家阿尔法、贝尔和伽莫夫，以及赫曼等人把基本粒子的运动和宇宙膨胀的理论结合起来，提出了比较完整的“大爆炸宇宙学说”，即关于宇宙起源和演化的科学假说。

这个学说认为，宇宙极早期，即大约100亿年前，是一个高温、高密度的原始的火球，这个原始的火球在几秒内发生爆炸。爆炸后，原始物质的温度、密度下降，向四处扩散，循着“原始物质→基本粒子

① 《爱因斯坦文集》第2卷，范岱年等编译，334页，北京：商务印书馆，1977年。

→原子核→原子→分子→各种天体→生命”的顺序，发展到今天。

“大爆炸宇宙学”所描述的宇宙演化的过程，得到了一些观察事实的支持。伽莫夫在提出大爆炸的观点时曾预言，在现在的宇宙中应能找到宇宙早期遗留下来的热辐射。

1964年，美国贝尔电话公司的彭齐斯和威尔逊两人在从事装置人造卫星地面通讯的工作时，发现在波长7.35厘米微波（微波，是指波长从1毫米到1米，频率为300兆赫到30万兆赫的无线电波）段，有来历不明的、温度为3°K的热辐射。他们经过分析和证明，认为这就是伽莫夫所预言的大爆炸后遗留下来的热辐射，从而成为大爆炸宇宙学的有力证明。3°K背景辐射的发现，是一个了不起的科学勋业，所以，彭齐斯和威尔逊便获得了诺贝尔奖金。

早在1925年，美国天文学家哈勃发现了河外星系的谱线“红移”现象，即星或星系间距离和由红移标志的退行速度成正比。这就是“哈勃定律”。在观察一个发光点时，当这一点向观察者方向移近时，这时就会出现光谱线向波长较短的紫端的位移，而当这一点远离观测者方向时，这时就会出现光谱线向波长较长的红端位移。这就是“谱线红移”。近年来，天文学观测的事实表明，所有已发现的约10亿个河外星系，都在四散逃离，离我们远去。因而“哈勃定律”向人们描述的各星体的状况就形成一个膨胀式的运动图景。

还有近年来的一些新发现，似乎都支持了大爆炸宇宙学说。

因此，西方有些学者宣称：现代宇宙学证实了“宇宙在时间上是有开端的，在空间上是有限的”。因此，在他们看来，辩证唯物主义宇宙观破产了。

其实，早在19世纪70年代，恩格斯在《反杜林论》中对杜林的宇宙有限论的批判已经非常深刻和明确，使人们无论在科学上还是在哲学上都不容怀疑恩格斯关于宇宙无限性观点的正确性。

人们之所以会产生异议，其根源在于，把“我们的宇宙”当成了哲学上的“普遍宇宙”，把关于“我们的宇宙”的具体科学结论当成了哲学结论。

“我们的宇宙”，即观测所达到的宇宙。随着科学研究的深入，所谓“我们的宇宙”是不断发展的。在哥白尼时代涉及的宇宙实际上不过是太阳系，甚至还不包括海王星、冥王星。后来由于望远镜的发明，使得人们的视野扩大到银河系，并发现太阳只不过是银河系中的一颗很普通的恒星。进一步又发现存在着许多银河系，又发现星系可以成团，成为星系团。又发现各个星系团之间还有一些暗物质，等等。于是又给这许多星系团的总和一个新名称，叫总星系。现在的“我们的宇宙”就是指这个总星系。可见，“我们的宇宙”或“观测的宇宙”中的实际内容是在那里变化着。但是，历史上已被观察到的宇宙总是未来的观察的宇宙的一部分（当然观察发生错误的例外），为了把未来历史的可能发展也包括在内，所以就进一步抽象出一个普遍的宇宙观念。这个广泛意义上的宇宙，也就是哲学家，当然也是物理学家和天文学家所探讨的对象。

无论是相对论还是大爆炸宇宙学都是具体科学。这些具体科学所研究的“宇宙”，是人类现今所能观测到的天区，是有限的具体的部分宇宙。具体的宇宙确实有起源、有开端，但具体宇宙不能代表整个宇宙。正如恩格斯所指出的：“我们的自然科学的极限，直到今天仍然是我们的宇宙，而我们的宇宙以外的无限多的宇宙，是我们认识自然界时所用不着的。”[①]因而，现代宇宙学中，诸如“宇宙年龄”“宇宙半径”等概念，都只是反映了今天人类所认识到的那一部分宇宙的时空性质，绝非代表整个宇宙。正如一切具体事物都有产生、发展和灭亡的过程一样，我们的宇宙也有它产生、发展和灭亡的过程。“大爆炸宇宙模型”等学说就是要探索我们的宇宙的起源和演化等问题。

其实，恩格斯在评价康德的“星云假说”时，已经向人们揭示了具体形态的宇宙与整个宇宙的区别了。他说，康德的星云假说“一方面在于它是现存的天体的起源，另一方面在于它是我们迄今所能追溯的最早的物质形式。这完全不排除下述情况，而更应当说是以下述情况为条件：物质在原始星云之前已经经过了其他形式的无限序列”[②]。具体的宇宙（物质）有起源，有边界，在我们现存的这个宇宙形成以前，宇宙物质已经经历了其他形式的无限系列了。

对于“我们的宇宙”的有限性是没有争议的，但如果把未来的可能的发展也包括在内，指那种最广泛的意义上的宇宙，那就立刻可能有两种不同意见：一曰宇宙是有限的，一曰宇宙是无限的。

---

① ［德］恩格斯：《自然辩证法》，中央编译局译，215页，北京：人民出版社，1971年。

② 《马克思恩格斯选集》第3卷，398页，北京：人民出版社，1995年。

宇宙有限论者的一个重要论据是，不论人们的观察能力有多强，人们实际观察到的范围总是有限的。“我们的宇宙”虽然总是不断地扩大，但是这种扩大总有一个共同点，那就是它们范围并不是无限大。所以，宇宙是有限的。

在这样一种论证中包含着这样一种潜在的观点，即“我们的宇宙”尽管在不断扩大，但总是有限的，处于有限宇宙中的我们，只能承认宇宙有限论，不可能讨论我们宇宙以外的宇宙，不可能得出宇宙无限论。

如何看待这样一种观点呢？这种观点是不正确的。其理由在于，它按照形而上学的思维方式进行思维，把有限和无限绝对对立了起来。它把无限性看作是有限之外的，与有限性完全分离的东西，是不能通过有限加以把握的东西，因而是不存在的东西。

对于这种形而上学的观点，黑格尔曾经进行了深刻的批判。在黑格尔看来，无限不是在有限之外，而是在有限之中，通过超出有限而达于无限。这是指一切有限都要被否定，从而表现为向后的无限性。[①]他认为，某物作为有规定的存在，它是被限定了的，具有有限性。而某物自身因为包含了否定自身的因素，因之具有可变性，它要扬弃自身、超出自身的界限；而超出有限，就是无限。因此，辩证的无限观把无限看作有限物的一种本性，因此，也就是把无限和有限看作一个矛盾的整体。无限性作为否定因素包含在有限之中，当然，这时候，无限也只是潜在地与有限统一在一起。作为一个矛盾统一体，其本性是要发展、要展开。“无限，正如实际存在的那样，乃是过程”，“作为无限，它以有限和无限作为环节，而这两个环节本身就是变化的过程”，“无限……本质上毋宁只是作为变易而存在”[②]，即一切有限物都是从其他有限物的否定而来，从而表现为向前的无限性。也就是说，每一有限物发展为自己的他物，建立了一种自身与别物的关系，都是无限性的展开，又在高一级的阶段上开始有限与无限的新的矛盾发展过程。事物处于永恒的运动和发展中，世界便在这种发展所构成的形式和关系中不断展开其无限性，即列宁所说的“物质的深远的无限

① 参见［德］黑格尔：《小逻辑》，贺麟译，207页，北京：商务印书馆，1980年。

② 《黑格尔全集》第4卷，172、173页，格洛克纳本。

性”①。恩格斯也说：“真无限性已经被黑格尔正确地安置在充实了的空间和时间中，安置在自然过程和历史中。”②

物质世界的无限性，是指物质形态转化的无限性，这样一个观点是以物质和能量的守恒或物质和能量的不能创造和不能消灭的观点为前提的。谁要是不能否定这一观点，谁就必须承认物质世界的无限性。因为，既然物质和能量不能创造和不能消灭，因而任何物质形态都不能从纯无中产生，即不能从纯无中生有，也不能使有变为纯无，因而物质形态的转变，向前追溯和向后延伸都是无限的。这样一种无限观，是基于事物具体发展上的科学抽象，具有高度的普遍性意义。

现代宇宙学揭示的可能的宇宙图景，认为宇宙在大爆炸开始时是在一个高温高压高密度状态的“奇点”上。对我们的宇宙来说，它是一个始点，然而这个“奇点”，也只是宇宙物质存在的一种形态。在这种形态产生以前，宇宙物质经过了发展的无限系列。正如诺贝尔奖金获得者，两本著名的有关大爆炸宇宙论的专著的作者温伯格教授所认为的：“可以设想：宇宙经历着一种振荡，其收缩和膨胀时期永远彼此交替下去。”他还说：“有朝一日我们可探测到宇宙历史的过去一些循环中的余留物，这并不是完全不可能的。”③在现代宇宙论研究中，有一些研究者正沿着这一设想去工作。另外，大爆炸开始时的原始“奇点”，就它本身来说是有限的，但有限中又包含着无限的性质，因之它要展开来，膨胀开来，超出自己（“奇点”），展示其多样性。当它的展开达到一个临界密度时，最终停止膨胀而转为收缩，可能又要在一个小的区域重新集聚。这种趋势继续下去，或许就有造成我们宇宙的一个可能的结局：一个新的“奇点”。宇宙就是在这样一个否定之否定的趋势中不断展开有限与无限的对立统一，即宇宙是一个通过有限形态的不断超越而不断展示的无限性存在。

（三）坚持物质世界无限性的重大意义

承认物质世界的无限性，才能彻底坚持世界统一于物质这一辩证

①［俄］列宁：《哲学笔记》，中央编译局译，114—115页，北京：人民出版社，1974年。

②［德］恩格斯：《自然辩证法》，中央编译局译，215页，北京：人民出版社，1971年。

③［美］S.温伯格：《引力论和宇宙论——广义相对论原理和应用》，邹振隆、张历宁等译，698—699页，北京：科学出版社，1980年。

唯物主义的基本原理，才能与唯心主义和宗教神学划清界限。

事情很清楚，如果说物质世界是有边有际的，那么在“边际”之外是什么呢？当然，只能是非物质的世界。如果说，物质世界是“有始有终”的，那么在物质世界开始之前和终结之后，又是什么呢？当然也只能是非物质的世界。可见，只要一离开物质世界的无限性，就不可避免地要承认非物质世界。既然世界有物质世界，还在物质世界之外、之前、之后有一个非物质世界，那么，坚持唯物主义的世界统一于物质的观点，是显然不可能的。所以，历史上的唯物主义者在坚持世界统一于物质的同时，也必然要坚持物质世界无限性的观点。

与唯物主义相反，唯心主义和宗教神学都主张宇宙即物质世界有限论，以便为精神的绝对存在安置一个藏身之所和为这种绝对精神的原创作用提供施展的前提。因为，承认物质世界有限论，也就意味着承认在物质世界之外存在一个超物质的精神世界；同时，也就是承认物质世界有一个从无到有的创造过程。那么谁是宇宙的创造主呢？那只能是万能的精神体。这个精神体，在客观唯心主义那里就是客观精神；在宗教那里，就是神或上帝之类。300多年前，英国有一个主教名叫乌索尔，曾以基督教的圣经为根据，“计算”出上帝创造世界的时间是耶稣诞生前4000年10月23日星期天的上午，这当然是无稽之谈。不要说整个宇宙是无限的，就是地球上的人类也已存在300万年左右的历史了，地球从产生到现在已有46亿年的历史了，太阳系50亿年前就形成了，银河系形成的时间更久远，然而这也并不是宇宙的开端，宇宙是没有开端的。

最后，从科学实践上说，还有一个支持宇宙无限论的小小理由。有限论将使我们的科学的眼界停留在固定的范围，而无限论就会使我们的科学走向新的天地、新的范围。

总之，辩证唯物主义坚持物质世界无限性的观点。现代宇宙理论并没有驳倒恩格斯关于物质世界无限性的论述，恩格斯的观点是驳不倒的。

第三章　系统辩证法与唯物辩证法

物质作为客观实在，在其逻辑展开的过程中表现为在时空交织中无数实体相互联系的系统和过程的集合体。

恩格斯说："辩证法是关于普遍联系的科学。"[①]这是马克思主义哲学对唯物辩证法的最基本的规定。因此，联系范畴也就成为唯物辩证法的最基本的范畴。

从唯物辩证法的角度来说，系统和过程范畴分别作为联系范畴的横向和纵向展开，它们都统一于联系范畴。因此，必须在系统与过程和联系的逻辑关系中来理解和把握系统辩证法、过程辩证法与唯物辩证法的关系。关于过程辩证法与唯物辩证法的关系，学术界没有太多的争议，因为过程辩证法的许多内容早就在唯物辩证法的体系中获得了表述和说明；而对系统辩证法与唯物辩证法关系问题的认识，不同意见的分歧还较大，因为系统辩证法理论的提出时间还不长，系统辩证法的许多内容还没有在唯物辩证法的体系中获得应有的表述和说明。

系统辩证法、系统方法论、系统认识论是系统哲学的三个组成部分。系统哲学是20世纪60—70年代伴随着一般系统论的迅速发展而兴起的一种哲学，也就是说，系统辩证法理论的产生，到现在也才有30多年的历史。

关于系统辩证法与唯物辩证法的关系问题主要有这样两种不同的见解：

一种观点认为，系统辩证法比唯物辩证法更复杂、更综合，是对世界的"新的更高的揭示"。因而有人主张用系统辩证法去综合和取代唯物辩证法。

另一种观点认为，唯物辩证法是总前提，系统辩证法是对这个总

① 《马克思恩格斯选集》第4卷，259页，北京：人民出版社，1995年。

前提的发挥和新的论证，是对唯物辩证法的丰富和充实。

如何看待上述分歧呢？我认为，这两种观点有一个共同点，都认为系统辩证法和唯物辩证法不是完全对立的，而是统一的。对于这一点，我是完全赞同的。至于如何理解这种统一，第一种观点主张，把唯物辩证法综合、统一于系统辩证法；第二种观点主张，把系统辩证法综合、统一于唯物辩证法。我们原则上赞同第二种观点，即认为，系统辩证法是辩证法与形而上学斗争的新成果；系统辩证法是对唯物辩证法联系范畴的横向展开，是对唯物辩证法的极大丰富；它和过程辩证法相互渗透、相互补充，从而进一步展示了唯物辩证法体系的具体内容。下面就系统辩证法与唯物辩证法的关系作一些总体的说明。

一、系统辩证法是辩证法理论发展的新成果

（一）辩证法与形而上学斗争的两个维度

辩证法和形而上学是两种对立的关于世界观的学说。辩证法就是用联系、发展和全面的观点看问题的世界观学说；与之相反，形而上学则是用孤立、静止和片面的观点看问题的世界观学说。

辩证法和形而上学作为两种对立的世界观，它们的斗争从有哲学以来就一直存在着。这种斗争是从两个维度展开的。

一是从过程观的维度展开的，即承认不承认世界是运动的过程。对此，在人类认识史上，就有关于世界的运动过程论和静止不动论两种见解的对立。

亚里士多德就曾说过，在那些最早的哲学家们看来，“一样东西，万物都是由它构成的，都是首先从它产生、最后又化为它的”[①]。在泰利斯那里，世界的过程性被猜测为“水—万物—水”，在赫拉克利特那里则被表述为“火—万物—火”。对此，黑格尔赞扬说：“把自然当作过程来阐明。这就是赫拉克利特的真理，这就是真正的概念。”[②]列宁

① 北京大学哲学系外国哲学史教研室编译：《西方哲学原著选读》上卷，15页，北京：商务印书馆，1981年。

② ［德］黑格尔：《哲学史讲演录》第1卷，贺麟、王太庆译，305页，北京：商务印书馆，1959年。

也指出："这是对辩证唯物主义原则的绝妙的说明。"[①]在古希腊哲学中，与赫拉克利特所主张的"一切皆流""一切皆变"的观点相反，巴门尼德认为"存在永远是同一的，居留在自身之内，并且永远固定在同一个地方"[②]。以上这样两种观点的对立，就是辩证法与形而上学的斗争从过程观角度所展开的最早的表现。

二是从系统观的维度展开的，即承认不承认事物是通过各部分的联系而形成的系统整体。对此，在人类认识史上从来就有实物中心论和系统整体论两种见解。

所谓"实物中心论"，即往往把注意的中心放在一个个彼此区分开来的、各自独立的既成实物上面，自觉或不自觉地认为世界只是无数不同的实物单位的集合体。哲学中那些关于不可再分割的基本实物单位的抽象概念，如"质点""宇宙元素"和没有内部结构的"原子"等，比较集中地反映了这种倾向。

但是自古以来也有不少卓越的思想家注意到了系统问题。

"系统"一词最早出现在古希腊语中，即为部分组成整体的意思。古代萌芽的系统观正是从考察部分与整体的关系开始意识到系统的存在的。古希腊哲学家赫拉克利特在《论自然界》一书中认为："世界是包括一切的整体。"古代原子论的创始人德谟克利特曾著有《世界大系统》一书，这是最早采用"系统"这个词的著作。他用原子和虚空构成宇宙的思想去说明世界；柏拉图则认为，他的"理念世界"是在"善"的理念统帅下的一个层次等级系统。亚里士多德的"四因说"（目的因、动力因、形式因、质料因）也包含有系统思想，特别是他的关于"整体大于它的各部分总和"的观点，至今仍然是基本的系统问题的一种表述，可以说，它是古代朴素的系统思想的最高成就。

我国古代的朴素辩证法思想家更是从多方面强调了关于世界的整体性和协调性的思想。如"八卦"和"五行"说中，就包含有相互制约和转化、天地万物相生相克等系统作用的思想，并把这些思想运用于工程、技术、医学、军事等领域中去，创造了富有民族特色的文化传统。比如，我国医学中的脉象、经络、气血、阴阳等学说，就是从

① ［俄］列宁：《哲学笔记》，中央编译局译，395页，北京：人民出版社，1974年。

② 北京大学哲学系外国哲学史教研室编译：《古希腊罗马哲学》，53页，北京：生活·读书·新知三联书店，1961年。

整体出发，用近似系统的方法，把人、病、症以及环境联系起来，进行辩证施治的。又比如，《孙子兵法》关于从全局上把握战机，协调各种因素，以求取胜的战略战术，也体现了古代丰富的军事系统思想。诺贝尔奖获得者普里戈金说："我们正在向新的综合前进……将把西方传统连同它对实验的强调和定量的表述，同以自发的自组织世界的中国传统结合起来。""中国文化具有一种非消极的整体和谐。这种整体和谐是各种对抗过程间的复杂平衡造成的。"哈肯也说："虽然亚里士多德也说过整体大于部分，但在西方，一到对具体问题进行分析研究时，就忘了这一点，而中医却成功地应用了整体性思维来研究人体和防治疾病，从这个意义上说，中医比西医优秀得多。"①

总之，在与形而上学的僵死不动论和实物中心论的斗争中，无论是东方还是西方的朴素辩证法，都力图把世界看作是运动着的整体，都力图从过程和系统两个角度去说明世界的辩证联系。关于这一点，恩格斯也是从这样两个方面对古代辩证法给予肯定的。恩格斯指出，古代朴素辩证法认为"整个自然界，从最小的东西到最大的东西，从沙粒到太阳，从原生生物到人，都处于永恒的产生和消灭中，处于不断的流动中，处于无休止的运动和变化中"②。他又说，古代辩证法家是把自然界"当作整体、从总体上来进行观察"③的。总之，古代朴素辩证法描绘了世界整体演化和发展过程的总画面，这在本质上是正确的。

可是，由于当时生产力水平十分低下，古代自然科学技术还没有近代意义上的系统科学实验作基础，人们只能靠简单的直观经验，在缺乏充分的科学事实根据的情况下，运用创造性思维的力量进行推理和概括，这样，就使古代朴素辩证法，包括它的过程观和系统观不可避免地具有直观性、单纯的思辨性和整体上的猜测性。这一缺陷导致了古代辩证法被近代形而上学所取代。

（二）17、18世纪唯物主义的两大缺陷

欧洲文艺复兴运动以后，科学分化的趋势出现了，产生的实验科学宣告了古代自然哲学的解体。由于用抽象的分析代替了生动的直

① 席泽宗：《中国传统文化与科学的关系》，《新华文摘》，2008（4）。
② ［德］恩格斯：《自然辩证法》，中央编译局译，16页，北京：人民出版社，1971年。
③ 《马克思恩格斯选集》第4卷，287页，北京：人民出版社，1995年。

观，从而给科学带来了巨大的进步。恩格斯说："把自然界分解为各个部分，把各种自然过程和自然对象分成一定的门类，对有机体的内部按其多种多样的解剖形态进行研究，这是最近400年来在认识自然界方面获得巨大进展的基本条件。"①

17—18世纪的唯物主义哲学家吸取了自然科学的研究成果，在对自然现象的细节的认识上大大超过了古希腊哲学家。但是，与自然科学当时主要还处于搜集材料的阶段相联系，与当时所采用的"分析""解剖"与"孤立"地研究事物的方法相联系，这些哲学家抛弃了辩证法，被形而上学所支配。

其表现之一是，在他们那里，事物的整体性不见了，变成了分割为支离破碎的部分。近代前期，自然科学起点低，只有机械力学是一门较为成熟的科学，因而人们对简单机械加工、机械组合的研究比较深入，于是便用机械组合论去解释一切自然现象，甚至把人也说成是一架机器。

其表现之二是，在他们那里，事物的运动性不见了，他们所坚持的是"自然界绝对不变这样一个见解"②。如果说有运动，也只是外力推动下的机械运动。例如，英国哲学家霍布斯（1588—1679）认为，构成世界的物体只具有广延性，自身无运动能力，物体的运动是外力造成的机械运动；整个宇宙就是具有力学和几何性质，在空间中不断进行机械运动的物体之总和。

总之，用孤立部分的机械组合论取代古代的系统整体论，用不变论或机械运动论取代辩证发展论，这是17—18世纪唯物主义的两个重大缺陷。这种世界观在自然科学知识方面高于古代希腊，但对世界总画面的理解上，有些方面却低于古代希腊。

在一定历史条件下产生的东西，在新的历史条件下必定要转化或灭亡。随着近代自然科学的发展，形而上学自然观的破产和辩证唯物主义自然观的形成，也就成为历史发展的必然。

（三）18世纪下半叶以来过程论的全面胜利

从18世纪下半叶开始，欧洲的许多国家相继进行了资产阶级产业

① 《马克思恩格斯选集》第3卷，359页，北京：人民出版社，1995年。

② 《马克思恩格斯选集》第4卷，264页，北京：人民出版社，1995年。

革命，使资本主义生产向机器大工业生产过渡。生产上的进步为近代自然科学的发展提供了许多新的事实材料。例如：望远镜的改进使人们观察天文的手段不断完善，视野大为开阔；显微镜的发明使人们对动植物结构的认识深入到更深的层次；蒸汽机的发明不仅是机器大工业产生的标志，而且给科学研究提供了重要的研究课题；开矿业的发展、运河的挖掘，使人们对地壳的构造、生物的进化都产生了新的认识。在这个时期，天文学、地质学、物理学、化学、生物学等都有一系列重大突破。

这个时期，自然科学的研究方式也起了根本的变化，近代自然科学经过4个世纪的搜集材料的阶段，开始进入系统地整理材料和上升到理论概括的阶段。在这个阶段中，人们开始把以前被形而上学自然观所看成的孤立的事物联系起来，所认作的绝对静止的事物从运动中加以考察，于是一切不变的观念被一切皆变的观念所取代。“在自然科学中，由于它本身的发展，形而上学的观点已经成为不可能的了”[①]。

首先遭到辩证法沉重打击的是形而上学的绝对不变论。把事物描写为一个过程，一个运动、发展、有生有灭的过程，这是从康德星云说到达尔文进化论，从黑格尔唯心辩证法到马克思唯物辩证法的共同特点。恩格斯说：“黑格尔第一次——这是他的伟大功绩——把整个自然的、历史的和精神的世界描写为一个过程，即把它描写为处在不断的运动、变化、转变和发展中，并企图揭示这种运动和发展的内在联系。”[②]黑格尔哲学体系描绘了“绝对观念”的辩证发展过程。按照黑格尔的叙述，这一过程经历了三个基本阶段，即逻辑阶段、自然阶段和精神阶段。于是，他的哲学体系作为对这三个阶段的反思，也是由逻辑哲学、自然哲学和精神哲学三部分组成。这三个部分或三个阶段并不是机械地并列在一起的，而是一个肯定、否定、否定之否定的过程。但是，黑格尔的过程观是以唯心主义为基础的，现实过程和思想过程的现实关系是被他“头足倒置了”的。

在新的历史条件下，马克思恩格斯批判继承了黑格尔哲学，“保持了黑格尔的永恒发展过程的思想，而抛弃了它那种偏执的唯心主义的

① ［德］恩格斯：《自然辩证法》，中央编译局译，3页，北京：人民出版社，1971年。

② 《马克思恩格斯选集》第3卷，362页，北京：人民出版社，1995年。

观念”[1]，认为头脑里的思想只是“现实的事物和过程的多少抽象的反映”，“现代唯物主义……的任务就在于发现这个过程的运动规律”[2]。这就对世界的过程性给予了科学的唯物主义的说明。列宁发挥了马克思恩格斯的上述思想，指出：“辩证法的实质”就是“要认识世界上一切过程的‘自己运动’、自生的发展和蓬勃的生活，就要把这些过程当作对立面的统一来认识”[3]。毛泽东也进一步指出，要研究世界上一切过程的共性和个性的关系。他说，矛盾的共性，即“矛盾存在于一切过程中，并贯穿于一切过程的始终”；矛盾的个性是“各个物质运动形式的矛盾，各个运动形式在各个发展过程中的矛盾，各个发展过程中的矛盾的各个方面，各个发展过程在其各个发展阶段上的矛盾以及各个发展阶段上的矛盾的各方面”的特点。“这一共性个性、绝对相对的道理，是关于事物矛盾的问题的精髓，不懂得它，就等于抛弃了辩证法”[4]。

辩证法发展史告诉我们，是否承认世界的过程性，这历来是辩证法和形而上学斗争的一个焦点。承认世界的过程性，这是“一个伟大的基本思想”[5]。这个思想经过从黑格尔到马克思，到列宁，再到毛泽东的不断的胜利进军，从而给形而上学不变论以毁灭性的打击。

（四）现代系统论的胜利进军

与此同时，对形而上学的实物中心论的批判也已经开始，虽然还不那么突出。

比如，康德的星云说，不仅说明了“地球和整个太阳系表现为某种在时间的进程中逐渐生成的东西”[6]，给形而上学不变论以最初的一击，而且以关于地球和太阳系起源的“结构系统”理论，给形而上学的实物中心论以迎头打击。康德认为，星云团的旋转，是一个由“微粒”在万有引力的相互作用中所构成的动态系统。他说：“我根据给定的吸引定律看到了物体的形成，又看到了斥力改变物体的运动。我不

① 《列宁全集》第2卷，5页，北京：人民出版社，1959年。
② 《马克思恩格斯选集》第3卷，364页，北京：人民出版社，1995年。
③ ［俄］列宁：《哲学笔记》，中央编译局译，408页，北京：人民出版社，1974年。
④ 《毛泽东全集》第1卷，320页，北京：人民出版社，1991年。
⑤ 《马克思恩格斯选集》第4卷，244页，北京：人民出版社，1995年。
⑥ ［德］恩格斯：《自然辩证法》，中央编译局译，12页，北京：人民出版社，1971年。

需要任意的虚构，只要按照给定的运动规律，就可以看到一个秩序井然的整个系统产生出来……”[①]他说，银河系外的星体也“不是单个”存在的，而是由“许多星构成的系统”。“这些恒星在整体上具有规则性的结构……这些更高的世界系统也不是互不相关，而是通过相互联系，又构成一个更加广大的系统”[②]。现代天体物理学和相对论宇宙学已经证明，康德的这一见解是正确的。

继康德之后，黑格尔把自然看作“自然的系统”，把社会看作“人为的系统”，认为此二者都统一于“概念的系统”。在他看来，整个世界就是概念的“一个有机整体的必然的发展运动”[③]。正是从事物的整体出发，黑格尔主张辩证的具体思维，认为不能停留在把事物孤立化、片面化的知性思维阶段。他说：“个别物体虽各有独立的客观存在，但同时却都统摄于同一系统。”[④]离开一定的系统，绝对孤立存在的事物是没有的。所以他又说：“任何事物，一孤立起来看，便显得狭隘而有局限。”[⑤]他讽刺知性思维是“以碎片构成的儿戏”。他反对整体是部分加和的机械论观点。他认为：“机械关系的肤浅性一般即在于各部分既彼此独立，而部分又离全体而独立。”[⑥]在他看来，整体是指多样性有机联系的整体，是一种“包含多样性于自身之内”[⑦]的东西。因此，他认为真理只有作为系统才是现实的。

马克思恩格斯从哲学的高度肯定了“系统”这个概念的意义和建立系统化的世界图景的意义，并把系统思想应用于对自然领域和社会领域的研究。美国学者D·麦奎里和T·安贝吉在《马克思和现代系统论》一文中写道：“马克思确实可以看作是一位早期的系统论者。他的理论工作的主要部分都可以看作是富有成果的现代系统方法研究的先声。”波兰理论家希通卡认为：“可以把马克思称为社会科学中现代系

---

① ［德］康德：《宇宙发展史概论》，上海外国自然科学哲学著作编译组译，10页，上海：上海人民出版社，1972年。

② ［德］康德：《宇宙发展史概论》，上海外国自然科学哲学著作编译组译，54页，上海：上海人民出版社，1972年。

③ ［德］黑格尔：《精神现象学》上卷，165页，北京：商务印书馆，1962年。

④ ［德］黑格尔：《美学》第1卷，朱光潜译，150页，北京：商务印书馆，1979年。

⑤ ［德］黑格尔：《小逻辑》，贺麟译，423页，北京：商务印书馆，1980年。

⑥ ［德］黑格尔：《小逻辑》，贺麟译，283页，北京：商务印书馆，1980年。

⑦ ［德］黑格尔：《大逻辑》，《黑格尔全集》第4卷，79页，格洛克纳本。

统方法的始祖。”[①]美国著名系统论者拉兹洛也谈道：可以设想，如果马克思还活着，他会是一个很好的系统科学家和系统哲学家。我国科学家钱学森也认为，系统概念“首先在马克思主义的经典著作中总结上升为明确的思想”的。事实也正是这样。

马克思是运用系统思想对世界上最复杂的系统——人类社会进行科学研究的典范，并为这种研究创立了一套科学的方法论原则。马克思认为，社会不是孤立个人的机械组合，而是通过人的实践所创造的人们相互联系的总体。在马克思看来，社会这个活的有机体可以划分为三个基本的子系统，即生产方式结构系统、政治的制度和机构系统、意识形态系统。社会的发展变化就是这些系统之间及各系统内在各要素之间相互作用的共同结果。在此基础上，马克思还进一步揭示了人类历史上五种社会形态系统整体发展的辩证图景。

马克思的战友恩格斯，除了对社会系统理论的创立作出了重要贡献以外，他还在对自然领域的研究中阐述了辩证的系统观。恩格斯在总结19世纪自然科学的三大发现，即细胞学说、能量守恒和转化定律，以及达尔文进化论的成果时明确指出：“由于这三大发现和自然科学的其他巨大进步，我们现在不仅能够说明自然界中各个领域内的过程之间的联系，而且总的说来也能说明各个领域之间的联系了，这样，我们就能够依靠经验自然科学本身所提供的事实，以近乎系统的形式描绘出一幅自然界联系的清晰图画。”他指出：“我们所接触到的整个自然界构成一个体系，即各种物体相联系的总体。”[②]所以，他说：“现在愈来愈成为必要的自然科学的系统化，除了在现象本身的联系中是找不出来的。”[③]他还说：“关于自然界所有过程都处在一种系统联系中的认识，推动科学从个别部分和整体上到处去证明这种系统联系。”[④]

马克思恩格斯上述这些关于系统的思想都是很光辉的。但是，由于他们所处的时代条件的限制，比如，当时对宇宙深处的天体系统的认识和实测资料还很缺乏，对微观层次的认识还未突破，等等，所

① 转引自［美］D·麦奎里、T·安贝吉：《马克思和现代系统论》，《国外社会科学》，1979（6）。

② 《马克思恩格斯选集》第4卷，246、347页，北京：人民出版社，1995年。

③ ［德］恩格斯：《自然辩证法》，中央编译局译，233页，北京：人民出版社，1971年。

④ 《马克思恩格斯选集》第3卷，376页，北京：人民出版社，1995年。

以，“系统”在马克思恩格斯那里还没有作为一个独立的对象加以研究，还缺乏坚实的自然科学基础。因此，从20世纪30年代、40年代以来，随着自然科学进入大综合的阶段，现代系统论的出现就成为历史的必然。

马克思主义哲学问世100多年来，世界发生了翻天覆地的变化。从科学发现和发明的角度来说，与19世纪相比，现代自然科学的发展已使人们的视野从反映简单的机械运动深入到揭示生命运动以及人类与自然协调统一的发展规律；从研究人类居住的地球扩展到浩渺的太空；从描述宏观事物的属性发展到探索微观世界的本质，向着微观和宏观两个方向去深入探索物质的结构和宇宙的奥秘。量子力学的诞生，把粒子性（非连续性）、波动性（连续性）这种看来难以结合、甚至截然相反的特性联系起来考察，揭示了波粒二象性及测不准性，说明了能量的连续性和非连续性的对立统一，即非严格的决定性。相对论证明了空间、时间和运动的相对性，对运动着的物质在其空间和时间结构的内在对立统一关系，以及物质的质量、能量与运动速度的关系作出了新的理论解释。控制论从质和量两个方面深刻地揭示了生物、社会和人工技术这三种不同运动形式中存在的控制关系，在无机界和有机界之间架起了一座新的桥梁。而信息论的发展，不仅显示了人工技术、生物、社会等领域中存在着共同的运动规律，而且进一步证明了物质世界的普遍联系。科学上的这些巨大成就给历史上曾经流行一时的机械组合论以一次又一次打击。在这个基础上，一般系统论的观点应运而生了。

一般系统论的创始人是奥地利生物学家贝塔朗菲（1901—1972）。他的系统论概念是从反对生物学中的机械论观点提出来的。他在生物学研究中遇到机体论与机械论的争论。根据自己多年的研究，他认为，机械论的观点不是把生物看成一个有机统一的系统，而是看成部分的机械相加，因而它忽视了“生命现象中最本质的东西”。他强调，生物客体是一个有机的开放系统，应从生物体与环境的相互作用中去说明生命的本质。生物体是在时空上有限的具有复杂结构的一种自然物整体，即有众多部分组成的相互作用的系统。

但是，贝塔朗菲没有停留在这一点上，他进一步研究了当代兴起的各种自然科学的重大理论，认识到这些理论都与系统直接相关，于是产生了一般系统论的认识。他写道："在这个意义上我们提出一门新的学科称之为一般系统论，它的主题是阐述和推导一般地适用于'系统'的各种原理。"[①]

后来贝塔朗菲又进一步认识到，"由于引进'系统'这个新的科学范式（与经典科学那种分析的、机械的、单向因果的范式不大相同）而产生的思想和世界观的重新定向"，以及"和任何范围宽广的科学一样，一般系统论也有它的'科学之后的'方面，即哲学的方面"[②]。这样，他才提出了系统哲学的看法。他指出："现代科学和生活的整个领域里都需要按新的方式抽出概念。新的观念和范畴，而它们都是以'系统'概念为中心的。"[③]他说，系统研究"远远超出了技术上的需要。重新定向成了科学领域总的趋势，贯穿于所有学科，最后到哲学。它在不同的领域内激荡着，达到了不同程度的成功和精确性，并宣告了一种强大推动力的新世界观来临"[④]。

总之，系统论的出现，开始了人类以"实物"为对象深入到以"系统"为对象的认识事物的新阶段，它在理论上和实际上都具有不可低估的意义。贝塔朗菲指出，系统论的产生，"标志着现代科学发展的特征"。这一理论是和实物中心论根本对立的。贝塔朗菲说："在上一个世纪，科学思想试图用彼此可以独立探索的基本单元来解释各种事件，而今天在这一切领域却有另一些引人注目的观点。这些观点通常用被我们称为'一般系统论'的概念来表示。"[⑤]拉兹洛也说："今天，我们正目睹另一场思维方式的转换：转向谨严精细而又是整体论的理论。这就是说，要构成拥有它们自己的性质和关系集成的集合体，按照同整体联系在一起的事实和事件来思考。用这种集成的关系集合体来看世界，就形成了系统观点。这是现代的思维方式，也是原子论、

① ［美］冯·贝塔朗菲：《一般系统论（基础、发展和应用）》，林康义、魏宏森等译，30页，北京：清华大学出版社，1987年。

② ［美］冯·贝塔朗菲：《一般系统论（基础、发展和应用）》，林康义、魏宏森等译，4页，北京：清华大学出版社，1987年。

③ ［美］冯·贝塔朗菲：《一般系统论（基础、发展和应用）》，林康义、魏宏森等译，7页，北京：清华大学出版社，1987年。

④ ［美］冯·贝塔朗菲：《一般系统论（基础、发展和应用）》，林康义、魏宏森等译，4页，北京：清华大学出版社，1987年。

⑤ ［美］冯·贝塔朗菲：《关于一般系统论》，《自然科学哲学问题丛刊》，1984（4）。

机械论和未经协调的专业化三种思维方式之后的思维方式。”[①]

系统论诞生以后，在广度和深度上不断发展。其中主要有：第一，比利时物理学家普利高津建立了耗散结构理论，回答了开放系统如何从无序到有序的问题，深化了系统论的一些基本原则。第二，原西德哲学家哈肯于1976年创立了协同学，研究系统在一定振荡圈范围内趋向于稳定的问题，进一步解决了系统的目的性、自组织性问题。第三，原苏联学者乌也莫夫提出了参量型系统理论。他借助大量系统的资料，运用电子计算机找出系统的参量，确定系统变化的规律。参量型理论使系统论更加科学化、精确化。

因此，从历史的角度看，现代系统论的产生，一方面标志着近代以来的辩证法，特别是马克思主义辩证法所进行的批判形而上学实物中心论的长期斗争到此已经取得了决定性的胜利；同时也标志着马克思主义系统观可以吸取现代系统论的成果，从而形成自己的完整的形态。

唯物辩证法创立100多年来，自然科学的高度发展一方面使自然本身的辩证法暴露得更加清楚了，从而给唯物辩证法以进一步的论证；另一方面，自然科学发展的需要，也迫使人们要注意辩证法的研究。正如恩格斯早就指出的，“随着自然科学进入大综合的阶段，对于现今的自然科学来说，辩证法恰好是最重要的思维形式”。他又说，如果“蔑视辩证法……的确无法使自然界中的两件事实联系起来”[②]。而构成事物的要素之间的系统联系是现代系统论最基本的观点。因此，如果不具有辩证法的联系观点，当然也就谈不上系统观点。

所以，贝塔朗菲公开宣称，“马克思和黑格尔的辩证法”是他的理论先驱。[③]他写道，系统概念在漫长的历史发展中有“许多杰出人物的名字”，而这些人物中就有马克思、黑格尔及他们的辩证法[④]。贝塔朗菲原来是一个逻辑实证主义者，后来他抛弃了逻辑实证主义。他说：“逻辑实证主义是完完全全过时了、作废了，而一般系统论的原理和唯

① ［美］拉兹洛：《用系统论的观点看世界》，闵家胤译，14—15页，北京：中国科学出版社，1985年。

② 《马克思恩格斯选集》第4卷，300页，北京：人民出版社，1995年。

③ 参见［美］冯·贝塔朗菲：《一般系统论导言》，《自然科学哲学问题丛刊》，1979（2）。

④ 参见［美］冯·贝塔朗菲：《一般系统论（基础、发展和应用）》，林康义、魏宏森等译，9页，北京：清华大学出版社，1987年。

物辩证法的雷同是显而易见的。”①这种雷同的客观基础就在于，世界本身就不是形而上学的，而是辩证地存在和发展的。

在具体的论述中，贝塔朗菲曾对辩证法予以赞扬，认为它“非常深刻”，是“伟大的发现”。贝塔朗菲写道：“黑格尔和马克思强调思维以及思维所产生的世界观的辩证结构：不是个别的命题而只有在辩证过程中达到矛盾双方的统一，即正题—反题—合题，才能完全解释现实，他们的这一论断是非常深刻的。”②而在论述他的系统论的本质时，他就运用了辩证法的对立统一原理加以说明。他写道：“当我们讲到‘系统’，我们指的是‘整体’或‘统一体’。那么，对于一个整体来说，引入组成部分之间竞争的概念，似乎是自相矛盾的。然而，事实上这两个明显矛盾的陈述都是系统的本质。任何整体都是以它的要素之间的竞争为基础的，而且以‘部分之间的斗争’……为先决条件。部分之间的竞争，是简单的物理—化学系统以及生命有机体和社会体中的一般组织原理，归根到底，是实在所呈现的对立物的一致这个命题的一种表达方式。”③

由此可见，现代系统论是辩证法理论发展的新成果。作为其理论前提，一般系统论的形成受辩证法的启迪，辩证法是一般，系统辩证法是辩证法的一种特殊表现形式，而作为结果，它又是对唯物辩证法的丰富和充实。因此，唯物辩证法应该积极吸取现代系统论的成果来丰富自己。那种把系统辩证法与唯物辩证法对立起来的观点是不正确的，那种把唯物辩证法统一、综合于系统辩证法的观点，即用辩证法的个别取代辩证法的一般也是不可取的。系统辩证法和过程辩证法是分别从横向和纵向两个不同角度对唯物辩证法的逻辑展开。

① 转引自查汝强：《科学与哲学论丛》，25—26页，南宁：广西人民出版社，1980年。

② ［美］冯·贝塔朗菲：《普通系统论的历史和现状》，《国外社会科学》，1978（2）。

③ ［美］冯·贝塔朗菲：《一般系统论（基础、发展和应用）》，林康义、魏宏森等译，61页，北京：清华大学出版社，1987年。

二、过程辩证法对唯物辩证法的纵向展开

（一）过程辩证法以联系范畴为逻辑根据

如前所说，联系是辩证法的逻辑起点。所谓联系，是指世界上一切事物、现象之间及其内部各要素之间都直接或间接地相互依赖和相互作用。唯物辩证法的全部内容都是建立在联系原则基础上的，离开了这个基础，也就没有唯物主义的辩证法。这是因为：

第一，物质世界不仅具有客观实在性这一根本特征，而且有着普遍联系的辩证性质。换句话说，世界的统一性在于它的物质性，而客观的物质世界并不是孤立的僵死物的总汇，而是由相互联系、发展变化的事物、现象所构成的生动的统一体。这种客观事物的普遍联系是辩证法的根据，自然地也就成为辩证法逻辑体系的基础。

第二，联系在辩证法体系中是一个最初的规定，按照黑格尔的说法，它是辩证法其他范畴的基础，孕育了每一对范畴的内部矛盾的一切胚芽。过程与系统，运动、变化与发展，结构、层次与功能，以及事物运动和变化的规律都要从联系范畴来求得说明，都要以它为逻辑的根据。

第三，普遍联系是事物存在和发展的终极原因。关于联系对事物存在的意义，不仅一般地表现为事物不能脱离联系而孤立存在，而且具体表现为事物只有在联系中才能产生。“相互作用是事物的真正的终极原因”[①]，原始星云各部分的相互作用形成了天体，人与人之间的相互联系构成了社会……没有联系就没有一切。另外，事物的性质、功能和意义也是跟它密切相关的。事物只有处在一定的联系中，才有确定的性质、功能和意义。对事物的性质、功能、意义起作用的联系，既有事物的内部联系，也有事物的外部联系；当然，这两种联系对事物的性质、功能、意义所起的作用是不同的。事物不仅在联系中存在和产生，而且它是事物运动和发展的前提。恩格斯在谈到物质存在的总联系时指出：“这些物体是互相联系的，这就是说，它们是相互作用

① 《马克思恩格斯选集》第4卷，327页，北京：人民出版社，1995年。

着的，并且正是这种相互作用构成了运动。”[①]不仅运动发展的原因是联系，而且运动发展本身就是事物联系状态的改变。

联系概念以它的极为简单性和极大抽象性成为唯物辩证法体系的开端。作为这种普遍联系的直接表现：一是作为横向联系的系统，二是作为纵向联系的过程。

过程概念和系统概念是对世界普遍联系的具体化，是对它的直接的引申、证明，同时也是对它的新的规定。从系统和过程的观点来看，我们也可以这样说，唯物辩证法也就是关于世界的系统整体的无限发展过程的科学。辩证法的这个表述由于引进了系统和过程概念，所以相对于我们常用的辩证法是关于世界的普遍联系的科学这一定义来说，它在内容上要具体得多；与辩证法是关于整个世界运动和发展的最一般规律的科学这一定义相比，它也要全面一些。这表现在：它是从纵横两个角度的统一来规定辩证法的具体内容的。当然，上述定义和表述都是从不同角度或不同层次上对辩证法所作的规定，因此，它们在根本上又是一致的、不矛盾的。

（二）过程辩证法通过一系列范畴展开

1. 过程

“过程”作为联系的纵向展开，是一个内容极为丰富的哲学范畴。宇宙间的一切运动、变化、发展，一切生成和灭亡都是一个过程。过程表示前后相继的事物的联系，是事物运动在时间上的延伸，是事物的矛盾随时间推移的不断展开。列宁指出：“每种现象的一切方面（而且历史在不断地揭示出新的方面）互相依存，极其密切而不可分割地联系在一起，这种联系形成统一的、有规律的世界运动过程。”[②]

过程范畴相对于联系范畴是具体的，但它本身又是较为抽象的。过程范畴也必须在逻辑行程中展开自身。为此需要从中引申出运动、变化和发展，生成和消亡，原因和结果，根据和条件，必然和偶然，可能和现实，内容和形式，以及对立统一、质量互变和否定之否定等范畴和规律，从而构成和展示为过程辩证法的逻辑体系。这个体系可以图示如下：

① ［德］恩格斯：《自然辩证法》，中央编译局译，54页，北京：人民出版社，1971年。

② 《列宁选集》第2卷，423页，北京：人民出版社，2012年。

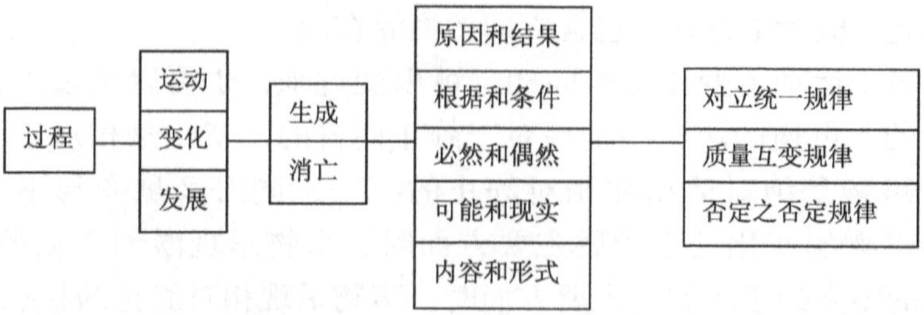

所谓过程，即指事物离开了它的起点以后，所表现的连续或离散状态的变化序列。任何过程都必然联结着起点的初始条件，获得自己的生成，在这个基础上，其状况变化或是表现为连续即渐变过程，或是表现为离散即突变过程。过程就是对渐变过程和突变过程的最一般的抽象。任何事物都是处在生成和灭亡的过程中，一个过程结束了，另一个过程又开始了。任何一个过程内部，从生成到灭亡，又包含有若干个阶段。事物的运动、变化和发展是在不同过程、不同阶段的前后更替、嬗递演进中实现的。

2. 运动、变化与发展

事物作为过程而存在，就是以运动、变化、发展的形式而存在。因此，从过程概念可以直接引申出运动、变化和发展等概念。

从广义上说，运动、变化、发展是同一序列的概念，但又相互区别。

运动包括一切变化和发展。恩格斯说过："运动……囊括宇宙中发生的一切变化和过程，从单纯的位置变动起直到思维。"[①]所以，运动的含义就是"一般的变化"。

马克思主义哲学给运动范畴实际下了两个定义，一是从唯物主义角度下的，即运动是物质的根本属性、存在方式；另一个是从辩证法角度定义的，即运动就是"一般的变化"。从逻辑上看，可以说，前一个是内涵定义，后一个是外延定义。什么是"一般的变化"，即指"变化本身"。

作为"一般的变化"的运动，只讲在动，这里既不涉及什么在动，也不涉及为什么动，以及往哪儿动，也就是说，运动是无向的。这里所说的运动的无向，不是说具体事物的运动没有方向，而是说作

① 《马克思恩格斯选集》第4卷，346页，北京：人民出版社，1995年。

为运动这一概念本身并不包含方向的内涵在内。

相对于运动，变化是有向的，可以变过来，也可以变过去，变化是多向的、可逆的。运动是相对于静止而言的，变化是相对于不变而言的。事物是绝对运动和相对静止的统一，同时又是变与不变的统一。当事物的变化处于矛盾主要方面时，事物呈现激烈运动的状态；当事物的不变处于矛盾的主要方面时，事物呈现相对静止的状态。

相对于运动和变化，发展是定向的。发展不完全是一个本体论范畴，而是带有价值和评价的色彩。它是从总体上考察人类周围的现实世界的运动变化的客观趋势和特征的。即指物质形式从低级到高级、从简单到复杂，结构从无序到有序，功能从不完善到完善，数量和内容从贫乏到丰富等前进性的变化、上升性的运动。因此，发展本身同时就意味着对人类而言的符合历史总趋势和不断扩大人类意义的那样一种变化。总体说来，它是指一切前进的上升的运动和变化。这里不仅包括前进性的量的变化，而且包括前进性的质的变化，即新事物对旧事物的取代。过去有一种观点认为，发展是“新事物的产生和旧事物的灭亡”。这一认识抓住了发展的根本方面，是应该加以肯定的，但是它忘却了前进性的量变也是发展，因而上述认识又是不全面的。

另外，发展有别于变化，还表现在，变化是相对于不变而言的，而发展则是在前进的上升的运动中所实现的变与不变的统一，也就是说，发展是变与不变的在更高阶段上的综合，变化是发展的前提，没有变化固然谈不上发展。但是变化中有不变的因素，如果没有不变的因素为基础，也就谈不上发展。比如：原子的结合产生了分子，这是一种变化，同时也是一种发展，但是这种发展又是以原子的结构和功能总的说来保持不变为条件的。倘若它们本身也变化，也就是说，今天的原子结构和功能并不像以前那样，那么物质形态的进化就根本实现不了。生物进化的历史更有典型的意义，著名生物学家陈世骧写道：“进化是物种变与不变的斗争……不变是保持原有的适应，变是破坏原有的适应……没有变，没有适应，便没有进化；没有不变，没有不适应，也没有进化。每一物种都保持有一系列的祖传特征，从而可据以追溯其历史上的进化阶段和适应发展，反映其又变又不变的演变过程。”[①]又比如，人类社会的发展也是变与不变的统一。人要生存，首先就必须进行物质生产，这一明显的历史事实，从人类诞生起一直到现在始终没有由于时间的迁移而变更，正是它铸成了历史唯物主义的出发点，在这个不变的事实基础上才造成了生产的发展史，即如何进行生产的生产方式上的更替前进的历史。由此可见，事物发展中既包含着某些变化的因素，也包含着某些不变化的因素，这两种因素的结合才造成了事物的辩证发展。换言之，事物的发展是继承因素和转换因素的统一，没有转换便没有发展，没有继承便没有连续性，也无所谓发展可言。[②]

3. 生成与消亡

事物的运动、变化和发展过程是通过事物的生成和消亡获得具体表现的。也就是说，事物的运动、变化和发展过程也就是生成和消亡相统一的过程。恩格斯在谈到马克思和他批判继承黑格尔的学说，创立辩证唯物主义时说：“一个伟大的基本思想，即认为世界不是既成事物的集合体，而是过程的集合体，其中各个似乎稳定的事物同它们在我们头脑中的思想映象即概念一样都处在生成和灭亡的不断变化中。”[③]

生成和消亡是揭示事物或现象发生、发展和灭亡的全过程的。不仅如此，事物运动的每一步、变化的每一步、发展的每一步都伴随着生成和消亡。因此，生成和消亡从更深层次上说明了事物运动、变化和发展的内在动态过程。

所谓生成，是指某事物的产生、发展和形成过程。新事物的生成，同时也就意味着旧事物的消亡。消亡这一范畴是指某事物的消失、灭亡的过程，是指一事物走向顶点，走向事物过程的完结而言的。

生成和消亡就是事物自身新陈代谢的过程。毛泽东说：“新陈代谢是宇宙间普遍的永远不可抵抗的规律。依事物本身的性质和条件，经过不同的飞跃形式，一事物转化为他事物，就是新陈代谢的过程。任何事物的内部都有其新旧两个方面的矛盾，形成一系列曲折的斗争。斗争的结果，新的方面由小变大，上升为支配的东西；旧的方面则由

① 陈世骧：《适应与不适应——自然选择的矛盾》，《自然辩证法通讯》，1981（4）。

② 参见韩民青：《发展是变与不变的统一》，《学术论坛》，1982（3）。

③ 《马克思恩格斯选集》第4卷，244页，北京：人民出版社，1995年。

大变小，变成逐步归于灭亡的东西。而一当新的方面对于旧的方面取得支配地位的时候，旧事物的性质就变化为新事物的性质。”①

毛泽东在这里说了两层意思：一是一事物的生成过程，是另一事物向此一事物的转化过程，此一事物的消亡过程是此一事物向他一事物的转化过程；二是此一事物的生成过程中同时包含着消亡的方面，此一事物的消亡过程中同时包含着生成的方面。也就是说，在其生成和消亡过程的每一点上既是生成，同时又是消亡，是生成和消亡的统一。比如太阳自它产生以来，一方面在不断地进行热核反应，产生大量的能量，即在不断地生成着；另一方面，它又向外不断地释放能量，使自己消亡着。又如，人本身有一个发生、发展和灭亡的历史，任何一个人都有自己的出生日，有自己的成长过程，同时人又总有一死。不仅如此，人的生死两种因素交汇在人的发展的每一点上，人在生活中的每一时刻既有大量新细胞的产生，也有大量旧细胞的死亡。人的每一天的新的发展，同时也是向死亡靠近的一天。因此，生成与死亡，既是一种历时性联系，即生成和消亡分别代表事物发展的不同阶段，在这种情况下，生成在先，消亡在后。很明显，消亡总是那些已生成东西的消亡。生成和消亡又是一种共时性联系，生成同时包含消亡，消亡同时包含生成。因此，生成和消亡既相互联系、相互渗透，又在一定条件下相互转化。这种相互转化的不断发生就形成了事物的运动史、变化史和发展史以及消亡史。

4. 原因结果、根据条件、必然偶然、可能现实、内容形式

生成和消亡作为过程也就是因果联系过程。也就是说，任何生成和消亡过程本身都是由一定原因引起的，而任何生成和消亡过程也都要通过一定的结果而获得表现。离开原因和结果及其相互作用的生成或消亡过程都是不存在的。

原因和结果的相互作用和转化，表现为根据和条件的共同作用。根据是事物运动、变化、发展的内在原因，条件是事物运动、变化、发展的外在原因。根据和条件的共同作用，形成事物运动、变化、发展的原因。

由于客观事物因果联系的特殊性，以及相互作用的复杂情况，因

① 《毛泽东著作选读》上册，163页，北京：人民出版社，1986年。

而表现出多种多样的因果联系。人们对因果联系进行深入分析时，就会发现一种现象（结果）的出现，有主要的根本的原因，同时还有次要的非根本的原因在起作用。主要的根本的原因与结果之间有一种稳定的确定不移的联系。它使这种现象必定出现，决定着客观过程具有一种必定如此的基本趋势，表现了事物发展过程中的必然性。次要的非根本的原因与结果之间存在着一种不稳定的暂时的联系，它使这种现象可能出现，也可能不出现；可能这样出现，也可能那样出现。这一种因果联系表现了事物发展的偶然性。作为根据的必然性决定了事物发展的方向性，作为条件的偶然性决定了事物发展的多样性、复杂性。

必然通过偶然为自己开辟道路时要经过由可能转化为现实的过程。可能性就是客观事物所包含的预示事物发展前途的种种趋势。这些可能的前途组成一定事物发展的可能性范围，其中每种前途都有自己的特定实现概率即或然率。因此，这些可能性中又包含着现实性，在一定条件下，可能总会转化为现实。现实性就是现在存在的客观事物和过程，它正是从可能性转化而来的。必然性即事物发展的必然趋势，它通过各种偶然性转化为现实，也就是说，必然性通过偶然性为自己开辟道路时，要经过由可能向现实转化的过程。

可能性转化为现实性取决于内容和形式的现实统一。当构成某一特定事物的内容还没有被事物所要求的形式呈现或表现，或没有形成同自己内容相适应的表现方式时，对于这一事物来说还只是一种可能，它只有具备了该事物所要求的特定的形式之后才变为现实。所以，内容和形式这对范畴，进一步深化和具体化了可能性和现实性这一对范畴的内涵。事物的运动、变化、发展、生成和消亡的过程，这些过程中的因果制约、必然和偶然的两种趋势、可能向现实的转化、内容和形式的现实统一，等等，都是在最普遍规律的支配下获得展示的。这些最普遍的规律就是对立统一规律、质量互变规律、否定之否定规律。

（三）过程辩证法所贯穿的三大规律

对立统一规律是运动规律，当然同时也是变化和发展规律。对立统一规律揭示了事物运动和展开过程的内在根据和动力源泉，它标示事物的运动是事物的自己运动，矛盾的对立面又统一又斗争，由此推动事物的运动、变化和发展。毛泽东指出："任何一个过程，都是由矛盾着的两个侧面互相联系又互相斗争而得到发展的。"①

质量互变规律是一种特殊的运动规律，即变化规律，当然同时也是发展规律。质量互变规律就是事物过程的两种基本形式即质变和量变或两种状态即"渐变过程"和"转化过程"及其相互关系的理论表述。它表明事物的发展是从量变到质变，又从质变到新的量变，这样循环往复以至无穷的过程。

否定之否定规律是一种特殊的运动规律和变化规律，即发展规律，它是关于事物发展的方向、趋势和道路的展示，它表明事物的发展是一个螺旋式上升和波浪式前进的过程。正如恩格斯所指出的："在它（指唯物辩证法——引者注）面前，除了生成和灭亡的不断过程、无止境地由低级上升到高级的不断过程，什么都不存在。"②

总之，过程辩证法是以联系范畴为逻辑根据，以过程为逻辑起点，通过一系列范畴特别是三大普遍规律为形式而具体展开的一种辩证法理论体系。

三、系统辩证法对唯物辩证法的横向展开

（一）系统辩证法以系统范畴为逻辑起点

事物不仅作为过程而存在，而且作为系统而存在。系统在唯物辩证法逻辑体系中是处于联系范畴之下，是联系范畴的横向展开。或者说，系统是事物横向的联系。系统概念和过程概念一样，也是对联系范畴的引申、证明，同时也是对它的新的规定。系统概念相对于联系概念是较为具体的，但其本身又是很抽象的。因此，系统概念也需要加以具体化，也要获得自己的逻辑展开。

相对于过程概念的具体化，系统概念的具体化要困难得多。我们在这里所能做到的，也只是对解决这个问题的初步探索而已。我认为，系统概念的具体化，需要引出整体和要素，功能、结构和层次，

① 《毛泽东著作选读》下册，843页，北京：人民出版社，1986年。

② 《马克思恩格斯选集》第4卷，217页，北京：人民出版社，1995年。

有序和无序，自组织和环境因，封闭和开放，稳定和涨落，协同和竞争等一系列范畴。其排列顺序如图所示：

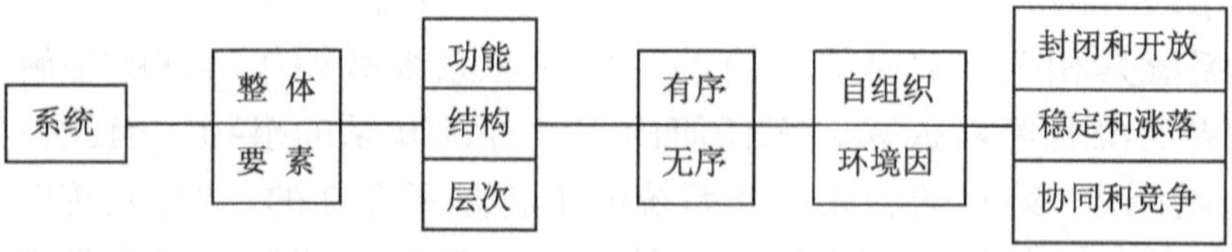

系统从它的具体意义来说，就是由若干相互联系、相互作用的部分（要素），按照一定的层次和结构有序地组织起来的具有特定功能的有机整体。

系统的存在状态和联系方式是客观世界的普遍现象。现代科学的发展告诉我们，整个世界是由无数的系统组成的大系统，客观世界中的一切事物都是以系统的方式存在、联系和发展的。就我们观察所及的宇宙来说，在这个宇宙世界中存在着超星系团—星系团—星系—恒星—行星—凝聚态物质—分子—原子—原子核—基本粒子等不同层次的系统。又比如，在生物界存在着由生物圈—生态群—群体—个体—生理系统—器官—组织—细胞—细胞器—生物大分子等处于不同层次的子系统组成的生物大系统。客观世界中的一切事物自成系统又互成系统，从而构成了客观世界的普遍联系之网。

任何具体的系统都有边界。边界之外是外界或环境。环境可大可小，最大的是宇宙。除个别特殊情况外，一般说来，研究最大的环境与系统的关系是不必要的，人们所关心的是对系统的存在和演化有直接或间接联系的、影响较大而又不可忽视的环境。因此，可以把环境定义为同系统的存在和演化有关的外在要素的总和。环境可能是若干系统或一个系统。在宇宙中任何一个系统都不能孤立存在，总是在一定环境中存在和演化的。系统既具有内在要素之间的相互联系、相互作用，又具有系统与环境之间的相互联系、相互作用。

对于系统的分类可以从不同角度加以进行。如果从涉及对象的性质的角度来说，系统可以分为四种类型：一是自然系统，即由无目的的自然物组成的系统，比如地质系统、生物系统、天体系统；二是人工系统，即由人工所造成的各种事物系统，如工程系统、生产系统、运输系统、电力系统、信息处理系统、医疗系统等；三是复合系统，是人工系统和自然系统相结合而成的系统，比如农作物种植系统、气象预报系统、导航系统等；四是概念系统，由概念、原则、原理等观念性东西所构成的系统，如科学技术体系、社会科学体系等。

系统是相对于非系统而言的，但对非系统必须作辩证的理解。因为世界上没有绝对孤立、无任何内部和外部联系的事物，因此，从严格意义上说，绝对的、完全非系统的事物是不存在的。“非系统”往往是系统的特殊情况，即混沌态系统。这是系统内部的宏观参量变化完全处于无序状态的系统，也就是说，这种完全处于无序状态的系统就是一种非系统。当然，也不能因此而否认系统与非系统的相对区别，否则系统概念也将失去它的意义。

（二）系统辩证法通过一系列范畴展开

1. 系统与非系统

系统与非系统的区别，是以若干因素的集合是否具有特定的组织化和共同整体性特征为标志的。

恩格斯在《反杜林论》中引用了拿破仑回忆录中的一段话：“2个马木留克兵绝对能打赢3个法国兵，100个法国兵与100个马木留克兵势均力敌，300个法国兵大都能战胜300个马木留克兵，而1000个法国兵则总能打败1500个马木留克兵。”[①]这就是说马木留克兵就是组织程度、整体程度极低的系统，亦即非系统。作为单个的士兵，他们非常善于格斗。就是说，他们要素的功能是很佳的，因而“2个马木留克兵绝对能打赢3个法国兵”。但由于他们缺乏必要的组织和合作，因而1500个马木留克兵总是败给组织性、纪律性较强的1000个法国兵。原因就在于马木留克兵极缺乏一般系统的整体性原则，因而属于非系统。

如前所述，对非系统不能作绝对化的理解，它只是系统的一种特殊情况，即结构比较松散、要素之间的联系比较薄弱的系统。比如，一堆木材，乍看起来似乎是绝对的非系统，其实不然。在木材之间，不仅存在着万有引力的联系，而且有弹性力的联系，这些相互联系使木材之间形成一定的空间结构，从中抽掉一根，结构就会改变，甚至会使整堆木材倒塌。

① 《马克思恩格斯选集》第3卷，471页，北京：人民出版社，1995年。

2. **整体与要素**

系统首先是一个整体，整体性是系统的根本特性。整体是在各构成要素相互依赖的基础上所形成的某种定型结构的存在，或者说，是由事物内部相互联系的要素所构成的有机体。要素是构成整体的局部因素。比如，星系中的各个星球，原子中的原子核和电子，细胞中的细胞膜、细胞质、细胞核，都是所属整体的部分。

整体和要素的关系是对立统一的关系。

整体和要素相互区别，互相对立。第一，从量上看，整体是全体，要素是局部。全体大于局部。第二，从性质上看，系统整体的质不同于孤立状态下各部分的质。例如，水是氢和氧的化合物，水获得了氢和氧所没有的液体性质，而丢失了氢所具有的可燃性与氧所具有的助燃性。第三，从功能上看，整体的功能大于它的各组成部分功能的加和。四个劳动者组织起来抬东西，所能抬的重量大大超过四个人分别挑的重量的总和。正如马克思所指出的："单个劳动者的力量的机械总和，与许多人手同时共同完成同一不可分割的操作……所发挥的社会力量有本质的差别。"①

整体和要素既是对立的，又是统一的。这表现在：

第一，整体和要素相互依存。它们互为存在的前提，失去一方，另一方就不存在。首先，整体依赖部分，整体以部分为基础、为依托；没有部分，没有各个部分之间的相互联系、相互作用，便不能形成整体。黑格尔指出："全体的概念必定包含部分。但如果按照全体的概念所包含的部分来理解全体，将全体分裂为许多部分，则全体就会停止其为全体。"②如果把整体加以机械分割，从而抽空了各个部分，全体就不成其为原来意义上的全体了，而必然成为虚无缥缈的东西了。其次，部分也依赖整体，部分在整体中才成其为部分；部分一旦离开整体，离开同其他部分的联系，也就不成其为部分，失去了它原先在整体中所具有的系统质，失去了本来的作用。关于这一点，亚里士多德早就有所说明。他举例说："在一个活动物身上时是一个指，但一只死指就只是名称'指'，而实际已无复'指'的真义了。"③黑格尔

① 《马克思恩格斯全集》第23卷，362页，北京：人民出版社，1972年。

② ［德］黑格尔：《小逻辑》，贺麟译，282页，北京：商务印书馆，1980年。

③ ［古希腊］亚里士多德：《形而上学》，吴寿彭译，144页，北京：商务印书馆，1959年。

也举例说："割下来的手就失去了它的独立的存在，就不像原来长在身体上时那样，它的灵活性、运动、形状、颜色等等都改变了，而且它就腐烂起来了，丧失它的整个存在了。只有作为有机体的一部分，手才获得它的地位。"①列宁也说："身体的各个部分只有在其联系中才是它们本来应当的那样。脱离了身体的手，只是名义上的手（亚里士多德）。"②也就是说，整体的各部分只有同整体有机联系在一起，才能作为整体的部分而存在。

第二，整体和要素相互作用、相互影响。首先，整体决定要素，对要素起着主导、支配、统帅的作用。这表现在，一种东西能否成为整体的要素，这取决于整体的需要和整体的内部机制。例如，某种食物能否成为身体不可缺少的因素，这要取决于身体是否需要它，并是否被吸收到体内的新陈代谢的循环中，而这种循环是身体固有的内在机制。另外，部分的存在、发展和功能发挥状况受整体的目标所制约和规定。比如，在一个乐队里，号手、鼓手、提琴手等，只有服从乐队演奏的统一指挥，才能发挥良好的作用，演奏出动听的歌曲。其次，要素的性质和功能也影响整体的性质和功能。这里有三种不同情况，即主要部分、必要部分和非必要部分对系统的作用是不同的。主要部分在整体中处于核心和关键地位，它的变化对整体的变化有巨大影响，有时会起决定作用。俗话说"一着不慎，满盘皆输"，就是这个道理。又比如，动物的心脏和脑是其主要部分，这些部分一旦出了大问题，必然影响动物的整个机体，甚至导致死亡。必要部分是事物整体的存在和发展所不可缺少的部分，少了它，整体就难以正常地存在和发展。例如，四肢是人体中不可缺少的部分，少了它就会给人的生存和生活带来许多不便。非必要部分是对事物整体的存在和发展无用的部分。例如，人体中的阑尾就是这样的部分。对于人工系统和综合系统而言，在综观全局的思想指导下，强调发挥各个部分的作用不但不会削弱整体的力量，反而是优化整体的条件。

第三，整体和要素在一定条件下相互转化。由于物质世界在空间上的无限广大，因而整体和要素都是多层次的。在一定层次上是整体的东西，在另一层次上又是要素的东西；反之亦然。与这一点相联

① ［德］黑格尔：《美学》第1卷，朱元潜译，156页，北京：商务印书馆，1979年。

② ［俄］列宁：《哲学笔记》，中央编译局译，217页，北京：人民出版社，1974年。

系，某一事物在一定层次上作为整体，它要调节自己内部方方面面的关系，发挥自己作为整体的统摄作用；在一定层次上它又作为部分，服从更大的整体的需要，在这个整体的支配下发挥其功能。

3. 结构、功能与层次

相对于构成要素，系统所具有的整体性质和功能是从哪里来的呢？这里的关键是系统的结构。例如，化学中的同分异构现象，就是表明了整体性质对于结构的主要依赖性。石墨和金刚石都是由碳原子组成的，但二者的性质却截然不同。石墨的质地非常松软、滑腻，只要轻轻在纸上划一下，就会留下黑色的痕迹；而金刚石却质地坚硬，在所有的矿石中它的硬度最高。二者都是由碳原子组成，性质为何如此不同？科学指明，这是因为二者的结构不同：石墨是层状结构，金刚石是立体结构。

结构一词的原意是指“构成”或“建造”，而作为哲学范畴，它是指事物内部各要素之间相互联结为统一整体的方式。

这里需要指出的是，要素之间所存在的个别联系或某些联系还不能形成系统结构，只有构成系统的各要素相互联系、相互作用，产生了质的飞跃，即出现了新质，才形成系统的结构。

一个事物的结构可以从不同角度去加以规定和说明。比如，一个领导班子就有年龄结构、学历结构、专业结构等多个方面。

结构直接决定着系统的质，也就是说，事物的性质直接取决于结构。除了上面所举的金刚石与石墨的例子外，还可以以社会系统为例。一个国家，人口数量没有多大改变，但是通过社会革命，各个阶级的社会地位改变了，被统治阶级上升为统治阶级，也就是说，作为社会系统结构的社会关系改变了，于是社会性质就改变了。

在系统的发展中，要素是活动的，而结构则相对稳定，从而使系统保持稳态。也就是说，要素的变化被限制在一定范围内，这就是量变。比如一个人经历了青年、中年、老年阶段，他身上的每个细胞虽然都更新了，但是其身心结构是稳定不变的，所以并没有变成另一个人。人在成长中由于结构的稳定性而保持其存在的连续性。但结构的稳定是相对的，要素的活动一旦突破结构的制约，并导致结构的改变，就会引起系统的质变。

结构与要素相比，在系统中占有更重要的地位。过去人们重视构成事物的质料，也就是重视要素，这对简单事物而言是可以理解的。比如一把斧子，是一个简单的工具，打造这把斧子的质料如何相对斧子的结构来说就相当突出，是石斧、铜斧，还是铁斧、钢斧，其性能就大不一样。但是，对于一个复杂的系统，结构就起着重要作用。因此，随着社会的发展，人们的观念已由过去主要重视要素的改进而愈益转向重视结构的合理与创新了。

结构是系统和要素之间的中介，系统对要素的制约是通过结构起作用的。比如一支军队，司令员是军队系统的代表，他的命令是通过军、师、团、营、连、排各级组织传达下去，得到执行的，军队这个系统对要素（每个战士）的支配（命令）是通过结构（各级组织）来实现的。要素对系统的作用也不是直接的，要经过结构的中介作用。比如，旧社会的劳动人民要获得解放，不能靠只杀掉一些剥削阶级分子，而必须打破旧的剥削和压迫制度，即变革旧社会这个系统的结构才能实现。

结构的外在表现就是系统的功能。功能就是一定结构的系统在特定环境中发挥的作用或效应。

功能与结构是系统的两个方面，结构是系统内在的、相对静态的方面，功能是系统外在的、相对动态的方面。结构联结着系统与要素，功能联结着系统与环境。就功能与结构的联系而言，功能是结构的外在表现，结构是功能的内在根据。

结构作为内在根据，决定着系统的功能。功能当然也受到系统要素的制约，但是，直接影响功能的是结构。比如：一座房子的性能好坏，不仅取决于材料，更取决于结构是否合理；企业生产效率高低，不仅取决于劳动者的素质，更取决于生产组织的管理水平。

结构决定功能还表现在，当物质材料确定时，改变它们的联结方式（即改变结构）就会出现不同的功能。同样的砖、瓦、木材、水泥，以不同的方式联结，可以盖成各式各样功能的房子。

结构决定功能，这里被决定的只是可能发挥的潜在功能，并不是事实上已经发挥出来的功能。功能的现实发挥还取决于系统与环境之间的物质、能量和信息交换的情况。比如，铁路的结构使它具有能承受火车通行的功能，但是铁路上何时真正通火车，这并不完全是由铁路的结构决定的。

由此可见，通过功能实现的系统与环境之间的作用不是单向的。一方面系统发挥功能作用于环境；另一方面，环境受到系统的作用，会把其结果作为信息返回到系统中，系统根据这些信息就会调节自己的活动从而更好地发挥功能，这个过程就叫反馈。反馈就是环境对系统的活动的调节。

以反馈调节为中介，功能就不仅被结构所决定，而且还受到环境因素的影响。功能在各种不同的变化着的环境因素影响下，它也经常地不断发生着变化。这种变化也反过来影响系统的结构。

功能反作用于结构。这是因为，功能的发挥是物质系统的现实的运动，是物质系统和环境交换物质、能量或信息的过程。这种交换使物质系统的物质量、运动量或信息量发生变化（增加或减少）。任何一个物质系统在这三个方面的任何一个方面发生变化，到一定程度，都必然会引起它的结构的相应变化。比如一杯水，若向环境散发热量，则水分子运动的平均速度会随之减慢，超过一定限度，液态结构的水会变成固态结构的冰，等等。

功能对结构还具有保护作用。当外界因素破坏动物的结构时，动物即产生"痛苦感"，于是就本能地反抗或逃避，以保护自身的结构不被破坏。人体各种组织的功能对人体的保护作用是最明显的。非生物的功能也有对自身结构的保护作用。岩石、钢铁等物都表现为一定的硬度、韧性和弹性，使自身的结构不易被外界改变。一旦改变了，只要不超过一定弹性限度，外因一解除，自身的结构也就恢复原样。

若物质已经遭到了一定程度的破坏，则物质功能的发挥在某种情况下又可以促进破损部分的修复。比如，人的胃穿孔，手术后剩下了五分之一，它必须承担原来整个胃的消化功能。这种功能的实际发挥又反作用于胃的结构，促使胃慢慢长大，直至与其要承担的功能基本适应。

总之，结构与功能互相联系、互相作用、互相改变。

当然，结构和功能并不是一一对应关系。这里存在两种情况：

首先，一种结构可以有多种不同的功能。比如，一只杯子，可以用来盛水，可以用来压纸。一种结构之所以有多种功能，一是因为结构的多层次性往往表现出多种功能。比如，杯子有它的空间性层次，可以用来盛水；杯子又有它的质量性层次，因而可以用来压纸。又比如，人的结构既有生物性层次，又有社会性层次，还有精神性层次，因而人有生物性功能、社会性功能和精神性功能。其次是因为系统与环境存在着多种复杂联系，在这些不同的联系中，同一结构表现出不同的功能。比如一件衣服，结构虽然简单，冷的时候可以御寒，热的时候又可遮阳；但是，在一定的场合，它还是某种身份的象征。

其次，同一种功能可以有不同的结构。比如机械表和电子表，功能基本相同，但结构不同。电脑和人脑也是同功异构的典型例子。同功异构现象的理论根据在于，达到一个目的可以有多种途径、多种方法，这样，我们不是着眼于系统的结构，而是着眼于系统的目的和功能，这就是控制论中所采用的"黑箱法"，即在系统的结构弄不清楚的情况下，根据其活动的结果模拟其功能的方法。

功能对结构的影响，只是影响结构的多种因素中的一种，而对于结构发生决定作用的还在于结构的层次组合性质。

层次是指构成事物整体结构的相对独立的梯次等级。比如，鸡蛋有蛋黄、蛋白、蛋壳三个层次，地球有地核、地幔、地壳三个层次；在社会中有生产力、生产关系（经济基础）、上层建筑等层次。

在系统结构中，系统的高层次往往是低层次的主导力量，而系统的低层次往往是高层次的基础力量，高层次依赖于低层次而存在和发展，高层次又对低层次发挥支配和统帅作用。

系统的层次是由于组织等级的差别而形成的。一般来说，系统层次越高，组织性越强；系统层次越低，组织性越弱。比如在社会系统中，家庭组织作为社会的细胞是低层次，其组织性较弱；国家作为社会的政治上层建筑，是高层次，其组织性就较强。所以，高层次才能支配低层次。

系统的高层次是由低层次的相互作用而生成的。在物质系统的进化过程中，在低级结构基础上生成高级结构，但是低级结构并没有消失，仍然在新的系统中被保留下来，降为新系统中受高层次支配的低层次。比如，原始社会结构是血缘关系结构，当原始社会被阶级社会代替以后，社会的行政组织结构出现了，原先的家庭、亲族等血缘关系并没有消失，而是成为社会组织的低层次。

系统的整体和系统的要素通过系统的结构和层次相互联系、相互作用。要素定位于系统的一定层次，通过结构构成整体，整体通过结构统摄系统的层次，即定位于一定层次上的要素。因此，层次结构是要素与系统联系的中介。没有这样的中介，系统与要素之间的相互联系和相互作用就无法进行。但是层次结构又使系统与要素之间的联系变得间接，结构层次越多，这种联系就越弱，系统就容易变得不灵活、呆板。因此，根据系统的实际情况，合理设置结构层次是十分必要的。

就某一系统的整体结构来说，其构成层次之间的排列是有规则的。层次的颠倒和超越，轻则会带来结构功能的紊乱，重则会破坏整体的结构。因此，为了进一步说明结构与层次之间的确定关系，必须引出有序这个概念。

4. 有序与无序

所谓有序是指事物按着一定的结构规则，进行有次序的排列、组合、演化、发展。简单地说，系统的有序性就是系统结构层次的有规则性；反之，无序就是无规则，这种杂乱无序的状态，又叫混沌。有序是事物系统保持整体协同运动的基础。以机器为例，整部机器由它的动力、传动、制动和操作等一系列分系统或子系统所组成，每个分系统则由一个个具体零部件按特定方式相互联结而成。所有这些因素之间确定的层次有序关系，使得它们在机器运行中协同动作，形成整体性功能。因此，系统论中的“有序”所揭示的是系统整体协同运动的根据。

有序和无序是相比较而存在的。在现实世界中，任何系统的存在状态都表现为有序和无序的不同程度的统一。就是说，有序的事物中包含有无序的因素，无序的事物中又包含有有序的因素。普利高津指出：“有序和无序总是同时出现，这可能就是生命出现的规则，也可能是宇宙创立的规则。”①正因为有序无序相互包含，所以，有序或无序作为事物的一种状态，在一定的条件下又是可以转化的，即无序的事物可以转化为有序的事物，有序的事物也可以转化为无序的事物；序度高的事物可以转化为序度低的事物，序度低的事物也可以转化为序度高的事物。现代科学研究表明：有序来自混沌，又可以产生混沌；混沌来自有序，又可以产生新的有序。世界上事物的演化是从混沌—

① ［比利时］普利高津：《科学对我们是一种希望》，《自然辩证法研究》，1987（3）。

有序—新的混沌—新的有序，这样循环往复周期性演替的。

在人类认识史上曾经有这样两种对立的见解，一种是从有序走向无序的自然演化的见解，一种是从低级有序向高级有序发展进化的见解。前者以德国物理学家克劳修斯为代表，后者以达尔文为代表。

19世纪中叶，克劳修斯于1850年提出热力学第二定律，1865年提出熵的概念。熵即混乱。他指出，一个孤立系统，其自发过程会不可逆地达到热力学的平衡态，熵趋于极大，这是一种热力学的混沌态。他还把这一过程推广到整个宇宙，得出宇宙热寂论。与此大体同时，达尔文在1859年提出生物进化论，揭示了生物物种从简单到复杂、从低级秩序到高级秩序的进化发展过程。这样，克劳修斯和达尔文就从自然科学角度，揭示了自然界中两个相反的演化方向。这两种演化方向，即无序化和有序化的对立。应该说，这两种观点都是以事实为根据的，然而都是片面的。整个自然界的演化，既不是克劳修斯所说的单纯的熵增，也不是达尔文所说的单纯的有序化，而是熵增和有序化的对立统一所推动的非线性演化。

5. 自组织与环境因

有序和无序的互相对立、渗透及其在一定条件下的相互转化，这种转化的具体机制如何？哈肯等许多学者都进行过认真的研究。可以说，这取决于系统的自组织和环境因素的作用。这里可以有两种情况，一是系统自组织能力不断增长，能抗御内外因素的种种干扰，并不断接纳和协调内外因素的种种作用，这样就使系统不断趋于有序化；二是系统的自组织能力不断减弱，不能抗御内外因素日益增大的种种干扰，这样就会使系统不断趋于无序化，甚至导致系统的瓦解。

自组织是指系统在给定条件下，无需外部指令，其内部各要素能自行按照某种规则形成一定的结构和功能，并从而与环境保持统一和协调的过程。这种联系又称为要素的目的性联系。这里的目的并不含有蒙昧主义所认为的神秘性质，而是指构成系统的各要素在相互作用中具有自我改变形态的相同形式。由此可见，目的性行为过程就是系统的自组织过程，亦即通过信息联系，协调内部各要素，并且有选择地与外部进行物质、能量和信息的交流，从而向有序化方向发展的过程。

6. 封闭与开放、稳定与涨落、协同与竞争

系统的开放性是系统自组织有序演化的前提条件。“开放系统是指系统中存在着要素的流入和流出，从而其组成要素发生着更换”，而“一个系统如无‘从外部’进入的要素和‘向外部’排出的要素，则是封闭的”[①]。其实，世界上并不存在绝对封闭的系统，这里的封闭系统只是开放系统的一种趋于极限的情况，指开放程度极小的系统。

自然科学严格地证明：任何与外界绝少发生交换关系的封闭系统，都最终会自发地趋于无序和混乱，或迟或早地会走向“死亡”，即热力学意义上的均匀无序的热混沌状态。这实际上已经以否定的方式告诉人们，只有开放，系统才可能自发地组织起来，形成更有序的状态。

开放涉及开放程度。系统开放程度趋向于零，意味着系统与外界隔绝，成了封闭系统；系统开放度为100%，这意味着系统毫无“边界”，与环境融为一体，那么系统也就不复存在了。对与人相关的系统而言，什么样的开放度最好呢？即充分开放。所谓充分开放，不是100%的毫无“过滤”与选择的开放，它既使系统保持一定程度的自治性和独立性，又使系统具有一定程度的灵活性与开放性。充分开放涉及的量化指标有：（1）相关度，即哪些方面、哪些领域开放；（2）选择度，即在这些方面和领域，哪些需要引进、哪些不能引进；（3）整合度，即引进的东西如何消化、吸收；（4）可控度，即对于引进的东西要加以规范。

另外，非线性相互作用，是系统自组织有序演化的内在动力。所谓线性相互作用，是指各种作用各自以线性的形式存在，互不关联。通俗地说，就是这种作用的总和正好等于每一部分作用相加的代数和。这种代数性质的可叠加性同时意味着每一部分作用都是独立的、互不相关的，是可以分割开来加以考察的。所谓非线性相互作用，通俗地说，也就是作用的总和大于每一份作用相加的代数和。换言之，在非线性相互作用下，系统产生了整体性行为。反过来说，系统之所以有整体行为，只是因为系统内部各要素之间存在着复杂的非线性相互作用。

① ［美］冯·贝塔朗菲：《关于一般系统论》，《自然科学哲学问题丛刊》，1984（1）。

在近代思想史上，线性律一直占据着统治地位，近代科学的崇高使命就是找出可解的有序的线性方程，即可积系统。可是到19世纪末，数学家们却全然令人意外地证明，可积系统是“测度为零”的罕见例外，不可积系统才是普遍存在的寻常现象。这就是说，非线性才是普遍现象，世界在本质上是一个复杂的、非线性的世界。科学上值得骄傲的能用简单性或线性方法加以处理的问题其实少得可怜，线性关系只不过是非线性关系的特殊情况或简化。这种简化在弱非线性相关时还能奏效，然而当事物本身存在着强非线性相关时，偏差就十分巨大，根本就不能反映系统的真实情况。

相互作用是矛盾双方的排斥和吸引、竞争和合作。在线性相互作用下，各种作用之间很少关联，因此，系统内部各要素或子系统之间很少或没有协同。与之相反，在非线性作用下，各种作用关联起来，系统内部各要素或子系统之间形成关联或协同。因此，系统才会产生整体行为，排斥和吸引、竞争和合作才能形成一种你中有我、我中有你的不可分割的关系。有了这种内在的相互作用，在环境的影响下，系统内部的涨落才可能得到放大，从而可能引起发展。

稳定和涨落是相互联系的范畴。稳定是指系统在演化过程中的动态平衡。系统处于稳定态中具有一定的抗干扰能力，但是系统结构的稳定性是相对的，在内外因素的作用下会产生影响稳定态的涨落。涨落是对系统稳定的平衡状态的偏离。涨落可分为微涨落和巨涨落。微涨落不足以使系统从一种状态跃变到另一种状态，即不能使系统远离平衡态，并进而导致系统的质变。如果微涨落通过相干效应（相干效应指外在的干扰因素与内在因素的作用相互契合，造成干扰作用放大，或者微涨落的叠加）形成巨涨落，使系统突破临界点，或突破一定阈值，这样，旧的有序结构遭到破坏，变成了无序状态，但同时也会在无序中逐渐形成一种新的有序状态。但这种新的有序状态也是在多种可能性的斗争中形成的。

因为系统的各要素之间是非线性相互作用，所以，在无序向有序转化的关节点上，有序化的方向不是一个，而是几个，会出现几种可能性。每一种可能性都支配着一个微观组态，而每一个微观组态都对应着一个宏观结构，而最后出现哪种结构，则取决于代表上述各种可能性的各种序参量之间的竞争。竞争的结果，一般说来，是其中的某一序参量占据主导地位，并由它来独立地主宰系统；别的序参量或是与这个序参量建立新的协同关系，作为系统的一部分而存在，或是被消化、瓦解，或是作为废弃因素被排除出新系统之外。总之，事物从有序到无序，再到新的有序的变化过程，也就是协同中包含竞争，竞争破坏协同又建立新的协同的过程。从矛盾论的观点看，竞争就是系统内部各要素之间的对立和斗争，协同就是这种矛盾冲突的某种调节和解决。现代协同学证明，任何系统都需要保持协同作用，协同作用是系统的自组织能力，是系统克服混乱的内在机制，是使系统从无序到有序的一种动力。恩格斯说："自然界中无生命的物体的相互作用既有和谐也有冲突；有生命的物体的相互作用则既有有意识的和无意识的合作，也有有意识的和无意识的斗争。"①正是协同与竞争的统一，推动了整个物质世界的不断演化、发展。

总之，系统辩证法与过程辩证法，都是以辩证法的联系范畴为逻辑根据的，它们分别从横的和纵的方面发挥和具体化了辩证法的内容。与此相联系，系统辩证法和过程辩证法也是既相互区别，又相互联系、相互渗透、相互补充的。

四、系统辩证法与过程辩证法的辩证统一

如前所说，联系是以过程和系统及其二者的辩证统一而存在和表现的。因此，我们观察和研究各种事物时，既不能只看到联系的过程形态，也不能只看到联系的系统形态。因为，系统只有在过程中才能得到体现。所以，系统只能是过程中的系统，它不能脱离过程发展的基本规律。同样，过程也只能通过系统的演化体现出来，脱离了系统，过程也就失去了实在的内容。所以，过程的规律又不能代替系统的规律。这就是两个系列规律既对立又统一的关系。以这两个系列规律为主要内容的过程辩证法和系统辩证法也是既对立又统一的关系。这种对立统一关系表现在多个方面，下面就此来作一些具体说明。

① 《马克思恩格斯选集》第4卷，372页，北京：人民出版社，1995年。

（一）事物运动与事物结构的统一

1. 事物运动决定事物结构的状况

这表现在三个方面：

（1）事物的具体运动决定事物具体结构的形成。如前所说，石墨和金刚石都是由碳原子组成的，但由于结构方式不同，因而性质不同。那么，这两种不同的结构方式又是由什么决定的呢？研究证明，是由碳原子的运动量不同决定的。假如能创造条件，使石墨中碳原子的运动量增加到和金刚石中碳原子的运动量相等，石墨也可以变成金刚石。近年来，这种条件已可以创造出来了。人们给石墨以高温（一般为1200—2000℃）、高压（一般为5—10万个大气压）的条件，使碳原子获得足够的运动量，于是人造金刚石就出现了。人造金刚石在现代工业中已经获得了越来越广泛的应用。

再如正丁烷和异丁烷，二者的组织成分相同，都是C_4H_{10}；但是结构方式不同，二者的性质也不同，正丁烷的沸点是-0.5℃，异丁烷的沸点是-17℃，等等。那么，丁烷这两种不同的结构又是由什么决定的呢？实验证明也是由组成正丁烷和异丁烷的原子的运动量不同决定的。实验测出，一克分子的正丁烷比一克分子的异丁烷多含1600卡的热运动。假如能创造条件使异丁烷所吸收的热量恰好使其中的各个碳原子和氢原子所具有的运动量与正丁烷中对应的原子的运动量相同，那么异丁烷也会变成正丁烷。这种情况进一步证明了恩格斯如下观点的正确性。恩格斯说："物体的各种不同的同素异性状态和聚集状态，因为是基于分子的各种不同的组合，所以是基于已经传给物体的或多或少的运动的量。"①

（2）事物运动的稳定与不稳定也决定事物结构的稳定与不稳定。比如太阳和它的行星的相对运动表现出一定程度的相对稳定性，从而也就使太阳系呈现出某种相对稳定的空间结构形式。这就是说，相对稳定的运动决定了相对稳定的结构。如果太阳和行星的相对运动变得不稳定了，那么太阳系结构也就变得不稳定了。如果太阳和行星都各自在太空中杂乱无章地运动，那也就无所谓太阳系了。这就是说，不

① ［德］恩格斯：《自然辩证法》，中央编译局译，47页，北京：人民出版社，1971年。

稳定的运动决定了不稳定的结构。

（3）事物运动还决定事物结构变化的方向。如排斥运动决定了物体的膨胀，从而决定了物质结构的趋于松散；吸引运动决定了物体的收缩，从而决定了物质结构的趋于紧密。又比如，同是水分子组成的物质，随着水分子运动平均速度的变快，可以由固态结构变为液态结构，再变为气态结构；也可以随着水分子运动平均速度的变慢，由气态变为液态，再变为固态，等等。

2. 事物结构反作用于事物运动

物质的一定结构一旦形成，总是呈现出一定程度的稳定性，而一定的事物结构对事物运动的质和量都有确定的要求。比如，太阳系的结构就决定了行星绕太阳运动，而不是相反。这一结构同时决定了行星的运动速度不能太快，如果像电子那样快（核外电子绕核运动的速度近于光速），那么行星早已挣脱太阳的引力飞向遥远的太空中去了；也不能太慢，如果像银河系那样慢（每年飞行60亿千米），那么行星也早已落到太阳上“烧死”了。其他各结构层次的物质也有类似的情况。物质结构和它赖以存在的物质运动之间有着十分确定的必然联系。原子结构的存在就意味着原子核和核外电子都各自以某种稳定的形式运动着，而不是任意地运动。

事物的一定结构对该结构中的运动有一定的“保护”和限制作用。某种物质结构一经形成，对内、对外都会显示出一定的功能。对内，它给事物的运动提供了场所，提供了条件；对外，则能抗拒外界的一定干扰，保护内部运动的正常进行。比如，生物的结构一旦形成，对内就给生物体的内部运动（消化、循环……）提供了场所和条件；对外则表现出一系列的功能，不仅可以同外界进行物质、能量交换，为该生物的运动提供能量，而且可以抗御外界的伤害，以保护生物运动的正常进行，等等。

结构对它所不“需要”或不能“容许”的运动，也有限制作用。比如，地球的地壳一旦形成，地壳内的岩浆就不能随便冲出，地面上的物体也不能随便离开地球，速度不超过每秒11.2千米的物体就不能逃脱地球的束缚。再如，生物结构一旦形成，生物的体液、内脏等的运动都受到了严格的限制，它们各自都只能在自己的范围内运动，而不能任意运动。[①]

（二）系统制约与矛盾制约的统一

系统制约与矛盾制约是相互区别的。

系统制约是指任何事物都是以系统的形式存在，系统具有普遍性，系统及其结构对其要素、层次和功能具有统摄性、决定性。

矛盾制约是指任何事物都是以矛盾的形式存在，矛盾具有普遍性；事物的内部矛盾、主要矛盾及其主要方面对事物的性质和发展具有决定性和支配性。

矛盾制约和系统制约又是统一的。这种统一表现在：

1. 系统理论贯穿了矛盾制约原则

（1）系统论处处体现了矛盾论的对立统一理论。比如，系统与环境、系统与要素、要素与要素、结构与层次、结构与功能、有序与无序、开放与封闭、稳定与涨落、竞争与协同等之间都是对立统一关系。没有这种对立统一关系的存在，就无法说明系统为什么因一定环境而存在，并又受环境的制约；不能说明要素与要素为什么能相互契合，形成一个整体；不能说明结构与层次、结构与功能之间等的本质联系。

（2）系统论体现了矛盾论的内外因关系理论。一般系统论，特别是耗散结构理论和协同学非常重视外因在系统演化中的作用。它们强调指出，系统只有在与外界存在物质、能量和信息交换的情况下，才可能从无序走向有序、从低序走向高序。但它们同时认为，系统的有序化过程是系统的自组织过程，而开放只是系统自组织的必要条件之一。自组织在获得了这个必要条件之后，如果缺少一定的内在根据，即系统内部组成要素间的非线性关系，那么也不能实现系统从无序到有序的转化。普利高津指出："只有在系统保持'远离平衡'和在系统的不同元素之间存在着'非线性'的机制的条件下，耗散结构才可能出现。"[②]哈肯的《协同学》也指出：不论是一个序参量在竞争中取胜，还是几个序参量由于相互稳定化而共存，"控制自组织的方程本质

① 参见黄明理：《人类社会：物质世界进化的高级阶段》，《延边大学学报》，1986（2）。

② 转引自湛垦华：《普利高津与耗散结构理论》，156页，西安：陕西科学技术出版社，1982年。

上是非线性的”[①]。可见，系统论实质上也是把内因看作是变化的根据，把外因看作是变化的条件。

（3）系统论体现了矛盾论的主要矛盾和矛盾主要方面起支配作用的理论。系统论在坚持系统的要素通过相互作用构成系统整体的同时，也认为，各要素在系统中的地位和作用是不平衡的。由此，它提出了一般系统论的中心化原理，即系统中的支配原理。贝塔朗菲认为，主导部分“即支配系统行为的组成部分”。他还以生物学为例，明确指出：“任何功能归根到底起源于所有各个部分之间的相互作用，但是，中枢神经的某一部分起着决定性的作用，因而称为这个功能的中心。”[②]从矛盾的观点来看，系统中存在着许多矛盾，其中，系统的主导部分与另一些具有较大支配作用的因素之间的矛盾将规定和影响着系统的行程和发展方向，这一矛盾可视为系统的主要矛盾。就这个主要矛盾来说，系统的主导部分也就是主要矛盾的主要方面，它“对于整体功能具有决定性的作用”。从系统的演化来说，系统中许多子系统基本上具有两种不同的趋向，一种是保持原有质的规定性，一种是要改变原有质的规定性；所有的子系统就会分别属于两个趋向不同的子系统群，由此而形成对立统一的两个方面。这两个方面的矛盾推动系统的演化和发展。但是这两个方面的构成不是固定的、僵死的，而是变动的。协同学认为，参与系统演化的参数很多，只有一个或少数几个序参量主宰着系统的整个进程。这些事实说明，事物的性质和事物的演化“主要地是由取得支配地位的矛盾的主要方面所规定的”[③]。

总之，系统论贯穿了矛盾制约原则。

2. 矛盾理论从系统理论获得了丰富和补充

（1）系统理论对对立统一规律的内容进行了新的证明和深化。

从系统理论与矛盾理论的对比分析来看，最简单的系统在其内容上就是只有一对关系的系统，即包含有一个矛盾的系统；复杂系统包括许多关系，也就是包含许多矛盾的系统。系统论认为，任何物质系统都是具有诸多方面、诸多关系和特征的复杂系统。含一对矛盾的系统是罕见的例外。这样，系统理论就把由多种矛盾所构成的矛盾集合

---

① ［德］哈肯：《协同学》，戴鸣钟译，18页，北京：原子能出版社，1984年。

② 转引自庞元正：《矛盾学说与系统理论》，《中国社会科学》，1987（6）。

③ 《毛泽东选集》第1卷，322页，北京：人民出版社，1991年。

体这一重要思想具体化了。可以说，系统论也就是矛盾体系论。系统论不仅一般地说明了系统包含了各种要素之间的多种矛盾，而且从这个集合体的角度深刻说明了在这多种微观矛盾集合基础上所形成的宏观上的种种新矛盾，比如，整体与部分、结构与功能、结构与层次、系统的存在与演化，等等，这样就把矛盾理论立体化了。

（2）系统理论具体化了外因在事物发展中作用的理论，同时也澄清和纠正了某些对外因作用的错误理解。

比如，有一种流行的观点认为，内因决定事物发展的基本趋势和方向，外因只能促进或延缓事物的发展。系统论指出，在系统的有序化过程中，在临界点上系统将会失稳，产生突变，形成不同的分支，每一分支代表着发展的一种可能，对应着一个宏观结构。但是系统在演化中将追随哪一分支，是由随机涨落决定的。这种随机涨落可以是内涨落，也可以是外涨落。一般说来，外界微涨落不易诱发系统结构的质变，但当外界的巨涨落引起系统功能出现突变时，则可能成为导致系统结构变化的直接原因。由此可见，内因决定了事物发展的各种可能性，外因，特别是某些重大的外因是事物发展中的某种可能性成为现实性的先决条件。

（3）系统论丰富了矛盾论关于主要矛盾和矛盾主要方面的理论。

矛盾论认为，在主要矛盾和次要矛盾的关系中，主要矛盾支配次要矛盾，矛盾的次要矛盾反作用于主要矛盾；矛盾的主要方面支配矛盾的次要方面，矛盾的次要方面反作用于矛盾的主要方面。那么，主要矛盾如何支配次要矛盾，次要矛盾又如何反作用于主要矛盾；矛盾的主要方面如何支配矛盾的次要方面，矛盾的次要方面又如何反作用于矛盾的主要方面，对此，矛盾理论没有给予具体的说明。系统理论在这一方面提出了富有启示性的见解。系统理论认为，系统中的任何要素都是通过系统的结构层次为中介对其他要素发生或是支配作用或是反作用的。这就是系统的相关性。比如，某一主导要素发生变化，也会引起整体发生某种变化；而整体发生变化，构成整体的所有要素也必然会发生变化。这种变化都是通过结构层次为中介实现的。贝塔朗菲曾经指出，系统的主导部分“可能产生‘触发器的因果作用’……主导部分的细小变化可以通过放大机制引起整个系统发生重大变化”[1]。系统的重大变化又引起系统结构中各因素的变化。

（三）序变与质量互变的互补互渗

任何一个具体的系统整体，包含其要素及由各要素相互作用所形成的结构。

其中，构成系统的要素的性质发生变化，构成系统的要素的数量发生变化，或是各要素所形成的结构发生序变，即或是发生结构在量上的序度变，或是发生结构在质上的序型变，都可能会引起系统整体的某种变化，具体说来：

（1）系统中某些构成要素的内涵的量发生变化，引起其质发生变化，这是系统中的部分的质变；这种部分质变如果控制在一定范围内，不会引起系统的质变。反之，如果部分质变得以继续扩大，引起了系统的结构发生了序度变，并进而引发了结构的序型变，那么，也就引起了系统的质变。比如，在我国解放战争中，解放区一块一块地建立，这是旧中国的部分的质变，随着人民的力量不断壮大，反动的力量逐渐削弱，这就引起了中国社会各阶级结构上的序度变，当这种序度变进一步引起了序型变，即无产阶级上升为中国的统治阶级，地主、买办阶级败落为被统治阶级的时候，人民解放战争也就取得了决定性的胜利，于是新中国代替了旧中国。

（2）系统中构成要素的性质没有变化，其外延的量，即数量发生变化（增加或减少），如果这种变化并没有引起系统结构的序度变和序型变，则这种构成要素的数量上的变化不会引起系统的质变。反之，如果这种数量变化不仅引起了序度变，而且进一步引起了序型变，那么也就引起了系统的质变。比如，一支军队，其数量的增加和集结到一定程度，不仅引起军队组成的序度变化，而且使序型发生变化，比如由防御性的序型转变为进攻性的序型，从而表现了优势的力量。

（3）系统中构成要素的性质和数量不变，其相互作用中的序度发生变化，如果这种序度变化进而引起了序型变化，那么，系统也就发生了质的变化。比如，一个领导班子，其成员、人数都没有变化，但是第六把手、第七把手的位置进行了调换，这种调换使领导班子的序

① ［美］冯·贝塔朗菲：《一般系统论　基础·发展·应用》，秋同、袁嘉新译，180页，北京：社会科学文献出版社，1987年。

度发生了变化，但这个领导班子的总体性质还是稳定的。如果某种序度变化引起序型的变化，比如主要领导成员，特别是对第一把手进行了人员的调整，使这个领导班子的整体从不团结到团结、从运转不灵到运转有力，于是，这个班子就成为一个有作为的班子。

传统的观点讲质量互变，一般说来，比较简单、粗糙。这表现在：

其一，传统观点讲量变，没有具体讲清楚什么是量变。而从系统论的角度来说，系统的量变有三种情况。一是在系统结构序型不变的情况下，要素内涵量的变化所引发的要素性质的变化；二是在系统结构序型不变的情况下，要素外延量的变化；三是在系统结构序型不变的情况下，结构序度的变化。

其二，传统观点讲质变，也没有完全讲清楚质变的实质是什么。从系统论的角度说，质变就是系统结构序型的变化。比如气态的水冷却变为液态的水，或进一步变成固态的水，说到底是外界温度降低所造成的水分子之间的引力和斥力变化，进而所导致的结构的变化；引力小于斥力为气态，引力等于斥力为液态，引力大于斥力为固态。由于传统观点没有讲清楚质变的本质，所以在讲量变达到关节点时就会引起质变，至于什么是关节点自然也就说不清楚了。所谓关节点，就是事物的结构序型变化的临界点。

其三，传统观点把构成事物的成分在空间关系即排列次序与结构形式的变化而引起的质变看作是量变引起质变的一种形式，这一认识是缺乏分析的。因为构成事物的成分在空间关系即排列次序和结构形式的变化，不能简单地归结为是一种量变。如前所说，如果这种变化仅限于结构序度上的变化，而不是结构序型上的变化，才是一种量变；如果是结构序型的变化，那就是一种质变了。

其四，传统观点把数量增减引起的质变和构成成分的排列次序和结构形式的变化所引起的质变作为量变引导质变的两种并列的形式，这也是不妥的。事实上，任何形式的量变都不能直接导致事物的质变，它必须经过一个中间环节即结构序型的变化，才能引起事物的质变。因此，对于量变、结构序型的变化和事物系统的质变及其辩证关系必须作统一的理解。

（四）系统演化与辩证否定的统一

系统辩证法和过程辩证法都承认事物的发展，也承认事物的退化和循环。

过程辩证法用对立统一、矛盾斗争加以说明，并进一步用辩证否定，即扬弃来解释发展，这是从继承和创新的角度来说明发展的。应该说，这种解释是有独到之处的。至于如何解释退化、解释循环，应该说，过程辩证法还没有形成相应的理论范畴。在这一点上，系统辩证法提供了不少富有启发性的思想，可以视为对过程辩证法的一种补充和丰富。

（1）系统辩证法从新的角度对发展、退化、循环等三种演化形态进行了统一的说明。系统辩证法认为，从无序到有序、从低序度到高序度是增序演化，这种演化就是发展；从高序度到低序度，从有序到无序是减序演化，这种演化就是倒退；如果演化前后序度不变，如简单重复、简单循环，或类似魔方式地变换，叫等序演化，这种演化就是循环。

（2）系统辩证法认为，系统演化之所以出现这三种形式，这取决于系统与环境、系统内部各要素之间联系的性质。如果一个系统是封闭的，很少与外界进行物质、能量、信息的交换，这个系统会导致熵的不断增加，而趋于无序；一个系统如果是开放的，与外界不断进行着物质、能量、信息的交换，就有可能导致熵的减少，从而向有序化方向发展。这里的所谓“可能”是指，系统开放只是一个条件，在这个前提条件下，如果通过引入的物质、能量、信息在与系统内在因素的相互作用中所形成的负熵大于熵增，这是系统由低级到高级、由简单到复杂转化的决定力量；反之，事物就会走向无序，甚至瓦解。

（3）向上发展的熵减的有序化运动和向下倒退的熵增的无序化运动，它们是相互补充、互为条件并相互平衡的。一方面，任何一个系统由低级有序走向高级有序，最后经过自己的成熟期，越过自己系统化的顶峰后，必然会走向无序化，即走向衰老和灭亡；另一方面，在一些事物有序化即发展的同时，也必然会伴随着另一部分事物的非系统化和无序化即倒退。因为系统的有序化必然以消耗物质能量为前提，系统越有序化，越需消耗更多的物质能量。因此，一切系统在无一例外地从无序到有序、从低级有序到高级有序地发展，而没有相应的倒退是不可想象的，也是不可能的。所以，宇宙中一方面存在着一个熵减的过程，同时也存在着一个熵增的过程。只看到前一个过程，这是片面的；只看到后一个过程，也是片面的。恩格斯指出："宇宙中的一切吸引和一切排斥，一定是互相平衡的"，"宇宙中一切吸引的总和等于一切排斥的总和"[①]。这就告诉人们，由于物质和运动的量是客观的、永恒的，这就决定了整个宇宙中万事万物是生灭相继、有涨有落、有进有退的永恒运动。

最后，在宇宙中以一些事物无序化运动为补充这一前提条件下，另一些事物的有序化发展经历了对它自身而言的肯定、否定和否定之否定的过程，即波浪式前进、螺旋式上升的过程。

（4）过程辩证法和系统辩证法是统一的。它们不仅共同统一于唯物辩证法的联系范畴，即以联系范畴为逻辑根据，又是联系范畴的展开和具体化。由这一点所决定，因而过程辩证法和系统辩证法在内容上也是互相依赖、互相渗透、互为补充的。

---

① 《马克思恩格斯选集》第4卷，348页，北京：人民出版社，1995年。

第四章　差异与矛盾及中介

矛盾是过程辩证法的核心范畴。矛盾规律是唯物辩证法的基本规律。列宁说："就本来的意义说，辩证法就是研究对象的本质自身中的矛盾。"[①]为了科学把握矛盾范畴的含义，正确地分析矛盾和解决矛盾，下面就差异与矛盾的关系，矛盾双方产生的同时性，"一分为二"与"一分为三"的关系，矛盾的中介以及内外因的关系，特别是外因的作用等学术界有争议的问题，谈一些看法。

一、差异与矛盾

（一）关于差异与矛盾关系的争论

差异与矛盾的关系问题的争论，早在20世纪30年代初的苏联就发生过。不同观点的双方，其代表人物分别是米丁和德波林。米丁认为，差异实际上就是矛盾。他说："吾人概念底每一差异，我们都应该把它看作客观世界中的差异、对立的方面、力量和倾向。任何事物中所包含的力量、方面和倾向，是它们相互间的否定关系，是它们底活的矛盾性，给事物自动以内部的推动。"[②]因此，在他看来，差异和矛盾是同一含义。而德波林则认为，矛盾的形成要有一个发展过程，并非一切差异都是矛盾。就是本质的差异，虽然它里面包含着矛盾的成分，但在它还没有进入矛盾阶段的时候，它和矛盾还不能画等号。这实际上是继承了黑格尔的思想。黑格尔写道："假如更仔细地看待实在的区别，那么，区别就将从差异变为对立，并从而变为矛盾。"[③]他又

① ［俄］列宁：《哲学笔记》，中央编译局译，278页，北京：人民出版社，1974年。

② 转引自林青山：《关于"差异"问题的探讨》，《河北大学学报》，1981（3）。

③ ［德］黑格尔：《逻辑学》下卷，杨一之译，69页，北京：商务印书馆，1976年。

说："同一、差异和对立之过渡为矛盾，正像它们之过渡为它们的真理一样。"①

在米丁和德波林的这一场较量中，由于行政因素的渗入和干预，从总体上说，德波林受到了不公正的对待和批判。米丁的观点在20世纪30年代中期传入中国，被毛泽东所接受。毛泽东在《矛盾论》中写道："德波林学派有这样一种见解，他们认为矛盾不是一开始就在过程中出现，须待过程发展到一定的阶段才出现。那么，在那一时间以前，过程发展的原因不是由于内部的原因，而是由于外部的原因了。这样，德波林回到形而上学的外因论和机械论去了。"毛泽东接着说："世界上的每一差异中就已经包含着矛盾，差异就是矛盾。"②从此，"差异就是矛盾"的观点得到了广泛传播。

怎样看待差异与矛盾关系问题的上述争论及其有关的观点呢？在几十年后的今天，我们有可能看得较为清楚了。我们既不能笼统地说差异不是矛盾，也不能武断地说差异就是矛盾，而只能说，在一定条件下的差异不是矛盾，在变化了的条件下差异可能就是矛盾。对于差异是不是矛盾，必须对具体情况进行具体分析。

（二）两极对立的差异才是矛盾

什么是差异？差异就是事物之间、事物内部诸方面之间特质上的不同。

什么是矛盾？矛盾就是既对立又统一的两个方面的统一体。

关于矛盾，我国理论界有多种不同的界定，有一种常见的观点是，把矛盾界定为一种关系，即认为，矛盾是既对立又统一的关系。这种界定有其合理之处，矛盾当然包含关系，即矛盾双方既对立又统一的关系；但是关系总是事物之间的关系，离开事物无所谓关系。因此，矛盾双方首先是指事物，作为矛盾一方的矛是事物，作为矛盾另一方的盾也是事物，矛和盾双方构成的统一体也是事物。在物理学中，阳电和阴电；在化学中，原子的化合和分解；在社会科学中，阶级斗争等所有这些矛盾都是事物。列宁还曾对矛盾作过明确的界说，

① ［德］黑格尔：《逻辑学》下卷，杨一之译，65页，北京：商务印书馆，1976年。

② 《毛泽东著作选读》上册，146页，北京：人民出版社，1986年。

"统一物之分为两个互相排斥的对立面以及它们之间的互相关联"[①]，即由两个互相排斥而又相互关联的对立面所构成的统一物就是矛盾。所以，矛盾首先是指矛盾双方构成的事物，其次才是矛盾双方的对立统一关系。总体来说，矛盾就是既对立又统一的两个方面的统一体。还有一些论者，在给矛盾定义时冠以"事物内部"几个字，即认为矛盾是事物内部所包含的既对立又统一的关系。其实，这是画蛇添足之举。因为矛盾不仅存在于事物内部，即我们通常所说的事物的内部矛盾，还存在于事物之间，我们把它称之为事物的外部矛盾。因此，对于事物内部或外部之类完全可以不必去说。因为无论是事物内部或事物之间，只要是既对立又统一的两个方面，就构成矛盾的统一体。

矛盾是普遍存在的，差异也是普遍存在的，而差异比矛盾更普遍。差异的普遍性可以表述为世界上任何两个事物之间都有差异，而矛盾的普遍性不能表述为世界上任何两个事物都是矛盾着的对立面。

那么，差异有哪些类型呢？在什么样的条件下，差异不是矛盾；在什么样的条件下，差异才转化为矛盾，或者说，差异才是矛盾呢？

差异的类型有三种：[②]

1. 非共维差异

这里所谓的"维"就是用以考察事物性质的一种尺度、准绳。非共维差异就是非同一种尺度意义的差异。这种差异，黑格尔视为"杂多"，即不同事物各自独立，其性质在该事物与别的事物发生关系后互不受影响，因而这种关系对于双方是外在的。由于这种差异是纯粹外在的、非共维的，尽管极不相同，但是很难比较，因为它们之间缺乏同一关系。比如轮船与细胞、长度与幸福、学生与钢铁都属于这样的不可比较关系。对于这些不存在可比较关系的事物，也不能相加减，这在数学中叫异名数不能相加减的法则，因为谁也不能将5斤肉和2支笔相加，或将7尺布与3度电相减。对此，我国古代墨家就提出过"异类不比"的命题。

非共维差异不仅表现为上述的非同类事物的非同一关系中的差异，而且表现为同一事物非同一关系中的差异。比如，一个苹果的"红"与其"大"之间的差异也是非共维差异。苹果的红是以颜色为维

① ［俄］列宁：《哲学笔记》，中央编译局译，408页，北京：人民出版社，1974年。

② 参见张华夏：《再论差异、对立和系统中的矛盾性》，《系统科学学报》，1995（1）。

的性质规定，苹果的大是以体积为维的性质规定。这两种不同维的性质上的规定是有差异的，但这种差异并不构成矛盾，并不形成互相排斥又互相联系的关系。当然，苹果的大与苹果的红并不是没有其他的关系，比如一个苹果可能既是大的也是红的，在这种情况下，大和红相对于这个苹果而言，就是一种共存关系或并存关系。

共维，即具有同一性，是矛盾存在的前提；不共维，矛盾就无从形成。比如资产阶级和无产阶级作为矛盾的两个方面，其共维就是生产资料。在这个维度上，资产阶级是由占有生产资料而产生，无产阶级是由失掉生产资料而产生，二者就在生产资料这个环节上联结起来了。

因此，无论是异类事物还是同类事物，如果其性质不是以共维为基础、为前提的差异，都不构成矛盾。

2. 共维而非两极的差异

共维的差异只是矛盾构成的前提，并不是任何共维的差异都是矛盾，共维而非两极的差异并不是矛盾。这里的两极是相反而又相成的两个极端。当人们从某一维度来考察一个事物时，往往首先从这个维度的两极进行考察，即从两个相反的质的区别进行考察。比如，从体积上来判断大与小，从方位上来判断上与下，从价值上来判断好与坏。同一维度上的这种两极对立的差异构成一个矛盾。除了这种两极的差异以外，在同一维度上还有大量的非两极的差异。比如，在体积这个维度上，除了大与小这两极的对立以外，在大与小之间还存在着许多量的不同等级，这些不同量的等级之间，任何一个量的等级与大之间或与小之间都存在共维的非两极的差异。这种差异，比如中与大的差异或中与小的差异都不构成矛盾，因为它们并不是矛盾的两极。

这就是说，共维的差异是矛盾存在的前提，但共维的差异并不一定就是矛盾，只有当共维的差异达于两极对立的时候才是矛盾。

3. 两极对立的差异

所谓两极对立就是处于统一体中的相互作用着的两个方面，有着“正相反对”的性质。一句话，对立就是相互作用的两极性。两极对立的差异才是矛盾。黑格尔在论矛盾时是这样说的，“本质的差别即是‘对立’。在对立中，有差别之物并不是一般的他物，而是与它正相反对的他物；这就是说，每一方只有在它与另一方的联系中才能获得它自己的（本质）规定，此一方只有反映另一方，才能反映自己。另一方也是如此；所以，每一方都是它自己的对方的对方”[①]。这一论述明确说明，对立的差异，即矛盾的差异，是“正相反对”的两个方面的差异。他说：“对立的差异或说对立。……作为矛盾，便在自身中反思自身，并且回到它的根据里去。”[②]

由此可见，矛盾之所以是矛盾，不仅在于矛盾双方具有共维性，即同一性，也不仅在于矛盾双方具有差异性，而是在于这种同一中的差别是对立的差别，即根本性质上互相排斥的差别。马克思在谈到商品时，他说：“商品的交换过程包含着矛盾的和互相排斥的关系。”[③]列宁也说：“对立面的同一……就是承认（发现）自然界的（也包括精神的社会的）一切现象和过程具有矛盾着的、相互排斥的、对立的倾向。”[④]毛泽东在《矛盾论》中也指出：“一切矛盾着的方面都因一定条件具备着不同一性，所以称为矛盾。然而又具备着同一性，所以互相联结。”[⑤]在这里，马克思、列宁和毛泽东都是从根本意义上，即对立和相互排斥的意义上来规定矛盾的。因此，矛盾也就是两极对立的差异，或者说，两极对立的差异才是矛盾。

那么，如何看待前文提到的发生于苏联在20世纪30年代的那场争论，以及如何看待《矛盾论》中关于“差异就是矛盾”的这一论断呢？

（三）两极对立的差异是矛盾的潜在

黑格尔、德波林、米丁和毛泽东在论及差异和矛盾时，都有一个不言自明的前提，即都是从矛盾发展的过程来谈差异和矛盾的。从矛盾发展过程来谈的“差异”，在黑格尔那里有两层含义：一是，这种差异是本质的差异，即根本性质的差异；二是，这种差异是潜在的、尚未展开的矛盾，或者说是处于萌芽状态的矛盾。而现实的矛盾则是发展了的、展开了的差异，或者说是成熟的、获得充分表现的矛盾。

黑格尔说：“如果这几个最初的反思规定，即同一、差别和对立都可以用一个命题来表达，那末，不用说，它们作为转化为自己的真理

① ［德］黑格尔：《小逻辑》，贺麟译，254—255页，北京：商务印书馆，1980年。
② ［德］黑格尔：《逻辑学》下卷，杨一之译，27页，北京：商务印书馆，1976年。
③ 《马克思恩格斯全集》第23卷，122页，北京：人民出版社，1972年。
④ ［俄］列宁：《哲学笔记》，中央编译局译，407—408页，北京：人民出版社，1974年。
⑤ 《毛泽东著作选读》上册，169页，北京：人民出版社，1986年。

向之转化的那一规定，即矛盾，更应当被包括和表现在这样一个命题中：一切事物自身都是矛盾的。”①黑格尔这段话的意思是说，同一、差别和对立的具体统一都是矛盾。在黑格尔看来，同一不是抽象的同一，而是具体的同一，是包含差别的同一。“同一并非外在地，而是在它本身，在它的本性中是有差异的”②。所以，“通过规定了的、本质的区别，达到对立。多样性的东西，只有相互被推到矛盾的尖端，才是活泼生动的。”③很显然，在矛盾形成过程中，差别已经是矛盾。

接着黑格尔还讲了另一段话：“表现为对立的矛盾，只不过是发展了的无，这个无包含在同一之中……这个否定进一步把自己规定为差别，规定为对立，这也就是设定的矛盾。”④这段话的意思是说，同一中包含有否定性，否定性的发展表现为差异、对立、矛盾。

黑格尔这两段话的意思是很明确的，即本质的差异也是矛盾，当然是尚未展开的矛盾。

恩格斯就是这样来理解黑格尔的。他说：“在黑格尔那里，自在包含隐藏在某种事物、某种过程或某种概念之中的尚未发展的对立所具有的原始同一性，而在自为之中，这些隐藏的因素的区别和分离已经显现出来，它们的抗争也开始了。”⑤恩格斯在这里用“隐藏”的“尚未发展的对立”来表示原始统一中的差别，用“显现”“抗争”来表示矛盾对立的发展，应该说，这是对黑格尔上述观点的正确理解和肯定。

列宁也是这样来理解和肯定黑格尔的这一见解的。列宁在《哲学笔记》中引用了黑格尔的上述论述后写道：“思维的理性……使表象的简单的多样性尖锐化，达到本质的差别，达到对立。只有那上升到矛盾顶峰的多样性在相互关系中才是活动的……和活生生的，——才能得到获得那作为自己运动和生命力的内部搏动的否定性。”⑥很显然，列宁和恩格斯对黑格尔上述论述的理解是一致的。

相对于恩格斯和列宁的理解，德波林对黑格尔上述论述的理解就表现了片面性的缺陷，并从这种片面性中引出了错误的结论。这表现

① 转引自列宁：《哲学笔记》，中央编译局译，144页，北京：人民出版社，1974年。
② ［德］黑格尔：《逻辑学》下卷，杨一之译，33页，北京：商务印书馆，1976年。
③ ［德］黑格尔：《逻辑学》下卷，杨一之译，69页，北京：商务印书馆，1976年。
④ 转引自列宁：《哲学笔记》，中央编译局译，144—145页，北京：人民出版社，1974年。
⑤ 《马克思恩格斯全集》第20卷，64页，北京：人民出版社，1971年。
⑥ ［俄］列宁：《哲学笔记》，中央编译局译，149页，北京：人民出版社，1974年。

在，他把本质的差异不是视为矛盾的一种潜在存在的形式，从而得到了本质的差异不是矛盾的结论。这一结论是对黑格尔上述论述的误解，也是和矛盾的普遍性原理背道而驰的。

因此，从学术争论的角度说，米丁等人，以及毛泽东对德波林的批判不是没有道理的。即不能认为，在事物发展过程中，开始只有差异（当然是指本质的差异），没有矛盾，需待过程发展到一定阶段，差异才转化为矛盾。在毛泽东看来，矛盾是普遍的，矛盾存在于一切事物的发展过程中，存在于一切事物发展过程的始终。他说："劳资之间，从两阶级发生的时候起，就是互相矛盾的，仅仅还没有激化而已。工农之间，即使在苏联的社会条件下，也有差异，它们的差异就是矛盾，仅仅不会激化成为对抗，不取阶级斗争的形态，不同于劳资间的矛盾。"①

从毛泽东的这段论述来看，他所列举的事例是讲两极对立的差异，即本质的差异就是矛盾。应该说，这是对的。但是这一正确的思想并没有获得准确的理论概括。他说："世界上的每一差异中就已经包含着矛盾，差异就是矛盾。"②毛泽东的这样一个全称性的判断，其缺陷有二：一是混淆了两极对立的差异与非两极对立的差异的界限，只有两极对立的差异才是矛盾，而非两极对立的差异并不构成矛盾；二是两极对立的差异，或本质的差异作为潜在的、萌芽状态的矛盾也并不等同于展开了的矛盾。这一有价值的见解，被"差异就是矛盾"这一论断忽略了。作为一个重要原因，致使潜在的、萌芽状态的矛盾以及如何把矛盾解决在萌芽状态的问题，长期以来缺乏专题性的探讨。不能不说这是一个不小的缺憾。当然，我们不可去苛求前人，因为1938年毛泽东写作《矛盾论》时，他还不可能读到黑格尔的上述有关论述，以及恩格斯和列宁对黑格尔论述的有关理解和肯定。与这一点相联系，米丁等人对德波林批判的片面性也难免不对毛泽东发生影响。

① 《毛泽东著作选读》上册，146页，北京：人民出版社，1986年。

② 《毛泽东著作选读》上册，146页，北京：人民出版社，1986年。

二、矛盾双方产生的同时性

（一）关于矛盾本质的理解

矛盾作为既对立又统一的两个方面的统一体，没有一方就不能设定另一方，因而也就不能成其为矛盾；因此，承认矛盾双方的同时产生，是自然不过的事。可是就是这样一个看似不成问题的问题，在一些论者那里却提出了疑义，并发表了一些似是而非的见解。有的论者认为，有的矛盾双方是同时产生的，有的矛盾双方不是同时产生的，是一方产生在先，另一方产生在后。比如，物质与意识的矛盾，是物质在先，意识在后，原因与结果的矛盾，是原因在先，结果在后，即前因后果。还有的论者把矛盾双方同时产生的矛盾称之为共时性矛盾，把所谓矛盾双方并非同时产生的矛盾称之为历时性矛盾。

我认为，那种关于有的矛盾双方并非同时产生的观点，在理论上是犯了一个常识性的错误。虽说是常识，但其背后却又涉及一个基本的哲学理论，即如何正确理解矛盾的本质的问题。

什么是矛盾，前文已经说过了。按照黑格尔的理解，矛盾就是正相反对的两个方面，或者说，正相反对的两个方面才构成矛盾。作为正相反对的两个方面存在着既对立又统一的关系。正因为这两个方面正相反对，所以是对立的；又正因为是正相反对，因而它们又是互相依存，不能分离，是互相联结和统一的。

黑格尔说："每一方都是它自己的对方的对方"，"他物就被看成是与自己正相对立的自己的他物。"[①]正因为如此，所以黑格尔断言："在每一规定中就包含着它的对立面……每个另一方都是这样另一方的另一方；同时每一规定只是在与其他规定的关系中才有的。"[②]由此所得出的必然结论就是：一切矛盾的双方都是同时产生的。

从关于矛盾的本质规定可知，如果承认有的矛盾，其一方可以先于另一方而存在，那就必然会陷入这样一个理论怪圈，即作为矛盾一方的物，在"先于"的这一段时间内，可以不与另一方相联系而存

① ［德］黑格尔：《小逻辑》，贺麟译，255、257页，北京：商务印书馆，1980年。
② ［德］黑格尔：《逻辑学》下卷，杨一之译，68页，北京：商务印书馆，1976年。

在，即可以不通过与另一方结成的正相反对的关系而存在，那么，既然是这样，这个物作为矛盾的一方也就不能成立了，因而也就更谈不上矛盾一方先于另一方而存在。

至于有些论者用“物质在先，意识在后”以及前因后果作为论据来证明矛盾一方先于另一方产生的观点，是没有丝毫说服力的。下面就此来作一些具体分析。

（二）矛盾一方不能先于另一方存在

先和后作为矛盾的两个方面，本来是相对而言的，没有“先”也就无所谓后，没有“后”同样也就无所谓先。比如，人们排队购物，某甲来了，相对于他自身而言，无所谓先与后。过了一会，某乙来了，当某乙出现的那一刻，相对于某乙，某甲才获得了先来性；与此同时，相对于某甲，某乙才获得了后到性。因此，作为矛盾一方的先来和作为矛盾另一方的后到是同时形成的。

就物质和意识的关系而言，它们作为矛盾的两个方面，包含着多种矛盾关系。但是无论哪一种矛盾关系，作为物质和意识互相对立的两个方面的特性是同时形成的。

对于唯物主义来说，承认物质的先在性、意识的后在性，这是毫无疑义的。如上所说，先在性和后在性是相对而言的。在意识没有产生以前，物质自然是存在的，如果把自然界作为整体，那么它是从来就有的，并且一直要存在下去，物质自然界的存在是永恒的。只有当意识产生的同时，相对于意识的后在特性，物质自然界也才获得了先在特性。因此，那种用物质在先、意识在后这一事实来论证有的矛盾双方不是同时产生的观点，是不妥的。

物质的先在性和意识的后在性作为矛盾的两个方面是同时产生的，除了这一层矛盾关系以外，在物质和意识之间还存在如下的矛盾关系，即物质的客观实在性和意识的主观性，以及物质的可知性和意识的能知性即反映性等两种矛盾关系。这两种矛盾关系的双方也是相对而言的。这从它们的相互规定中获得了集中的表现。辩证唯物主义把物质定义为不依赖人的意识，又能被意识所反映的客观实在。这就是说，物质是从它的对立面，即意识来说明自身、映照自身、规定自身的。同样，意识也是从它的对立面即物质来说明和规定自身的。在辩证唯物主义看来，意识是物质发展到高级阶段的产物，是人脑的机能，是对客观存在的反映。物质和意识作为广泛已极的概念只能从它们的正相反对的关系中来求得说明。

物质和意识作为矛盾的双方只能在相互规定中存在，那么，承认这一点，会不会与阿芳那留斯的“原则同格论”划不清界限呢？不会的。

因为矛盾的双方和矛盾双方的载体是两个不同的概念。矛盾双方只能在相互规定中存在，而作为其载体则可以独立存在。为了通俗起见，这里可以用下面这个例子来加以说明。比如，具有婚姻关系的男女双方，作为矛盾的对立面，他们被称之为夫和妻，这两个对立面是同时产生、相互规定的，谁也离不开谁；失去一方，他方就不存在。但是，作为这个矛盾双方的载体的男人和女人这两个具体的实体，他们的出生并不一定具有同时性，并没有必然的依存关系。又比如，中国和日本作为两个实体是独立存在的，各自有自己形成和发展的历史。但是在抗日战争时期，作为以日本为载体的侵略者一方，与作为以中国为载体的被侵略者一方是同时产生，相互联系而存在的。随着抗日战争的胜利结束，作为侵略者和被侵略者的这两个对立面，也就随着矛盾的解决而消失。但原先作为中日战争这个矛盾对立面载体的中国和日本这两个实体，并没有随着中日战争这个矛盾的解决而消失。

由此可见，矛盾的对立面总是各自依托于一定的载体而存在的，但矛盾双方具有对立面的性质，并不是因为它们与其载体相联系，而是因其具有对立统一的关系。因此，矛盾的对立面和矛盾对立面的载体是不能等同的。两个不相关的事物无所谓关系可言，更谈不上是所谓矛盾的对立面。另外，两个事物之间所发生的关系也并非都是矛盾关系，它们可能还具有其他的关系；但作为两个对立面之间的关系，只能是矛盾关系。在这种关系中，矛盾双方是同时产生、相互依存、相互规定的。因此，那种把矛盾的双方和矛盾双方的载体混为一谈的观点是不对的。

就作为矛盾一方的物质的先在性、客观实在性、可知性与作为矛盾另一方的意识的后在性、主观性和反映性等是在相互规定中存在的，是同时产生的，但是作为物质先在性、客观实在性和可知性的载体，即自然界是独立存在的，并不与意识有任何依存关系。承认这一点，也就与阿芳那留斯的“原则同格论”，即自然界与意识不可分割地联系在一起的理论划清了界限。

另外，前因后果论，这也是一个影响相当广泛的观点，几乎所有的教科书都是这样说的，而且这一观点比较和我们的日常生活经验相符合。其实，这一观点也需要进行辨析。

（三）如何看待前因后果论

就我们的日常生活经验来说，有一类事实的因果同时性是明显的。如敲与响，敲是原因，响是结果。这种因果联系，不是先敲后响，而是一敲即响。又比如力学中的一个公式：F=ma。这是表述牛顿第二定律的公式，它告诉我们：物质受到外力作用时，所获得的加速度与外力成正比，和物质的惯性质量成反比，加速度的方向和外力的方向相同。这其中，外力的作用是原因，速度的变化是结果，二者是同时发生的。地球自转是日夜循环的原因，但我们却不能说地球自转先于日夜循环的出现。我握住钢笔写字，手的运动是钢笔运动的原因；同样，我们不能说手的运动先于钢笔的运动，而只能说，它们是同时发生的。

有人会说，还有另一类现象怎样解释呢？比如，先下雪，后虫死；先是病菌侵入，后引起疾病的发生；先是导弹的发射，后引起目标的摧毁，诸如此类的事例不胜枚举。这些事例能不能说明前因后果呢？也不能。

为了说明这些现象的因果同时性，需要引入一个新的概念：“原因素”，或者说，构成原因的要素。构成原因的要素往往不是单一的，拿导弹发射来说，起码有如下的因素：导弹、发射架、起动力、方向、高度，另外还要注意到发射区的云层的分布、雷电情况以及风向风力等。由于这多种因素的作用，导弹发射并不必然是目标摧毁的原因。这里至少有三种可能：一是空中爆炸，二是偏离目标爆炸，三是击中目标。也就是说，只有目标被击中的那一同时，导弹发射才能成为目标被摧毁的原因。如同病菌侵入人体，如果被正常人的白血球杀死，人就不会生病；没有生病，也就谈不上病因。因此，病菌进入体内作为生病的原因与作为结果的人的生病是同时形成的。黑格尔说：“结果就在作为原因那样的原因中，而原因也就在结果中。”[1]这就是说，原因是在结果中建立或设定自己的，结果也是在原因中建立或设定自己的。

由此我们可以得出如下结论：构成原因的要素及其结合可以先于结果而存在，但原因的现实构成与结果的产生是同时的。原因不能离开结果而存在，结果也不能离开原因而存在。因此，不能把原因素的构成，与原因的现实生成等同起来，就如同不能把病菌侵入等同于病因的现实生成一样，二者是不能混为一谈的。原因素只是一定原因现实生成的一种可能性，同时也包含着不可能性。排除不可能性，同时使可能性变成现实性，即一定原因的现实生成是与一定结果的产生相联系、相制约的。黑格尔说：“我们说一物为因，仅因其有果；说一物为果，仅因其有因。”“按照两者的同一性来说，原因之所以为原因，由于是效果的原因，反之，效果之所以为效果，由于是原因的效果，——而由于两者的这种不可分离性，所以设定其一环节，同时也就设定其另一环节。”[2]黑格尔在这里用明白无误的语言表达了因果同时性的观点。

为了正确理解因果的同时性，这里还有一个正确认识“瞬时结果”和“累积结果”的二者关系的问题。所谓瞬时结果，是指跟瞬时原因相联系的结果；所谓累积结果，即瞬时结果的积累所产生的结果。拿用功学习与考上大学的关系来说，用功学习是原因，同时产生了瞬时结果，多看一本书，多做一道题，导致知识面扩大，理解和解题能力提高；在这里，瞬时原因和瞬时结果是相伴随的，原因一停，效果即止。相反，原因过程的持续，就导致瞬时结果的积累，就产生了累积结果，这也是同时的。最终的累积结果就是在以往累积结果的基础上由瞬时原因产生的瞬时结果。比如水的汽化是100℃。汽化这个最终结果的出现，不过是在不断对水加温达到99℃的累积结果基础上，再加一把火，这一瞬时原因所形成的99℃上升到100℃这一瞬时的结果。过去有这样一个故事，说一个傻子连续吃了四个馒头，到吃完第五个馒头时他感到肚子饱了。这时候，傻子才恍然大悟。他说，我要是先吃了第五个馒头，不是早就饱了吗？这个故事之所以成为一则

① ［德］黑格尔：《逻辑学》下卷，杨一之译，217页，北京：商务印书馆，1976年。

② ［德］黑格尔：《小逻辑》，贺麟译，318—319页，北京：商务印书馆，1980年。

笑料，从哲学的角度来说，原因就在于傻子不懂得瞬时结果与累积结果之间的关系，不懂得吃进一个馒头同时产生瞬时结果，即肚子里增添了一些东西，如此吃进一至四个馒头，从而形成了一种累积结果，在这个基础上，再吃进第五个馒头才填满了胃里的最后一点空间，也就是所谓饱了。傻子想在没有累积结果的基础上，即放弃前四个馒头不吃，单吃第五个馒头，而达到饱的结果，当然可笑。

从上面的分析可知，所谓前因后果，实际上也就是针对原因过程的持续从而形成瞬时结果的积累，即累积结果的关系而言的。在这个意义上说，有它的合理之处，但不严密，不科学，是一种带有浓厚的日常生活色彩的观点。显然，用这样的观点作为论据来说明有的矛盾双方并非同时产生，是不足为据的。

还有的论者从历时性矛盾的角度来证明这种类型的矛盾双方并非同时产生。什么是历时性矛盾，他们说，是指两极的现实态非共时并存，而是先后相继、彼此更替、历时存在的这样一种矛盾，比如，战争与和平、生与死、寒与暑，等等。其实，这里所说的历时性矛盾是从矛盾转化的意义上说的，并不能说明矛盾双方的不同时性。拿战争与和平这对矛盾来说，战争在一定条件下转化为和平，和平在一定条件下转化为战争。为什么会发生转化？是因为和平时期中已经包含了战争的因素，当战争的因素上升并超过了和平因素而占主导地位的时候，和平时期就被战争时期所取代。反之，战争时期中也包含了和平的因素，当和平的因素上升为占主导地位的因素的时候，战争即告结束，和平时期到来。因此，所谓历时性矛盾只是矛盾的主要方面和次要方面在时间进程中的相互转化，并不是矛盾双方先后形成的问题。把这两个问题混为一谈，用前者去证明后者，是毫不足取的。

总之，矛盾双方的同时形成，是矛盾的本质所必然规定的。所谓有的矛盾双方非同时产生的观点是不对的，是没有任何根据的。

三、矛盾一分为二与事物一分为三

（一）矛盾是一分为二的

近若干年来，有的论者提出了一分为三的问题。他们认为“一分为二”是矛盾的基本形式，但不是惟一形式，还存在“一分为三”这种关于矛盾的较为普遍的重要形式，并且认为矛盾的“一分为三”是矛盾的“一分为二”这一命题的重要补充。针对这一观点，另有一些论者认为，矛盾只能“一分为二”，不能“一分为三”，提出所谓“一分为三”的问题不仅缺乏理论根据，而且也不符合事实，因而是一个不能成立的假命题。

怎样看待上述这样两种观点呢？应该说，“一分为二”和“一分为三”的观点各有自己成立的理由，但是不能把它们平列起来。因为“一分为二”和“一分为三”是对事物的不同层次的哲学分析：“一分为二”是对事物根本性质层次的哲学分析，“一分为三”是对事物存在状态的哲学分析。在分清了不同之后，两者不仅是不矛盾的，而且是相互补充、相互依存的。正确把握此二者的关系，这对丰富马克思主义哲学，以及对我们认识世界和改造世界都是有意义的。

矛盾都是“一分为二”的，矛盾“一分为三”的观点是不对的。

“一分为二”的命题或思想由来已久。在中国古代哲学中，不仅早有一分为二的思想，而且后来还有正式的书面表述。在先秦两汉诸子的文章中，有着许多类似的表述。《易·系辞》：“易有太极，是生两仪，两仪生四象，四象生八卦。”《吕氏春秋》言：“太极出两仪，两仪出阴阳。”隋代学者杨上善在注释《黄帝内经》时说：“一分为二，谓之天地。”在这些说法中，“一”表述为“道”“太极”“太一”“浑沌”，而“二”除了直接表述为“两”“二”之外，还表述为“阴阳”。可见，在中国哲学史上，“一分为二”的概念还停留在朴素辩证法的水平上，至多不过是以直观的形式猜测到了对立统一规律。它与毛泽东将对立统一规律通俗地表述为“一分为二”是不可同日而语的。

对立统一规律是唯物辩证法的根本规律。1847年，马克思在《哲学的贫困》一书中写道：“两个相互矛盾方面的共存、斗争以及融合成一个新范畴，就是辩证运动。”[①]列宁说：“可以把辩证法简要地确定为关于对立面的统一的学说。这样就会抓住辩证法的核心。”[②]他又说：“统一物之分为两个部分以及对它的矛盾着的部分的认识”，“是辩证法

① 《马克思恩格斯选集》第1卷，144页，北京：人民出版社，1995年。

② ［俄］列宁：《哲学笔记》，中央编译局译，240页，北京：人民出版社，1974年。

的实质”[①]。与列宁的观点相一致，毛泽东把对立统一规律深入浅出地表述为“一分为二”。他在《党内团结的辩证法》一文中指出：“辩证法的基本观点就是对立面的统一。”无论什么事物都是充满着矛盾的，因此，“对立面的统一是无往不在”。在作了这种科学分析之后，毛泽东接着说：“一分为二，这是个普遍的现象，这就是辩证法。”[②]这里我们可以明显地看到，毛泽东讲一分为二就是讲对立统一规律，就是讲矛盾包含着的两个方面既相互联系、互相依存，又互相对立、互相斗争。“一”就是指矛盾的统一体，“二”就是矛盾着的既对立又统一的两个方面。

由上可见，毛泽东关于“矛盾的一分为二”这个命题是科学的，是有理论根据的，是能够成立的。

那么能不能说“矛盾的一分为三”呢？不能。矛盾只能一分为二，不能一分为三。

因为一分为二作为对事物的普遍本质分析，只能是两极对立，这是绝对的、不容置疑的。谁也不能找出世界上有一个矛盾是三极对立的。“矛盾一分为三”观点的持有者所列举的大量所谓证据，没有一个证据能证明“矛盾一分为三”观点的正确性，这里有这样几种情况。

一是，他们把互相联系的两个矛盾混同于一个矛盾。比如他们把社会一分为三，即生产力、生产关系、上层建筑。实际上，生产力与生产关系是一个矛盾，经济基础与上层建筑是另一个矛盾。矛盾一分为三论者把两个矛盾合并为一个矛盾，硬把两个矛盾的所涉及的三个方面说成一个矛盾的三个方面，所谓一分为三，这是很不合适的，必然会造成理论上的混乱。

二是，他们把不同层次的矛盾混同于一个矛盾。比如，他们把原子一分为三，说原子的内部存在着质子、中子、电子。质子带正电荷，呈阳性；电子带负电荷，呈阴性；而中子不带电，呈中性。其实，这一分析也是不科学的。科学证明，在统一的原子中可分为矛盾的两个方面，一方是带正电的原子核，另一方是围绕着它的带负电的电子。所以，原子就是由原子核和电子这样的矛盾双方构成的。在原子核这个矛盾的统一体中又是一分为二的，即中子和质子。在这里，

---

① ［俄］列宁：《哲学笔记》，中央编译局译，407页，北京：人民出版社，1974年。

② 《毛泽东文集》第7卷，332页，北京：人民出版社，1999年。

不能为了说明矛盾一分为三，硬把第二层次的矛盾的两个方面拉到第一层次上来，即把中子、质子和电子平列起来，说成原子也是一分为三，从而来证明矛盾的一分为三，这是不科学的。

三是，他们把矛盾的中介作为矛盾的一个方面，以此来论证矛盾的一分为三。他们认为对立的两极通过“中介”这样一个环节或方面联结成一个矛盾体，既要承认“非此即彼”，还要承认“亦此亦彼”。所以，应当从承认两点即矛盾一分为二到承认三点，即矛盾一分为三。至于矛盾的中介所包含的多方面的内容，我们将在下文作详细的说明。矛盾双方通过中介而联系、转化，这都是毫无疑义的。问题在于，矛盾的中介并不能作为矛盾的单独的一方而存在。因为矛盾双方的中介，这样一个称谓本身已经否定了它作为矛盾的单独一方的存在。如前文所说，在共维的差异中，有这样两种情况：一是共维的两极对立的差异，一是共维的非两极对立的差异。只有两极对立的差异才构成矛盾。共维的两极之间的存在与两极的差异都不构成矛盾。矛盾的中介作为矛盾两极之间的一个区域，是矛盾双方的极性彼此融合，在比重上此消彼长，或此长彼消的状态。因此，所谓矛盾的中介在本质上不过是矛盾的两极性相互过渡中的一种状态。从性质上来说，随着矛盾双方斗争的发展，它不是偏重或趋向于这一极性，就是偏重或趋向于另一极性，它并不是独立于两极性的第三种极性的存在。因此，矛盾双方联系的中介是不能作为矛盾的单独的一方面而存在的。

总之，矛盾只能一为分二，不能一分为三。矛盾一分为三的观点是不正确的，是不能成立的。

（二）事物可以一分为三

说矛盾不能一分为三，只能一分为二，那么能不能说事物可以一分为三呢？可以。因为事物不同于矛盾。矛盾是对事物内在联系和属性的高度抽象，它揭示的是事物的本质。只有正相反对的东西才可形成对立面，才构成矛盾。那么事物则不同，它是多样关系和属性的统一，是多对矛盾构成的统一体。事物可以一分为二，也可以一分为三。

如果说，矛盾的一分为二揭示了事物的内在实质，那么事物的一分为三则是其内在实质的外在表现。列宁说：“辩证法的‘三分法’是它的外在的表面的方面。”[①]列宁的这一观点应该成为我们正确理解矛盾一分为二与事物一分为三的相互关系的指南。

从系统论的观点来说，任何复杂的系统都是由若干子系统构成的。比如，人类社会就包括社会经济结构、社会政治结构和社会意识结构三个子系统，也就是说，一个社会可以一分为三。那么复杂的事物可以一分为三，甚至可以一分为多。如果这里的“三”作包括“三”在内的“多”来理解，那么，对复杂的系统作一分为三的理解是可以的。但是任何一个社会都包含其肯定其存在和否定其存在的两个方面。前者叫作该社会的肯定方面，包括该社会中占统治地位的生产方式、政治势力和组织以及社会意识；后者叫作该社会的否定方面，包括该社会中促使其灭亡的包括经济、政治和社会意识在内的因素。因此，对于社会的一分为二和对社会的一分为三都是可以的。

从过程论的观点来说，从本质上看，任何过程都是矛盾的两极斗争的过程，但是从这种矛盾斗争所表现的形态来说，不是矛盾的这一极占绝对优势，就是矛盾的另一极占绝对优势；除了这两种极端的表现形态以外，还有处于两种极端形态之间的中间形态。此种形态，在矛盾双方相互作用过程中表现为亦此亦彼的中间状态，在矛盾相互转化过程中表现为亦此亦彼的中间环节。因此，任何事物在存在和发展的过程中，一分为二的内在本质必然要表现为一分为三的外在形态，这也可以说，是事物存在和发展的规律。

从事物的存在状况来说，一分为三是普遍的。

比如，从空间上说，就其存在状态有上、中、下，左、中、右，大、中、小等的一分为三。从时间上说，就其存在状态有过去、现在、未来的一分为三。颜色上，有白、灰、黑；人称上，有你、我、他；政治上，有敌、我、友；人群上，有先进、中间、落后；主体上，有个体、群体、人类；产品上，有优质、合格、劣质……如此等等，都是一分为三的。

当然，一分为三的东西再往下分，又都是可以一分为二的。例如，中作为上与下的两重性在自身中的融合，它本身也就是具有二重性的。因此，中相对于上而言，也就变成了下，即它们是上和下即上

① ［俄］列宁：《哲学笔记》，中央编译局译，248页，北京：人民出版社，1974年。

和非上的对立；同样，中相对于下而言，也就变成了上，即它们是下和上即下和非下的对立。纯粹的现在是不存在的。从绝对的意义上来说，当你说“这是现在”，这个现在已经变成了过去。许多社会中的中间的东西都是要分化的，或是整体倒向一边，或是这个“中间”自己分化或分裂了。如何用矛盾的观点看待负数、零和正数呢？这里的矛盾的表现可以是负数与非负数的一分为二，也可以是正数和非正数的一分为二。

（三）矛盾一分为二与事物一分为三的互补

由上可见，矛盾的一分为二与事物的一分为三是互相区别又互相联系的两个科学命题，既不能把它们平列看待，也不能把它们绝对对立起来。如果我们把对事物矛盾的一分为二的分析和对事物存在状况的一分为三的分析结合起来，发挥此二者的互补作用，那么，我们就会收到两方面的效果。

一方面，对事物存在状况的一分为三的分析将有助于对事物矛盾的一分为二的分析，从而有助于揭示和把握事物的根本性质和发展方向。毛泽东在《中国社会各阶级的分析》中，正是通过对社会一分为三的分析，即对中国社会各阶级的经济地位、政治态度和思想倾向等为基础的敌、我、友的分析，以此为前提才科学地说明了中国革命中两大阵营的对立，即以无产阶级为首的革命阵营和以三座大山，即帝国主义、封建主义和官僚买办资本主义所组成的反革命阵营的矛盾对立。如果不进行对中国社会各阶级敌、我、友即一分为三的分析，那么对中国革命的两大阵营的对立，以及与此有关的中国革命性质、中国革命对象和中国革命任务的分析就会流于空泛，就会缺乏必要的基础。

另一方面，对事物矛盾的一分为二的分析有助于对事物存在状况的一分为三的分析，从而得出分层次的、有系统的、可操作性的战略和策略。事物的根本性质和历史走向是由事物矛盾的两个方面的斗争决定的，不认识这一点就会抓不住根本，就会把握不住全局。但是，在两种命运、两种前途的决战中，必须以矛盾的两个方面的斗争为轴心，对各种因素和各种力量进行具体分析，进行分类排队。比如，对革命来说，就必须进行敌、我、友三个方面的分析，从而制定正确的战略和策略。因为制定正确的战略、策略总是要从实际出发，因而也就是要从现状出发的。毛泽东正是通过对中国社会各阶级的科学分析，从而分清了敌、我、友，进而为我国革命的胜利制定了正确的战略和策略。即依靠无产阶级和广大人民群众，团结一切可以团结的人，结成最广泛的统一战线，孤立和打击极少数敌人。

我们都承认，毛泽东是阐述和运用一分为二的大师，他以此为武器来把握事物的本质、事物发展的趋势和方向。但是，他在制定和实施具体的战略和策略时，又总是贯穿了一分为三的精神。

如上所说，在民主革命时期，毛泽东把社会力量分为三部分：依靠对象、团结对象、打击对象，并在这个基础上正确估量阶级力量的对比状况，以建立自己的战略和策略，从而实现壮大革命力量、削弱反动力量，最终实现了革命力量战胜和消灭反动力量的目标。就是对敌人和敌对阶级，毛泽东也是一分为三的。例如，在抗日战争时期，他把地主阶级分为顽固派（投降派）、一般地主、开明士绅等三个阶层，而分别采取不同的政策。随着形势的变化，这种一分为三也是变化的。在土地革命战争时期，以蒋介石为代表的大地主、大买办阶级是主要的敌人；到了抗日战争时期，除了一部分投降派以外，这个阶级的绝大部分人已成为抗日统一民族战线必须加以团结的力量。但是毛泽东当时又曾告诫全党，要时常提防他们，不要让他们扰乱了我们的阵线。

在社会主义建设时期，毛泽东同样运用这种方法来解决战略和策略的问题。他认为，凡有人群的地方，都有左、中、右，是一分为三的。在对解放初期我国知识分子的分析时，他也指出，熟悉马克思主义并站稳了脚跟的是少数，反对马克思主义的也是少数，中间的即拥护马克思主义又不熟悉马克思主义（熟悉的程度也很不相同）的是多数，这也是一分为三。到后来，他便把这种方法应用于对世界形势的分析上，于是提出了“三个世界”的理论，并明确地指出中国属于第三世界。

这种对事物一分为三的方法，为我们党正确制定各个时期各种问题上的战略和策略发挥了重大作用。比如，“三个世界”理论的提出，并没有否定一分为二，即没有否定当今世界深刻的矛盾是资本主义和社会主义的矛盾，也没有否定经济发达国家和经济发展中国家的矛盾；但是他的“三个世界”的划分，就对我们正确估量世界力量对比提供了方法论指导，使我们摆脱了由于中苏对立而一时处于的孤立局面，从而有利于利用世界的各种矛盾以提高中国的国际地位并实现中国的发展。实践已经充分证明，这个战略和策略的运用是非常成功的。①

总之，本质层次上的一为分二和事物状态层次上的一分为三是辩证统一的。不坚持一分为二，我们就不能抓住事物的本质，就会迷失方向；但如果不善于运用一分为三的方法，我们也会脱离实际，也不能制定正确的战略、策略，不能达到我们的目的。一分为三的核心问题，是如何正确对待中间环节、中间阶级以及政治中间派的问题。

四、矛盾的中介

（一）中介的含义与特性

什么是中介？中介是表征事物之间间接联系的范畴，指处于不同事物或同一事物内部不同要素之间起联系作用的环节。它表现为承前启后、左右联结、由此达彼的媒介作用。当从相对静止的角度研究事物联系时，中介称之为中间环节，当从运动的角度、从事物发展过程来考察事物时，中介又可称之为中间阶段或过渡阶段。中间环节、中间阶段，都是中介的不同表现形式，其实质是一致的。

中介，相对于矛盾的两极来说，它有如下特性。

第一，二重性。中介环节具有它所联系的矛盾两个方面的性质，即“亦此亦彼性”。中介是事物内部对立双方互相融合的环节。如水在0℃时就表现为液态和固态相混合的二重状态。又比如，黄昏作为白天和黑夜的中介状况，它兼有白天和黑夜两重性，这表现为它的能见度一方面比白天低，但另一方面又比黑夜高。又比如，两栖动物作为水生动物过渡到陆生动物之间的中介，它既有水生动物的习性，能够在水中生活，又具有陆生动物的习性，能够在陆地生活。

第二，过渡性。中介环节作为矛盾两极性的融合，不可能长久存

① 参见艾丰：《中介论——改革方法论》，《中国社会科学院·研究生院学报》，1993（1）。

在下去，因为矛盾两极性在其中的比重不同，随着矛盾双方的斗争，它具有不稳定性、流动性、过渡性。仍以水为例，在0℃时它表现为亦水亦冰的状态，然而当温度稍一升高或稍一降低，它就会结束这种状态，要么变成水，要么变成冰。又比如，零是个不正不负的数，作为正数和负数的中介，向前进一步就是正数，向后退一点就是负数。正如恩格斯在《自然辩证法》一书中所指出的："一切差异都在中间阶段融合，一切对立都经过中间环节而互相转移。"[①]中介的过渡性决定了中介不能改变两极的对立性质，只能充任两极对立联系和转化的桥梁、纽带和媒介。

第三，贯通性。中介环节把它所维系的两个事物贯通起来。从横向说，它把左右、上下的事物贯通起来，结为一体。例如，声和光是两种不同的物理现象，人们在40多年前就已知道，通过声光介质，声光就会发生相互作用，产生声光效应。近若干年来，人们找到了性能较好的声光介质材料，加上激光和高频超声技术的发展，声光效应就得到了许多实际的应用。从纵向说，它把发展着的前后事物贯通起来，成为一个过程。新民主主义革命把半封建半殖民地的旧中国与社会主义的新中国贯通起来。从事物的发展说，半封建半殖民地社会，在民族解放的世界潮流中既可以走上资本主义道路，也可以走上社会主义道路。在中国，正是通过新民主主义革命走上了社会主义道路，建立了社会主义新中国。

（二）中介在矛盾联系中的表现形式

中介在矛盾联系中的表现形式可以分为三类：

1. 矛盾双方互为中介

这里的中介是相对于直接性而言的。由于事物内部对立面的每一方的存在和发展都是以另一方的存在和发展为前提的。每一方所固有的属性都不是单纯直接的显现，而只有通过和另一方的相互联系、相互作用中才表现出来，即每一方凭借另一方才能得到自身的规定性，才能得到自身的发展。即正面的东西要凭借反面的东西才能获得自身的规定，即由正面的直接性、凭借或经过反面的间接性，又回到正面

① 《马克思恩格斯选集》第4卷，318页，北京：人民出版社，1995年。

的直接性。黑格尔认为："不论在哪个地方，没有什么东西不是同时包含着直接性和间接性的。"[①]间接性是作为矛盾一方的直接性从自身出发又回到自身的中介，是普遍存在的。也就是说，矛盾是普遍存在的，每一矛盾的双方都互为中介，这也是普遍的。所以，黑格尔说："中介的环节……在一切地方、一切事物，每一概念中都可以找到。"[②]例如，没有儿子，就没有父亲；同样，没有父亲，就没有儿子，矛盾双方就是这样一种互相映照的关系。因此，我们要认识和把握其中的每一方，都必须以另一方为媒介，或为"凭借"。所以，人们常常以互为"中介"来表征它们之间这种相互制约、互为前提的关系。另外，矛盾的任何一方只有凭借它的另一方才能得到自身的发展。真理和谬误相比较而存在，相斗争而发展。真理离开了对谬误的关联，就难以前进到一个新的高度。原始公有制不凭借阶级社会中私有制的发展，就不能前进到社会主义和共产主义公有制。

2. 矛盾对立中的中介

这表现在两个方面：一是事物之间对立两个方面联系的环节，二是事物内部对立两方面联系的环节。两极对立在中间环节得到"钝化"，甚至调解或融合，即通过某种中介环节不可分割地联成一体。比如，物质和精神相互联系、相互作用、相互融合的中介就是实践。物质如何决定精神，精神又如何反作用于物质，都是以实践为中介实现的；即在实践基础上，物质世界为主观所反映，形成精神，精神又指导实践去能动地改造物质世界。又比如，过去人们认为无机物是一堆死物，生物界是有灵性的活物，生和死是绝对对立的两极。然而，现代科学却用人工方法合成了牛胰岛素，发现了DNA（脱氧核糖核酸）、RNA（核糖核酸）等中介物，从而把对立两极的生和死联系了起来。

如何理解中介的中性，有人把中介的中性理解为无性，或从政治上理解为"中立性"，这些理解都是不对的。中介的中性，其一，是指极性事物的两极性在中介环节的"钝化"、弱化、调解、融合，因而中介环节相对于两极性具有中性特征。其二，与第一点相联系，中介环节在某种程度上为极性事物所容纳，所"利用"。其三，中介事物具有过渡到此一极性或彼一极性的两种可能性。比如，社会主义和资本主

① 转引自［俄］列宁：《哲学笔记》，中央编译局译，103页，北京：人民出版社，1974年。
② ［德］黑格尔：《逻辑学》上卷，杨一之译，110页，北京：商务印书馆，1996年。

义是一对矛盾，是极性事物。从经济角度来说，社会主义公有制和资本主义私有制是极性事物，而分工、协作、劳动组织、商品、货币、市场、证券、管理、经营、会计、计划就是中性事物。中性可以被极性事物所容纳，所接受。当然，这是有条件的。

比如，市场经济就是中性事物，与社会主义结合可以姓“社”，叫社会主义市场经济，与资本主义结合可以姓“资”，叫资本主义市场经济；而就它本身而言，我们既不能从抽象的角度断言它姓“社”，也不能从抽象的角度断言它姓“资”。换句话说，在一定条件下，它既可以姓社，也可以姓资。过去有这样一种观点，认为市场经济是中性的，因而认为，只要提建立市场经济，不要提建立社会主义市场经济。这种观点的持有者所理解的市场经济的中性实际是指市场经济既不能姓资，又不能姓社。其实，这种对中性的理解是错误的，因为世界上根本不存在孤立于社会经济制度或生产关系之外而运行的市场经济，它不是一个超越历史的和社会的存在。在当今世界上，不是社会主义市场经济，就是资本主义市场经济。因此，就现实存在来说，不是姓“社”的市场经济，就是姓“资”的市场经济。当然，社会主义市场经济和资本主义市场经济除了有个别的方面以外，还有作为一般市场经济共性的方面。所以，社会主义市场经济和资本主义市场经济又是可以通过世界性市场而互相联系、相互作用的。

3. 矛盾转化中的中介

矛盾的展开表现为向对立物的转化，而实现这一转化时，会出现一种“亦此亦彼”的中介状态。就化学元素来说，存在着中介质态的过渡元素，如在金属元素与非金属元素之间可以找到各种半导体材料。在生物界，单细胞生物发展分化为植物、动物。原始鞭毛虫，它既是单细胞生物和植物，又是单细胞生物和动物。植物是自养生物，动物是异养生物，裸藻又称眼虫，既具有动物异养的特点，又具有植物自养的特点。实际上它既是植物又是动物，是一种贯通植物和动物的中介物。澳洲有一种动物叫鸭嘴兽。这种动物下蛋、孵蛋，又分泌出乳汁来喂养幼仔，照看幼仔，直到其能够谋食。它是一种亦鸟亦兽的动物。动物学家为此争论了数十年，才弄清它是爬行类向哺乳类发展的中间类型。又比如，人们在地层中发现了最原始的鸟类化石——始祖鸟，它是爬行类和鸟类之间的中间环节，它既有长着羽毛的翅膀，是一种鸟类，同时它又有牙齿，尾巴上还带有尾椎骨，翅膀上还长着爪，这又是爬行类的特征，等等。如果没有这种中间态的过渡之物，则生物界的进化就只会是神秘莫测的了。当然，在生物进化中，由于生物进化缓慢，容易形成居间的历时中介稳定态。而那些质变历时很短的事物，虽然形不成中介的结构稳态，一般说来，还是有中介的。比如，化学变化都是很迅速的，因此，它有中介却形不成稳态。拿水的分解来说，这一过程分两步。第一步 $H_2O \rightarrow H+OH$，第二步 $OH \rightarrow H+O$。其中H+OH便是中介，而OH极不稳定，因此便不能把H+OH看作一个中介稳态。

承认矛盾转化过程中存在着“非此非彼”“亦此亦彼”这样的中间环节，并不否认矛盾斗争的绝对性和两极界限的确定性，更不是用事物的“亦此亦彼”来否定事物的“非此即彼”。事物的矛盾对立既是绝对的，又是相对的，是绝对与相对的辩证统一。我们既要肯定矛盾斗争的绝对性和对立两极存在着质的差异，两者“非此即彼”，不能混淆，又要充分认识矛盾转化过程中出现的“非此非彼”“亦此亦彼”这种中间环节的必然性。因此，“这些对立和区别，虽然存在于自然界中，可是只具有相对意义”①。恩格斯说：“辩证的思维方法……不知道什么严格的界线，不知道什么普遍绝对有效的‘非此即彼’，它使固定的形而上学的差异互相转移，除了‘非此即彼！’，又在恰当的地方承认‘亦此亦彼！’。”②由此可见，正是“亦此亦彼”这样的中间环节，填平了矛盾两极之间不可逾越的鸿沟，弥合了固定不变的界限，使矛盾双方实现由此达彼的过渡。

（三）把握矛盾中介理论的重要意义

中介在矛盾双方的存在、联系和转化中的作用，启示人们认识和把握以及创造某些中间环节，有重要的理论意义和实践意义。这些意义表现在以下几个方面：

1. 有助于坚持辩证唯物主义中介观

把握中介理论，有助于在中介问题上，划清唯物辩证法与形而上学的界限。在这里，形而上学有多种表现，一是中介否定论。这种形

① 《马克思恩格斯选集》第3卷，352页，北京：人民出版社，1995年。

② 《马克思恩格斯选集》第4卷，318页，北京：人民出版社，1995年。

而上学观点只承认“非此即彼”，把矛盾双方的对立僵化、固定化，根本否认此与彼之间的中介的客观存在，因而否认事物之间的联系和转化。二是中介调和论。中介调和论主张，中介可以调和两极的对立性，甚至消解矛盾。而唯物辩证法认为，中介的过渡性决定了中介不能改变两极的对立性质，只能充任两极转化的桥梁、纽带和媒介，促使两极地位的加速变化。三是折衷主义中介观。这种观点以“全面”“公正”的面貌出现，否定中介本身中渗透的两重性及其斗争，标榜所谓“中间路线”，否定矛盾双方的两极对于中介的制约作用，用主观虚构的纯粹独立于两极对立的折衷模式，来取代事物固有的客观的中介。辩证唯物主义的中介观与上述种种形而上学的中介观是格格不入的。

2. 有助于发现事物之间的联系中介

把握中介理论，可以使人们自觉地寻找和发现那些表面上不相联结的事物之间的媒介，从而更自觉地以普遍联系的观点观察事物，达到全面地认识事物的目的。比如，假定、探索和揭示分立物质形态（如客观物体、实物粒子等）之间通过某种中介物质形态（如场或媒介粒子）相联系，构成了近代和现代物理学研究各种物理现象相互作用的基本方法或模式。比如，天体间的引力相互作用——引力场，电磁相互作用——光子传递，弱相互作用——玻色子传递，强相互作用——介子传递，层子之间的相互作用——胶子传递，等等。另外，确信各种自然现象领域之间存在着某种交叉或中介区域，采用与此相应的多种方法对这些中介区域进行综合性研究，产生了各种边缘科学。比如，物理学和化学的交叉区域，形成了物理化学和化学物理；在化学和生物学的交叉区域，形成了生物化学、分子生物学等。

3. 有助于建立事物之间的中介联系

掌握中介理论，有助于正确运用中介过程方法促进实践活动的开展。我们面对的自然界、人类社会和人的精神世界，都是由种种联系和相互作用交织而成的关系网络。人们认识事物或过程，实际上都是在认识关系；变革事物或过程，在某种意义上说，也就是在变革关系。而一切关系又都是通过中介而构成的。只有通过中介这个过渡环节，才能形成事物发展的长链；只有创造某种中介环节，才能使事物按照人的需要去运动发展。在社会领域的矛盾解决过程中，只有自觉利用中介环节，创造某些中介过渡阶段，注意去争取和团结中间阶级和中间力量，才能壮大自身力量，发展自身，使矛盾在付出较小代价的过程中求得解决，使事物发展顺利些、自然些，便于操作些。比如改革，从旧体制到新体制的转变不可能一步到位，可以采取多种过渡环节，把一步分成几小步进行。这样做，看似慢了，实则快捷。如此等等。

五、外因发挥作用的两种形式

（一）外因条件论与外因内化论

整个物质世界的运动，是它自身固有的矛盾所引起的自己的运动。具体事物的运动和发展，既有内部原因，又有外部原因，是内外因共同作用的结果。

内因就是事物的内部矛盾，是指一个具体事物或系统内部所包含的各要素之间既对立又统一的关系。外因也就是事物的外部矛盾，是一个具体事物或系统与其他事物或系统间既对立又统一的关系。

内因是事物自己运动的源泉和变化的根据，这是没有疑义的。黑格尔说："事情从根据发生。"[①] "某物只因为在自身之中包含着矛盾，所以它才能运动，才有冲动和活动。"这是因为："矛盾是在其本质规定中的否定的东西，它是一切自己运动的原则，而自己运动就是矛盾的表现。"[②]列宁继承了黑格尔这一有价值的思想，认为辩证的发展观相对于形而上学的发展观，它应该把"主要的注意力……放在认识'自己'运动的泉源上"[③]。作为对这一观点的引申，毛泽东在《矛盾论》中进一步指出："事物发展的根本原因，不是在事物的外部而是在事物的内部，在于事物内部的矛盾性。任何事物内部都有这种矛盾性，因此引起了事物的运动和发展。事物内部的这种矛盾性是事物发

① ［德］黑格尔：《逻辑学》下卷，杨一之译，114页，北京：商务印书馆，1976年。

② 转引自［俄］列宁：《哲学笔记》，中央编译局译，145—146页，北京：人民出版社，1974年。

③ ［俄］列宁：《哲学笔记》，中央编译局译，408页，北京：人民出版社，1974年。

展的根本原因，一事物和他事物的互相联系和互相影响则是事物发展的第二位的原因。”[①]与对内外因的性质和作用的这一认识相联系，毛泽东对内外因在事物发展中的作用进行了总体的说明。他说：“外因是变化的条件，内因是变化的根据，外因通过内因而起作用。”[②]

怎样看待毛泽东的这一认识呢？应该说，毛泽东的这一认识有其相当的真理性，但也并非是关于内外因作用的全面的真理性的认识。这里仅就外因的作用而言，外因通过内因而起作用，这只是外因作用的一种形式，而不是惟一形式。人类实践和现代科学的发展已经在这一方面提供了许多新的素材，启发人们去进行新的概括和总结，去丰富和发展既有的关于外因作用的真理性认识。正是基于这种思考，我认为，外因不仅可以作为条件通过内因而起作用，而且在一定条件下，外因可以转化为内因而起作用。即要坚持外因条件论与外因内化论的统一。

（二）外因内化原理的普遍性

外因经过内化而起作用，这是一种普遍性存在。

什么叫外因内化？所谓外因内化是指某事物的外在因素在一定条件下转化为事物的内在因素。

1. 主体人因外因内化而生成

在教育学理论中，学生的内在构成要素及其相互关系是其成长的内因，教师是学生成长的一种外因，这是没有争议的。但是，在如何看待教师在学生成长过程中的作用问题上就存在两种不同的观点。一种观点认为，内因是根据，外因是条件，外因通过内因而起作用。因而，学生如果不好好学，那么再好的老师也不起作用。另一种观点认为，名师出高徒，再差的学生，只要有好教师教，也会有进步。不难断定，第一种观点无疑有其真理性，但同样，第二种观点也并非虚言，它确实是对古今中外许多教育家成功经验的总结。比如，爱尔维修就说过：即使是普通孩子，只要教育得法，也会成为不平凡的人。那么，关于教师在学生成长过程中作用的第二种观点，如何从内外因关系的理论去加以说明呢？很显然，既有的理论，即外因作为条件通

① 《毛泽东著作选读》上册，140页，北京：人民出版社，1986年。
② 《毛泽东著作选读》上册，141页，北京：人民出版社，1986年。

过内因而起作用的观点已经不够用了。必须依据事实，提出新的理论，即教师作为外因不仅可以对学生的成长起条件作用，这里包括教师的指导、示范和督促作用，而且教师作为外因，他的人格、才能、学识等各个方面经过学生的接受、移化，从而变成学生的内在追求，变成学生内在要素的一部分。由教师要求学生学转变成学生的“我”要学，也就是教师作为外因转化成了学生的内因而发挥作用。在这里，教师的素质特别是教师的人格力量起着关键性的作用。巴拉诺夫说：教师的人格对于年轻人的心灵来说，是任何东西都不能代替的有益于发展的阳光，教育者的人格是教育事业的一切。车尔尼雪夫斯基也说：教师把学生造成一种什么人，自己就应当是这种人。

其实，不仅对作为学习主体的学生来说，外因可以转化为内因而发挥作用，而且对任何一个主体人来说，作为其根据的内因，其主要构成因素都不是先天的、神授的、自生的，而是通过外因内化逐渐形成发展的。即使是先天的因素也是在后天中不断发展变化的。由于主体在其成长过程中（特别是在幼、少、青年阶段）从外因中内化的内容不同，因而每个主体的内在素质也各不相同。对主体人来说，外因内化的方式很多，而且因主体而异，因时间、地点、条件而异。就一般而言，其主要方式有：自主吸引式，即主体通过自主自觉的学习、调查、研究、实践、引进等活动，将外因中某些因素内化为主体的内在因素；交往互感式，即主体在人际的相互交往中，彼此相互影响、相互感染、相互内化；灌输教育式，即主管者为了一定的目的而有组织有计划地向其所管对象灌输某种知识和技能、思想和品德、方法和价值等，使管理对象将这些外在因素内化；潜移默化式，即主体生活于一定的环境中，经过耳濡目染，日积月累，逐渐为环境所同化。所谓“近朱者赤、近墨者黑”，就属这种情况。当外因通过各种途径成为主体的内在素质，即成为根据之后，对作用于他的各种外在因素的选择能力和内化能力就会发生变化。[①]可见，如果离开了家庭、学校、社会等外因对个体主体的内化，那么这个个体也就不能作为社会性的个体而存在，不能作为个体的主体而存在。世界上多次发现的狼孩事件就是一个很好的证明。

---

① 参见刘宝三：《论外因内化》，《江汉论坛》，1991（12）。

2. 生物体因外因内化而生存

不仅作为主体人内因的社会性构成要素的形成、发展要依赖于外因的内化，而且可以说，包括人在内的一切生物体，也无不要依赖于外因内化的作用而得以生存和发展。

生态学说明，生命系统（包括动物、植物、微生物和人）与外界环境在特定时空的组合上构成了生态系统。在生态系统中，每一生物都与其他生态因子之间发展着物质、能量的输入和输出。把环境因素加以内化，即生物学上所说的同化；同时也把体内的废弃物加以外化，即生物学上所说的异化。生物体如果不进行这种正常的物质、能量的运输循环，那么生命体就会死亡。由此可见，外因通过内化而起作用，这对一切生物体都是不可缺少的。

对于生物的进化来说，可以运用作为条件的外因的变化来诱发内因的变化。比如，我国自1987年以来利用返回式卫星把许多植物种子带入远离地球表面的空间，在微重力条件下，诱发了植物种子的变异。青椒在黑龙江省试种后，长出的个头是原来的二倍；在江西省试种的水稻不仅稻穗长、颗粒大，而且有些穗秆一根长出三个穗。更加不可思议的是，地球上紫红色的鸡冠花，其种子经过太空“洗礼”后，再种的花竟变成了淡绿色，成了世界上绝无仅有的花卉。近年来，我国先后将细胞类、海藻类等上百种生物放到太空中试验，取得了一项又一项成果。特别是其中的海洋蓝藻类太空试验，已基本证实它可以在外星上繁衍生殖。蓝藻是大量吸收二氧化碳、呼出氧气的“环境卫士”，从而为人类在21世纪改造金星的环境提供了可能。这是外因作为条件通过内因而起作用的典型事例。

另外，也可以采用外因转化为内因的方法使生物进化。近十几年来，迅速发展的遗传工程就是这一方面的典型表现。遗传工程主要通过限制性内切酶和连接酶的作用，使个别基因和作为基因载体的质粒或病毒分子相结合，而成为重组脱氧核糖核酸分子，把这种经过重组的脱氧核糖核酸分子通过移化等方式引入某种细胞中，使这一细胞表现相应的性状，创造出生物的新品种。我国已故的童第周教授，曾经同牛满江教授做过这样的试验，从一种较高级的两栖动物蝾螈内脏细胞中提取DNA，注入金鱼的受精卵中，结果大约有百分之一的小金鱼也像小蝾螈一样，在嘴角后面长出棒状的平衡器。遗传工程的实质，就是使原来作为外因存在于他种生物细胞内的脱氧核糖核酸分子在体外进行重组，通过移植转化为某种生物的内因。这种与外部环境的改变而使生物进化的情况是不一样的。达尔文的进化论在生物与环境关系上是讲外因通过内因而发生作用，遗传工程则是使外因转化为内因而发生作用。现在，遗传工程在培养动植物和微生物新品种方面已经展示了越来越诱人的前景。

3. 系统因外因内化而有序化

生物体作为一个开放系统需要依靠外因内化（和内因外化）而维护自己的生存，其实，这也是一切开放系统得以存在和运动的基本机制，是开放系统的一个根本特征。

系统论认为，物质世界的各种形态都是由若干要素按一定的结构和层次有序组织起来的具有一定功能的有机整体。由于事物联系的普遍性，要素与系统的区分是相对的、可以转化的。而且，系统一般都是开放的，绝对封闭的系统是不存在的，不同的系统只有开放程度上的不同。宇宙中的各种系统，无论是有生命的还是无生命的，无论是自然的还是社会的，无一不是与周围环境相联系而存在的。耗散结构理论认为，系统与外界交换物质、能量、信息，通过引入负熵流，可以使系统由无序状态逐步转化为有序。与外界进行物质、能量、信息交换所表现的这种积极作用，是一切系统走向有序的机理。由此可见，离开了外因内化（和内因外化），就不可能有天体的演化、地球的变迁、生物的产生和进化、人类的起源和社会的发展，等等。

由上可见，我们对于外因的作用，不仅要承认外因作为条件通过内因而起作用，同时要承认，外因可以转化为内因而起作用，这也是外因发挥作用的一种普遍性形式。

就外因的作用性质来说，在上述第二种形式下，即外因转化为内因而起作用的形式下，外因在间接的意义上对引起事物的相应的变化、发展来说有着某种决定性的作用。在上述第一种形式下，即外因作为条件通过内因而起作用的形式下，也不能一概认为外因只起第二位的作用，或如某些论者所认为的，只对事物的发展起加速和延缓作用。在这里必须对具体情况进行具体分析，大体说来有两种情形，一是外因作为必要的辅助性条件的情况下，对事物发展起着加速或延缓作用。在这种情况下，内因的作用是第一位的，外因作为条件的作用是第二位的，外因使作为根据的内因按照自己的本性由可能性转化为现实性，比如38℃的温度使鸡蛋变为小鸡。二是外因作为必要的根本的条件，促使事物发生了根本性质的变化，从而改变了事物发展的方向。在这种情况下，外因作为条件的作用就是第一位的。比如，把温度加到38℃以上以至100℃，那么原来具有生命活力的鸡蛋也就成了熟的鸡蛋。又比如在磁场和电流的作用下，鸡蛋在转化为小鸡的过程中还会产生怪胎。可见那种认为外因作为条件在任何情况下都只起第二位作用的观点是不全面的。

（三）坚持外因内化原理的意义

承认外因转化为内因而起作用的观点，其意义如何呢？

1. 理论意义

从理论意义来说，有二。第一，它可以使人们对内外因关系的认识更加全面和辩证。即内因和外因不仅相互依存，相互作用，而且在一定条件下相互转化。从外因的作用来说，它不仅可以作为条件通过内因而起作用，而且可以转化为内因而起作用。第二，它有助于克服那种把外因看作纯粹的外界条件，而对外因作用缺乏全面和充分估计的不正确见解。

2. 实践意义

从实践意义上来说，也有两点。第一，可以使人们更自觉地发挥主观能动性，在人的活动所涉及的领域中积极寻找、改善和优化外因，选择接纳、内化其中有益的东西，扬弃不利的因素。这样，通过外因内化达到内因优化的目的。就是说，在一个人能控制的系统中，可以通过让系统开放的方法使系统达到有序状态。第二，可以使人们更自觉地坚持对外开放的战略方针。新中国成立以后，在相当长的时间我们关起门来搞建设。当然，那种“关门建设”是在特殊的历史条件下造成的，是奉行帝国主义和霸权主义的国家封锁我们，不让我们走出去。这种处境激发我们用更大的力量埋头苦干，自力更生，并确实在不少方面都取得了足以自豪的成果。但封锁毕竟是不利条件，和正常的国际交往比较起来，我们取得的如此成绩，无论如何也是花了许多时间和精力的。实际上，我们当时也通过一切可能的渠道开展了对外经济交往，减轻了封锁所造成的经济损失。可是后来在“左”的方针指导下，我们在强调宣传民族自豪感和民族自信心的同时，却在很大程度上把对外开放与“洋奴哲学”“卖国求荣”混同了起来。邓小平说：“现在的世界是开放的世界。”[①]中国的发展离不开世界。过去，我国关门搞建设，原因固然很多，但从认识上来说，这与把外因作为条件，甚至仅仅作为辅助条件的观点是有密切联系的。关门的结果，只能走向落后，这已经是为历史反复证明了的真理。十一届三中全会以来，我国实行开放政策，扩大对外交流，利用国外的资金、资源、技术和管理经验等，把对我国有利的种种外在因素积极加以内化，从而对我国社会主义现代化建设发挥了巨大的推动作用。因此，坚持外因转化为内因而起作用的观点，为坚持对外开放的方针提供一个理论根据。

① 《邓小平文选》第3卷，第64页，北京：人民出版社，1993年。

第五章　人类社会的实践生成

实践所实现的辩证运动，是世界辩证运动的最高产物和最高表现。

在实践的辩证否定中，自在自然不断转变成人化自然，人也通过劳动实践，日益从自然界中提升出来，创造了人类的历史。把实践特别是物质生产实践引入历史观，并给予科学的说明，这是马克思超越唯心史观的突破口，也是历史唯物主义理论的诞生地。历史唯物主义在劳动实践基础上来说明人和人类社会的形成和发展。因此，劳动创造了人和人类社会的观点，是历史唯物主义的最基本的观点。为了深化对这一基本观点的把握，下面就如何理解劳动创造了人、社会实践与社会存在以及社会实践与社会结构等的关系问题，分别作一些说明。

一、如何理解劳动创造了人

（一）人类起源的认识进程

关于人类起源问题，一直是哲学界和科学界长期争论不休的古老问题。在这里，从蒙昧到科学形成了如下一些有代表性的观点。

1. 图腾说

在古代，人们把某种动物当作自己的祖先加以崇拜，这就是所谓图腾崇拜。在那时的人们看来，自己的族人就是这种动物的子孙。被人们当作自己祖先崇拜的某种动物，总是与人类的生产和生活有密切联系的；或是给人们带来益处的动物，或是被人羡慕的动物，或是危害人类生存的动物，都可能被人们当作祖先崇拜。比如生活在北冰洋沿岸的爱斯基摩人以海豹作为他们衣食住行的主要来源，于是他们就把海豹当作自己的祖先加以崇拜。我国台湾省的高山族曾经认为蛇是他们的祖先，并在身上刺有蛇的花纹，这样使蛇这个老祖宗一眼就能看清他们是自己的子孙，而不加伤害。

2. 泥土造人说

农业的出现，使人类认识到大地是人类的母亲，尤其是制陶业的出现，人们想象人是用泥土捏成的。那么，泥人是谁做的呢？泥人比人少一口气，又是谁给的呢？这些在当时只能借助于神的力量来加以解释。因此，世界上许多民族的古老神话中都有关于神用泥土造人的传说。中国古代传说女娲抟土造人；在古希腊，有大神普罗米修斯用泥土造人的传说；在古埃及也流传过哈奴姆在陶坊里用泥土塑人的神话。

3. 上帝造人说

原始社会里关于人类起源的神话和传说，作为思想材料，到了阶级社会被统治阶级加以利用和改造，从而杜撰了上帝造人的故事。在古代，比较系统地说明人类起源的著作要算《圣经》。《圣经·创世纪》中说，人是上帝耶和华用泥土捏成的，造了第一人亚当，再从亚当身上抽出一根肋骨，造了个女人夏娃，让他们结为夫妻。亚当、夏娃不听上帝的话，偷吃了伊甸园中的智慧果。上帝大怒，便把他们赶出了伊甸园，从此他们就在大地上生活，后来子孙绵延不绝。

上帝造人的传说长期占据统治地位。后来，随着生产实践和自然科学的发展，人类起源问题也就逐渐成为科学研究的对象。

4. 人猿同祖说

17世纪，意大利科学家范尼尼在《令人惊讶的自然之谜》（1616年）一文中，极其谨慎地、甚至带有自责的语气表述了人猿同祖的思想。

18世纪，德国哲学家和自然科学家康德在其《人类学》（1798年）一书中，在一条注释里谈到了自然界的变革能够把黑猩猩和猩猩变成人，使它们用两脚走路，用两手掘东西。法国科学家布丰也已认识到人类与猿类的同源性，认为对人类的研究应与对普通动物的研究相结合。

19世纪，法国生物学家拉马克在其著作《动物的哲学》（1809年）一书中有专门一节论述了人从动物起源的问题。拉马克的著作中最有价值的地方在于，他提出了有关导致人类产生的自然力量的概念，十分明确地提出了人类起源于猿的思想，并描述了大概的过程。尽管拉马克的这些论述包含一些不正确的方面，但是从总体上说，还是对后人关于人类起源的研究产生了不可磨灭的影响。

1859年，达尔文在《物种起源》一书中，在广泛论述了生物进化的问题之后指出："人类的起源和历史也将由此得到许多启示。"[①]嗣后，赫胥黎在达尔文思想的启发下，通过比较解剖学和胚胎学的研究，在1863年出版的《人类在自然界中的位置》一书中论证了"人猿同祖"的观点，建立了人类起源的谱系树。达尔文在1871年发表的《人类起源和性选择》一书中，分析了人与猿的身体结构、生理和心理特征，进一步肯定了人与猿的亲缘关系和人与猿的区别，认为人是从猿分化而来的，并且认为支配人猿分化的是生物演化的基本规律。这对唯物主义地解决人类起源的问题是一个很大的进步，这也是达尔文的一个重大贡献。这是对宗教神学"上帝造人"说和唯心主义的沉重打击。

5. 劳动起源说

由于达尔文或达尔文学派在社会历史观上仍然受着历史唯心主义的影响，仍然把人看作生物学上的人，因此，只是解决了人类从猿而来的问题，而未能解决人类是怎样从猿转化而来的问题。正如恩格斯所指出的，"甚至连达尔文学派的具有唯物主义精神的自然研究家们对于人类的产生也没有提出明确的概念，因为他们在这种唯心主义的影响下，认识不到劳动在这中间所起的作用"[②]。

把劳动概念引入人类起源问题的研究，肯定劳动在从猿到人转变过程中的决定作用，这是马克思恩格斯的一大贡献。

马克思早在《1844年经济学哲学手稿》中，在批判和改造了古典经济学和黑格尔的劳动观的基础上，就肯定了劳动是人的本质，是人和动物根本区别的观点。他说，"黑格尔把人的自我产生看做一个过程"，是把"真正的人理解为人自己的劳动的结果"[③]。

1846年，马克思恩格斯在《德意志意识形态》中指出："可以根据意识、宗教或随便别的什么来区别人和动物。一当人自己开始生产自己的生活资料的时候，这一步是由他们的肉体组织所决定的，人本身

① ［英］达尔文：《物种起源》，谢蕴贞译，320页，北京：科学出版社，1972年。

② 《马克思恩格斯选集》第4卷，381页，北京：人民出版社，1995年。

③ 《马克思恩格斯文集》第1卷，205页，北京：人民出版社，2009年。

就开始把自己和动物区别开来。”[①]恩格斯在《劳动在从猿到人转变过程中的作用》一文通过系统的论证，进一步明确指出，劳动“是整个人类生活的第一个基本条件，而且达到这样的程度，以致我们在某种意义上不得不说：劳动创造了人本身”[②]。

把劳动看作人与动物的本质区别，把劳动看作人类起源的根本动力，这些观点现在已经被考古学、古生物学和人类学，包括生物人类学和除宗教人类学以外的文化人类学所承认，并获得日益充分的证明。现在的问题在于如何进一步科学理解劳动创造人的机制。

（二）劳动创造人的机制

1. 用进退化与获得性遗传理论的失效

恩格斯在《劳动在从猿到人转变过程中的作用》一文中，是按照用进废退与获得性遗传的理论来具体说明劳动的作用的。关于用进废退和获得性遗传的理论最早是由拉马克提出来的，后来，这种理论一直被沿用下来。这一理论认为，生物是在新环境的直接影响下，习性改变，某种经常使用的器官发达增大，不经常使用的器官逐渐退化。这一理论认为物种经过这样不断地加强和完善适应性状，便能逐渐转变成新种，而且这种获得的后天性状可以遗传给后代，使生物逐渐演变，并认为适应是生物进化的主要过程。20世纪遗传学证明，这一进化的机制理论是不能成立的。因为外界环境的变化并不是引起生物变异的惟一原因，这是第一；第二，环境的变化所引起的生物变异，并不都具有遗传性。如果性状的变异仅仅是由环境条件引起的，而不是由遗传物质的变化而引起的，那么这样的变异就不能遗传。例如，仅仅由于肥料充足而出现的农作物穗多粒大的性状，它们的后代就不能保持同样的穗多粒大的特点。如果性状的变异是由遗传物质的变化引起的，那么这样的变异就能遗传。当然，作为一种原因也不排斥可能是由环境的变化引起了内在遗传物质的变化。但是这里的机制并不能用用进废退来加以说明。遗传的变异有三种情况：一是基因重组，二是基因突破，三是染色体变异。第三，遗传的变异，可能使生物更能适应环境，也可能不能适应环境，这就导致了适者生存，不适者淘

① 《马克思恩格斯选集》第1卷，67页，北京：人民出版社，1995年。

② ［德］恩格斯：《自然辩证法》，中央编译局译，149页，北京：人民出版社，1971年。

汰。适应只是生物进化的一种功能性结果，而不是生物进化的原因。

当然，用进废退与获得性遗传的理论现在遭到否定，但不能由此否定劳动在人类起源和进化中所具有的决定作用。因为这是两个相互有关而性质不同的问题，一个问题是劳动作为一种行为模式在人类的起源和进化中起了什么作用，另一个问题是这种作用发挥的机制是什么。既然以前关于机制的说明不正确，那么就必须去探求新的关于机制的说明。有些论者对上述两个问题不加区别，混为一谈，于是这就成了劳动创造人的命题屡屡遭到非难的一个主要原因。

近些年来，特别是1994年，古人类学取得了一些重大突破，其中有些成果为探讨劳动在人类进化中的作用机制提供了前所未有的、有价值的新证据。对此葛明德先生进行了很好的说明。[①]下面结合自己的理解，转述如下：

2. 人类祖先非特定化功能基础上的反馈循环理论

在生物进化史上，人类的祖先之所以能进化为人类，作为一个前提条件，是生物的遗传物质的变异引起了人类祖先的生存矛盾。这种矛盾在我们人类祖先身上导致了两个结果：

第一，原先比较适应环境的那些特定化的东西在退化和消失。这种退化和消失表现在多个方面，他没有了对付恶劣气候的天然毛发层，没有天然的攻击性武器，没有适宜奔跑的肌肉组织，由于生物变异所造成的人类祖先的这些生理上的“缺陷”，使人类祖先无法仅仅靠自然本能去适应周围的环境。这一生理上的“缺陷”，使人类祖先与环境的关系和其他动物与环境的关系产生了最早的区别，即动物与环境之间是一种强本能化的关系，也就是特定化的关系。也就是说，动物与环境发生的生理的、心理的、感受的、行为的关系，在本质上是一种先天化的、本能化的、固定和封闭的关系。这根源于动物的器官往往是高度特化的，动物依靠其特化的器官去适应某种特定的环境。比如鱼鳃的结构和功能使其能在水中生存，老虎锋利的牙齿使它能成为兽中之王。与其他动物相比，人类祖先与环境的关系是一种弱本能性关系，人类祖先的器官是非特定化的。从人的自然属性看，人不如动物。那么，是什么力量使人类这样一种弱小的生命能够在野性的动物

① 参见葛明德：《劳动在人类起源中发生作用的新证据》，《北京大学学报》，1996（3）。

世界中生存下来，并发展为今天这样一个壮观的人类社会？这是因为人形成了完全不同于动物的生存策略。

第二，人类祖先不适应环境的非特定化器官又为人类祖先带来了更多的可变性、可塑性，从而为开辟非本能的进化途径和适应模式提供了可能。也就是说，人类祖先为了克服极为不利的生理性“缺陷”，为解决自己的生存矛盾，才使他们被迫去寻找和开辟新的生存方式和活动方式。这种新的生存和活动方式，就是借助工具进行劳动，去适应和改造环境。用著名人本主义心理学家弗洛姆的话说，“人是一切动物中最无能为力的，但这种生理上的弱点恰是人的力量的基础，是人发展自己独特的人类特性的大前提”①。也就是说，人类祖先在本能上是一种相对弱化的生物，因而人类祖先无法凭本能生存，只能依靠自己的努力、自己的劳动去创造自己的生存环境。换句话说，人类祖先的非特定化的“本能”，是人的生存方式和活动方式的遗传学前提，是人类祖先进化为人类的生物学基础。人类的劳动是在这种基础上使这种可能转化为现实的根本途径。

大约在400万至500万年前，灵长类动物的一个小系，将自己的指节离地而起，采取了两足直立行走的姿势，这是人类进化中关键的一步。直立行走作为一种行动方式，有它的缺点：它不利于特别快速地奔跑。因为身体的重量在奔跑中平分在两条腿上，而不是四肢上，起步不易快捷，空中腾跃的时间不能过长。四足行走的黑猩猩和狒狒奔跑的速度比人类快30%—40%。直立不利于奔跑时改变方向（身体重心高）；直立的动物更容易为食肉兽发现，并使软腹部暴露出来，受到致命的攻击等。那么，400多万年前的一支古猿为什么牺牲速度和冒着被食肉兽伤害的危险而向直立行走的方向进化呢？

以前一些古生物学家认为，随着气候的变化，热带森林的毁灭和热带草原的扩大，古猿从林栖到地栖，大草原是直立行走的推动力。原因在于直立行走是一种节省能量的行走方式，可以走很长的路而不会疲劳，适合于长途跋涉。此外，立于空旷的草原，两足动物可以看得更远，能够及早发现作为天敌的食肉兽。

这一解释对不对呢？现在看来，这一解释是一种主观的推测，缺

① 参见［美］马斯洛：《人的潜能和价值》，林方等译，104页，北京：华夏出版社，1987年。

乏客观的根据。

1994年，怀特、洲坡原和阿斯富等人在埃塞俄比亚阿拉米斯的上新世纪地层中发现了距今440万年的人科化石，将之命名为根（始祖）南猿。这是迄今为止所发现的最古老的人科化石。根据已鉴定的7件牙齿、颅骨及颅后骨骼标本，根南猿已经完成了直立行走的进化。

从根南猿的生态背景看，它并不是生活在稀树草原，而是热带森林。因此，根南猿作为一种森林动物走上直立行走的进化之路，其推动力并不是以往人们所认为的是利于草原上的长途跋涉和奔跑。

现在惟一的途径是从根南猿的生理特点以及与之相联系的工具行为去求得说明。

我们知道，人类并不是惟一使用工具的动物。与人类的亲缘关系比较近的黑猩猩，其后天通过学习而获得的工具行为已经达到了相当高的水平。以至一些古人类学家怀疑使用和制造工具是不是人类的特征。根据对野生黑猩猩的观察，黑猩猩会用卵石来敲碎坚果；当它遇到凶狠的食肉兽时，会从地上拣起石块或木棍来进行自卫。有时黑猩猩还会制造工具。它能将细树枝上的叶去掉，用来从土洞中钓取白蚁；它还能将许多树叶嚼碎揉成一团，以便更多地从树洞中汲取水分；等等。早期人科酷似黑猩猩，它们的脑量也处于同一水平，可以推想，黑猩猩所具有的工具行为，早期人科完全可能具有。然而，黑猩猩的这类工具行为并没有导致它朝两足直立的方向进化，而早期人科却肯定无疑地走上了这条道路，并发生了一系列与之适应的体质上的变化。这是为什么呢？

这是因为黑猩猩和早期人科在生理上有不同之处。黑猩猩的身躯远大于早期人科。普通黑猩猩平均身高1.5米，体重40—50公斤。根据根南猿肱骨头的大小推测，其身高仅1.2米左右，体重30公斤。更重要的还在于，同目前所有的非人灵长类一样，黑猩猩有大而尖锐的犬齿用于切割食物和作为自卫的武器，而包括根南猿在内的早期人科，犬齿已经门齿化，仅仅是稍稍突出齿列或者不突出齿列。对黑猩猩的生活作一番考察可以看出，在关系到它生存的摄食、自卫等几个基本问题上，工具行为并没有成为它赖以生存的主要手段，而是一种不甚重要的补充。黑猩猩的手具有多种功能，主要用于指行和攀援，也可以用于操作工具。对黑猩猩的工具行为，它的半直立的姿态可以满足其需要。早期人科则不同。这种纤弱的人科成员，失去了尖锐的犬齿，这就好像失去了四把锋利的匕首。它必然更多地依赖工具，以致工具行为成为它的基本生存策略。这就需要它的手彻底摆脱行走的功能，专门用于操作和携带工具。在这种条件下，工具行为产生了选择力量，推动古猿朝两足直立的方向进化，并发生了一系列和两足直立相适应的体质上的变化。在早期人科那里，这种成为基本生存策略的工具行为就是萌芽状态的劳动。正是这种萌芽状态的劳动成为古猿向两足直立方向进化的动力。人科成员后来又分化为傍人属和人属两大分支。人属成员就是现代人的前身。这一进化过程可以图示如下：

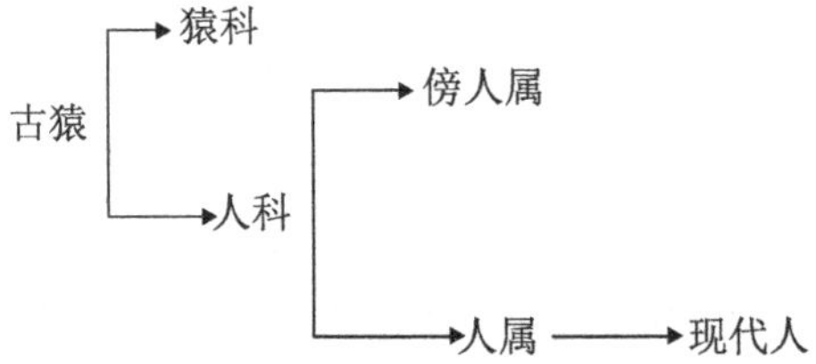

3. 片石技术使人科的一个分支进化为人属

在最早的人科成员出现以后200多万年，出现了一些新的人科成员。这是一批在东非发现的早期的人属成员，包括鲁道夫人、能人和匠人。而在同一时期，在东非发掘出来一批用片石技术制造的屠宰工具，包括可以割破兽皮的石片、带刃的石核和可以敲碎骨骼的石砾。

早期人属，如“能人”有很大的脑，脑量已经扩增到600～700立方厘米，有和现代人相似的牙齿，被认为是近200多万年以前工具的制造者，这一点是毋庸置疑的。不仅人属这个世系能制造工具，有发达的工具行为；傍人属这个世系也能制造工具，也有相当发达的工具行为。但是在傍人属这个世系，脑量并没有增加。由此可见，一般的工具行为还不足以成为脑的扩大和智能起源的推动力。

智能的一种核心功能是计划功能，即组织新的顺序的功能。

野生黑猩猩会使用大约三四十种不同的发音来表达大约三四十种不同的意义。它们还可以重复一个发音以加强其意义，但是它们不会把三个发音连在一起从而使其词汇增加一个新的单词。而我们人类也使用大约三四十种发音（被称为音素）。但是，对人而言，只有发音的组合才有意义。人类把无意义的发音串起来，就构成了有意义的单词。这是大脑的一个重要功能，即计划功能，或者说是组织新的顺序的功能。计划功能不仅表现在语言上，而且表现在借以表征智能特点的其他事物上，如人把音符连接成旋律，把步点连接成舞蹈，把文字连接成华美的文章等。

人的投击动作是人的四肢极为迅速而又力求准确的动作。它和缓慢的动作不同。缓慢的动作有时需要人临场应变。比如，你要拿一物品，开始时你是不正确的，在运动过程中又不断地加以调整，你就可以准确地拿到这个物品。而对于持续时间少于五分之一秒的动作，大脑必须事先确定动作的每一个细节和各个有关肌肉启动的顺序。在这里，反馈调节基本上是不起作用的。快速投击动作需要编排的顺序是复杂的。例如，一次迅速而准确的投击需要排好几十块肌肉的准确的启动顺序。一次可靠的投掷，需要激活的神经元数目为敲击动作的64倍之多。投击动作同语言、音乐、舞蹈等智能行为一样，需要一个共同的核心功能，即计划功能。

有证据表明，在大脑中确实存在着动作和语言共有的确定顺序的机构。大脑对动作的协调有很大一部分发生在基底神经节或小脑的皮层下区。但是动作的新的组合则往往依赖于大脑的运动前皮层和额前皮层。由于语言和手的投击动作是由同一核心功能定序的，那么投击动作的增强可以增强语言能力，反过来也是如此。所以大脑左半球受损伤后，手运动方面会产生困难（失动症），往往在组织说话能力方面也产生困难，以上充分证明它们之间是相互关联的。

在系统发育和个体发育中，人类的智能首先是解决动作问题，只是在后来才逐渐开始思考更为抽象的问题。在人类起源中，可能是大脑对投击运动的计划曾经促进了语言、音乐和智能的发展。

“出自于动作”的智能发展模式的提出，对于解决人类起源与进化问题有着重大的意义。问题在于，在人类进化的早期，是什么样具体的投击动作曾经促进了智能的发展？我们认为，要能够产生持续的选择力量，促使上述神经机制的建立，必须是那些在人类进化早期确实存在的、与其生存密切相关的、为早期人科频繁使用的某些投击动作。在200多万年以前出现的制造石器的片石技术可以满足这方面的要求。

原始人制造石器使用的主要方法是硬锤敲击法，即用石锤贴着边缘猛烈地敲打石核以剥落石片的方法。能够从石核上打下一系列合乎要求的石片，很明显，用片石技术制造石器，那准确地瞬间一击，包括几十个块肌肉和众多神经元严格而有序的启动与激活。

当用片石技术制造石器成为原始人的一种基本生存策略时，必然产生一种选择力量，大脑通过选择把动作有效地组织起来。这种核心功能一旦产生就不仅仅对投击动作有意义，它同时会增强语言功能及其他的智能行为。

人属和傍人属是人科的两大世系。傍人属定居在水草繁茂、植物性食物来源比较丰富的林边地带。他们有硕大的臼齿和粗壮的身体。其臼齿特别适宜于嚼碎植物，是特化的素食者。而人属则迈向草原，臼齿没有变得粗大，是食性广泛的杂食者。为屠宰而发展起来的石片石器主要是早期人属成员的，而不是傍人属的。早期人属是觅取食肉性动物抛弃的大型哺乳动物的尸体为食，为了制造适用的屠割工具，产生了片石技术。人属和傍人属都有精确抓握的手，说明都依赖工具行为而生存。工具行为所产生的选择力量推动了手的进化。但不是所有的工具行为都会成为脑量扩增的动力。杂食的人属成员采用片石技术，推动了脑的进步，最后进化成现代人；而素食的傍人属，他们的工具行为仅仅是用木棍挖掘块根一类的缓慢动作，没有发展成很准确又迅速的投击动作。他们的脑一直很小，体质特化又局限于狭小地带，因而最后遭到灭亡。

综上所述，一种特定的工具行为——借助投击动作制造工具的行为是脑量扩大、智能出现的最初的原发动力。在这个过程被启动以后，人科的工具行为具有了一些重要的新的性质。第一，片石技术的出现，意味着人科可以用工具去制造工具，从而为工具的发展开拓了广阔的前景。第二，这种工具行为不仅是学习行为，而且是智能行为。第三，这种工具行为是借助语言来传播和积累的。语言不是个体的，也不是自然的，而是社会的。这一点从本质上规定了这种工具行为只能是在社会实践中获得的行为。由于这些特点，人科工具行为的能动性、组织与计划能力以及所能达到的深度都得到了极大的发展，使他们能够走出森林，去占领森林以外更为广阔的多种多样的生存环境。人科的工具行为发展至此，不再是萌芽形态的劳动，而是完成形态的劳动。正是这种完成形态的劳动及其形成过程，推动人科朝脑的扩大和智能发展的方向进化，即向人属的方向进化。

从最早的人属，鲁道夫人、能人、匠人到晚期的化石智人，经历了200万年的进化，一方面，工具日益变得尖锐、锋利，并更加规范化和复杂化，发明了火；另一方面，脑量不断增加，从660多立方厘米增加到1400多立方厘米。这里存在着两个相互联系的反馈循环。一种反馈循环是，技术的发展、语言的进步使劳动方式作为生存策略的不断演化，从而有力地推动了脑的扩大和智能的发展；反过来，后者又推动了技术的发展和语言的进步。另一个反馈循环是，劳动的分工、食物分享及语言的进步使社会结构和人与人之间的相互作用不断发展，也有力地推动了脑的扩大和智能发展；反过来又推动了劳动的分工和语言的进步。这两个反馈循环，犹如一部车子的两个轮子，成为人属进化为现代人的动力。

总之，劳动是人类特有的生存模式和适应模式，是人类区别于其他动物的最本质特征，是推动人类进化的主要动力。

劳动不仅确立了人类在世界中的主体地位，相对于其他动物而言（注意：不是在社会关系的意义上），赋予人类以自由自觉活动这种“类”的本质，而且使人们在现实中结成了各种社会关系，形成了人类社会。把社会实践引入人类历史的说明，创立唯物史观也就成为马克思主义的一个巨大理论贡献。

二、实践是社会生活的本质

（一）社会与自然的区别和联系

恩格斯曾经明确指出，马克思一生中最伟大的发现有两个：一是唯物史观，二是剩余价值学说。这说明唯物史观在马克思主义学说中的地位十分重要。可以说，马克思主义哲学革命的最重要成果就是唯物史观的创立。它与以往一切历史观从根本上区别开来的最显著的特征，就是从人的物质实践活动的观点来说明人类社会的形成和发展，来说明社会的本质。

在人类思想史上，人们在认识自然及其本质的过程中也在力求认识社会及其本质，认识自然和社会的关系。然而，认识自然不易，认识社会以及认识社会与自然的关系更难。不仅在唯物史观创立以前人们没有能真正把握社会的本质，就是今天也有一些人或是沿用历史上的地理环境决定论的观点，用自然环境的作用来解释社会的本质以及社会制度的变迁，即把社会的本质归结为纯粹的自然，于是重新回到自然主义历史观；或是用作为社会主体的人的意识性、观念性来否定社会发展的客观性和规律性，来否定社会存在的自然前提，即把社会的本质归结为抽象的精神，于是重归唯心主义历史观。从认识论的角度看，造成这种状况的根本原因，乃在于人们没有正确理解社会本质的特殊性以及实践活动在社会生活中的特殊地位。

自然和社会既有联系又有区别，必须从它们的相互联系和区别中来揭示它们的本质特性。

首先，社会离不开自然。从来源上说，社会是自然界通过劳动而生成的，没有自然界就没有人类社会。从存在和发展上来说，社会所需要的一切归根到底来自自然界，自然环境成了社会存在和发展的"永恒的自然属性"。这表现为两个方面：一是自然环境为社会存在和发展提供了自然条件，二是同时也形成了自然制约。

其次，社会又不同于自然。在自然中，一切都处于无意识的相互作用之中，任何事情的发生都不是预期的、有目的的；而在社会中进行活动的，都是有意识的、经过思虑或凭激情行动的、追求某种目的的人，任何历史事件的发生都蕴含着人的意识、意志和目的。

（二）自然主义历史观与唯心史观的失足

社会与自然的上述联系和区别，被人们分别从两个方面片面地加以了反映，从而形成了自然主义历史观与唯心主义历史观的对立。

自然主义历史观只看到了自然环境对社会的影响和作用，但它又夸大了这种作用。它从纯粹自然物质的角度看待人，把社会还原为自然物质，从而夸大了社会与自然的同一性。正如恩格斯所说："自然主义的历史观……是片面的，它认为只是自然界作用于人，只是自然条件到处决定人的历史发展，它忘记了人也反作用于自然界，改变自然界，为自己创造新的生存条件。"①因此，自然主义历史观确认了世界

① 《马克思恩格斯选集》第4卷，329页，北京：人民出版社，1995年。

的物质统一性，却一笔抹杀了人的能动性、创造性；它研究“整个世界”，却惟独不给现实主体人一个切实的立足点。换言之，在自然主义历史观中，存在着“人学空场”。正是在这个意义上，马克思认为，自然唯物主义是一种“纯粹的唯物主义”，而到了霍布斯那里，“唯物主义变得漠视人了”①。

历史唯心主义看到了历史事件中所蕴含着的人的思想动机，但是它并没有进一步探究思想动机背后的动因，因而把社会的本质归结为人的纯粹意识活动，认为历史发展决定于人们的主观意识，特别是决定于少数杰出人物偶然激发的主观动机，或是决定于借助这些杰出人物来表现自己的客观精神。因而，在他们看来，社会历史不过是纯粹的观念在时间上的展开。唯心主义历史观夸大了社会的特殊性，夸大了精神因素在社会存在和发展中的能动作用，造成这种状况的主要原因，就在于“唯心主义……是不知道现实的、感性的活动本身的”②。

在自然与社会的关系问题上，唯物史观认为，社会和自然既不是绝对对立的，也不是绝对同一的，二者在实践基础上获得了辩证统一。马克思所揭示的这一真理，是马克思超越黑格尔唯心主义和费尔巴哈人本主义关于自然、劳动和社会等三者关系的不正确见解而得出的科学结论。

在自然、劳动和社会的三者关系问题上，黑格尔唯心主义的一个根本观点是，自然、劳动和社会都是绝对精神的产物，是其运动的组成环节。正如马克思所指出的：“黑格尔完成了实证唯心主义。在他看来，不仅整个物质世界变成了思想世界，而且整个历史变成了思想的历史。”③在黑格尔看来，精神产生自然界，在自然界产生以后，又“把它看作是精神所从而表演的场地”，即人的活动的舞台。④但是人在黑格尔历史哲学中只是理性借助的外在手段，人只是演员，而“精神”才是幕后的编剧和导演。为什么精神把人作为工具推到历史的前台呢？这是因为“精神”作为历史的普遍本质和最后目的，它在展现着自己的内容以前，还只是一种抽象的可能性，“为得要产生确实性起

① 《马克思恩格斯文集》第1卷，331页，北京：人民出版社，2009年。

② 《马克思恩格斯选集》第1卷，58页，北京：人民出版社，1995年。

③ 《马克思恩格斯全集》第3卷，510页，北京：人民出版社，1960年。

④ 参见［德］黑格尔：《历史哲学》，王造时译，123页，北京：生活·读书·新知三联书店，1956年。

见，必须加上第二个因素，那就是实行、实现；这个因素的原则便是'意志'——最广义的人类的活动"[①]。借助于人类的活动，精神过渡到历史的领域。在这里，黑格尔在唯心主义的思辨形式中透露了人的活动要以自然为基础；历史要借助于人的活动来展开等光辉思想。但是，正如恩格斯所指出的，由于黑格尔"把事物及其发展"过程看成是"在世界出现以前已经在某个地方存在着的'观念'的实现了的反映"[②]，所以，黑格尔所说的人类社会的发展，既不是人的现实的活动过程，也不是受现实自然界制约的历史过程，而是精神自我创造和自我实现的过程。在他那里，人类的历史变成了"神圣的历史""观念的历史"。因此，不论黑格尔如何正确地天才地把握了自然、劳动和社会之间的一些个别联系，但由于上述原因，就是在细节上也有许多东西不能不是牵强的、造作的，一句话，是被歪曲的。由于黑格尔不能科学说明自然、劳动和社会之间的统一关系，所以黑格尔在历史观上并没有能获得突破性的进步。

费尔巴哈在批判黑格尔唯心主义的过程中实现了自然与思维的唯物主义颠倒。他说："首先必须有自然，然后才有与自然不同的东西把自然摆在面前，作为自己意欲和思想的对象。""不把精神放在自然之上，而倒过来把自然放在精神之上。"[③]费尔巴哈认为，人与自然界是统一的，自然是"人的前提，为人的原因或根据，为人的产生和生存所依赖的东西"[④]。费尔巴哈又认为："直接从自然界产生的人，只是纯粹自然的本质，而不是人。人是人的作品，是文化、历史的产物。"[⑤]费尔巴哈恢复了唯物主义王座，坚持人与自然的统一，并力图给人以社会性的规定，这是他的巨大功绩。但是，费尔巴哈不了解人的感性活动，当然也就不能从人的感性活动去说明人与自然、人与社会的现实关系。因此，他所谓的自然只是就其原始性来加以考察的自然，而不是与人的活动相联系的历史的自然。他所谓的社会也只是

① ［德］黑格尔：《历史哲学》，王造时译，60—61页，北京：生活·读书·新知三联书店，1956年。

② 《马克思恩格斯选集》第3卷，363页，北京：人民出版社，1995年。

③ 《费尔巴哈哲学著作选集》下卷，447页，北京：商务印书馆，1984年。

④ 《费尔巴哈哲学著作选集》下卷，523页，北京：商务印书馆，1984年。

⑤ 《费尔巴哈哲学著作选集》上卷，247页，北京：商务印书馆，1984年。

“把许多个人纯粹自然地联系起来的普遍性”[①]，而不是在实践活动中所形成的社会关系。由于费尔巴哈不能从劳动实践的角度去说明自然与社会的统一，所以，费尔巴哈在自然观上坚持了唯物主义，而在历史观上却陷入了唯心主义。

总之，黑格尔的历史观相对于以往的唯心主义历史观有它的可贵和深刻之处，但仍然是唯心主义。费尔巴哈唯物主义相对于纯粹的唯物主义虽然向前跨进了几步，但仍然没有超越自然主义历史观的窠臼。

（三）自然与社会在劳动基础上的统一

马克思恩格斯在创立唯物史观的过程中，批判地继承了黑格尔、费尔巴哈上述思想中的积极成果，并加以革命的改造，从而提出了自然与社会在人的劳动实践基础上辩证统一的思想。

马克思继承了费尔巴哈关于“人直接地是自然存在物”[②]，是自然界的一部分等思想，认为：“人的存在是有机生命所经历的前一个过程的结果。只是在这个过程的一定阶段上，人才成为人。”[③]马克思又批判继承了黑格尔关于劳动是人的本质的思想，认为人不是一般的自然存在物，而是“能动的自然存在物”[④]。人在自然基础上，通过能动的活动，改造外界的自然和自身的自然，同时也生产着、改造着社会，即人与人之间的关系。[⑤]马克思指出：“社会是人同自然界的完成了的本质的统一，是自然界的真正复活。”[⑥]他说：“在工业中向来就有那个很著名的‘人和自然的统一’，而且这种统一在每一个时代都随着工业或慢或快的发展而不断改变。”[⑦]正是从自然与社会通过劳动而发生的相互作用的意义上，唯物史观确认社会的自然基础，认为：“人类历史的第一个前提无疑是有生命的个人的存在……以及……人们所处的各种自然条件——地质条件、山岳水文地理条件、气候条件以及其他条

① 《马克思恩格斯选集》第1卷，60页，北京：人民出版社，1995年。
② 《马克思恩格斯文集》第1卷，209页，北京：人民出版社，2009年。
③ 《马克思恩格斯全集》第26卷（Ⅱ），545页，北京：人民出版社，1974年。
④ 《马克思恩格斯文集》第1卷，209页，北京：人民出版社，2009年。
⑤ 参见《马克思恩格斯全集》第42卷，42页，北京：人民出版社，1979年。
⑥ 《马克思恩格斯文集》第42卷，187页，北京：人民出版社，2009年。
⑦ 《马克思恩格斯选集》第1卷，76—77页，北京：人民出版社，1995年。

件。”[①]同时又确认，历史是人们在自然基础上能动的创造，“是人通过人的劳动而诞生的过程，是自然界对人来说的生成过程”[②]。因此，马克思把改造自然的劳动即物质生产看作第一个历史活动，看作是一切历史的现实基础。马克思总结说：“任何历史观的第一件事情就是必须注意上述基本事实的全部意义和全部范围，并给予应有的重视。”[③]然而，“迄今为止的一切历史观不是完全忽视了历史的这一现实基础，就是把它仅仅看成与历史过程没有任何联系的附带因素……这样，就把人对自然的关系从历史中排除出去了，因而造成了自然界和历史之间的对立。”[④]由此可见，坚持自然与历史在劳动基础上的统一，这是马克思唯物主义的一个根本观点，也是唯物史观与自然主义历史观及唯心主义历史观的一个原则区别。必须用这样一个根本观点来说明自然与社会的关系，来揭示社会的本质。

从发生学的角度看，人及其社会是自然界的一部分，当然是自然的人化部分；然而就人的改造活动来说，被改造的自然也就变成了人及其社会的一部分。所谓变成了人的一部分，是指自然物质在劳动中变成了作为人的肢体延长的劳动工具，变成了劳动者改造的自然客体，即劳动对象；总之，变成了劳动者创造价值的物质条件。所谓变成了社会的一部分，是指劳动中所形成的人化自然力，也就是经过形式变化的、适合人需要的自然力，即生产力；变成了从属于特定的经济、政治关系性质的社会地历史地发展的物质力量。在这个意义中，自然成了社会地组织起来的人的无机的身体。人和社会作为自然的人化部分和自然作为人和社会的无机的身体都是通过人的劳动实现的。劳动创造了人和人类社会。社会是什么，社会就是人们在改造自然过程中所形成的社会关系的总和。也就是前文所说的，社会是自然通过劳动实现的对人而言的生成和复活，或者说，是人的活动不断把纯粹的自然转变为历史的自然的过程。在这种转化中，自然物质变成了社会的内在要素，从而对社会发生影响和作用，并且这种影响和作用的深度和广度又是由人的实践，尤其是物质实践状况决定的。因此，把

① 《马克思恩格斯选集》第1卷，67页，北京：人民出版社，1995年。
② 《马克思恩格斯文集》第1卷，196页，北京：人民出版社，2009年。
③ 《马克思恩格斯选集》第1卷，79页，北京：人民出版社，1995年。
④ 《马克思恩格斯选集》第1卷，93页，北京：人民出版社，1995年。

社会的本质归结为自然环境的自然主义的历史观是错误的。

同样，那种把社会的本质归结为人的意识活动的唯心史观也是错误的。在马克思看来，思想、观念、意识的生产最初是直接与人们的物质活动，与人们的物质交往，与现实生活的语言交织在一起的；意识一开始就是物质实践的“直接产物”，尔后又成为物质实践的“必然升华物”，即表现为各种不同的理论产物和意识形式。思维的“式”不过是实践的“式”的内化和升华。社会作为人的活动领域，人的活动是有意识的，即每个人都怀着一定的目的和愿望从事活动。然而，其活动的社会结果都是无意识的，即这种行为形成什么样的关系，它遵循什么样的规律，是无意识的。

关于这一点，列宁在驳斥波格丹诺夫关于社会存在和社会意识同一论时说得很明白：“人们是作为有意识的生物互相交往的，但由此决不能得出结论说，社会意识和社会存在是等同的。在一切稍微复杂的社会形态中……人们在交往时并没有意识到这是在形成着什么样的社会关系，这些关系又是按照什么样的规律发展的，等等。例如，一个农民在出售谷物时，他就和世界市场上的世界谷物生产者发生‘交往’，可是他没有意识到这一点，也没有意识到从交换中形成什么样的社会关系。”① “所谓客观的，并不是指有意识的生物的社会（即人的社会）能够不依赖于有意识的生物的存在而存在和发展……而是指社会存在不依赖于人们的社会意识。”②

这里是说，人的意识依赖于有意识的人而存在，而人的社会关系不依赖于人的社会意识。或者说，创造社会的活动依赖于人，而形成什么样的社会关系，并不依人的意志为转移。因此，不能像唯心主义历史观那样，把社会的本质归结为人的意识活动。

唯物史观基于对人的实践活动及其与社会之间关系的深入而全面的探讨，从而得出了一个极为明确的结论：全部社会生活在本质上是实践的。因而必须以实践观点作为历史唯物主义的理论基石。马克思恩格斯在《德意志意识形态》中明确指出：“这种历史观（即唯物主义历史观——引者注）和唯心主义历史观不同，它不是在每个时代中寻

① ［俄］列宁：《唯物主义和经验批判主义》，中央编译局译，323—324页，北京：人民出版社，1960年。

② ［俄］列宁：《唯物主义和经验批判主义》，中央编译局译，326页，北京：人民出版社，1960年。

找某种范畴，而是始终站在现实历史的基础上，不是从观念出发来解释实践，而是从物质实践出发来解释观念的形成。”①

（四）全部社会生活在本质上是实践的

实践之所以是社会生活的本质，这是因为：

1. 实践决定了自然存在方式与社会存在方式的本质区别

自然界存在的基础在于自身，虽然它会通过人类活动而发生变化，但它并不依赖于人类而存在。社会虽然不能离开自然，但它本质上是人类活动的产物。劳动创造了人，也创造了人类社会。自然和社会都是开放的自组织系统。自然界在广袤无垠的宇宙中自己进行新陈代谢，而社会系统则通过人类的活动同自然系统进行物质、能量、信息的变换，通过人类活动自我控制、自我完善、自我发展。社会是人类活动的领域，社会运动是包含了自然界所有的运动形式而又高于它们的特殊运动形式。没有人类实践，可以有自然，但绝不会有社会。人类的社会存在就是人的实践活动过程。社会存在和社会实践不过是从动态和静态两个不同角度对社会的说明。就二者的关系来说，社会实践是社会存在的动态表现，社会存在则是社会实践的静态沉淀。它们在本质规定上是同一的。

2. 实践以浓缩的形式内蕴着人类社会的基本关系

这里是说，人的社会依赖于有意识的人而存在，而人的社会关系不依赖于人的社会意识，或者说，创造社会的活动依赖于人，而形成什么样的社会关系并不依人的意志为转移。作为人类实践的最基本形式的生产劳动实践，是人以自身的活动来引起、调整和控制人与自然之间的物质变换过程。在这个过程中，人们不仅同自然界发生联系和关系，而且人与人之间也必然要结成一定的关系并互换其活动。人与自然的关系和人与人的关系相互联系、相互制约，共生于物质生产实践之中。同时，实践过程中，实践的目的得以形成，它以观念的形式存在着，并决定着人们的活动方式和方法。这意味着，人与其意识关系也是在实践中生成的。实践内在地包含着三重关系，即人与自然的关系、人与人的关系、人与其意识的关系，这就构成了人类社会的基

① 《马克思恩格斯选集》第1卷，92页，北京：人民出版社，1995年。

本关系。

3. 实践构成了社会生活的基本领域

这些基本领域可以合理地理解为社会实践在各方面的展开。毛泽东说:“人的社会实践,不限于生产活动一种形式,还有多种其他的形式,阶级斗争,政治生活,科学和艺术的活动,总之社会实际生活的一切领域都是社会的人所参加的。”[①]这里进一步表述了马克思所说的“社会生活的本质是实践的”深刻思想,指出社会实践贯穿于社会生活的一切领域,表现在人所参加的、所从事的一切社会活动中。这就是社会的物质生活、政治生活、精神生活等的一切活动,它们在本质上都是实践的,都是征服自然和改造社会的不同方式,都是根源于和服务于人类征服自然和改造社会的实践。这些实践的不同方面的展开也就构成了人类社会生活的三个基本领域,即社会的物质生活、政治生活和精神生活等领域,并对象化为社会的基本结构,即社会的经济结构、政治结构和意识结构。

4. 社会实践构成了社会动力的基础

在马克思看来,实践是人们所进行的对象性活动,它有着能动的革命的本性,即它永远不满足于给定的现实,而要通过创造超越现实。这种本性,不仅一般地表现在对主客体双方的改造上,而且还具体地体现在通过实践所联结的人—社会—自然这一动态系统改造的成果上,即人对自然的改造创造着社会的物质文明,生产力所标志的就是这一改造的实际程度和力量,它是社会发展的最终决定力量。人们对社会的改造主要是变更、调整或完善生产关系及其他社会关系,这一方面的实践成果就凝结为社会的制度文明,而人们对自身主观世界改造的成果则结晶为社会的精神文明。物质文明、制度文明和精神文明构成社会文明的三维结构,三者相互作用、彼此促进,从而推动着社会历史的前进。而这三维文明始终根植于人类创造性活动之中,离开了人类的实践活动,不仅社会不能进步,历史不能发展,就是已经取得的文明成果也会因失去根基而丧失。

实践之所以成为社会文明的发祥地,说到底是因为它是社会矛盾的动力之源。社会的进步、历史的发展总是在社会矛盾运动的基础上

① 《毛泽东选集》第1卷,283页,北京:人民出版社,1991年。

实现的。推动社会历史前进的矛盾错综复杂，在这些矛盾中，最基本的矛盾是生产关系与生产力之间的矛盾，以及在这个基础上所形成的上层建筑与经济基础之间的矛盾。这两个矛盾制约着其他一切社会矛盾，它们是推动社会前进和社会文明发展的最基本动力。生产力不过是作为劳动结果又作为劳动继续的社会物质力量，生产关系不过是作为劳动结果又作为劳动继续的社会物质关系，生产力和生产关系的矛盾作为人类社会的最基本的矛盾根源于人类的生产活动之中。生产力作为生产方式中最活跃的因素，要求生产关系和它相适应，并要求上层建筑与它相适应。生产关系和上层建筑与生产力的不相适应的矛盾由实践而形成，又通过实践不断求得解决。社会基本矛盾的运动无止境。正是社会基本矛盾的这种不断产生和不断解决，推动了人类社会的发展，使之由低级走向高级。可见，实践活动本身就包含着人类社会的一切矛盾，因而是社会发展的动力之源。

三、物质生产基础上的社会有机系统

在以物质生产为基本形式的人类实践过程中，通过社会分工和社会交往，构成了人类社会的活的有机系统。

（一）人类社会是根源于物质生产的活的机体

在马克思主义哲学中，社会有机体是在物质生产过程中形成的，以生产方式为基础的，各种社会因素相互制约、相互联系所构成的整体。马克思把社会视为“一个能够变化并且经常处于变化过程中的有机体”①。列宁也不止一次地说过：“我们把社会看做活动着和发展着的活的机体。”②很显然，社会不是一个纯自然的物质实体，它是“活”的，不是“死”的。但社会机体的“活”与生物机体的“活”又有着本质的区别。生物机体的活是在生物本能活动中按照生物规律运行的“活”，社会机体是在人的实践活动中，特别是人的物质生产活动中，按照人的活动规律，即社会规律运行的“活”。因此，社会机体不是像生物机体那样是自然形成的，而是人的实践创生的；不是定型化

① 《马克思恩格斯全集》第23卷，12页，北京：人民出版社，1972年。

② 《列宁全集》第1卷，159页，北京：人民出版社，1984年。

的，而是发展着的。只有掌握了社会有机体与生物有机体的这一本质区别，才能掌握马克思主义关于“社会有机体”理论的精神实质。

社会作为活的有机体，它的形成和发展根源于人类的物质生产，根源于物质生产劳动的社会历史性。所谓劳动的社会性，是指劳动是社会地进行的；所谓劳动的历史性，是指劳动是历史地发展的。没有劳动的社会性就没有人类社会，没有劳动的历史性也就没有人类社会的发展。就劳动的社会性和历史性二者的关系来说，正因为劳动是社会地进行的，所以劳动成果并不因某个人或某代人的离世而消失，而是通过社会形式得以保存，得以进行历史的积累。另一方面，也正因为劳动是历史地发展的，所以新一代人又总是比前一代人在更高的起点上进行劳动。他们用自己新的劳动又创造了比前人更丰富的社会成果。这里的社会性是历史地不断丰富的社会性，这里的历史性是以社会形式表现出来的历史性。

劳动的社会历史性就其包括的内涵来说，有两个方面。

第一，人对自然的改造是通过分工、协作以集体的力量进行的。因为人作为个体是软弱无力的，人必须联合起来，才能弥补个体能力的不足，才能以集体的力量与自然相抗衡。这里的集体力量不能简单地理解为人海战术，而是通过分工协作实现的协同活动，即社会活动。社会是人的社会，社会有机体的每一环节和部分都需要由人及其活动所构成。通过分工，每个人固定在社会有机体的不同位置上，为满足个人、他人和社会的需要，在社会总体活动中承担一定数量的一般劳动和特殊劳动。首先为他人、为社会创造满足需要的“一般产品”，才能换取满足他自己需要的特殊产品。这样，劳动就使个人的活动与他人和社会的总体活动联系起来了，变成了社会性的活动。

第二，在个体从事某些生产活动中也体现了个人与他人的社会历史性联系。个体用以制定劳动目的的知识和使用工具的方式方法，有相当一部分是来自前人在实践中总结出来的精神成果。个体掌握的工具也是以他所处时代的生产力为出发点的。个体的器官和肢体是人类经长期实践改造自身的种族发育的遗传。甚至就连一部分劳动对象也留下了前人的印痕。恰恰这种在历史上发展着的知识、工具和种族发育在个体身上的聚合，造成了个体的构成要素及其劳动方式的社会性。而这些社会的东西要变成个体的东西，又必须经由一系列中间环节，例如知识和经验的传授，工具的提供和技术的交流，器官（肢体）的训练和培养，等等，都是通过社会的渠道进行的。这种个体与社会的横向联系，同时也就构成了这一代人与下一代人的历史的联系。

（二）分工基础上的交往是社会机体的形成机制

劳动的社会性是怎样具体展开为现实的社会关系的呢？这其中的具体机制就是社会分工和社会交往。

社会分工是指社会总体活动分为互相独立又互相依从的若干部分。社会分工分为社会活动本身的分工和社会活动主体的职业分工。社会活动本身的分工又分为生产劳动分工和非生产劳动分工。

生产劳动分工形成社会生产体系的不同产业、部门、行业、企业和企业内部生产的程序分工。非生产劳动分工包括社会服务，行政管理，科、教、文等的分工。

生产劳动分工的发展，从采猎业中分离出农业，从农业中分离出手工业（在此基础上，工业本身又经历了自己漫长的分工发展），然后又从上述产业中分离出商业。在生产劳动内在分工发展的同时，又从生产劳动本身中分离出非生产劳动，非生产劳动在自己的发展过程中也经历了逐渐分化的过程。

与社会活动本身的分工相联系，也就产生了社会活动主体的职业分工，出现了猎人、农人、工人、商人、社会公职人员、文化人，等等。

在社会有机体系中，社会分工是贯穿人的全部关系的一个重要环节。这里的全部关系包括两个方面的内容：一是人与自然的关系，二是人与人的关系。就人与自然的关系来说，社会分工是生产力发展的杠杆；就人与人的关系来说，社会分工是人的社会关系的中介基础。下面分别来加以说明。

1. 分工是生产力发展的杠杆

马克思说：“一个民族的生产力发展的水平，最明显地表现于该民族分工的发展程度。”[①]虽然分工不能改变劳动者和生产资料的数量，但是它可以改变生产力诸因素的结合状况，使其发挥不同的作用。国

① 《马克思恩格斯选集》第1卷，68页，北京：人民出版社，1995年。

民经济中的产业、部门分工的发展，扩大了生产的领域，会极大地推动生产力的发展，甚至造成生产力的新的飞跃。另外，企业内部的劳动过程分工，也有利于提高劳动生产率。比如，操作程序的分工，其一，由于经常完成同一种操作，因此使工作的灵巧性和速度大为提高，也有利于改进技术。其二，消除了从一种操作转到另一种操作所造成的时间上的浪费。其三，把复杂的工艺分解成个别的操作，这就提供了利用多个工人全部个人特点的可能性，也就是说，让每个工人从事他们最擅长的操作。其四，分工有力地促进工具的专门化，从而使工作的速度和质量都迅速提高。

2. 分工是人的社会交往的前提

分工造成个人间和群体间的离异性。这表现在：其一，分工把劳动分割成互相独立的部门，把人们固定地束缚在不同的岗位上，由此形成了本行业、本职岗位的相对独立的利益。其二，分工形成了社会劳动在个人间的不平等分配，由此形成了人们参与社会劳动的地位差别。各种具体劳动，就它们作为满足人类生活需要的手段来说，都是必需的，作为必要劳动，从事这些劳动的劳动者并无高低之分；但是从各种劳动的具体内容和形式来说，都存在着巨大差别。比如，有的在野外，有的在室内；有的安全，有的危险；有的清洁，有的肮脏；有的主要用体力，有的主要用脑力；有的劳动机械重复，不能给人以新鲜感，有的劳动富于创造性，能给人带来乐趣；等等。因此，劳动分工给人们造成了劳动的不平等分配。因此，在社会主义社会，就需要对那些在这种不平等分配中受到亏待的人们以一定的补偿。其三，劳动分工造成了人们在职能和职权上的差别。不同的劳动岗位在社会生活中的作用不同，涉及社会生活的深度和广度不同，因而就有不同的职能，而劳动职能的分配上的差异必然造成职权分配上的差异。

上述三个方面的差异在人类历史上的不同阶段产生了不同的社会作用。在原始社会中，在生产力十分落后基础上形成的自然分工，使人类从蒙昧、野蛮中提升出来，走向文明。所谓自然分工，是按性别和年龄差别和不同地域的自然差别基础上所形成的分工。在原始社会末期和整个阶级社会，在生产力有了一定发展又不甚发展基础上形成的自发分工，引起了财产的私人占有和阶级的差别，以及新旧阶级的兴衰替代。所谓自发分工，是指建立在人受社会条件自发盲目支配下的分工，是与阶级对抗相联系的分工。在未来的共产主义社会中，自愿分工将取代自发分工，将消除自发分工所造成的盲目性和个人发展的片面性缺陷。所谓自愿分工，是指联合的个人在自主地支配生产条件和社会关系前提下的分工，它体现了人对劳动的支配和人的全面自由的发展。

作为人类历史上的职业分工，一方面造成了个体的片面性和人与人之间的离异性，但是作为一个前提，它又提出了人们通过社会交往向普遍联系的人转化的需要。

劳动的程序分工虽然提高了劳动生产率，但每个岗位上的工人只完成了其中的一道工序；因此，谁也不能说，这个产品是我创造的。所以，劳动过程的结果，一件产品的制造，就使各道工序的协作成为必要。

劳动的部门和产业分工，无疑扩大了生产领域，但其中每一个部门都不能脱离其他部门而单独存在，每个部门都必须在与其他部门的交往中才能存在。

因此，伴随着社会职业分工所带来的人们之间的离异性和片面性，通过社会交往所表现出来的社会合作性和整体性也在加强。也就是说，有了社会职业分工，也就有了社会交往。

3. 社会交往是社会关系的诞生地

所谓社会交往，是指现实的个人、社会集团、国家和民族之间互相往来、相互作用、彼此联系的活动。

交往是人类特有的存在方式和活动方式。生产劳动是人区别于动物的根本标志，是人类社会存在和发展的基础。孤立的个人不能进行生产活动，人们只有结成一定的社会关系，互相交换自己的活动，才能进行生产。所以马克思说："生产本身又是以个人彼此之间的交往……为前提的。"马克思又说：个人作为生产力，"只有在这些个人的交往和相互联系中才是真正的力量"①。这是其一。其二，物质交往是保存已创造出来的物质生产能力的保障。某一地方已经创造出来的物质生产力，在往后的发展是否会失传，取决于交往扩大的情况。其三，物质交往的扩大促进了物质生产的发展。交往的

① 《马克思恩格斯选集》第1卷，68、128页，北京：人民出版社，1995年。

扩大，推进了市场规模的发展，促进了生产的发展；交往的扩大，推动分工越出一地、一国的界限，以世界规模向前发展，从而极大地刺激物质生产的发展；交往的发展以及世界交往的形成，为物质生产水平不同的国家之间进行横向交流和生产上的互补提供了可能，从而促进各自物质生产的发展。

交往始源于物质生产活动，但不仅仅存在于物质生产活动中，它是以物质交往为基础的全部经济、政治、思想文化等交往的总和。但是不管是什么类型的交往，人都是交往的主体，交往双方都不仅要承认自己是交往的主体，同时要承认他人也是交往的主体。交往是一种以主客体关系为中介的主体与主体之间的关系。这种关系本质上是互动的。主体间性是建立交往关系的基础，是人们理解交往关系的关键。

人类交往的活动无论是从内容来说，还是从形式来说都是丰富多样的。人们可以从不同角度对交往的内容或交往的形式加以分类。如果从社会层次结构的角度说，可以把交往分为经济的社会交往、政治的社会交往和精神的社会交往，简称经济交往、政治交往、精神交往。

经济交往是人们在物质生产和产品交换过程中的经济联系活动，是为了实现物质利益的交往。这种交往是人们之间的最基本的交往形式，是人们进行物质生产和正常经济生活的前提，同时它也是人们进行政治的、精神的社会交往的直接基础。

政治交往是同经济交往密切联系，保证经济交往目的的实现而进行的政治联系活动。活跃于社会政治交往层面上的是各个具有共同的或相同利益的社会集团及其政治代表人物。人们在这种交往中所谋求的是某种具有根本性或整体性利益的政治保障，因而相对于直接的经济交往，它必然会在更为广泛的范围内进行，以至形成整个民族、国家和国家集团的统一行动。

精神交往是人们精神联系的活动。它是以语言、文字等符号为媒介的关于心理、观念和理论的，包括宗教、道德、科学、哲学、艺术等的交流、传播活动。精神交往受经济和政治交往的规定和制约，但精神交往通过不断引进新的思想、理论、观念，对经济交往和政治交往也会产生巨大的影响和作用。

需要指出的是，社会交往各个层面的划分是相对的。社会生活是一个整体，各个领域、各个层次是密切相关、相互结合、相互渗透的。因此，各种社会交往形式也必然是彼此交错的。

经济交往、政治交往和精神交往，相应形成了人们之间的经济交往关系、政治交往关系和精神交往关系，简称经济关系、政治关系和精神关系。这些关系是社会交往的产物，一旦形成以后，它又作为社会环境支配着人们的交往活动。

交往是一种实践，其作用集中到一点，是形成和扩大个人、民族、国家间的联系。两个彼此不相往来的人没有关系可言，只有在交往中，在相互往来的作用中，社会关系才找到自己的诞生地。

（三）交往的规范化、制度化形成社会机体的结构体系

交往过程充满冲突。一般意义上，冲突源于需要的满足，因而任何冲突都是利益冲突。具体说来，冲突与分工、资源稀缺、权利分配、目标差异有关，也与人的内在素质有关。冲突有一种导致社会无序的倾向，倘若不加控制，社会就会在无休止的争斗中毁灭。但同时，交往过程也充满合作。个人是分散的和彼此独立的，只有联合起来才能成为真正的力量。实际上，正是因为有合作，共同活动的人们才会产生冲突。因此，冲突是合作中的冲突，合作是冲突中的合作。

为了消解冲突、增强合作，使人们的交往活动顺利地、连续地和以日益扩大的规模进行，这就必然要求人们对社会交往关系加以规范化、制度化。制度可定义为社会交往规则，是社会调控人与人关系的机制。就其功能来说，通过规定人们能做什么，不能做什么，对人的行为加以约束；通过规则对导致的重复行为提供信息，使人们能够预期他人的活动，进而作出自己的选择；通过奖励或惩罚，筛选人的行为和关系，实际地决定参与发展的各种因素。因此，制度构成人的现实生活赖以存在的网络，是人的行为的框架、行动的准则和相互关系的指南，它具有相对的稳定性和持久性。从分工的物质技术看，如果没有产品生产的标准化、规范化，就不可能进行社会化生产，当然也就不能使个别劳动转化为社会劳动。从分工的物质关系看，如果没有在分配、流通和消费关系上的规范化和制度化，就不可能进行社会的再生产。

与社会交往的层次相对应，社会交往的规范化、制度化表现为社会制度体系的诸多层次，即构成了社会的经济制度、政治制度和思想

制度。这些不同层次的社会制度逐渐整合成为一个全体协调的社会结构体系，它包括社会的经济结构、政治结构和意识结构，使社会成为一个有机整体。

社会的经济结构是一种生产方式占统治地位的多种生产方式所构成的体系。马克思指出："生产的承担者同自然的关系以及他们互相之间的关系，他们借以进行生产的各种关系的总体，就是从社会经济结构方面来看的社会。"①又说："在一切社会形式中都有一种一定的生产决定其他一切生产的地位和影响，因而它的关系也决定其他一切关系的地位和影响。这是一种普照的光，它掩盖了一切其他色彩，改变着它们的特点。"②马克思的这些论述告诉我们，经济结构既包括人与自然的关系，即生产力；也包括生产中人与人的关系，即生产关系。另外，任何社会的经济结构都不是只包含单一的生产方式，而是占统治地位的生产方式与同它并存的、受其支配的其他生产方式的统一。

社会政治结构，亦即政治上层建筑，是指建立在经济结构之上的政治法律制度、设施相互关联的方式。它包括国家政权机构、政党、军队、警察、法庭、监狱等实体性要素以及关于政权的组织形式、立法、宪法和规程等制度性要素。

社会的意识结构是指一切观念形态的社会意识的关联方式。社会意识结构包括社会的一切意识要素、观念形态、精神活动过程。在社会意识结构中，政治思想相对于其他意识形式处于核心地位，起着主导作用。在阶级社会中，经济上、政治上占统治地位的阶级，它们的思想也是占统治地位的思想。

总之，社会结构是一个以人为主体的结构系统。人是社会的主人。社会结构是主体的自我创造过程，是人的实践活动特别是交往实践活动的产物。社会结构作为一种组织方式和联系网络，主要是建立人与人之间的稳定联系。社会各层次之间的稳定联系及其与自然界之间的相互作用构成一种功能关系，由此不断进行物质、能量、信息的交换，推动社会由低级向高级发展。因此，西方的结构主义把社会结构看作脱离人的实践活动，只对人的活动起制约作用，人只是社会结

① 《马克思恩格斯全集》第25卷，925页，北京：人民出版社，1974年。

② 《马克思恩格斯全集》第46卷（上册），44页，北京：人民出版社，1979年。

构的某种构件的观点是不对的，错误的。同样，现代西方人本主义只讲人的能动作用，而否认社会制度、社会结构对人的活动的制约作用的观点也是不对的，错误的。

第六章　客观规律的价值运用

客观规律与人的能动活动的关系问题，是哲学史上和现代哲学研究中争论颇多的一个重要问题。这个问题之所以会长期纠缠着人们的头脑，其原因是多方面的。其中一个重要原因在于，马克思主义哲学的一些有关理论观点还缺乏应有的深刻理解和说明。比如，如何理解规律客观性之根据，如何说明社会规律的客观性，规律客观性与其价值运用的机制如何，等等。如果这些深层次的理论问题不解决，那么客观规律与人的能动活动相统一的科学原理就难以获得自己坚实的理论基础，也就难免有人会重蹈二律背反思维的覆辙，或者承认规律的客观性，在有些人看来，就意味着规律支配人，人不能支配规律；或是承认人的主体能动性、创造性，在有些人看来，就意味着人可以创造规律，可以消融规律的客观性。为了改变这种状况，为了把上述基本理论问题的研究推向深入，就此，来谈以下几个方面的问题。

一、规律客观性的根据

（一）规律范畴两层含义的统一

什么是规律？规律是事物本身固有的、本质的、必然的联系，是事物运动变化的基本秩序和必然趋势。

这个关于规律的定义包含了两层意思：一是规律的本质规定，即规律是事物本身固有的、本质的、必然的联系。也就是说，规律首先是一个联系范畴，是一种本质的联系，不是现象的联系；是必然的联系，不是偶然的联系，这种联系是事物本身固有的，绝非哪个人的主观想象，也不依人们是否认识为转移，它总是客观地存在着并发生着作用。二是规律的外在显现，即规律是事物运动变化的基本秩序和必然趋势。也就是说，规律也是一个运动范畴。一讲规律，就必然含有事物运动变化的基本秩序和必然趋势的含义。因为，离开了运动变化及其基本秩序和必然趋势，规律就无从表现，就无所依托，就不复存在。

因此，就规律定义的上述两层意思的关系而言，规律的本质规定以规律的外在显现为依托、为体现；规律的外在显现以规律的本质规定为根据（当然，作为规律外在显现的事物运动变化的基本秩序和必然趋势又是通过大量具体的现象表现出来的）。比如，人类社会的劳动方式不断由低级到高级的发展趋势，从深层原因来说，就是在于生产方式内部生产力与生产关系之间存在着本质的、必然的联系（即生产力决定生产关系，生产关系反作用于生产力）。

从认识的角度来说，人们从认识具体的现象开始，从中发现事物运动变化的基本秩序和必然趋势，再进一步揭示这种秩序和趋势后面的规律性根据。

比如，水体流动的现象→水往低处流（一般趋势）→（规律性的根据在于）第一，水体内部水分子之间的引力和斥力大致相当，故水体虽然保持一定体积（水分子凝聚在一起，不会像气体水分子那样四处扩散），但却不能保持一定形状（水体分子不像固体水分子那样互相吸引力很强，而保持稳定的形状）。于是，水体是可以流动的东西。第二，水体在地球上总要受到地心引力的作用，只要水体所处的河道或容器有着高低的倾斜，水体在地心引力的作用下就必然会从高处往低处流。

曾经有人提出，水往低处流是不是规律，我们赞成有的论者的观点，即它是规律，但这是从规律的浅层意义上说的，而不是从规律的深层意义上说的。

如上所说，规律的本质规定是多方面的，但其中首要的和基本的规定是规律的客观性，即不依人的意志为转移性。

（二）规律客观性的本体论说明

规律客观性的根据何在呢？规律客观性的根据不是在单个的事物，而是在世界普遍联系的统一性和和谐一致性。

从规律的深层意义来说，规律是事物本身固有的、本质的、必然的联系。这里的事物是孤立的一个事物呢，还是相互关涉的两个或两个以上的事物呢？虽然上述定义没有加以说明，但可以从中进行分析，因为任何一种联系或关系本身就意味着两个或两个以上事物的相互关涉。换句话说，只有两个以上的事物才谈得上它们之间的联系或关系，而单个的事物是无所谓关系或联系的（当然事物内部也有其不同构成因素之间的关系）。既然如此，规律作为一种关系或联系，这就意味着某个事物的规律，其关涉物不只是这个事物本身，而是包括这个事物在内的两个以上的事物。比如，地球运动的规律，其关涉物不仅有地球，而且至少还包括太阳。水的流动规律其关涉物就有水、地球引力、高低倾斜的地势等。恩格斯曾经指出："单个物体的运动是不存在的。"[①]运动存在于关涉物之间的相互联系、相互作用中。他说："这些物体处于某种联系之中，这就包含了这样的意思：它们是相互作用着的，而这种相互作用就是运动。"[②]如上所说，有了联系和运动，规律才得以存在、得以表现，所谓规律也就是事物联系和运动的规律；离开了联系、运动，规律就不复存在。

当然，规律不是两个以上关涉物的一般的联系或关系，而是"本质的关系或本质之间的关系"[③]。如何理解这里所说的本质的联系呢？有一种观点在把规律与本质加以比较的意义上认为，规律和本质是同等程度的概念，并由此推论，规律是本质在运动过程中的体现。这种理解是欠妥的。

其一，规律和本质是同等程度的概念，这是列宁在《哲学笔记》中提出的一个理论观点。但是列宁的这个观点是有前提的。列宁说："规律和本质是表示人对现象、对世界等等的认识深化的同一类的（同一序列的）概念，或者说得更确切些，是同等程度的概念。"[④]很显然，列宁这段论述是指在对现象世界的认识深度的意义上，规律和本质是同等程度的概念，而不是在一般意义上说的。因此，不能脱离上述前提，把这个命题加以普遍化。因为如果是那样，那么势必会把规律与本质误认为是一种等值关系。那种所谓"规律是本质在运动过程

① ［德］恩格斯：《自然辩证法》，中央编译局译，226页，北京：人民出版社，1971年。
② 《马克思恩格斯选集》第4卷，347页，北京：人民出版社，1995年。
③ ［俄］列宁：《哲学笔记》，中央编译局译，161页，北京：人民出版社，1959年。
④ ［俄］列宁：《哲学笔记》，中央编译局译，159页，北京：人民出版社，1959年。

中的体现”的观点就是这种误解的一种表现。

规律作为本质的联系，其含义不是指它是某一种本质的体现，而是指它把一种本质与另一种本质联系起来。举例来说，经济基础和上层建筑各有其本质，二者的本质联系就是它们的根本性质之间的关系，即经济基础的性质和变化决定上层建筑的性质和变化，上层建筑对经济基础具有能动的反作用。这些也就是上层建筑与经济基础相适应这一规律所包含的基本内容。

其二，规律作为本质的关系不仅体现在事物动态过程中的本质的关系，如原因与结果、可能与现实之间的本质联系；还包括事物静态存在中的诸规定的本质关系，比如事物的质和量之间、形式和内容之间的本质联系。

那么，规律作为本质的联系，这种本质联系的内涵如何呢？在我们看来，这种本质联系就是各关涉物的根本性质的某种契合和统一。两个氢原子和一个氧原子在一定条件下化合成水这条规律，就是氧原子和氢原子在一定条件下的根本性质的契合和统一。同样，元素周期律所揭示的就是元素的化学性质与原子序数之间的一致，生产关系与生产力相适应的规律就是物质生产方式的形式和内容之间的契合，质量互变规律就是事物质变和量变这样两种变化形式在一定条件下的统一。

规律作为联系是两个以上关涉物的根本性质的契合，所以，规律是以每个关涉物的根本性质为基础，而又凌驾于每个关涉物之上，支配关涉物；既超越每个关涉物，又涵盖和统摄每个关涉物。不管这些关涉物是客观事物，还是主观精神，它们之间根本性质的契合，都是涵盖、统摄和支配这些关涉物的客观的存在和客观的力量，是不依人的意志为转移的。

规律所蕴涵的各关涉物根本性质的契合和统一，从宏观角度说，不论是自然规律、社会规律和思维规律，还是实践规律、人的发展规律，等等，都是世界普遍联系的统一性、和谐一致性，在不同层次、不同方面的具有普遍性的形式表现。比如，自然规律就是通过自然物的相互作用所实现的自然界的普遍联系的统一性、和谐一致性。所以，恩格斯说，自然规律是“自然界中的普遍性的形式”[①]。又比如，社会规律是通过人的生产劳动所实现出来的历史和自然相互联系的统一性、和谐一致性。社会是自然界长期发展的产物，同时也是通过人的劳动活动而实现的自然界的延续。因此，马克思认为，“社会是人同自然界的完成了的本质的统一”[②]。人类社会的历史归根到底是在生产劳动中形成的、经过形式变化的、适合人需要的自然力即生产力，与生产劳动中形成的物质的社会关系即生产关系相互作用的历史。也正是在这个意义上，马克思恩格斯常常把社会规律称之为“社会的自然规律”。同样，思维规律也是通过人的思维活动所实现的主观世界与客观世界相互联系的统一性、和谐一致性。思维必须以外部世界为自己的前提，思维的主观形式决不能脱离思维的客观内容而独立存在。人的全部思维活动都是和客观事物处于一种必然联系中的活动。思维规律就是在思维活动中实现，同时又支配着人的思维活动的这种必然性联系。恩格斯指出：“我们的主观的思维和客观的世界遵循同一些规律，因而两者在其结果中最终不能互相矛盾，而必然彼此一致，这个事实绝对地支配着我们的整个理论思维。这个事实它是我们的理论思维的本能的和无条件的前提。”[③]由于任何规律都是对世界普遍联系的统一性、和谐一致性在某一层次、某一方面的普遍性的形式表现，因而人们对规律的认识，即“规律的概念”也都“是人对于世界过程的统一和联系、相互依赖和整体性的认识的一个阶段”[④]。

规律以世界普遍联系的统一性、和谐一致性为自己表现的内容。而世界的普遍联系的统一性、和谐一致性，既不是上帝的安排，也不是人为的赋予，而是世界本身所固有的，所以规律是客观的。换句话说，规律客观性的根据就在于世界所固有的普遍联系的统一性、和谐一致性。

有的论者认为，人创造了新事物，也就创造了新事物的运动规律。其实，这一推论是不能成立的。因为人创造的新事物总是作为一种个别的存在，而新事物的运动规律则是新事物与其他关涉物的本质

① 《马克思恩格斯选集》第4卷，341页，北京：人民出版社，1995年。

② 《马克思恩格斯全集》第42卷，122页，北京：人民出版社，1979年。

③ 《马克思恩格斯选集》第4卷，364页，北京：人民出版社，1995年。

④ ［俄］列宁：《哲学笔记》，中央编译局译，158页，北京：人民出版社，1959年。

联系，它是超越新事物这个个别存在的一种关系存在。举例来说，人造卫星作为个别存在是人造的，人造卫星运动的规律则是人造卫星在运动过程中所表现出来的超越人造卫星这个个别存在与地球之间的本质联系。这种联系是世界普遍联系的统一性、和谐一致性的一个方面的实现和表现。因此，人造卫星是人创造的，不能由此推论出人造卫星的运动规律是人创造的。不仅如此，人对人造卫星的建造还必须遵循地球卫星运动的规律，否则人造卫星就上不了天，上了天也会掉下来。

（三）规律客观性的认识论和实践论解读

规律是客观的，不依人的意志为转移的。这可以从认识论和实践论两个方面来说明。

一是在规律与规律的认识关系上，规律的存在是第一性的，人类对规律的认识是第二性的。二者是反映与被反映的关系。规律作为被反映者是不以作为反映者的人类的意志为转移的，是客观的。人们认识规律就是认识规律所表现的世界普遍联系的统一性、和谐一致性。这种统一性、和谐一致性在有的场合是通过人的有意识的活动来实现的，有的场合则不是这样。但不管是否是通过人的有意识的活动来实现，也不管人们对规律是否认识以及认识的深度如何，一切规律存在的根据都是客观的，是不依人的意志为转移的。有的论者曾经对社会规律的客观性产生怀疑，究其原因，一个重要方面是没有把社会规律存在的客观根据与社会规律通过人的有意识的活动加以实现这两者区别开来。把社会规律的实现途径当作了社会规律产生的根源、根据，从而得出了“社会规律是主体人的选择活动的结果”这种不正确的结论。

二是在规律与人的活动关系上，有的规律比如社会规律和思维规律虽然通过人的有意识的活动来实现，但是这些规律不仅不以人的意志为转移，反而决定人的意志，制约和规定着人的活动。也就是说，人必须按规律办事。

关于社会规律的客观性，我们将在本章第二部分专门加以论述，这里先来谈谈认识规律的客观性。

认识规律是通过人的认识活动来实现的，但认识规律又是不以人的主观意志为转移的。众所周知，认识属于意识现象，是人脑反映外部世界的活动或这种活动的结果。由此必须承认，认识活动、知识以及认识的规律都属于主观的领域，而不同于外部世界的客观事物及其运动规律。然而，意识不是物质之外的、与物质并行而独立的东西。统一于物质的意识（包括认识）就是人脑这种特殊的物质所具有的特殊的运动形式，因而意识的规律，包括认识发展的规律和物质运动的规律一样，也具有客观性。这是从意识的物质归属性，即意识统一于物质的角度说的。而就意识与物质相区别的角度说，认识规律虽然是主观领域的规律，但它不过是在主观的认识活动中所实现的认识主体与认识客体的根本性质的契合。认识不是单纯主体的活动，不是主体纯粹的单相思（因为单相思也是有想象中的对象的），而是主体通过工具认识客体的活动。因此认识规律不是认识主体单纯运动的规律，而是认识主体和认识客体之间以工具为中介的本质联系，这种联系无论对认识主体和认识客体都具有超越性和统摄性。作为这种超越性和统摄性的一个方面的表现，就是认识规律不以认识主体的意志为转移，即客观性。拿认识的最初形式感觉来说，在什么条件下产生什么样的感觉，是具有客观规律的。比如，光线落到视网膜上引起颜色的感觉，就光的感觉形成的规律而言，不过是一定波长的电磁波（390~760毫微米）与具有接受这个范围的电磁波的视觉器官在相互作用中的性质契合。光的感觉的形成就是这种规律作用的表现，是这种契合的表现。没有一定的光波的运动，没有接受一定光波的视觉器官（比如色盲）以及二者在相互作用中的性质契合，就没有光的感觉的产生，这是不以任何感觉主体的意志为转移的感性认识规律的客观性。以感性为基础的其他认识活动也贯穿着其他认识规律的作用。另外，认识的规律，其关涉物也不仅仅是认识本身，也包括社会实践；从这个角度说，认识规律是认识与实践在相互作用中的性质契合，这个规律也就是我们通常所说的认识发展的总规律，即实践、认识、再实践、再认识，循环往复，不断提高，以至无穷。认识的产生、发展与社会实践及其发展的规律性联系也是不以任何认识主体的意志为转移的。所以，在人类发展的不同阶段上会产生不同的认识成果，这是认识规律客观性的又一个方面的表现。虽然同一历史阶段的实践或同一实践中可能产生不同的认识，在不同实践中也可能产生相同的认识，但对这些情况作具体分析，总是可以找到在其中认识活动的规律性。

总之，就规律的存在来说，尽管有的规律是通过人的有意识的活动来实现的，但一切规律存在的根据都是客观的，即它们都是对世界普遍联系的统一性、和谐一致性的普遍性的形式表现。从规律的具体实现来说，尽管有的规律的实现离不开人的有意识的活动，但这些规律作为世界普遍联系的统一性、和谐一致性的具体体现，即作为人的有意识活动中主客体之间的本质联系，也是不以主体的意志为转移的，而是客观的。

下面重点来谈谈社会规律与人的活动的关系。

二、社会规律是人的活动的规律

（一）社会规律在人的活动中生成

社会规律是建立在物质生产实践基础上的社会生活现象的本质联系和变化发展的必然趋势。

社会规律是人的活动的规律，这是历史唯物主义的一个重要命题。这个命题的基本含义有二：一是人是历史活动的主体，历史是人的活动展开过程的结果。构成历史活动的各种要素，无论是生产力和生产关系，抑或是政治上层建筑和社会意识形态，都是人的实践活动的产物；没有实践，便没有社会生活，没有人类社会。因此，社会生活在本质上是实践的。二是它揭示了社会规律的本质特征。社会规律不同于自然规律，它形成、存在并实现于人类实践活动之中。马克思主义哲学的这一命题十分清楚地揭示了社会规律的客观必然性与人的主体创造性的统一。

所谓社会规律不同于自然规律，不是表现在其客观程度有什么区别，而只是表现形式的不同，即自然规律有绝对的定性表现和比较确定的量的数值。比如氢原子（H）和氧原子（O）化合成水（H_2O），氢原子、氧原子和水都有自己的性质规定，同时又必须是两个氢原子与一个氧原子化合才能在一定条件下变成水，即有它们的量的数值的规定。而社会规律没有绝对的定性表现，它只是一种倾向性；也没有一成不变的量的数值，只是一种近似值。比如，生产关系适应生产力状况的规律，生产力状况就是很难用量的数值来表现的。这里的“适应”作为一种性质规定，不是绝对的，而是相对的，只能是“基本”适应，只能是一种基本倾向。

为什么社会规律和自然规律的表现形式会有上述不同呢？

撇开人对自然的反作用不谈，自然规律以物为中介获得表现，社会规律以人为中介，或者说是在人的活动中获得存在和表现的。物有一重性，即物质性；而人的活动有两重性，即既有物质本质性，又具有意识能动性。而意识能动性的发挥在其现实性上，既包含有与物质本质性、客观规律性统一、一致的可能，又潜在着与后者的对立、背离的可能。正是在这种时时对立、背离和时时调整的矛盾中动态地实现着两者的统一、一致。由此而言，人们不可能完全按照物和人的统一尺度去进行实践创造，倒是在两种尺度的时时背离、时时调整中动态地实现着两者的统一。因此，在实践中，历史形成的本质的联系不能纯粹地存在和表现，它总是受到种种相反因素的影响，使社会规律的自然态带有趋势的性质。对此，马克思曾经指出：“必然有某些起反作用的影响在发生作用，来阻挠和抵消这个一般规律的作用，使它只有趋势的性质”[①]。他又说，社会“一般规律”是“一种占统治地位的趋势”[②]。社会规律“没有任何其他的现实性，而只是一种近似值，一种倾向，一种平均数，但不是直接的现实”[③]。

总之，社会规律是人的活动的规律，其意思是说，社会规律是以人的活动为载体而形成和起作用的规律。它不存在于人的活动之前，也不存在于人的活动之外，而是存在于人的活动之中。不存在某种活动就不存在相关的规律。

（二）社会规律无所谓主体性

社会规律对人的活动的依赖性造成了社会规律是以人的意志为转移的假象，有些人被这种假象所迷惑，抽象地、片面地强调主体的作用，在社会规律与人的活动的关系问题上重新返回到唯心主义。在这些论者看来，“人是主体”，承认人是主体，也就意味着承认“社会运

① 《马克思恩格斯全集》第25卷，258页，北京：人民出版社，1974年。
② 《马克思恩格斯全集》第25卷，181页，北京：人民出版社，1974年。
③ 《马克思恩格斯全集》第39卷，409页，北京：人民出版社，1974年。

动是主体的运动”。于是断言：“社会规律是自为的规律”，“社会规律有主体性”。并且认为，只有承认社会规律的主体性，才能与机械论和宿命论划清界限。那么什么是社会规律的主体性呢？在他们看来，“社会规律是主体活动产生的”；“人在创造历史的同时，也就创造了社会历史的发展规律”；“社会规律是主体人的选择活动的结果”。由此可见，这些论者所谓的社会规律的主体性，指的就是社会规律以主体活动为转移性。

这样一个命题能够成立吗？

在我们看来，主体是一个重要的哲学课题，强调人的主体的能动性，社会的主体性；强调主体的价值追求，强调主体的内在尺度，强调客体如何适应主体的要求和需要，这些都是有意义的。不少学者在这些方面进行了有益的探索，从而拓宽了哲学的研究领域，展开了新的哲学视角，这是应该肯定的。但是离开人的受动性，只讲人的能动性；离开社会运动的客体性，只讲社会运动的主体性；离开社会规律对人的活动的制约性，只讲社会规律对人的活动的依赖性，都是片面的、错误的。由这些片面的、错误的前提中所推论出的社会规律的主体性的结论，自然也是错误的，不能成立的。

1. 主体人是能动与受动的辩证统一

人是一个具有多种属性的存在，其中包括自然性、社会性、实践性，等等。与实践性相联系，或者作为人的实践性一个方面的人性展开，人又具有主体性。因此，主体或主体性是相对于人的实践活动和实践基础上的认识活动而言的，离开了实践活动和认识活动也就无所谓人的主体性。人作为实践活动和认识活动的主体又是对应着实践活动和认识活动的客体的。主体是实践活动和认识活动的承担者，客体是主体实践活动和认识活动指向的对象。在主客体的相互作用中，主体相对于客体具有能动性，同时具有受动性，即受客体所制约的一面。因此，在人的实践活动和认识活动中，相对于客体，人作为主体是能动与受动的统一。

在主客体关系问题上，承认人是主体，承认主体的能动性，这是从康德以来许多哲学家共有的观点。但是在承认主体的能动性时，是否也承认主体的受动性就成为辩证唯物主义与唯心主义在这个问题上的分歧所在。唯心主义在讲人是主体时，只讲主体的能动性，并不讲主体的受动性，结果把主体人变成了绝对能动的抽象精神。这种抽象精神在黑格尔那里就是作为绝对精神的一个环节的“自我意识”。费尔巴哈在批判黑格尔的这种思辨主体论的过程中，在感性基础上提出了人作为主体是能动性和受动性统一的思想。他说：“我完全不是作为和客体对立的主体，而作为主体—客体。”[①]“自我不仅是某种能动的东西，而且也是受动的东西。”[②]但是费尔巴哈关于人作为主体是能动性和受动性统一的思想，所指谓的只是人作为感性主体的能动性和受动性在人的认识中的统一，而不是指人作为实践主体的能动性和受动性在人的实践中的现实的、活生生的统一。因此，在费尔巴哈那里，并没有能揭示出人作为主体能动所具有的和受动的本质含义及其二者之间的辩证关系。

在马克思主义看来，主体人是在实践基础上实现作为能动性与受动性的辩证统一的。这种辩证统一表现在：人作为受动性存在，“环境创造人”；人作为能动性存在，“人也创造环境”。或者叫作“既是剧作者，又是剧中人”。人作为剧作者，是主体客体化，剧本是剧作者本质力量的外化、表现；人作为剧中人，是客体主体化，剧情通过剧中人获得表现。因此，主体人不是绝对能动，而是能动中的受动；也不是纯粹的受动，而是受动中的能动。

所谓能动中的受动，是说人作为能动的自然存在物进行活动时，已经内在地受着客体的制约和规定。他的活动就是在这种客观制约性和规定性的范围内或前提下进行的，并不是随心所欲的。所谓人是受动中的能动，是说人的这种受动性是在主体的能动活动中表现出来的受动性。人作为实践主体虽然不能为所欲为，但实践活动的确又是他们所为；人的活动虽然不是自由意志的表现，但人的活动的确又是按照自己的意志行事。

总之，必须把主体人作为能动和受动的辩证统一来把握。有些论者只看到主体人的能动性，而没看到人的受动性，这是片面的、错误的。从这样一个片面、错误的逻辑前提出发，所推演出来的一系列结论，比如，把社会运动归结为主体的运动，把社会规律归结为以主体

① 转引自［俄］普列汉诺夫：《反对哲学中的修正主义》，刘若水译，379页，北京：生活·读书·新知三联书店，1959年。

② 《费尔巴哈哲学著作选集》上卷，91页，北京：商务印书馆，1984年。

活动为转移的规律，自然也就不可能是正确的。

2. 社会运动是社会主体与社会客体的辩证运动

把主体人作为在实践基础上能动与受动的辩证统一，把实践作为主体与客体相互作用的思想运用于社会领域的研究，从而得出关于社会运动是社会主体和社会客体的辩证运动的思想，这是马克思的一大贡献。在此以前，无论是唯心主义还是旧唯物主义，都在历史的迷宫面前陷入了歧途。他们有的失足于用环境的静观存在来说明人的发展，有的失足于把人特别是人的思想看作既定的前提，认为社会的发展是某种先天人性展示的结果，或是某种思想偶然激发的产物。只有马克思才科学地指出，作为主体的社会的人类和作为客体的人类的社会是直接同一的，社会是主客体的统一。这种统一的基础就是人类进行的社会实践。在实践过程中，“社会本身生产作为人的人”，同时，“社会也是由人生产的”[①]。人及其活动是以社会为中介而得以进行、得到发展的，同时社会也通过人的活动而得以延续、得以前进的。

承认在实践基础上社会主体和社会客体的相互作用，这是马克思展开自己全部历史唯物主义理论的基础。在马克思看来：“历史不外是各个世代的依次交替。每一代都利用以前各代遗留下来的材料、资金和生产力；由于这个缘故，每一代一方面在完全改变了的环境下继续从事所继承的活动，另一方面又通过完全改变了的活动来变更旧的环境。”[②]这样，每一代人都从前一代人所创造的条件出发，在更高的起点上开展自己的活动；每一代人又都以自己更加发展、更加丰富的实践创造着日益提高的社会物质文明和精神文明，创造着下一代人借以从事活动的“环境”。

正是在这种历史的运动中，马克思既肯定了社会主体的能动性，又肯定了作为社会客体的社会条件的制约性；并从社会主体的能动性这一面入手揭示出：历史总是人的历史，总是人为着追求自己的目的而创造的历史。因此，西方的结构主义者主张“历史无主体”的观点是错误的。马克思又从社会条件的客观制约性这一面入手，揭示出人的活动的规律，亦即社会历史发展的规律。因此，那种把历史说成是主体的纯粹创造，认为历史无客体的观点也是错误的。有些论者把社

① 《马克思恩格斯文集》第1卷，187页，北京：人民出版社，2009年。

② 《马克思恩格斯选集》第1卷，88页，北京：人民出版社，1995年。

会运动等同于主体的运动，不知他们是否意识到这一点，即这样一来，也就否定了社会运动中客体的作用，否定了社会运动中的客观条件性和客观规律性对于主体的制约作用。

总之，不能把社会运动归结为主体的运动，它是社会主体和社会客体的辩证运动。如果从主体的角度说，社会运动是一个受客观规律制约的人的实践创造过程；如果从客体的角度说，社会运动就是这样一个通过人的实践活动而实现的自然历史过程。

3. 社会规律的客观性与人的历史创造性的统一

如前所说，承认社会规律是人的活动的规律，这是承认社会运动是社会主体和社会客体的辩证运动所必然得出的结论。社会规律不同于自然规律，自然规律可以离开人的活动而存在并发挥作用。相反，社会领域是人造的，社会规律的存在和作用是在人的活动本身中。但是能否如有的论者所认为的，因为人创造社会，所以推断人也创造社会规律呢？不能。

因为社会不等同于社会规律，不能从人创造社会而推断出人创造社会规律。社会规律顾名思义是社会的规律，它是社会结构和各要素之间的本质的、必然的联系。它是社会本身所固有的。尽管社会历史是人的有意识的活动创造的，但是当人们进行历史的第一个活动——生产劳动时，社会历史开始运动，社会规律开始发生作用。换句话说，人们通过有意识的活动创造了历史，历史按照自己的内在规律进行运动，社会规律对于社会历史是与生俱来的。所以，它对于人类来说则是必然的。比如，人们生产了商品，商品按照价值规律进行交换。价值规律对于商品生产者来说是不以他的意志为转移的，是必然的。不管生产者个人怀着什么动机和欲望，也不管他们怎样企图贱买贵卖，但都不能取消价值规律，而是要受价值规律的制约。因而决不能说，人创造了商品，也就创造了价值规律；同样，不能认为人创造了社会历史，也就创造了社会历史运动的规律；更不能认为，人的活动有选择性，进而认为社会规律是人的选择活动的结果。

历史选择论者否认历史规律的客观性，其所谓的根据在于社会规律存在于人的活动之中，必然由人的活动来实现，因而得出社会发展是主体的选择来决定，进而推论出社会规律由主体的选择来决定的结论。其实，人的活动既有可选择的一面，也有不可选择的一面。

所谓不可选择，是指活动的现实社会前提是人们必然面临的，不可选择的。人们不可能自由选择生产力，不可能自由选择生产关系，不可能自由选择自己的文化遗产；这些都是既定的，被给予的，是每一代人都要面对的既成现实。

所谓人的活动又有可选择的一面，这是由于在社会发展过程中，矛盾的复杂性和多样性以及各种错综复杂的关系使事物的发展呈现出多种可能性。究竟哪一种可能性会变成现实固然取决于客观条件，但同样要看主观的努力。这种主观努力就包括主体的正确选择。

所谓正确选择就是要符合规律，就是要遵循规律的客观性，按规律办事。首先，选择的客体（社会客体以及自然客体等）是有自己的运动规律的。这些规律是不以选择者的主观意志为转移的，如果人们蔑视它，则必然遭到惩罚。其次，在选择主体方面，人们之所以这样选择而不那样选择，受到主体所拥有的客观条件、自身状况（人的需要和利益、认识能力等）乃至他人选择的制约，这也是一种规律性。它表明，不管人们是否意识到规律的存在，他们的选择终归不是任意的，而是受社会规律的支配的。最后，从主客体的统一，即人们的活动过程看，二者之间无疑存在着内在的、本质的、必然的联系，这突出表现在主观意图与客观结果的关系之中。主观意图并非都如愿以偿，说明其中存在着不以人的意志为转移的客观联系（包括规律）；人们的选择只能顺应它，才能达到目的。

对此，康德曾说："无论人们根据形而上学的观点，对于意志自由可以形成怎么样的概念，然而它那表现，即人类的行为，却正如任何别的自然事件一样，总是为普遍的自然律所决定的。历史学是从事于叙述这些表现的，不管它们的原因是多么的隐蔽，但历史学却能使人希望：当它考察人类意志自由的作用的整体时，它可以揭示出它们有一种合乎规律的进程，并且就以这种方式而把从个别主体上看来显得杂乱无章的东西，在全体的物种上都能够认为是人类原始的禀赋之不断前进的、虽则是漫长的发展。"[①]可见康德是承认历史有规律的，意志自由必须服从历史的规律。

对此，黑格尔从其唯心主义角度也发表了高明的见解。他在

① ［德］康德：《历史理性批判文集》，何兆武译，1页，北京：商务印书馆，1997年。

《历史哲学》中指出："我们对历史的最初的一瞥，便使我们深信人类的行动都发生于他们的需要、他们的热情、他们的兴趣、他们的个性和才能；当然，这类的需要、热情和兴趣，便是一切行动的唯一的源泉——在这种活动的场面上主要有力的因素。"[①]但同时他又指出："在历史里面，人类行动除掉产生他们的目的在取得的那些结果——除掉他们直接知道欲望的那种结果之外，通常又产生一种附加的结果。他们满足了他们的利益；但还有潜伏在这些行为中的某种东西，虽然它们没有呈现在他们的意识中，而且也并不包括在他们的企图中，却也一起完成了。"[②]黑格尔在这里也猜测到了社会活动中规律的存在和作用。

因此，尽管社会发展史不同于自然发展史，历史过程的内在规律性不同于自然过程的内在规律性；但是如前所述，这种不同，并不表现在客观程度上有什么区别，而只是表现形式的不同，即社会规律不同于自然规律，它要通过人的自觉活动表现出来。这里，社会规律作为被表现者，人的自觉活动作为表现者，表现者要受制于被表现者，这种关系是不难理解的，也是不能颠倒的。人的活动要受客观规律的制约，不能倒过来认为客观的社会规律要以人的活动为转移，具有所谓主体性等。当然人的活动对于社会规律的表现有自觉和盲目之分，其效应有正面性和负面性之别。而这里的关键就取决于人们对于社会规律的认识和运用的能力如何。因此，承认社会规律通过人的有意识的活动来表现，并不会多少削弱社会规律的客观性，也不会使社会规律具有所谓主体性。正如列宁所指出的："不管人们相信或不相信，意识到或没有意识到这种过渡，马克思把社会运动看做受一般规律支配的自然历史过程，这些规律不仅不以人的意志、意识和意图为转移，反而决定人的意志、意识和意图。"[③]主张"社会规律的主体性"的论者其失足之处在于，没有把社会运动如实地看作是一个自然历史过程，夸大了社会运动的主体性，消蚀和淡化了社会规律的客观性。

坚持社会规律的客观性，坚持社会规律不能被人为地创造和设计，不以主体人的活动为转移，是否会如某些论者所担心的，这样必

① ［德］黑格尔：《历史哲学》，王造时译，59页，北京：生活·读书·新知三联书店，1956年。
② ［德］黑格尔：《历史哲学》，王造时译，66页，北京：生活·读书·新知三联书店，1956年。
③ 《列宁选集》第1卷，33页，北京：人民出版社，2012年。

然会导致历史的宿命论和机械决定论呢？我们认为，上述二者并不存在必然的联系。关键在于必须正确解决社会规律的客观性与人的历史创造性如何在实践中获得统一的问题。

关于这个问题，在人类思想史上确实存在着两种片面的认识。一些思想家仅仅看到了历史过程中人的作用，特别是主观精神的作用，认为主观精神的偶然激发、情感意志的某种变化，都会使历史改观。因此在他们看来，"'历史'是建筑在捉摸不定的流水之上的，是建筑在喷涌无常的火山之巅的"[①]，因而认为历史无规律可循。

另有一些思想家则与之相反，他们或是以客观唯心主义形式，或是以自然唯物主义形式，透露出或提出了关于社会规律客观性的思想，但同时他们又忽视了人的历史创造作用。

从古希腊哲学家毕达哥拉斯的"一切都服从命运，命运是宇宙秩序之源"[②]，到黑格尔的"'理性'是世界的主宰，世界历史因此是一种合理的过程"[③]，等等，其中都以歪曲的形式肯定了社会规律的作用。在宿命论那里，人只是听从命运摆布的奴隶。在黑格尔那里，虽然他在一定程度上看到了历史发展中人的热情的作用，比如他讲过："第一是那个'观念'，第二是人类的热情，这两者交织成世界历史的经纬线。"[④]但是就总体来看，黑格尔仍然把人看成是实现理性目的的工具，亦即神秘的历史必然性的工具。

在马克思以前，人们对社会历史规律的认识除了沿着客观唯心主义这一条路线以外，还沿着另一条即自然唯物主义路线进行。近代自然科学的发展，特别是牛顿经典力学的巨大成功，构成了从18世纪末到19世纪初历史哲学变革的一般理论背景。18世纪的法国唯物主义者试图将自然规律观念直接运用到历史领域，或者按自然规律的特征来理解社会的必然性，从而提出了社会的"自然秩序""自然法则"等理论观点。以上这些思想家从自然与人相统一的角度确认社会规律的客观存在，这是他们的优点和长处；但同时，他们又只是从纯粹自然的角度来看待社会规律，而忽视了社会规律在内容上和表现形式上的特

① ［德］黑格尔：《历史哲学》，王造时译，24页，北京：生活·读书·新知三联书店，1956年。

② 北京大学哲学系外国哲学史教研室编译：《古希腊罗马哲学》，35页，北京：生活·读书·新知三联书店，1961年。

③ ［德］黑格尔：《历史哲学》，王造时译，47页，北京：生活·读书·新知三联书店，1956年。

④ ［德］黑格尔：《历史哲学》，王造时译，62页，北京：生活·读书·新知三联书店，1956年。

殊性，忽视了对社会规律与人的能动性的辩证关系的说明，因而他们对社会规律的认识又带有机械论的、形而上学的性质。

从历史联系的角度来看，马克思主义的历史唯物主义既是对以往哲学的继承，又是对以往哲学的超越。马克思指出，社会经济形态的发展，既是一个有规律的自然历史过程，又是一个人的能动创造过程。这样在社会规律的客观制约性与人的历史创造性的关系问题上，就克服了以往哲学偏于一面的片面性观点，从而在实践基础上对社会规律的客观制约性与人的历史创造性的统一作了科学的说明。

（三）社会规律客观性与人的历史创造性在实践中的统一

那么，这种统一的具体表现如何呢？

1. 就先前实践与当下实践的关系来说

比如经济因素和经济规律，它们是客观存在的东西，但同时又不是脱离人的活动、主宰历史的一种神秘力量。经济因素，它作为人的活动的前提，是前人实践的结果，作为今人活动的要素，它又是通过人的活动而改变的东西。正是在人类世代所构成的连续不断的历史活动中，经济因素的发展呈现出规律性的动态过程。可见，经济因素和经济规律对于人的活动所表现出来的条件性和制约性，不过是以往人类实践的积累以及作用于其中的一般趋势性对于今人活动所表现出来的条件性和制约性。由这种条件性和制约性所表现出来的环境对人的改造，实质上不过是人在创造环境的同时人对自身的改造。这就是历史的主体创造性与历史的客观规律性在实践基础上的统一。因此，把历史看成是自由意志的自由创造，无疑是不对的；但是把历史看成是按某种固定图式自动实现的过程，也是不对的。这两种观点都是马克思主义所反对的。

2. 就群体活动与个体活动的关系来说

社会历史不是个别人活动的产物，而是“人们交互活动的产物”[①]。历史之所以能够呈现丰富多彩的状态，是因为无数单个人的意志的相互作用形成了无数个相互交错的力量，无数个“力的平行四边形”的矢量和。每一个人都按照自己的思想在活动（这些思想的形

① 《马克思恩格斯选集》第4卷，532页，北京：人民出版社，1995年。

成，各有它的客观基础），由于各个个人的主观愿望和努力方向各不相同，作为交互作用的结果的历史，不会完全符合哪一个人的愿望，而是按照“合力”的方向前进的。合力所指示的运动方向，对于每个人来说，都具有客观性。正如恩格斯所指出的，“无数的单个愿望和单个行动的冲突，在历史领域内造成了一种同没有意识的自然界中占统治地位的状况完全相似的状况”，即“一般规律就表现在这些动力的相互作用中”，“因而它们的动机对全部结果来说同样地只有从属的意义”[①]。这里所说的合力的客观性，以及表现在人们交互作用中的规律或合力规律，实际上也就是群体活动的客观性，以及内涵于其中的一般趋势性，对于每个个人意志来说的不可转移性。

马克思在论到商品流通时，也曾指出：商品流通“这一运动的整体虽然表现为社会过程，这一运动的各个因素虽然产生于个人的自觉意志和特殊目的，然而过程的总体表现为一种自发的客观联系；这种联系尽管来自自觉个人的相互作用，但既不存在于他们的意识之中，作为总体也不受他们支配”。[②]

当然，个体活动与群体活动的关系，在阶级对抗的社会中和未来共产主义社会中性质是不同的。在私有制社会中，个人利益之间的对抗性产生了个人愿望之间和个人行为之间的对抗性，特别是阶级剥削和阶级压迫的存在，使社会的合力变成了一种异己的、统治人的力量。在这样的社会中，人们是在盲目的社会必然性的支配下活动。而在未来的无阶级活动中，由于人们之间利益的一致性，因而产生个人愿望之间、个人行动之间对立的社会历史原因消失了，但由于认识根源还存在，因而还会产生个人之间在愿望和行动上的差别。因此可以说，在无阶级社会中，可以把个人活动与社会合力之间的不一致减小到最低限度，但是永远也不会完全消除这种不一致。当然也应该承认，到那时，在基本的方面或在愈来愈大的程度上，群体的合力已被他们的个人愿望和集体的理性所控制。这时候，在以往私有制社会中，通过群体合力自发实现的必然性，无论对个体或群众来说，都已变成了自觉实现的必然性。这也就是马克思所说的人类从必然王国向自由王国的飞跃。但是即使到那时，也不能认为社会规律丧失了必然

① 《马克思恩格斯选集》第4卷，247、248页，北京：人民出版社，1995年。

② 《马克思恩格斯全集》46卷（上册），145页，北京：人民出版社，1979年。

性，而以人的意志为转移；只能认为，到那时，社会规律对于主体人来说，由盲目的必然性变成了自觉的必然性，变成了自由。正如恩格斯所说的："人们自己的社会行动的规律，这些一直作为异己的、支配着人们的自然规律而同人们相对立的规律，那时就将被人们熟练地运用，因而将听从人们的支配。"[①]这里的"支配"并不能理解为"像征服者统治异民族一样"，可以任意地处置社会规律；而只能理解为，由于自觉性的提高，人们能够认识社会规律，自觉地遵循和运用社会规律。

3. 就个体活动本身来说

人类社会所具有的一切必然形式都是个体活动借以实现的必然形式。社会历史也是人类个体的发展史。个体劳动表现为社会劳动，个体劳动又是社会总劳动的有机组成部分。个人是社会的，社会也是个人的。"由此就必然得出一个结论：人们的社会历史始终只是他们的个体发展的历史，而不管他们是否意识到这一点。"[②]因此，不是历史的主体作为工具，去实现历史本身的所谓目的，而是历史的主体借助社会的必然形式、社会规律的必然性，去展开自己的活动。正如马克思所指出的，"他们的物质关系形成他们的一切关系的基础。这些物质关系不过是他们的物质的和个体的活动所借以实现的必然形式罢了"[③]。只是在很长的历史时期中，人们对这种必然形式的认识还处于盲目的状态。于是，这就在人们的头脑中形成了这样一种错觉，似乎不是作为主体的人借助这些必然形式去进行自己的活动，反倒是这些必然形式作为超人的力量，在驱使人去实现某种客观的目的。认识上的这种颠倒也是唯心主义历史观产生的一个原因。历史唯物主义产生以后，从理论上结束了这种颠倒，认为人类历史上所表现出来的一切必然形式，都是个人实践借以展开的必然形式。必然和自由不是绝对对立的。在马克思看来，自由是对必然的认识和利用。建立在必然性基础上的思想和行动，才是真正自觉的思想和行动，这样的思想和行动才是自由的。因此，必然性给自由提供了存在的权利，它使自由由偶然性的玩物变成了伟大的不可抗拒的力量。

---

① 《马克思恩格斯选集》第3卷，634页，北京：人民出版社，1995年。

② 《马克思恩格斯选集》第4卷，532页，北京：人民出版社，1995年。

③ 《马克思恩格斯选集》第4卷，532页，北京：人民出版社，1995年。

总之，主体人是能动与受动的统一，主体是在与客体的相互作用中存在和表现的。社会运动是社会主体和社会客体的辩证运动，社会规律是人的活动的规律，是人的活动中必然具有的规律，是必然要通过人的活动而得到表现的规律。因此，一方面，人们的活动必然要受到社会规律的制约；另一方面，人们又可以通过实践认识和利用社会规律，不断从必然走向自由。坚持社会规律的客观制约性与人的历史创造性的统一，这是马克思主义的历史唯物主义的一个基本观点。

三、客观规律价值运用的机制

规律是客观的，是不以人的意志为转移的，但人可以在实践中认识和利用规律，以造福人类。也就是说，规律的客观性与其价值性运用是统一的。那么，人何以能够利用规律为自己服务，这其中的机制如何？下面从四个方面来对此加以说明。

（一）规律客观性与其作用条件的人为性

条件这个概念，指的是制约事物存在和发展（或运动）的因素。它是一个内容非常广泛的概念。对条件可以从不同角度加以分类。比如，主观条件、客观条件，直接条件、间接条件，内部条件、外部条件，等等。我们这里所说的规律发生作用的条件只涉及外部条件。

任何事物的存在和发展都是有其一定的外部条件的。规律作为隐藏在事物发展过程中的本质联系，其作用能否得到表现也是有条件的。恩格斯在《自然辩证法》中曾经举这样一个例子说："我们知道：氯和氢在一定的压力和温度下受到光的作用就会爆炸而化合成氯化氢；而且只要我们知道这一点，我们也就知道：只要具备上述条件，这种现象随时随地都会发生。至于是否只发生过一次还是重复发生过100万次，以及在多少天体上发生过，这都是无关紧要的。"这就是"自然规律的永恒性"的表现。[①]在我们日常生活中，这种只要具备一定条件就随时随地均可发生的而不以人的意志为转移的例子比比皆是：物体从空中总是落到地上，这是地球引力规律作用的结果；物体

① 《马克思恩格斯选集》第4卷，341页，北京：人民出版社，1995年。

相互摩擦就会发热，这是能量守恒和转化规律作用的表现；谦虚使人进步，骄傲使人落后，这是先进和落后相互转化规律的作用使然，等等。这里必须指出的是，对于任何一个规律来说，要发生作用，具备一定条件是重要的。只要具备它所需要的一定条件，该规律的作用就必然表现出来，并为人所感知；如果这种条件不具备，则其作用就不能表现出来。当然，这决不意味着规律不存在了。

既然规律能否发生作用取决于是否具备一定的条件，那么这就为人的能动性的发挥提供了某种空间，为人们实现规律的客观性与其价值性运用的统一提供了可能。因为在人力所能及的范围内，条件是可以由人自觉地创造或有意识地加以消除的。也就是说，人可以发挥主观能动性，在实践中创造某种条件，使某一规律发生作用，从而获得人所需要的结果；也可以消除某种条件，使某一规律不能发生作用，从而避免某种不利于人的后果。比如，在一定的温度、湿度条件下，粮食会发芽，这是植物生长规律的作用。如果人们把粮食只是作为口粮，而不是作为种子用来育苗，那就必须把粮食晒干，并在低温下妥善保存，从而使上述规律不具备发生作用的条件，那么它也就不能发生作用。相反，如果是要培育幼苗，那就要创造使上述规律发生作用的条件，使其发生作用。当然，创造条件也需要条件，也必须遵循一定的规律，但这不是我们在这里所要讨论的。

由此可见，规律的存在是客观的，是不以人的意志为转移的。但规律是否具备发生作用的条件，这在一定范围内取决于人为实现价值目标而进行的选择活动。这里的一定范围是指人力所能干预的过程。有些规律发生作用的条件就是纯自然的、自发的。“忽如一夜春风来，千树万树梨花开。”在这里，“梨树开花”过程中的规律的作用条件就是自发形成的，不是人力干预的结果。

（二）规律普遍性与其个别载体的可选择性

规律是同一类事物运动中所具有的本质联系。在同类事物的范围内，只要具备一定条件，它是普遍地起作用的，这是规律的普遍性。但普遍性寓于特殊性之中，规律的普遍性不能脱离同类事物的各个个别而存在，而发挥作用，它是以个别事物的存在和运动为载体，并通过个别来表现的。相对于同类事物来说，规律的普遍性是客观的，是不以人的意志为转移的；但作为规律普遍性的载体因其是个别的，因而在人力所能及的范围内是可以选择，并可以优化的，这又为发挥人的主观能动性，有价值地运用规律提供了可能。比如，在一定的湿度、温度下，一切植物的种子都会发芽、长叶，这是植物生长规律的普遍性的表现。但人可以按照自己培养壮苗的价值取向，筛选出某种作物的饱满的种子，舍弃不好的种子，运用上述规律培育出自己需要的好苗子。近几十年来迅速发展起来的遗传工程，就是通过对生物基因优选、组合，运用遗传规律创造出新的优良品种。生物遗传规律对一切生物来说都具有普遍性。生物遗传规律发生作用的载体即遗传物质是脱氧核糖核酸，即DNA，也就是我们通常所说的基因。所谓遗传工程，就是用人工方法，把不同生物的脱氧核糖核酸分子提取出来，在体外进行切割、嫁接，并从这种嫁接的多种可能的解中，通过反复筛选、淘汰，有效地获得最佳解；并把这种最佳解嫁接引入某种细胞中，在遗传规律的作用下，使这一细胞获得相应的性状，创造出生物的新品种。目前这一领域已经取得了巨大的成功，显示出十分诱人的前景，以至在全球范围掀起了“生物工程热”。生物工程说到底就是人工优化遗传规律发生作用的载体——生物基因，利用遗传规律作用的普遍性，创造出生物的新品种，以满足人的需要。可以说，人类所成功创造的一切，都是人自身的价值追求与运用某种规律的普遍性作用的统一为基础的。

（三）规律实现的可能性空间与人的自主性

规律是现实的本质，而现实是流动的，一切过程都会在时间流里丧失其必然性，并以新的必然性取而代之。这种新的必然性只是相对的必然性，即作为事物发展的未来趋势，也就是现实的可能性。正如马克思所说的那样：“在有限的自然里，必然性表现为相对的必然性，表现为决定论。而相对的必然性只能从实在的可能性中推演出来，这就是说，存在着一系列的条件、原因、根据等等，这种必然性是通过它们作为中介的。实在的可能性是相对必然性的展现。”[①]然而，规律作为事物发展的必然趋势，给事物提供的并不是一种惟一的现实可能

① 《马克思恩格斯全集》第40卷，205页，北京：人民出版社，1982年。

性，而是由多种现实可能性组成的发展空间。在这一可能性空间中，人们可以根据自己的目的、需要进行自觉选择。例如：根据有关部门统计表明，吸烟对健康危害极大，吸烟的人比不吸烟的人有双倍的可能性死于65岁以前。如果戒了烟，患癌症和心脏病的可能性便很快下降；吸烟的人戒烟10年后，便和不吸烟的人有同样抵抗癌症和心脏病的能力。因此，越来越多的人选择了远离烟草、维护健康的生活方式。同时每一种可能性的实现又可以有多种的形式，即多种途径和方法，人们对具体途径和方式的选择可以发挥巨大的创造性和能动性。例如，同样是社会主义公有制经济，过去我们坚持人民公社的形式，改革开放后我们选择了以家庭联产承包为基础、实行统分结合的双层经营形式。不同的可能性，不同的途径和方式，在特定的条件下，被实现的只有一个。实现了的这种可能性，是否是实现主体目的和需要的最佳选择，这取决于主体对客观规律认识的正确程度和自身能动性发挥的程度。选择可能正确，也可能错误，因此我们要慎重对待每次选择。这里的关键是不要忘记，我们的选择是要受到客观条件和主观条件制约的。

（四）规律交互作用与其结合态的价值选择

任何事物都有区别于其他事物的某些确定的规定性，因而彼此是独立的。但事物的这种独立性是相对的，或者说，任何事物都是独立存在的，而不是孤立存在的。因为任何事物除了与其他事物有相区别的一面以外，还有相联系的一面。由于事物有相对独立的一面，因而任何事物都有其相对独立的运动规律；又由于事物之间还存在相互联系的一面，因而这些相互联系的事物，其各自的规律之间也互相影响、互相制约。比如，在社会系统中，生产力、生产关系、经济基础、上层建筑等各有自己相对独立的运动规律。但由于上述的任何一方都不能脱离其他方面而孤立地存在和发展，因此，生产力运动发展的规律，生产关系、经济基础运动发展的规律和上层建筑运动发展的规律之间必然存在着相互制约的关系。这种相互制约就集中地表现为更高一个层次的规律，即社会系统的运动发展规律，这也就是大家熟知的社会基本矛盾运动规律。

由于事物是在多种规律的交互作用中运动的，因此，这诸多规律的不同集合形态，就会使事物发展表现出不同的可能。究竟选择哪一种可能，并使之变成现实，这就取决于人在力所能及的范围内，按照自己的价值目标，去选择和运用规律不同集合态的交互作用，以实现自己的目的。运用规律不同集合形态的交互作用，就其取向来说，大致有三种类型。

1. 促进型

即运用此一规律的作用去促进、强化另一规律的作用。

比如，在社会发展中，生产力的发展决定生产关系的变革，这是一条社会规律。但是，生产关系变革并不是这一规律孤立起作用的结果，还必须有上层建筑变革对经济基础变革的反作用这一规律的作用。一切自觉的革命者应该能动地运用后一个规律的作用去促进前一个规律的作用，以实现用新的生产关系取代旧的生产关系。而能否实现这种促进，这就取决于人民群众的觉悟和创造历史的主动精神，取决于他们能否动员起来、组织起来，去推翻旧的上层建筑和建立新的上层建筑，去利用上层建筑对经济基础反作用的规律，以促进生产关系的变革。

在十月革命前，考茨基、普列汉诺夫和苏汉诺夫等人把生产力看作制约社会历史进程的惟一因素，把唯物史观看作单纯的经济决定论，把马克思主义的社会经济形态学说看作简单划一的机械图式，而忽视了上层建筑对经济基础的反作用，忽视了革命政党、革命阶级和人民群众在历史上的能动作用。他们片面地认为，俄国生产力还没有发展到足以实现社会主义的水平，因而一致反对列宁在俄国发动革命以实现无产阶级专政的主张。不难预见，如果按照他们的意见行事，那么俄国社会主义革命无疑会丧失时机，拖延下来，资产阶级的统治就会依然如故。但列宁反对他们的主张。列宁认为，虽然俄国资本主义不发达，但俄国已经具备了进行社会主义革命的基本物质前提，特别重要的是，在这一定程度的物质生产前提下，阶级力量对比有利于无产阶级，因而革命的时机已经成熟。因此，列宁和布尔什维克党不顾第二国际机会主义者们的反对，因势利导，发动了俄国的十月社会主义革命。十月革命的成功，是列宁自觉运用社会规律的交互作用而取得的一个伟大的胜利。

2. **抑制型**

即运用此一规律的作用去抑制彼一规律的作用。

在我国的现实生活中存在的那些腐败的、丑恶的东西，是和人民利益根本对立的，是为人民群众所深恶痛绝的。但是，它们的发生也有其不以人的意志为转移的规律性。比如，对外开放，门户打开，必然会飞进来一些“苍蝇、蚊子”；发展商品经济，必然会引发一些人的拜金主义；权力的滥用必然会导致权力的腐败，等等。那么，能否因为这些腐败、丑恶东西的产生有其规律性、必然性而束手无策，或像某些人所主张的，这是历史发展的必然代价而安之若素，不能。我们必须与这些腐败、丑恶的东西作斗争。其办法就是用另一些规律的作用，去抑制这些腐败、丑恶东西产生的规律的作用。比如，为了防止权力的滥用导致权力的腐败这一规律发生作用，对于当权者，无疑有必要启发他们的廉耻心、正义感和自觉性；但这样做还远远不够，教化可以使人向善，但不足以惩恶。18世纪法国哲学家孟德斯鸠认为，只有惩戒的恐惧才能使当权者对权力的滥用得到休止。这也是一条规律。运用这条规律的作用，就必须建立健全的权力监督制度和其他法律制度，从而使当权者在宪法和法律规定的范围内谨慎从事，不然就绳之以法，惩治不贷。这也就是邓小平所说的：“还是要靠法制，搞法制靠得住些。”[①]由此可见，人世间任何腐败的、丑恶的东西尽管有其产生的规律性、必然性，但并不可怕，人们总可以找到并运用某些相应的规律去加以抑制，从而使健康的、美好的东西得到张扬。

3. **互补型**

即运用相关规律之间的互补作用。

这里的互补作用是指，在同一场合下，互相作用的两条规律各有其正面作用和负面作用，而彼此的正面作用正好是对彼此的负面作用的抑制，或校正。因此，人们可以自觉地利用规律之间的这种互补作用，以推动事物的健康发展。

比如，在建立社会主义市场经济体制的过程中，价值规律和国民经济有计划发展规律就具有这种互补作用。过去在相当一段时期里，我们没有自觉地认识和利用这两条规律之间的互补作用，是有深刻教

① 《邓小平文选》第3卷，379页，北京：人民出版社，1993年。

训的。往往只讲国民经济有计划发展规律的作用，而忽视价值规律的作用，并把有计划发展规律视为社会主义特有的经济规律，这也是一种片面性。宏观经济的运行无疑要有国家计划的调节，但认为计划可以无所不包则是错误的。因为无所不包的计划是没有也是不可能有的。如果主观上硬要用计划去调节宏观经济和微观经济的全部运行，结果只能是越统越死，使社会主义经济丧失活力。十一届三中全会以来，我国开始改革高度集中的计划经济体制，以建立社会主义市场经济体制为目标。在这种情况下，又有一些人只讲价值规律的作用，不讲国民经济有计划发展规律的作用。其实，这也是一种片面性。价值规律通过市场调节来实现。市场调节有它的优点和积极作用，它是同商品经济本性相适应的能较好地促进生产力发展的一种经济运行手段；但它也有弱点和消极作用，即具有某种自发性、盲目性。因而不可能通过市场调节来实现国民经济的宏观平衡，不可能为国民经济的宏观运行指出最优的发展方向，不可能靠市场调节纠正市场本身的“错误”。比如，不可能通过市场调节解决垄断，不可能通过市场调节实现社会公平，等等。因此，必须由国家加强宏观调控，其主要手段就是计划调节，就是要发挥国民经济有计划发展规律对价值规律的互补作用。当然，国民经济有计划发展规律不是我们过去所认为的是社会主义特有的经济规律，而是现代化大生产共有的经济规律。这就是为什么二次大战以后普遍出现了“资本主义也有计划”的现象。西方“混合经济”理论的主要代表人物萨缪尔森认为，市场调节和政府计划调节在现代经济管理中缺一不可。他说，如果缺少某一方面来管理经济，结果都是一样，即试图用一只手来鼓掌。我们党的十四大报告中也明确指出，在建立社会主义市场经济体制的过程中一定要实行计划和市场两种手段的结合。当然，“计划与市场的两种手段相结合的范围、手段和形式，在不同时期、不同领域和不同地区可以有所不同”[①]。实现计划和市场两种手段相结合，从客观根据来说，就是利用国民经济有计划发展规律与价值规律的互补作用，以推动我国社会主义市场经济的健康发展。

又比如，社会主义物质文明建设和精神文明建设的结合，以及社

① 《中国共产党第十四次全国代表大会文件汇编》，23—24页，北京：人民出版社，1992年。

会主义现代化建设中一系列两手抓的方针，就其实质来说，都是利用相关规律之间的互补作用，以推动整个社会主义现代化建设事业的发展。

综上所述，可以得出以下三点结论：

（1）规律及其普遍性、规律实现的可能性空间和规律间的交互作用是客观存在的，不以人的意志为转移的。认识到这一点，就为人的活动提供了客观依据和获得成功的信心。同时，规律发生作用的条件，规律的普遍性所寓存的个别载体，规律所提供的可能性向现实性的转化，以及规律间交互作用的集合态等，在一定范围内又是可以根据人的价值目标加以选择、创造的。这就为人在实践中发挥主观能动性，有价值地运用规律提供了可能，为人们在行动中实现合规律性与合目的性的统一提供了契合点。

（2）尊重规律的客观性，这是对规律进行价值性运用的前提；没有这个前提，价值的实现就必然落空，并遭致失败。同样，对规律的价值性运用，这是人认识规律客观性的根本目的。没有价值目标的激励、导向和规范，人对规律客观性的认识和运用就失去了动力，失去了方向，失去了意义。因此，任何把规律的客观性与对规律的价值性运用对立起来的观点都是错误的。

（3）我们正面临着大力发展科学技术，促进经济腾飞，加速改革开放，建立社会主义市场经济体制，以及加强社会主义精神文明建设等一系列重大而艰巨的任务。解决这些任务的总原则，从哲学上来说，就是要坚持规律的客观性与其价值性运用的统一。只要坚持这个统一，就能开创工作的新局面，使人民高兴，使人民得到利益。

第七章　社会基本矛盾学说与体制改革理论

社会基本矛盾学说是历史唯物主义的基本内容。马克思主义关于社会形态、社会发展规律和社会发展动力等一系列重要理论，都是依据这个学说提出来的。邓小平的体制改革理论作为邓小平理论大厦的一根重要的支柱，也是以社会基本矛盾学说为哲学基础的，同时又是对这个学说的极大丰富和发展。因此，从社会基本矛盾学说的高度，完整准确地理解邓小平体制改革理论，充分揭示它的哲学意蕴，这对高举邓小平理论的伟大旗帜，正确认识历史、把握现实，促进我国改革开放和社会主义现代化建设事业的健康发展，都具有十分重要的意义。

一、毛泽东的社会基本矛盾学说

（一）毛泽东社会基本矛盾学说形成的理论前提

在马克思主义哲学发展史上，毛泽东继承了马克思列宁主义关于生产力和生产关系、经济基础和上层建筑两对矛盾的思想，在此基础上，通过对中国长期革命实践经验的哲学概括和总结，形成了他的关于"社会基本矛盾"的学说。

众所周知，唯物史观的创立是马克思的两大理论贡献之一。在这个理论创立的时候，即早在19世纪40年代中期，在马克思恩格斯写作的《神圣家族》和《德意志意识形态》等著作中就已经提出了关于社会基本矛盾的思想。这个思想在1859年写作的《〈政治经济学批判〉序言》中得到了经典性的表述。马克思说："人们在自己生活的社会生产中发生一定的、必然的、不以他们的意志为转移的关系，即同他们的物质生产力的一定发展阶段相适合的生产关系。这些生产关系的总和构成社会的经济结构，即有法律的和政治的上层建筑竖立其上并有一定的社会意识形式与之相适应的现实基础……社会的物质生产力发展到一定阶段，便同它们一直在其中运动的现存生产关系或财产关系（这只是生产关系的法律用语）发生矛盾。于是这些关系便由生产力的发展形式变成生产力的桎梏。那时社会革命的时代就到来了。随着经济基础的变更，全部庞大的上层建筑也或慢或快地发生变革。”[①]马克思主义在强调经济在社会发展中的最终决定作用这一主要原则的同时，又认为，经济因素不是“惟一决定性的因素”，政治上层建筑和意识形态的各种因素也“对历史斗争的进程发生影响”[②]。总之，社会的三个层次：生产力、生产关系（经济基础）和上层建筑，从下往上，一个层次决定一个层次；又由上到下，一个层次反作用于一个层次。这些作用和反作用推动人类社会由低级形态向高级形态发展。

马克思恩格斯运用他们所创立的社会基本矛盾的思想，在《共产党宣言》中生动地描述了资本主义社会基本矛盾的形成、发展和不断激化的历史过程。在后来写作的《资本论》中，通过对资本运动的深刻分析，具体揭示了资本主义社会的丧钟是怎样由于社会基本矛盾的运动而敲响的，进一步说明了社会主义取代资本主义的历史必然性，从而论证了马克思主义关于社会主义思想的科学性。

在领导俄国革命的过程中，列宁继承和发挥了马克思主义的上述思想。列宁认为，马克思的基本思想“是把社会关系分成物质的社会关系和思想的社会关系。思想的社会关系不过是物质的社会关系的上层建筑，而物质的社会关系是不以人的意志和意识为转移而形成的，是人维持生存的活动的（结果）形式”[③]。物质的社会关系主要指经济关系。所以列宁认为：必须“从社会生活的各种领域中划分出经济领域，从一切社会关系中划分出生产关系，即决定其他一切关系的基本的原始的关系”[④]。他说：“只有把社会关系归结于生产关系，把生产关系归结于生产力的水平，才能有可靠的根据把社会形态的发展看作

① 《马克思恩格斯选集》第2卷，32—33页，北京：人民出版社，1995年。
② 《马克思恩格斯选集》第4卷，696页，北京：人民出版社，1995年。
③ 《列宁全集》第1卷，120—121页，北京：人民出版社，1984年。
④ 《列宁全集》第1卷，107页，北京：人民出版社，1984年。

自然历史过程。”①

列宁运用马克思主义关于社会基本矛盾的思想，分析了资本主义由自由竞争走向私人垄断阶段即帝国主义阶段的社会基本矛盾的特点，在此基础上，提出了关于无产阶级革命的理论和策略。在这个理论和策略的指导下，列宁领导俄国人民进行了十月革命，建立了苏维埃政权，从而使社会主义从理想变成了现实。

毛泽东继承了马克思、列宁的社会基本矛盾的思想，即关于生产力与生产关系的矛盾、经济基础与上层建筑矛盾的思想，并把这两对矛盾概括为“社会基本矛盾”，提出了“社会基本矛盾”的概念。这种概括本身是对马克思主义历史观的一个新发展。

这表现在：第一，把生产力和生产关系、经济基础和上层建筑的矛盾概括为社会基本矛盾，这就为人们认识整个社会的基本结构提供了宏观的视角。因为这两对矛盾作为社会基本矛盾，其所涉及的三个方面概括了社会生活的基本领域，两个矛盾内在的关系和它们之间的关系，也就是社会的基本结构关系。因此，把握了社会基本矛盾，也就基本上把握了整个社会机体。第二，把生产力和生产关系的矛盾、经济基础和上层建筑的矛盾概括为社会基本矛盾，也就是承认这两对矛盾贯穿于人类社会发展过程的始终。这样也就为认识一切社会形态（包括现阶段的社会主义社会和未来的共产主义社会）的矛盾，为在社会领域中坚持彻底的辩证法提供了一个基本的立足点。第三，把生产力和生产关系的矛盾、经济基础和上层建筑的矛盾概括为社会基本矛盾，这就为认识由基本矛盾所决定的其他一切社会矛盾，比如阶级矛盾、民族矛盾、先进与落后的矛盾提供了一个总根据、总的指导原则。第四，把生产力和生产关系的矛盾、经济基础和上层建筑的矛盾概括为社会基本矛盾，也就揭示了一切社会形态发展的基本动力。

由此可见，毛泽东关于“社会基本矛盾”的概括是对历史唯物主义基本理论的合乎逻辑地继承和发展，在理论上和实践上都是具有重大意义的。

---

① 《列宁全集》第1卷，110页，北京：人民出版社，1984年。

（二）毛泽东社会基本矛盾学说创立的历史过程

毛泽东在理论上的这一贡献，当然不是纯粹的逻辑操作的结果，而是在把马克思主义的普遍真理与中国革命和建设的实践相结合的过程中长期锤炼成的哲学成果。

毛泽东早在1926年发表的《中国社会各阶级的分析》一文中就运用生产力决定生产关系、经济基础决定上层建筑的原理，科学地分析了经济落后的半殖民地半封建的中国社会各阶级的经济地位，以及由这种经济地位所决定的政治态度。毛泽东指出："在经济落后的半殖民地的中国，地主阶级和买办阶级完全是国际资产阶级的附庸，其生存和发展，是附属于帝国主义的。这些阶级代表中国最落后的和最反动的生产关系，阻碍中国生产力的发展。""工业无产阶级人数虽不多，却是中国新的生产力的代表者，是近代中国最进步的阶级，做了革命运动的领导力量。"[①]这里的论述表明，毛泽东这时候已经具有了关于社会基本矛盾的思想，并运用这一思想去分析敌我友这一革命的首要问题。当然这时候他还没有提出"社会基本矛盾"这一概念。

但是到1937年，毛泽东在发表《矛盾论》这一重要著作时，其思想过程已经接近于这一概念的提出。在《矛盾论》中，毛泽东运用对立统一这个宇宙的根本规律的观点去观察世界，第一次提出了基本矛盾的概念。他说："事物发展过程的根本矛盾及为此根本矛盾所规定的过程的本质，非到过程完结之日，是不会消灭的。"[②]这里所说的"根本矛盾"，就是指贯穿事物发展过程始终的、决定其本质的"基本矛盾"。也是在《矛盾论》中，毛泽东从彻底的唯物论和辩证法的高度论述了生产力和生产关系、经济基础和上层建筑的辩证统一关系。他指出："生产力、实践、经济基础，一般地表现为主要的决定的作用，谁不承认这一点，谁就不是唯物论者。然而，生产关系、理论、上层建筑这些方面，在一定条件之下，又转过来表现其为主要的决定的作用，这也是必须承认的。当不变更生产关系、生产力就不能发展的时候，生产关系的变更就起了主要的决定的作用。""当政治文化等等上层建筑阻碍着经济基础的发展的时候，对于政治上和文化上的革新就

① 《毛泽东著作选读》上册，5、9页，北京：人民出版社，1986年。
② 《毛泽东著作选读》上册，153页，北京：人民出版社，1986年。

成为主要的决定的东西了。我们这样说……不是违反唯物论，正是避免了机械唯物论，坚持了辩证唯物论。”[①]毛泽东这样来论述问题，即把对生产力和生产关系、经济基础和上层建筑的辩证关系的认识与能否坚持辩证唯物主义世界观联系起来，这就表明，在毛泽东看来，上述两对矛盾并不是一般的矛盾，而是关于社会的根本性、整体性的矛盾。

毛泽东的这一认识在新民主主义革命胜利以后，特别是生产资料所有制的社会主义改造完成以后，更加明确起来，并具有了现实的紧迫性。毛泽东于1957年发表的《关于正确处理人民内部矛盾的问题》一文，第一次提出了“社会基本矛盾”这一概念，并对社会主义社会基本矛盾的特点进行了科学分析，这是具有重大意义的。

（三）毛泽东社会基本矛盾学说的总体评价

在国际共产主义运动史上，马克思恩格斯为无产阶级革命提供了理论指导，但他们并没有看到无产阶级革命的胜利和社会主义的实现，因而在他们的理论中，关于社会主义社会的矛盾语焉不详。列宁创造了世界上第一个社会主义国家——苏联。但列宁逝世过早，加之当时严酷的战争和阶级斗争环境，使列宁还不可能对社会主义社会的矛盾进行系统的思索。斯大林领导了苏联的生产资料私有制的社会主义改造，但斯大林在苏联实现农业集体化以后，就认为在社会主义条件下，“生产力同生产关系状况完全适合”[②]，因而苏联已没有生产力和生产关系的矛盾，苏联社会主义的生产关系“完全适合于生产力的增长，推动生产力一日千里地向前发展”[③]。另外，他还强调，在苏联社会主义制度建立以后，人民群众在精神上、道义上的一致，人民群众的团结一致，是社会主义社会发展的动力。在他那里，矛盾的普遍性这个规律被错误地否认了，辩证法被违背了。直到他在逝世前一年所写的《苏联社会主义经济问题》一书中才承认社会主义社会还有矛盾，如果政策不对，调查得不好，是要出问题的。但是，正如毛泽东所指出的：“他还是没有把社会主义制度下生产关系和生产力的矛盾、

① 《毛泽东著作选读》上册，166—167页，北京：人民出版社，1986年。
② 《斯大林选集》下卷，449页，北京：人民出版社，1979年。
③ 《斯大林选集》下卷，590页，北京：人民出版社，1979年。

上层建筑和经济基础之间的矛盾，当作全面性的问题提出来，他还是没有认识到这些矛盾是推动社会主义社会向前发展的基本矛盾。”[①]既然斯大林没有把生产力和生产关系之间的矛盾、经济基础和上层建筑的矛盾从社会基本矛盾的高度来加以认识，也没有把它们作为社会主义社会向前发展的根本动力来加以肯定，那么也就更谈不上对社会主义社会基本矛盾的特点进行科学的分析和概括。斯大林领导的苏联共产党在根本指导思想方面的这种失误，必然使人们在现实的社会矛盾面前处于盲目被动的状态；矛盾不断产生，又不能主动积极地去加以解决，必然造成矛盾的累积。这种趋势在斯大林时期已经产生，在斯大林的后继者们那里不但没有能得到扭转，反而得到了进一步的强化，最终被反社会主义势力所利用，导致了苏联社会主义事业的瓦解，这个教训是极为深刻的。

毛泽东作为一个杰出的马克思主义者，在我国生产资料私有制的社会主义改造完成以后，在刚刚进入社会主义建设阶段的初期，就以敏锐的洞察力和巨大的理论勇气明确指出：第一，社会主义社会充满矛盾。1957年11月18日，毛泽东在莫斯科共产党和工人党代表会议上的发言中说：“无论什么世界，当然特别是阶级社会，都是充满着矛盾的。有些人说社会主义社会可以‘找到’矛盾，我看这个提法不对。不是什么找到或者找不到矛盾，而是充满着矛盾。”[②]第二，明确揭示了社会主义社会的基本矛盾。既然社会主义社会充满矛盾，那么，什么是基本的矛盾呢？毛泽东明确指出：“在社会主义社会中，基本的矛盾仍然是生产关系和生产力之间的矛盾，上层建筑和经济基础之间的矛盾。”[③]第三，提出社会主义社会的基本矛盾表现为社会主义社会的两类矛盾，即敌我矛盾和人民内部矛盾。毛泽东认为，这是两类不同性质的矛盾，必须采取不同的方法去加以解决。第四，社会矛盾是不会完结的，我们解决社会矛盾的革命工作一天也不能停止。毛泽东说：“当然，在解决这些矛盾以后，又会出现新的问题。新的矛盾，又需要人们去解决。”[④]“矛盾不断出现，又不断解决，这就是事物发展

① 《毛泽东选集》第5卷，385页，北京：人民出版社，1977年。
② 《毛泽东著作选读》下册，529页，北京：人民出版社，1986年。
③ 《毛泽东著作选读》下册，767页，北京：人民出版社，1986年。
④ 《毛泽东著作选读》下册，769页，北京：人民出版社，1986年。

的辩证规律。”[1]毛泽东这些关于社会主义社会矛盾的认识，充分体现了马克思主义的彻底的辩证精神和科学的创新精神。

就社会基本矛盾学说的创立而言，毛泽东不仅把马克思列宁主义论述过的关于生产力和生产关系、经济基础和上层建筑这两个矛盾概括为贯穿一切社会形态的基本矛盾，从而在马克思主义思想史上第一次明确提出了“社会基本矛盾”的概念，这是第一。第二，与此相联系，他明确肯定了社会主义社会的基本矛盾仍然是生产关系和生产力之间的矛盾、上层建筑和经济基础之间的矛盾。第三，他依据矛盾普遍性和特殊性相统一的原理，进一步指出，社会主义社会的基本矛盾，“同旧社会的生产关系和生产力的矛盾，上层建筑和经济基础的矛盾，具有根本不同的性质和情况”。我国的“社会主义生产关系已经建立起来，它是和生产力的发展相适应的”，这是基本的一面。“但是，它又还很不完善，这些不完善的方面和生产力的发展又是相矛盾的。”“除了生产关系和生产力发展的这种又相适应又相矛盾的情况以外，还有上层建筑和经济基础的又相适应又相矛盾的情况。”[2]这种既相适应又相矛盾的情形正是社会基本矛盾在社会主义社会特殊性的表现。第四，毛泽东依据对社会主义社会基本矛盾的特殊性的分析，提出了认识和解决社会主义社会基本矛盾的根本原则。由于社会主义社会基本矛盾的双方相适应是基本的，社会主义生产关系和上层建筑能够为生产力的发展开辟广阔的前景，所以社会主义制度比一切剥削阶级旧制度有无比的优越性，必须坚持和维护社会主义制度，坚持走社会主义道路；又由于社会主义社会基本矛盾双方还有不适应的一面，这种不适应势必阻碍生产力发展，所以社会主义社会又必须时时注意去克服这种不适应。怎样去克服这种不适应呢？在这里不需要也不允许用另一种社会制度代替社会主义制度的办法去解决，“它可以经过社会主义制度本身，不断地得到解决”[3]，从而达到社会主义的不断自我完善、自我发展。

总之，毛泽东在社会基本矛盾学说，特别是在社会主义社会基本矛盾学说方面的贡献是巨大的。

---

① 《毛泽东著作选读》下册，769页，北京：人民出版社，1986年。

② 《毛泽东著作选读》下册，768页，北京：人民出版社，1986年。

③ 《毛泽东著作选读》下册，767页，北京：人民出版社，1986年。

但是，由于当时社会主义制度才刚刚建立，社会主义社会基本矛盾双方的不适应还没有充分暴露，因而还不可能对此在理论上进行深入的概括和全面的总结。另外，当时不少人还对新生的社会主义制度持怀疑态度，针对这种情况，毛泽东就比较多地强调“适应”的方面，以树立人们对社会主义制度的信心，而对“不适应”的方面总结得比较简单，论述得比较分散，还没有形成相应的理论概念。

还应指出的是，社会主义社会的基本矛盾这一伟大思想，在我国社会主义建设中，在从1957年以后将近20年的时间内并没有能得到正确的坚持和运用，因而造成了经济、政治、文化等诸方面的混乱。其主要原因，是在指导思想上逐渐“左”倾，以致造成了“文化大革命”这样的历史性灾难。毛泽东背离了他自己创立的关于社会主义社会基本矛盾的性质和特点的正确观点，违背了他在20世纪50年代后半期创立社会主义社会基本矛盾学说的初衷。这是一件非常遗憾的事情。

党的十一届三中全会以后，在新的历史条件下，邓小平领导中国人民冲破了种种不符合实际的社会主义传统观念的束缚，开创了改革开放和社会主义建设的新局面。在这一伟大实践中，邓小平形成了自己的体制改革理论。这一理论以更加明确的形式、更加科学的内容，极大地丰富和发展了马克思主义特别是毛泽东思想关于社会主义社会基本矛盾的学说。

二、邓小平体制改革理论的杰出贡献

在探索中国特色社会主义建设道路的过程中，邓小平从总结社会主义建设的经验教训出发，对社会主义社会基本矛盾问题的探讨给予了高度重视。他一方面明确指出，“关于基本矛盾，我想现在还是按照毛泽东同志在《关于正确处理人民内部矛盾的问题》一文中的提法比较好”，即“在社会主义社会中，基本的矛盾仍然是生产关系和生产力之间的矛盾，上层建筑和经济基础之间的矛盾”。另一方面他又强调说：“指出这些基本矛盾，并不就完全解决了问题，还需要就此作深入的具体的研究。”[①]即要揭示社会主义社会基本矛盾在我国现阶段的具

① 《邓小平文选》第2卷，181、182页，北京：人民出版社，1994年。

体表现形态和正确加以解决的具体途径。正是在解决这个问题的过程中，邓小平进行了一系列的理论创新，从而提出了他的体制改革理论。这个理论对毛泽东社会基本矛盾学说的发展，就其主要点来说，可以概括为以下几个方面。

（一）关于根本制度与具体体制两个层次的制度理论

邓小平的体制改革理论将包含在生产关系和上层建筑中的各种制度划分为根本制度和具体体制两个层次。

这是一个马克思主义的创造性见解。邓小平在谈到我国经济领域和政治领域的改革时这样说："社会主义基本制度确立以后，还要从根本上改变束缚生产力发展的经济体制，建立起充满生机和活力的社会主义经济体制，促进生产力的发展。"[①]"不改革政治体制，就会阻碍生产力的发展，阻碍四化成功。"[②]

这些重要的论述和我们正在继续进行的改革实践告诉我们，改革的对象不是社会主义制度本身，不是社会主义的基本制度或根本制度，而是生产关系和上层建筑中不适应生产力发展的"环节和方面"，是"经济体制""政治体制"，也就是社会的"具体制度"。

这里涉及两个概念："社会根本制度"和"社会具体制度"。这两个概念的含义如何呢？

"社会根本制度"是指包含在社会生产关系和上层建筑中的根本关系。比如，资本主义社会中的资本家私有制、资本家与雇佣工人之间的不平等关系、分配中的剥削关系以及资产阶级专政等；社会主义社会中的生产资料公有制、生产过程中人与人之间的平等互助关系、按劳分配以及无产阶级专政等。各自社会的生产关系和上层建筑中的根本关系，就是"社会根本制度"。社会根本制度决定生产关系和上层建筑的根本性质。根本制度变革就是社会制度的根本改变，就是社会形态的飞跃。

"社会具体体制"是社会根本制度的具体体现，是社会的管理者在生产关系和上层建筑中为了贯彻和实现社会根本制度的要求而采取的各种具体的管理制度，是生产关系和上层建筑中的非根本的关系、环

① 《邓小平文选》第3卷，370页，北京：人民出版社，1993年。

② 邓小平：《建设有中国特色社会主义》（增订本），138页，北京：人民出版社，1987年。

节或方面。所以，社会的具体体制也叫社会的管理体制。一个国家的合适的社会具体体制，既要体现该国家的社会根本制度，又要适应该国的具体国情和它所处的具体发展阶段。随着社会的发展和人们认识水平的提高，可能发现社会具体体制的某些环节和方面并不能真正体现社会的根本制度，或者已不能适应生产力进一步发展的要求，这时对于社会具体体制上不适应的环节和方面就要进行变革。

可见，社会制度包括社会的根本制度和具体体制。社会根本制度和社会具体体制是社会制度的两个层次。

对社会制度作这样两个层次的划分，也就使马克思主义社会基本矛盾理论获得了具体的、网络的、立体的说明。具体说来就是，生产力与生产关系的矛盾，既表现为生产力与根本经济制度的矛盾，也表现为生产力与经济体制的矛盾；在此基础上，又产生了根本经济制度与经济体制的矛盾。就经济基础与上层建筑之间的矛盾而言，既表现为根本经济制度与根本的政治制度、文化制度的矛盾，以及与政治体制、文化体制的矛盾；又表现为经济体制与根本的政治制度、文化制度的矛盾，以及与政治体制、文化体制的矛盾；在此基础上又形成了根本政治制度与政治体制，根本的文化制度与文化体制的矛盾；等等。这样，无疑极大地丰富和深化了马克思主义关于社会基本矛盾的学说。

（二）我国现阶段主要解决生产力发展与僵化体制的矛盾

邓小平的体制改革理论深刻说明了社会基本矛盾在我国现阶段的具体表现形态：社会生产力的发展要求同僵化的经济体制和政治体制之间的矛盾。

社会具体体制虽然是生产关系和上层建筑中非根本的方面、关系和环节，但是在由生产力、生产关系和上层建筑所构成的社会结构中，作为不可或缺的环节起着至关重要的中介作用。

生产关系是否适合生产力，上层建筑是否适合经济基础，当然主要是与生产关系和上层建筑中的根本制度相联系的。因为任何一种根本的经济制度、政治制度都从根本上规定了生产力发展的一定可能幅度。这种幅度可能很大（比如一个社会的上升时期），也可能越来越小（比如一个社会的没落时期），但是如何实现这种可能幅度范围内的生产力的发展，这就取决于能否建立与不同时期生产力发展要求相适应的经济体制和政治体制。换句话说，当一个社会处于没落时期，其根本制度已经成为生产力发展的桎梏的情况下，生产力发展与根本制度的矛盾才凸现出来；也就是说，在这个时期，生产力与社会根本制度的矛盾才是社会基本矛盾的集中体现。而当一个社会的新的根本制度建立起来以后，它所容纳的生产力还没有充分发挥出来的情况下，社会基本矛盾往往集中表现为生产力与社会具体体制的矛盾，即生产力与经济体制、政治体制的矛盾。在一个具体的社会形态的运动过程中，社会主要是通过生产力与受根本制度制约的具体体制的矛盾运动而发展的。如果离开了适合生产力发展的具体体制的中介作用，即使是先进的根本制度，也不能充分发挥促进生产力发展的作用。如果这种情况长期得不到改变，先进的根本制度也会被葬送。这也就意味着，当生产力与旧的根本制度的矛盾通过社会革命获得解决以后，寻找和建立适合生产力发展的社会具体体制就成为十分重要的事情。

我国已经是社会主义社会。社会的生产关系和上层建筑，从根本制度方面来说，同社会生产力的发展要求及趋势是基本适应的。在经济领域，我国已经初步建立起了社会主义的物质技术基础，建立起了比较完整的工业体系和国民经济体系。在此基础上，社会主义公有制在社会主义经济体系中牢固地树立了统治地位，成为主体的经济成分。与此相适应，按劳分配原则已经成为分配个人消费品的主要原则。在社会政治领域，劳动人民已经成为国家和社会的主人，人民民主专政得到巩固和发展。剥削阶级作为阶级已经被消灭，因而阶级斗争已经不是国内的主要矛盾。在思想文化领域，以马克思主义为指导的社会主义意识形态已经在各个思想文化领域确立了领导地位，社会主义精神文明已经奠定了基础，思想道德建设和教育科学文化建设正在发展之中。所有这些，都能够容许社会生产力以旧社会所没有的速度迅速发展。

但是，我国社会主义社会还处于初级阶段，社会主义生产关系及上层建筑，无论是根本制度还是具体体制都还存在着同生产力的发展要求及趋势不相适应的方面，尤其是经济体制和政治体制存在的种种弊端已经成为生产力发展的主要障碍，成为社会主义根本制度的优越性得不到充分发挥的主要原因。

经济体制的弊端表现为生产力与生产关系的矛盾，政治体制的弊端表现为经济基础与上层建筑的矛盾。就经济体制来看，新中国成立以后建立的经济管理体制主要是从苏联模式来的。社会主义改造时期，高度集中的计划管理对于发展经济、保障供给、稳定物价、打击投机倒把、巩固新生政权起到了重要作用。但是，随着实践的发展，这种体制的弊端也就越来越明显地暴露出来。其主要弊端是政企不分，条块分割，国家对企业统得过死，在所有制问题上盲目求“大”求“全”求“纯”，不能允许多种经济成分并存，不能适应我国生产力多层次、多元性的特点，忽视了商品生产、价值规律和市场的作用，分配中的平均主义，等等，严重妨碍了企业和职工的积极性、主动性和创造性的发挥。从政治体制看，我国原有的政治体制存在着权力过分集中的现象。在恢复国民经济和社会主义改造时期，这种体制对于迅速地集中人力、物力、财力以保持社会的稳定和发展起过重要作用。但是，随着经济、政治、文化的发展，人民群众政治素质和文化水平的提高，随着党和国家工作重心的转移，这种体制的弊端也逐渐明显地暴露出来。主要的弊端就是官僚主义，权力过分集中。家长制现象、领导干部职务终身制、形形色色的特权现象以及由此滋生的腐败现象，严重地阻碍了民主政治的发展。

针对这些弊端，邓小平明确指出：“要大幅度地改变目前落后的生产力，就必然要多方面地改变生产关系，改变上层建筑，改变工农业企业的管理方式和国家对工农业企业的管理方式……各个经济战线不仅需要进行技术上的重大改革，而且需要进行制度上、组织上的重大改革。”[①]他多次强调指出，“我们要发展生产力，对经济体制改革是必由之路”[②]。“不改革政治体制，就会阻碍生产力的发展，阻碍四化成功。”邓小平以深沉的历史感指出：“我们过去发生的各种错误，固然与某些领导人的思想、作风有关，但是组织制度、工作制度方面的问题更重要。”[③]因为与个人责任相比，“领导制度、组织制度问题更带有根本性、全局性、稳定性和长期性。”[④]

① 《邓小平文选》第2卷，135—136页，北京：人民出版社，1994年。
② 邓小平：《建设有中国特色社会主义》（增订本），117页，北京：人民出版社，1987年。
③ 《邓小平文选》第2卷，333页，北京：人民出版社，1994年。
④ 《邓小平文选》第2卷，333页，北京：人民出版社，1994年。

以往，我们虽然笼统地肯定社会主义社会存在着基本矛盾，存在着生产关系与生产力、上层建筑与经济基础不相适应的方面，甚至力图从不同角度和侧面去探求这种基本矛盾的具体表现和解决途径，但是却没有看到和承认社会主义经济体制、政治体制存在的弊端，及其会阻碍社会生产力发展的客观现实，因而未能找到解决矛盾的基本途径。邓小平理论启示我们：只有抓住生产力发展的要求与社会主义具体体制的矛盾，才算抓住了社会主义社会的基本矛盾在我国现阶段的关键。换句话说，我国现阶段的基本矛盾集中地表现为社会生产力的发展要求同僵化的经济体制和政治体制的矛盾。邓小平的这一思想，闪烁着马克思主义的创造精神和科学精神。

（三）通过改革解决生产力发展与僵化体制的矛盾

邓小平的体制改革理论指明了解决社会主义社会基本矛盾的根本途径——社会主义改革。

认识矛盾是为了解决矛盾。同以往社会一样，社会主义社会的运动、变化和发展，也是通过其基本矛盾的不断产生和不断解决而实现的。矛盾本身的特殊性质和具体表现决定了解决矛盾的特殊方法和途径。邓小平不仅指明了社会基本矛盾在我国现阶段的具体表现，而且在总结社会主义建设经验的基础上，提出了解决这一矛盾的方法和途径。这个方法和途径就是社会主义改革。

为了搞好社会主义改革，邓小平提出了一系列基本原则。

1. 以经济建设为中心

坚持以经济建设为中心，坚持以生产力为根本标准，从而指明了社会主义改革的客观依据。

社会基本矛盾的运动和发展，归根到底是由生产力的发展引起的。因此，生产力发展最终决定作用论是马克思主义关于社会动力学说的基本观点。由此，邓小平指出："马克思主义最注重发展生产力。"[①]邓小平的体制改革理论作为对马克思主义社会基本矛盾理论的创造性发展，其根本宗旨和基本依据也是解放生产力，发展生产力。但邓小平所讲的解放生产力和发展生产力指的是，社会主义根本制度

① 《邓小平文选》第3卷，63页，北京：人民出版社，1993年。

建立以后，如何进一步解放生产力，发展生产力。

邓小平曾从社会主义本质的高度反复指出，贫穷不是社会主义，社会主义要消灭贫穷。不发展生产力，不提高人民的生活水平，不能说是符合社会主义要求的。1992年春，邓小平在南方谈话中指出："社会主义的本质，是解放生产力，发展生产力，消灭剥削，消除两极分化，最终达到共同富裕。"[①]邓小平关于社会主义本质的这一论述深刻地说明了能否把解放生产力、发展生产力作为社会主义的根本任务，这是一个关系到能否坚持社会主义，关系到社会主义前途和命运的重大问题。这一论述同时也指明了在社会主义建设中要坚持生产力标准，即以能否促进生产力的发展作为社会主义建设中检验一切工作的根本尺度和判别一切是非的根本标准。邓小平认为，只有坚持生产力标准，才能在如何建设社会主义问题上走出一条好路、新路，才能搞好社会主义的改革开放。因此，改革的历史必然性，内容、步骤、方法、目标模式、时机和力度的把握，以及衡量其中的是非得失等问题，都必须依赖生产力标准理论。

总之，坚持以经济建设为中心，坚持生产力标准，这是包括体制改革理论在内的邓小平建设有中国特色社会主义理论最基本的依据和其中所包含的首要内容。

2. 坚持四项基本原则

以坚持四项基本原则为根本前提，从而使我国改革事业获得了根本的保障。

社会具体体制联结着两个不同的领域：社会基本制度与生产力。如果忘记了生产力，体制就丧失了其存在的最终意义；如果忘记了基本制度，忽视了具体体制所服务的直接对象，那么具体体制就失去了存在的直接根据。一定的经济和政治体制总是在一定的根本政治制度和经济制度的规约中运行的，而一定的社会根本制度也必然要采取具体的实现形式。我国实行社会主义制度，其基本制度的优越性是不可置疑的。因此，我国的改革必然是社会主义制度的自我完善，必然是以坚持四项基本原则为根本前提的体制改革。邓小平说："我们的改革要达到一个什么目的呢？总的目的是要有利于巩固社会主义制度，有

① 《邓小平文选》第3卷，373页，北京：人民出版社，1993年。

利于巩固党的领导，有利于在党的领导和社会主义制度下发展生产力。”[①]因此，改革对于社会主义来说，绝不是要改变它的根本制度，而是要通过改革，消除具体体制上的缺陷与弊端，进一步加以完善和发挥它的优越性。因此，在邓小平体制改革的理论中，就内在地包含了坚持社会主义根本制度这样一个重要内容和根本前提，这从而也就使我国的改革事业获得了可靠的基本制度保障和强大动力。

长期以来，在改革开放问题上，实际存在着两种截然不同的主张：一种是坚持四项基本原则的改革开放，即作为社会主义制度自我完善的改革开放；另一种是坚持资产阶级自由化，同四项基本原则相割裂、相背离、相对立的改革开放。邓小平的体制改革理论科学地为具体体制定性，全面准确地把握了具体体制的内涵：具体体制既与生产力直接联系，又必然是某种基本制度的实现形式。这从理论上彻底否定了“全盘西化论”。我们必须坚持同四项基本原则相统一的改革开放，反对资产阶级自由化的改革开放。

无论从改革的目的来看，还是从改革的实施过程来看，都离不开对四项基本原则的牢牢坚持。这是我国改革事业取得胜利的根本保障。

3. 科学把握改革的对象、性质和步骤

坚持从我国现阶段的实际出发，为我国改革事业指明了具体的道路和前景。

邓小平基于对我国社会主义社会基本矛盾及其特点的科学分析，指明了我国现阶段改革的对象，即为了进一步巩固社会主义制度和大力发展生产力，必须对社会主义生产关系和上层建筑中与生产力发展不相适应的方面、环节和关系进行必要的改革。这些方面、环节和关系在我国现阶段主要表现为高度集中的经济、政治等体制。对于改革对象的正确规定，也就从根本上保障了我国改革事业的正确方向。

邓小平指明了我国正在进行的改革是一场深刻的革命。我们现在所进行的改革，从深度上讲，并不是对原有体制的细枝末节的修补，也不是对生产关系和上层建筑中具体体制的局部调整，而是对束缚生产力发展的具体经济体制和政治体制等的根本变革。从广度上讲，改革不仅仅是单纯经济领域的变革，而是对各个领域的具体体制的全面

① 《邓小平文选》第3卷，241页，北京：人民出版社，1993年。

变革。从社会效果来说，这种全方位的变革，必然要引起生产关系和上层建筑领域的广泛而深刻的变化，引起人们的行为规范、生活方式、精神状态、价值观念的重大变化。邓小平指出改革是一场革命，这对我们充分认识改革的必要性、紧迫性和艰巨性具有特别重要的意义。

邓小平指明了改革必须有领导、有步骤地进行，必须正确处理改革、发展、稳定三者的关系。我国的改革之舟之所以能一直较顺利地破浪前进，不仅在于我们正确把握了改革的对象、改革的性质及改革的目标模式，而且还在于我们施行了正确的改革方法，有领导、有步骤地进行改革。邓小平指出，我国的改革目标是宏伟的，但是只能有领导、有步骤、分阶段地进行，才能取得胜利。我国的改革从方式来说，区别于俄罗斯的“激进式”改革，而表现为“渐进式”改革。这种改革方式在利用改革谋求发展的同时，得以保持安定团结的政治局面，即以正确处理改革、发展与稳定三者关系为根本原则，即改革是手段，发展是目的，稳定是前提。

在邓小平体制改革理论的指导下，我国的社会主义改革和现代化建设事业取得了举世瞩目的成就。多年来的改革实践证明，改革作为解决社会主义社会基本矛盾的根本方法，是推动社会主义社会发展的强大动力。

三、邓小平体制改革理论的方法论意义

邓小平体制改革理论，其着眼点无疑是社会主义社会，是邓小平为了推进社会主义改革和中国现代化建设而锻造的思想武器。但是如前所述，邓小平体制改革理论作为对马克思主义社会基本矛盾学说的丰富和发展，其理论价值并不仅限于社会主义社会，而是对整个人类历史都有着普遍的涵盖性和巨大的穿透力，有着重要的哲学方法论意义。这主要表现在以下几个方面：

（一）考察同一社会形态阶段性与多样性的理论指南

依据邓小平把社会制度划分为根本制度和具体体制的理论，可以说，正是社会的根本经济制度和与之相适应的根本政治制度决定了社

会形态的根本性质。人类历史到目前为止的五种社会形态，其赖以区别的基本标志就是在不同性质的生产力基础上所形成的根本经济制度和根本政治制度的不同。

然而，人类历史的发展从总体上说，不仅表现为一种社会形态被另一种更高的社会形态所代替这样一种运动，而且还表现为同一社会形态中的不同发展阶段的推移和递进。

那么，对同一社会形态的历史发展的不同阶段来说，其区分的主要标志是什么呢？这个标志就是生产力发展的不同水平以及由此所决定的具体经济体制、政治体制的不同。

比如，原始社会在其发展的全过程中，它的根本性质是不变的、稳定的。其根本性质决定于原始社会的根本制度，即经济上的原始共产制和政治上的原始民主制。但是，原始社会的全过程又是分阶段的。这种不同阶段的划分不在于根本制度，而在于根本制度相对稳定前提下的具体体制的不同。原始社会可以划分为五个发展阶段：原始群、血缘家庭公社、母系氏族公社、父系氏族公社、农村公社或家长制家庭。[①]这五个阶段中的第一阶段是从猿到人转变的阶段，第五阶段是从原始公社向奴隶社会转变的阶段。因此，就原始社会发展阶段的典型表现而言，是三个阶段，即血缘家庭公社、母系氏族公社、父系氏族公社。所以，马克思称血缘家庭公社是“第一个‘社会组织形式’”[②]。血缘家庭公社是排除亲子间性交关系的族内群婚基础上的共产制组织。母系氏族公社是生产力发展和实行外婚制基础上的以母权体制为特征的共产制组织；所谓母权体制，即世系计算和财产继承法则依女系确定，在最有权威的女长者组织领导下进行集体劳动和共同消费的体制。父系氏族公社是在生产力进一步发展条件下，男子在经济和社会生活中上升到主导地位的基础上以父权体制为特征的共产制组织；所谓父权体制，是指世系计算和财产继承法则依父系确定，在最有权威的男长者组织领导下进行集中劳动和共同消费的体制。由此可见，原始社会发展的各个阶段的区别，主要是各阶段具体体制的不同。

再如封建社会作为一个历史发展的存在，要全面把握它的具体发

① 参见陈克进：《关于原始社会的分期》，《中央民族学院学报》（哲学社会科学版），1986（3）。

② ［德］马克思：《摩尔根〈古代社会〉一书摘要》，中国科学历史研究所翻译组译，20页，北京：人民出版社，1965年。

展过程，也离不开随着生产力发展而引起的封建社会体制变更的考察。由于篇幅所限，本文在这里仅就一个重要侧面，即以赋税制度为例来加以说明。封建社会是以生产资料封建地主私有制和地主阶级专政为根本制度的社会。但是封建社会也经历了它的初期、中期和后期三个发展阶段。三个阶段的划分，从赋税制度这个侧面来说，主要是以地租的不同形式为标志的。在封建社会初期是以劳役地租为主要形式。后来随着生产力的发展，农民产有所盈，就转变为以实物地租为主的形式，从而标志着封建社会进入它的中期阶段，即封建社会的全盛发展阶段。为了适应生产力的进一步发展，后来实物地租又被货币地租所取代，这标志着封建社会迈入了它的后期阶段。这种转变的开始，在中国发生于明代中期，即从张居正开始推行徭役征银为主要内容的一条鞭法，它促进了货币地租的产生。在清朝雍正时期，统治阶级更进一步实行摊丁入亩的办法，由此货币地租替代了实物地租成为地租的主要形式。赋税制度虽然只是封建社会复杂的体制系统中的一部分，但和其他体制一样，它是与生产力水平紧密相联的。很难设想，在封建社会初期较低的生产力水平和极低的商品生产关系的基础上能够产生货币地租的赋税体制。因此，赋税制度的变换，虽没有改变封建地主阶级国家对农民进行剥削的根本制度，但这种体制变换，却为我们从一个侧面动态把握封建社会的发展过程提供了重要的依据。

我们过去比较注意从根本制度的角度去分析和区别不同性质的社会形态，这是十分必要的。但是如果仅仅停留在这种宏观的、静态的分析上，而疏于从社会体制的角度去分析同一社会形态中各发展阶段的区别和转化，即疏于对某一社会形态进行微观、动态地分析，那么，对于社会形态的分析研究就会流于一般、笼统。比如，对资本主义社会形态，我们一般地了解资产阶级私人占有，了解资产阶级对工人阶级进行剥削的经济制度和资产阶级专政的政治制度，这无疑是重要的；但是如果不了解资本主义社会形态由具体的经济体制和政治体制及其变化所决定的，自由竞争资本主义到私人垄断资本主义，一直到目前为止的国家垄断资本主义的三个阶段的发展，那么，我们对资本主义社会形态的了解就停留在抽象的层次，不可能上升到具体的历史的层次，也就意味着我们没能在思维中达到对资本主义社会形态的具体的历史的把握。就资本主义经济体制的演变来看，从个别企业的独立经营，到同行业联合经营的托拉斯，再到国家干预经济，以至于国际性的跨国公司等，都是资本主义的管理体制迫于生产力社会化发展需要所经历的一系列的发展阶段。列宁曾经指出：马克思的全部理论，就是运用最彻底、最完善、最周密、内容最丰富的发展论去考察现代资本主义。因而如果仅仅从根本制度的角度去分析和区别不同的社会形态，也就不可能体现马克思主义辩证法所要求的静态与动态、宏观与微观、抽象与具体相统一的考察事物的原则。邓小平的体制理论正是为我们考察同一社会形态的阶段性发展提供了重要的思想武器。

此外，任何一种社会形态都有它的本质共性，即根本制度方面的一般规定，但是处于同一社会形态中的不同的国家，在具体表现上又有各自的个性、多样性。这种个性、多样性的集中表现，就是具体体制的个性和多样性。

比如，中国封建社会和西欧封建社会，其根本的经济制度、政治制度是相同的，都是封建地主阶级剥削、压迫农民的制度；但二者又有不同。这种不同主要表现在社会的具体体制上。就经济体制而言，中国的封建社会所实行的是地主土地租佃制，而西欧封建社会所实行的主要是庄园主经济农奴制。就政治体制而言，中国的封建统治实行的主要是中央集权制，而西欧封建社会实行的则是封建领主割据制。

又比如，现在世界上的资本主义国家，就根本的政治制度而言，实行的都是资产阶级专政制度。但同样是资产阶级专政制度，在这些国家又呈现出各自的特殊性、多样性。这种特殊性、多样性集中地表现为政治体制的不同。比如，英国实行君主立宪制，保留君主担任国家元首，但国家的最高行政权是以首相为首的内阁中央各部以英王的名义行使的。美国实行的是总统内阁制，行政权属于总统，总统集军事、行政大权于一身，所有行政机构都向总统负责，由总统召集内阁。而法国则实行中央集权制，即总统和各部部长负责行政政权，通过中央政府集中负责制向议会负责，使法国成为一个半议会制、半总统制的国家。当然，回过头来也可以说，虽然这些国家的政治体制各异，但其根本的政治制度是一样的，即资产阶级专政。只不过由于历史传统不同，文化背景不同，以及政治主体、政治设制和政治文化（政治体制的三个组成要素）三者的组合方式不同，就会出现相互差异的政治体制。

总之，邓小平的体制改革理论不仅对我们从历时态角度实现对社会形态全过程根本性质的稳定性与过程中阶段性的质的变动性的统一进行辩证理解有重要的指导意义，而且对我们从共时态角度实现对同一社会形态的共性与其具体表现的个性、多样性的统一进行辩证理解也有重要的指导意义。

（二）澄清种种理论是非的有力工具

如何看待一个社会的上升时期人民群众的反抗斗争；如何看待中国历次农民起义失败以后，封建统治阶级实行的所谓“让步政策”；如何看待统治阶级所进行的改良、变法运动；如果解释相对落后的生产力基础上所建立的比较先进的社会根本制度；如何看待根本社会制度不同的国家在社会具体体制方面的互相借鉴等理论问题，都曾引起过不同观点的争论。邓小平的体制改革理论，提供了一个新的理论视角，对我们进一步弄清这些理论问题上的是与非是有意义的。

1. 从体制变革意义上理解社会上升时期人民的反抗斗争

在一个社会形态的上升时期，新建立起来的根本经济制度和政治制度是基本适应生产力发展的。不然旧制度就不会被推翻，新制度也不会建立起来。这种新的社会根本制度也是受到劳动者欢迎的，因为这种新的社会根本制度给劳动者带来了某种程度的解放。但是，这种新的社会根本制度的优越性又必须以适应生产力发展的具体体制来体现并发挥出来。然而，作为新的社会根本制度代表者的新的剥削阶级，由于历史的和阶级的局限性，以及作为新阶级掌权所带来的统治经验的缺乏等原因，一般说来，还不能自觉克服新的社会制度中那些不适应生产力发展的方面和环节，还缺乏应有的自觉去寻找和建立适合当时生产力发展要求的社会具体体制，甚至还会去扩大和加剧这种不适应，这就必然激起人民群众的反抗斗争。例如，我国封建社会前期所爆发的陈胜、吴广农民大起义就是在这种情况下发生的。因为在这个时期中，社会的根本制度是先进的，是适应生产力发展的，所以在这个时期发生的人民反抗斗争，从客观上来说，不可能产生推翻这个社会的根本制度这样一种行为结果，甚至在陈胜、吴广那里连推翻这种根本社会制度的口号都没有能提出来。在中国，到封建社会中期的宋朝爆发的王小波、李顺领导的农民起义首先提出了“均贫富”的口号，到钟相组织的农民起义，才完整地提出了“等贵贱，均贫富”的反对封建社会根本经济制度和政治制度的口号。因此，一个社会的上升时期的人民反抗斗争不同于这个社会走向没落时期的人民反抗斗争。前者所具有的社会意义，只在于反对新的生产关系和上层建筑中被扩大和加剧了的对生产力发展不适应的那些部分和环节，包括社会的具体体制。

2. 在体制调整意义上理解“让步政策”

经过人民群众反抗斗争的打击，统治阶级从维护自己的根本利益出发，会在一定程度上吸取教训，从而被迫对生产关系和上层建筑中那些不适应生产力发展的环节、方面，包括社会具体体制进行调整，借以缓和阶级矛盾。这种调整多多少少推动了生产力的发展，有利于人民生活的改善。如果这种调整在相当程度上使生产关系和上层建筑适合生产力的发展，那么就会使社会呈现或长或短的繁荣时期。在这种情况下，新王朝的统治阶级在某种意义上成了农民起义的遗嘱执行人。说到底，这也是中国封建社会中农民的阶级斗争推动历史前进的一个重要方面的表现。

与此相联系，历史上统治阶级成员中的那些有识之士，迫于人民反抗斗争的威力，从维护代表其根本利益的社会根本制度的巩固出发，对不适应生产力发展的某些具体体制所进行的改良、改革运动也是应该给予某种程度的积极肯定的。

顺便指出的是，我国理论界曾经就“让步政策”问题进行过长时间的讨论。我们认为，所谓“让步政策”，就其反映的内容来说，也就是中国封建统治阶级为了维护其根本利益所采取的一些有利于生产力发展、有利于缓和阶级矛盾的调节措施，其中包括具体体制的变革。在这个意义上，如果说有让步，也只是在非根本利益上的让步；而不是，也不可能是根本利益上的让步。正如有的论者所指出的，每次农民起义以后，在根本利益上只存在封建统治阶级对农民阶级的反攻倒算。当然，也不能因此而否认在非根本利益上的某种所谓“让步”。

3. 根本制度的建立何以具有比较大的自由度

邓小平的体制理论对我们正确看待落后生产力基础上建立比较先进的社会根本制度这种历史现象，也有启发意义。

循着邓小平体制理论的思路，从生产力与经济体制与根本的经济制度三者的辩证关系中可以引申出以下结论：生产力对经济体制具有直接的制约性，对根本的经济制度具有间接的制约性。换句话说，经济体制相对于生产力而言，其所具有的独立性和可选择性是比较小的。而根本制度相对于生产力而言，其所具有的独立性和可选择性则是相对比较大的。另外，任何一个国家都同时存在多种性质的生产力，这多种性质的生产力的不同形式的交互作用，加之其他各种因素的影响，比如国际环境背景、国际交往、阶级力量对比、阶级斗争发展情势等，都会对某种根本制度的确立具有制约作用；又比如，作为旧生产关系代表者的阶级对适应生产力发展的变革是处于有力的阻碍状态，还是处于无力的退缩状态；作为新的生产力和新的生产关系代表者的阶级是否已具备了实现变革的充分的自觉性与组织性，特别是以什么样的目标模式来进行社会革命；等等。以上这些因素综合在一起，就会使社会根本制度的选择和建立获得相当大的可能幅度。在历史上，相同性质的生产力选择不同的根本制度，以及不同性质的生产力选择相同的根本制度的情况是并不鲜见的。比如，公元前3世纪，古罗马帝国和当时的中国拥有相同性质的生产力。中国在这样的生产力基础上建立了封建社会制度；与此同时，古罗马帝国却还维持着奴隶制社会形态，保持着奴隶社会的基本制度。另外，根本制度相同的国家也可以建立在不同性质的生产力水平上。比如，在当代资本主义国家中，既有世界超级大国，也有亟待援助的发展中国家。这种在生产力比较落后基础上采用资本主义根本社会制度的国家，也可以说是不合格的资本主义，但毕竟是资本主义。

由此可见，生产力为基本经济制度的选择所提供的可能空间是比较大的。那么这样说，是不是生产力决定生产关系（包括根本经济制度）这一马克思主义原理不灵了呢？不是的。生产力决定生产关系、经济基础决定上层建筑是不可动摇的真理，但是对这一真理的理解应该是辩证的，而不是机械的。比如，一些发展中国家采取资本主义根本制度，尽管生产力总体水平不高，或者说，比较落后，但现代工业总占一个或大或小的比例。如果没有现代工业的一定发展，那它就不可能采用资本主义根本制度。

在弄清生产力对经济体制和根本经济制度不同的制约关系后，为了适应生产力的发展，加强具体体制建设的重要性就不言自明了。尤其是生产力在新的社会根本制度下有所发展而又未能充分发展之时，按照体制理论的要求，就必须把建立适应生产力发展要求的具体体制这项工作放在首位，以促成该社会形态的阶段性质变的实现。而不能像某些论者所曾经认为的，社会主义制度建立在落后的生产力基础上，是早产儿，因此，要退回去，补资本主义的课。这种观点在政治上是错误的，在理论上也是形而上学的。无疑生产关系要适应生产力的状态，但是这种适应不是一对一的机械对应，而是有一定的弹性范围的，是辩证的适应。因为生产关系中既包括根本的经济制度，也包括具体经济体制。先进的根本经济制度以生产力的一定发展为前提，又为生产力的进一步发展开辟了广阔的前景；适合生产力发展的具体经济体制把生产力发展的可能前景不断地转化为现实，这就是生产关系与生产力矛盾运动的辩证过程。

4. 相同生产力水平上不同国家具体体制的互鉴

鉴于经济体制相对于根本经济制度更多地受到生产力的直接制约，因此在相同或相当的生产力水平上，根本经济制度不同的国家也可以采用某种相同的经济体制来服务于生产力的发展，从而来体现和实现根本的经济制度的生产力功能。如前所说，市场经济体制作为国家宏观调控下进行资源配置的手段，资本主义可以利用，社会主义也可以利用。邓小平基于这种科学分析，创立了社会主义市场经济理论，这就从根本上肯定了市场在社会主义经济中应有的地位；也就是，市场经济是适应社会化大生产发展要求的经济体制。这种经济体制与社会主义基本制度相结合，就成为促进社会主义生产力发展的手段；与资本主义基本制度相结合，就成为促进资本主义生产力发展的手段。

其实，不仅经济体制可以批判引进，为我所用，而且对于外国成熟的企业管理体制、教育体制、社会福利体制等，也可以学习、借鉴，推陈出新，洋为中用。这绝不是西方某些论者所鼓吹的社会主义和资本主义的趋同，因为社会的具体体制区别于社会的根本制度。从根本制度意义上说，根本不存在社会主义与资本主义的趋同。要不然，社会主义就不是真正意义上的社会主义，资本主义也就不可能是真正意义上的资本主义。社会主义有它的本质规定，资本主义也有它的本质规定，这是毫无疑义的。但是在肯定这一点的同时，并不否认社会主义社会可以借鉴资本主义社会的某些好的包括体制方面的东西，也并不否认资本主义社会同样可以借鉴和学习社会主义社会某些好的包括体制方面的东西。但是，这种借鉴和学习的最终目的都是为了服务于各自的根本社会制度的巩固。这样一个本质区别是不可抹杀的。记得当年美国总统罗斯福搞新政改革，吸取了社会主义苏联的某些做法，有人曾惊讶，罗斯福在搞社会主义。历史早已证明，这种认识是皮相之论。今天，我们搞改革，吸取资本主义国家的某些做法，为社会主义所用，也有人认为这是搞中国特色的资本主义，是向资本主义趋同；其实，这也是一种皮相之论，这种观点也终将被历史击得粉碎。

（三）总结社会主义历史经验的锐利武器

从第一个社会主义国家——苏联的建立到现在，社会主义制度已经有80多年的历史了。80多年中，社会主义取得过辉煌的成就，也经历了沉痛的挫折，特别是20世纪90年代初苏联东欧发生剧变以后，社会主义陷入了低潮。正如邓小平所言："历史上成功的经验是宝贵财富，错误的经验、失败的经验也是宝贵财富。"[①]那么，如何利用好这些财富，如何正确总结社会主义历史上的经验教训，尤其是如何看待斯大林模式，就成为社会主义发展道路上必须解决的一个重要问题。邓小平的体制理论为我们解决这个至关重要的问题提供了锐利的思想武器，也体现了它所具有的巨大方法论意义。

什么叫斯大林模式？现在世界上各种说法都有。在我们看来，只有以邓小平体制理论为指导，才能全面地准确地把握这一概念的内涵。斯大林模式，是以斯大林为代表的一种社会主义制度模式。其内容可划分为两个层面：一是反映社会主义本质特征的社会主义基本制度层面，包括生产关系领域的全民和集体所有制及按劳分配的制度，政治领域的共产党领导和无产阶级专政制度等。这是体现社会主义性质的第一位的、决定性的层面。二是这些基本制度的实现形式，即社会主义具体体制的层面，包括各种具体的政治体制、经济体制、科技文化体制等。这是第二位的、从属的层面。评价斯大林模式必须同时

① 《邓小平文选》第3卷，234—235页，北京：人民出版社，1993年。

对这两个层面加以具体的分析。

斯大林模式坚持了社会主义基本制度，对于这一点，必须肯定。这种基本制度适应了生产力发展的客观要求，顺应了历史前进的潮流。因此，对于斯大林模式中所包含的基本制度层面，是不能否定的；否定这些，也就从根本上否定了社会主义，否定了无产阶级和广大人民群众的根本利益。斯大林模式是有弊端的，但不是由于坚持社会主义基本制度而滋生的。相反，正是由于坚持了社会主义基本制度，从而保证了20世纪30年代至40年代苏联在国内外风云变幻情况下全党和全国的统一和政局的稳定；保证了苏联30年代重工业的高速发展，实现了社会主义工业化，从而奠定了社会主义经济的物质基础，并为第二次世界大战中苏联红军和人民取得反法西斯战争的胜利提供了强大的国力；也为40年代、50年代苏联经济的高速发展，成为与美国并列的世界强国创造了条件。苏联人民在斯大林领导下创造的社会主义辉煌，扩大了社会主义在世界的影响力和号召力。

斯大林模式的弊端主要表现在斯大林模式中的具体体制层面。当然，即使对于具体体制，也不能简单地加以全盘否定，因为情况很复杂。正如有的论者所指出的，大致有以下几种情形：一部分是正确的，一部分是错误的；一部分在本国的实践是正确的，放到国外去则是错误的；一部分在当时的历史条件下是正确的，但是随着客观条件的变化而走向反面。最后这一种情形最为突出。因为斯大林模式中的具体体制的形成与当时的历史环境息息相关。当时正处于革命与战争的年代，苏联在20世纪70—80年代作为一个被资本主义国家紧紧包围的经济落后的资源大国，它的具体体制是为了不惜一切代价，迅速增强经济实力和国防实力而选择的。以高速度地增长国民经济为首要目标，以粗放发展为经济增长的主要手段，以重工业为发展的固定重点是这种体制形成的主要背景。在此背景下，形成了所有制过分单一、忽视市场机制、过分集中的经济体制；与此相联系，形成了权力高度集中的政治体制。由于体制在社会结构中所处的重要地位，加之把这种在一段时间内起良好作用的体制普遍化、神圣化、绝对化，最终导致体制的僵化，其对社会经济的发展、社会主义优越性的发挥表现为愈来愈大的阻碍作用。特别是二战以后，由于苏联的经济发展模式继续承袭战前那一种高度集中的体制，而且经过战时体制的强化变得更为僵化。苏联在20世纪70—80年代，除个别重工业和某些与国防密切相关的科技领域可与美国等量齐观外，大部分经济领域则明显落后于美国。农业的落后及经济效益的低下更使斯大林模式的弊端暴露无遗。

从上面的分析可知，斯大林模式中有关社会主义基本制度的内容是正确的，是必须肯定的。有关具体体制的内容有正确的，也有错误的；随着历史条件的变化，其错误的方面愈加突出。对此，必须进行具体分析，加以区别对待。因此，那种不加分析，全盘否定斯大林模式的做法是不可取的；那种把苏联解体归罪于斯大林，甚至归罪于列宁的做法也是非历史主义的。列宁逝世于1924年，斯大林逝世于1953年，要他们对他们逝世几十年以后发生的事件负责显然缺乏历史的公正。有些人之所以要极力反对斯大林模式，说穿了，他们并不是要揭示斯大林模式之弊，而是要彻底否定斯大林模式所包含的社会主义根本制度方面的内容，为在社会主义国家复辟资本主义制造舆论、寻找借口，并以此蒙蔽群众。然而，令人遗憾的是，他们的企图居然部分地得逞了。但是，由此悲伤也大可不必。正如邓小平所指出的："一些国家出现严重曲折，社会主义好像被削弱了，但人民经受锻炼，从中吸取教训，将促使社会主义向着更加健康的方向发展。因此，不要惊慌失措，不要认为马克思主义就消失了，没用了，失败了。哪有这回事！"①

我们中国共产党人，在邓小平理论的指引下，郑重地、科学地总结了社会主义国家，特别是我国几十年来社会主义建设正反两个方面的经验，从中找到了继续前进的方向。在社会主义基本制度层面上，邓小平明确指出，必须坚持四项基本原则，这是我们的立国之本。为此，必须反对资产阶级自由化。认为只有社会主义能够救中国，只有社会主义能够发展中国。在社会主义具体体制的层面上，必须克服旧体制的弊端，必须坚持改革开放，改革开放是强国之路。我们的改革开放是以坚持四项基本原则为前提的改革开放，是社会主义的改革开放。我们的社会主义是通过改革开放不断完善自己，不断获得生机和活力的社会主义。坚持四项基本原则和坚持改革开放，归根到底是为了促进社会主义生产力的发展，增强我国社会主义的综合国力，提高

① 《邓小平文选》第3卷，382—383页，北京：人民出版社，1993年。

我国人民的生活水平。这几个方面的有机结合，就形成了以一个中心、两个基本点为核心内容的我国现阶段社会主义建设的基本路线。这条基本路线为中国特色社会主义现代化事业的胜利发展指明了方向。

苏联东欧剧变导致资本主义的复辟，我国20多年来社会主义改革事业取得了巨大成就，这些事实从反正两个方面说明，能否对社会主义根本制度和具体体制加以区分，能否在坚持社会主义根本制度的前提下着力寻找和建立适应生产力发展的具体体制，这是一个关系到社会主义前途和命运的生死存亡的重大问题。正是在这个重大问题上，充分显示了邓小平体制改革理论的重大方法论意义。

第八章 世界历史理论的当代观照

马克思主义创始人的不少重要思想长期以来并未得到足够的重视，从而造成了我们对马克思主义理解上的种种缺憾，也妨碍了其功能的充分发挥。马克思的“世界历史理论”就曾遭遇过这样的命运。近些年来，随着经济全球化浪潮一浪高过一浪地向我们扑来，世界一体化的进程已经变成了寻常百姓每天都可感到的经验事实；同时，我国改革开放和社会主义现代化建设步伐加快，也使马克思世界历史理论的内在意义凸现出来。我们惊奇地发现，马克思在19世纪中期就已提出的这一理论是多么富有洞见！我们日益深刻地体会到，准确把握和自觉应用马克思关于世界历史的理论和方法，对于我们把握人类历史的走向、科学认识当代资本主义和当代社会主义，对于我们搞好中国特色社会主义建设是何等重要！

一、人类历史走向的深刻揭示

（一）黑格尔世界历史理论的价值评价

在马克思的著作中，“世界历史”有两层含义：一是指人类自产生以来的总体历史，[①]二是指19世纪以来各民族、各国家进入全面相互影响、相互渗透、相互制约，使世界趋于“全球化”以来的历史。马克思的“世界历史理论”中所说的世界历史是在第二种含义上使用的，是相对于在此以前受地域限制的“民族历史”而言的。

世界历史作为人类历史发展的必然趋势和产物，其理论表现有二：一是黑格尔的世界历史理论，二是马克思的世界历史理论。就二

① 参见《马克思恩格斯全集》第42卷，131页，北京：人民出版社，1979年。

者的关系来说，前者是唯心主义的世界历史理论，后者是唯物主义的世界历史理论，但马克思的世界历史理论又是在对黑格尔世界历史理论的批判继承的基础上形成的。

黑格尔继承了前人关于历史发展的整体性、普遍性的思想。在此基础上，他以其敏锐的哲学洞察力开始感悟到世界日益全球化的趋势，并试图揭示作为整体的世界历史及其演变与其各构成部分及其演变之间的关系。于是在其《法哲学原理》，特别是《历史哲学》等著作中，他以抽象的唯心主义形式提出和论证了有独特价值的世界历史理论。

把马克思的世界历史理论与黑格尔的世界历史理论进行比较时，有一点是必须注意的，即他们所论的世界历史都是世界联系为整体的历史，这一点是共同的。正是由于这一点，黑格尔的世界历史理论才成为马克思世界历史理论的理论来源之一。但是，马克思指谓的“世界历史”是以资本主义社会化大生产为前提，以世界市场的开拓为基础所形成的人类生活趋于全球化的历史；而黑格尔所谓的“世界历史”则是“绝对观念”在人类社会中的化身：“世界精神”展开自身所形成的作为整体的人类历史。这一点，也就是马克思的世界历史理论之所以要批判和超越黑格尔世界历史理论的关键之处。

黑格尔从“‘理性’统治了世界，也同样统治了世界历史”①这一客观唯心主义的根本观点出发来说明世界历史。他说：“哲学用以观察历史的唯一的‘思想’便是理性这个简单的概念。‘理性’是世界的主宰，世界历史因此是一种合理的过程。”②即绝对精神的自我呈现过程。“世界历史在一般上说来，便是‘精神’在时间里的发展，这好比‘自然’便是‘观念’在空间里发展一样。”③黑格尔把世界理性看成世界历史的基础，在他看来，在理性本身中就已经潜藏着世界历史，就已经包含有全部历史，就像一粒萌芽的树木种子中已经含有树木的全部性质和果实的滋味色相一样。黑格尔的这些论述，充分表明了黑格尔历史观的唯心主义本质。对此，马克思批判说：“黑格尔完成了实证唯心主义。在他看来，不仅整个物质世界变成了思想世界，而且整个

① ［德］黑格尔：《历史哲学》，王造时译，64页，北京：生活·读书·新知三联书店，1956年。
② ［德］黑格尔：《历史哲学》，王造时译，47页，北京：生活·读书·新知三联书店，1956年。
③ ［德］黑格尔：《历史哲学》，王造时译，113页，北京：生活·读书·新知三联书店，1956年。

历史变成了思想的历史。”①

但是，“理性”除了作为支配世界力量的超时空的逻辑实体以外，还有规律性这一层含义。黑格尔把世界历史看成是一个合理的过程，也即一个合规律的过程，这体现了黑格尔世界历史理论的辩证性质。黑格尔认为，“理性”是世界本身固有现象中同一的“法则”。他说：“太阳系的运动依着不变的法则。这些法则便是‘理性’。”②世界历史也显示了“世界精神”这种单一和同一的本性，黑格尔把规律性赋于世界历史过程，这是有重要意义的。正如恩格斯所指出的，按照黑格尔的观点，“人类的历史已经不再是乱七八糟的……毫无意义的暴力行为，而是人类本身的发展过程，而思维的任务现在就是要透过一切迷乱现象探索这一过程的逐步发展的阶段，并且透过一切表面的偶然性揭示这一过程的内在规律性”③。

那么，黑格尔所说的世界历史规律又是什么呢？简言之，就是“世界精神”在自己发展的各个阶段上，通过特定的民族精神的递进而达到的自我展开或自我实现。黑格尔说，世界精神发展的“每一个阶段都和任何其他阶段不同，所以都有它的一定的特殊的原则。在历史当中，这种原则便是‘精神’的特性——一种特别的‘民族精神’”④。不同的民族精神通过不同的民族获得表现，从而充当世界精神的手段和工具，体现着正在发展着的世界精神的特殊阶段和原则。在这些论述中，黑格尔既坚持了民族精神的特殊性、独立性，又坚持了民族精神作为世界精神所展开的世界历史的普遍性和整体性。黑格尔认为，作为世界精神实现手段的具有民族精神的民族，便是“世界历史民族”。世界历史的发展也就是通过一系列“世界历史民族”来实现的。据此，黑格尔把世界历史描绘成一部一系列“世界历史民族”不断更替的历史，其中，“充满了变化和行动，以及在永无宁息的推移交替之中的形形色色的民族、国家、个人”⑤。黑格尔说，正是“这种过渡和联系使我们达到全体联系——达到以世界历史成为世界历史的

① 《马克思恩格斯全集》第3卷，510页脚注，北京：人民出版社，1960年。
② ［德］黑格尔：《历史哲学》，王造时译，49页，北京：生活·读书·新知三联书店，1956年。
③ 《马克思恩格斯选集》第3卷，362—363页，北京：人民出版社，1995年。
④ ［德］黑格尔：《历史哲学》，王造时译，104页，北京：生活·读书·新知三联书店，1956年。
⑤ ［德］黑格尔：《历史哲学》，王造时译，113页，北京：生活·读书·新知三联书店，1956年。

概念”[①]。在这个意义上，世界历史与各个国家、各个民族的关系就是有机整体与它的有机组成部分的关系。正因为如此，列宁肯定说，在黑格尔看来，“世界历史是个整体，而各民族是它的‘器官’”[②]。黑格尔的这一见解是极有价值的。

世界历史的最终目的是什么？黑格尔认为，世界历史是世界精神在历史舞台上的演进，而世界精神的本质是自由。于是，在黑格尔看来，世界历史的目的就是逐渐实现精神的自由，并且认为，实现这种自由是世界历史的“惟一目的”，也是“整个世界的最后目的”[③]。换句话说，“世界历史无非是‘自由’意识的进展”[④]。黑格尔依据其所谓的“自由意识的各种不同的程度”描绘出世界历史的走向，即世界精神的展开是一个从东方走向西方、从低级走向高级的上升过程。在黑格尔看来，它的行程同太阳的运行是一致的，即从东方的中国、印度、波斯开始，经过希腊、罗马，到日尔曼（包括英、法、德等国）结束。德国是“世界精神”的完善体现，普鲁士国家是历史的顶峰。总之，日尔曼是“历史的最后阶段”[⑤]。在黑格尔的心目中，世界历史的发展也就到此终止。

从以上的叙述不难看出，在黑格尔的世界历史理论中，存在着不可克服的致命弱点：其一，他把世界历史归结为神秘的“世界精神”的运动史，这是纯粹的历史唯心主义观点；其二，他露骨地宣扬大日尔曼主义和欧洲中心论，这是和他所倡导的“世界精神”相矛盾的；其三，他宣扬世界历史的终结论，是和他的辩证法相违背的。当然这样说，并不否认黑格尔的世界历史理论有其合理之处，即在他那抽象晦涩的议论中包含有现实的历史内容，其中重要的一点是，他突破了以往历史研究中普遍存在的、在近代已经明显不合时宜的民族地域性局限，在一定程度上反映了近代以来世界趋于一体化的历史走向。

黑格尔关于世界历史的这一见解被马克思所批判继承，加以改造重塑，赋之以历史唯物主义的科学解释和新的规定。

① ［德］黑格尔：《历史哲学》，王造时译，113页，北京：生活·读书·新知三联书店，1956年。
② ［俄］列宁：《哲学笔记》，中央编译局译，348页，北京：人民出版社，1974年。
③ ［德］黑格尔：《历史哲学》，王造时译，58页，北京：生活·读书·新知三联书店，1956年。
④ ［德］黑格尔：《历史哲学》，王造时译，57页，北京：生活·读书·新知三联书店，1956年。
⑤ ［德］黑格尔：《历史哲学》，王造时译，489页，北京：生活·读书·新知三联书店，1956年。

（二）马克思世界历史理论的根本内容

马克思的世界历史理论根本不同于黑格尔世界历史理论的地方在于，马克思不是像黑格尔那样从主观设定的观念出发，而是从生产力的发展和由此所决定的各民族、各国家普遍交往的形成出发点，来说明世界历史的成因和人类历史的走向。

马克思认为，世界历史不是黑格尔所说的是世界精神所派生的，也不是一开始就有的，而是历史发展到一定阶段才产生的，“作为世界史的历史是结果”[①]。那么，推动历史向世界历史转变的动力是什么呢？

1. 以机器大工业为标志的社会化生产力的发展是世界历史形成的根本动力

在马克思看来，物质生活的生产方式制约着整个社会的经济生活、政治生活和精神生活的过程。其中，生产力的发展是最终决定的因素。“人们所达到的生产力的总和决定着社会状况。”[②]在人类历史上先后出现过三种不同性质、不同形态的生产力，即原始生产力、农业生产力和工业生产力。在前资本主义社会，由于生产力水平低下，人们只能在血缘亲属关系范围内和一定狭小地域条件下进行活动。这种情况决定了前资本主义社会的狭隘性和保守性。历史向世界历史的转变是随着农业生产力向工业生产力的转变而发生的。因为近代工业生产力的最突出的特点就是用机器即技术力取代了农业生产时代的人力，并进而带来了生产方式和交换方式的国际化发展。马克思指出：“各民族之间的相互关系取决于每一个民族的生产力、分工和内部交往的发展程度。这个原理是公认的。”[③]“只有随着生产力的这种普遍发展，人们的普遍交往才能建立起来。”[④]马克思深入研究了以近代资本主义大工业为标志的工业生产力对人类社会的发展，特别是推动民族历史转变为世界历史的巨大威力和作用。他指出：科学技术导致生产工具迅速改进，促进了生产的社会化、商品化，使竞争普遍化，开拓

① 《马克思恩格斯全集》第46卷（上册），48页，北京：人民出版社，1979年。
② 《马克思恩格斯选集》第1卷，80页，北京：人民出版社，1995年。
③ 《马克思恩格斯选集》第1卷，68页，北京：人民出版社，1995年。
④ 《马克思恩格斯选集》第1卷，86页，北京：人民出版社，1995年。

了世界市场，它使每个人的需求的满足都依赖于整个世界，使一切国家的生产和消费都成为世界性的了。据此，马克思认为，以资本主义大工业为标志的工业生产力的发展是世界历史形成的根本动力。

2. 现代大工业所开拓的世界市场是世界历史形成的起点和直接原因

历史向世界历史转变，是生产力较为发展的基础上人类交往普遍化的产物。生产力较为发展是指生产力所造成的经济状况由自然经济向商品经济的发展。自然经济是自足型经济；商品经济是交易型经济，交易通过市场进行。市场形成于原始社会末期，但前资本主义社会的市场不能称为市场经济，或者说，只是市场经济的萌芽。因为那时的市场只是在自给自足的自然经济条件下对劳动产品起调节余缺的作用，市场对生产本身不起支配作用。只有在资本主义产生以后，才有市场经济。所谓市场经济，就是一切经济活动通过市场来运作的经济，市场成为经济运行的中心，成为联结生产、流通、分配和消费的纽带。

市场经济经过了一国之内的地域性市场经济，到民族性市场经济，再到世界性市场经济，即世界市场的形成和发展过程。

在世界性经济交往的基础上，又形成了世界性的政治交往、文化交往。于是，在这个世界上，“过去那种地方的和民族的自给自足和闭关自守状态，被各民族的各方面的互相往来和各方面的互相依赖所代替了”[①]。由于“各个相互影响的活动范围在这个发展进程中越是扩大……历史也就越是成为世界历史”[②]。

3. 世界历史发展的必然趋势是彻底扬弃资本主义和实现共产主义

马克思认为，资产阶级开创了世界历史，这是它的巨大功绩。为了追求高额利润，不断扩大产品的销路，“驱使资产阶级奔走于全球各地。它必须到处落户，到处开发，到处建立联系”。“资产阶级，由于一切生产工具的迅速改进，由于交通的极其便利，把一切民族甚至最野蛮的民族都卷到文明中来了。”[③]但是马克思又认为，资产阶级是“按照自己的面貌为自己创造出一个世界”[④]。这也就是说，资产阶级

① 《马克思恩格斯选集》第1卷，276页，北京：人民出版社，1995年。
② 《马克思恩格斯选集》第1卷，88页，北京：人民出版社，1995年。
③ 《马克思恩格斯选集》第1卷，276页，北京：人民出版社，1995年。
④ 《马克思恩格斯选集》第1卷，276页，北京：人民出版社，1995年。

所开创的世界历史是资本主义的世界历史，是服务于资产阶级狭隘私利的世界历史，并不是真正全人类意义上的世界历史；即不是破除一切阶级压迫、民族压迫，全人类共享文明成果的世界历史。因此，在资产阶级开创的世界历史中，不过是用新的剥削、压迫代替了旧的剥削、压迫。西方发达国家利用自身在世界历史进程中形成的世界性竞争优势，把广大落后民族和国家强行纳入世界资本主义体系，而使其成为它们的附属国和殖民地，掠夺落后国家的自然资源，倾销其廉价商品，损害落后民族和国家的独立和主权，从而使“未开化和半开化的国家从属于文明的国家，使农民的民族从属于资产阶级的民族，使东方从属于西方”①。在资本主义开创的世界历史中，西方发达资本主义国家推行的民族剥削、民族压迫和民族歧视政策已经突出地成为阻碍人类历史继续向前发展的障碍，它往往与一系列重大国际经济政治事件连在一起，甚至酿成世界性灾难。

资本主义开创的世界历史，也并没有从根本上解决人自身全面发展的问题，并且使人自身的发展受到阻碍。世界市场的激烈竞争，使人处于完全不稳定的状态。正如马克思所指出的，“单个人随着自己的活动扩大为世界历史性的活动，越来越受到对他们来说是异己的力量的支配……受到日益扩大的、归根到底表现为世界市场的力量的支配”②，即国际资本的支配。

但是资本主义的世界历史作为一种历史的产物，也不可能永世长存，它必将被社会主义的世界历史所取代。马克思站在作为新生产力代表者的无产阶级立场上，深刻地揭示了这种历史的必然性。马克思认为，资本主义高度发达的生产力以及与之相关的世界交往的普遍发展，为这种必然性的实现提供了客观前提，这是第一。第二，资产阶级在开创世界历史的同时，大工业也“创造了这样一个阶级，这个阶级在所有的民族中都具有同样的利益，在它那里民族独特性已经消灭，这是一个真正同整个旧世界脱离而同时又与之对立的阶级”③。这个阶级就是无产阶级。无产阶级将利用世界历史发展中所形成的巨大生产力和世界性的活动场所，消灭国际资产阶级的剥削和压迫，解放

① 《马克思恩格斯选集》第1卷，276—277页，北京：人民出版社，1995年。

② 《马克思恩格斯选集》第1卷，89页，北京：人民出版社，1995年。

③ 《马克思恩格斯选集》第1卷，115页，北京：人民出版社，1995年。

全人类，实现各个民族和每个人的真正自由全面的发展。实现这个目标的途径就是社会主义革命。马克思认为："各个人的全面的依存关系、他们的这种自然形成的世界历史性的共同活动的最初形式，由于这种共产主义革命而转化为对下述力量的控制和自觉的驾驭，这些力量本来是由人们的相互作用产生的，但是迄今为止对他们来说都作为完全异己的力量威慑和驾驭着他们。"[①]所以，在马克思看来，共产主义革命是"世界历史性"的事业，是把资本主义世界历史转变为社会主义世界历史的事业。这是马克思所揭示的世界历史发展的必然趋势。

综上所述，马克思的世界历史理论不是对黑格尔世界历史理论的简单继承，而是基于对近代资本主义的深入考察，在唯物史观指导下对黑格尔世界历史理论加以扬弃的结晶。它深刻揭示了人类历史的基本走向，即从民族历史不断走向世界历史，并将从资本主义世界历史进一步走向社会主义世界历史。

现在我们的世界正处在这样的阶段上：日益远离了以往的狭隘的民族历史的阶段，但民族、国家仍然是人类生活的基本的共同体；人类虽然迈上了世界一体化的道路，但还远未实现真正的世界一体化。资本主义在世界历史进程中仍然占据统治地位，但资本主义的一统天下早已被打破；社会主义在艰难曲折中前进，但社会主义世界历史已在孕育之中。

在世界历史发展的这个阶段上，充满着世界范围的种种矛盾和激烈斗争，当代资本主义、当代社会主义都出现了马克思主义创始人所未曾料到的许多新情况、新问题。但是，这些新情况、新问题都是在世界历史背景下产生的，都是世界范围内种种矛盾斗争的表现和产物，这一点也就决定了要认识这些新情况、新问题就不能脱离马克思世界历史理论的指导，不能脱离马克思关于人类历史走向的深刻揭示，否则难免会陷入认识的误区。

① 《马克思恩格斯选集》第1卷，89—90页，北京：人民出版社，1995年。

二、世界历史视野中的当代资本主义

（一）当今世界的一个主要矛盾是国际贫富两极分化

目前，全世界的国家和地区增加到220多个，除去5个社会主义国家以外，其他都是资本主义国家和地区。在这些国家和地区中，生活富裕的国家只有30个左右；多数资本主义国家不仅不富裕，而且有不少还十分贫困。

这30个左右生活富裕的资本主义国家主要是老牌资本主义国家。这些国家资本主义的发展，最长的500多年，短的也有一二百年。这些老牌资本主义国家最初的基础是靠掠夺、战争打下的，这在经济学上，叫作资本主义的原始积累。正如马克思所揭示的，资本来到世上，每个毛孔都滴着血和肮脏的东西。以近代中国为例，仅赔款一项，自鸦片战争到辛亥革命，清政府即向列强支付了近13亿两白银。

就这些老牌资本主义国家来说，到目前为止，大体经历了自由资本主义、垄断资本主义和国家垄断资本主义三个阶段。早在自由资本主义时期，马克思就曾指出，生产社会化和资本主义私人占有制的矛盾是资本主义的不治之症。这个矛盾的发展必将导致资本主义的灭亡和社会主义的胜利。到19世纪末20世纪初，当自由资本主义发展到垄断资本主义的时候，列宁分析了垄断资本主义的特点，认为帝国主义是垂死的资本主义，是无产阶级革命的前夜。从那时到现在已有100多年时间，西方发达国家非但没有发生革命，而且整个来说，人民生活水平有了很大提高，工资有了增加，住房得到改善，拥有的耐用消费品得到普及，劳动时间大为缩短，医疗和社会保险事业也有了相当的发展。与上述情况相联系，发达资本主义国家的阶级矛盾相对缓和，社会也相对稳定。但是，能不能由此认为资本主义是腐而不朽、垂而不死呢？

这里有一个认识角度的问题。如果仅从一些西方发达国家的国内范围来说，资本主义的腐朽性有多方面的表现，但是确实不如过去（二战前）那样突出了。但是如果从世界历史的角度看，资本主义腐朽性的表现还是日益加剧、令人触目惊心的。这主要表现在国际范围的贫富两极分化。

与西方发达资本主义国家的富足形成鲜明对照的是，广大亚非拉发展中国家和地区还有相当多的人口处于十分贫困和落后的境地。据统计，1998年全世界的国民生产总值为28.86万亿美元。占世界人口约17%的24个发达国家拥有世界生产总值的79%；而占世界人口83%的发展中国家仅占有世界生产总值的21%。生活在高收入国家占世界人口20%的人群，却消费着全世界86%的商品、45%的鱼和肉、74%的电话线路和84%的纸张。发达国家公司股票的票面价格从1998年10月到1999年4月半年多的时间里便上涨了近7万亿美元，而这一数字超过了第三世界国家国内生产总值的5万亿美元的总额。联合国开发计划署透露："世界上20%最贫困人口今天可怜地占有世界收入的1.1%，而1911年所占比例为1.4%，1960年为2.3%。"目前世界前10位巨富的资产已达1330亿美元，相当于所有不发达国家国民收入的1.5倍。①非洲撒哈拉以南地区有4亿多人口，其国民经济总产值只相当于一个人口仅为100万左右的比利时。在这些地区，由于经济落后，人民极端贫困。例如，非洲就有20%—30%的人口经常处于饥饿和营养不良的状况下，有45%的儿童营养不良。在拉美地区也有2000多万儿童流离失所，许多人挣扎在死亡线上。对于这种情况，邓小平曾经明确指出，南北问题十分突出，"发达国家越来越富，相对的是发展中国家越来越穷"②。"南北之间的差距不是在缩小，而是在扩大，并且越来越大"③。

（二）国际贫富两极分化根源于资本主义基本矛盾

那么，世界的贫富两极分化与西方发达资本主义国家是什么关系呢？西方少数发达国家的富裕，从其国内来说固然有多方面的原因；广大第三世界国家的贫穷从其国内来说也有多方面的原因，而且就每一个国家来说还有某种特殊原因。但是从世界历史的角度说，世界的贫富两极分化，其主要根源在于资本主义所固有的矛盾，即日益扩大到世界范围的生产社会化和资本主义私人占有制的矛盾。

这个矛盾在民族关系方面的表现就是，随着资本主义来到世上以

① 转引自李慎明《全球化与第三世界》，《中国社会科学》，2000（5）。
② 《邓小平文选》第3卷，56页，北京：人民出版社，1993年。
③ 《邓小平文选》第3卷，281页，北京：人民出版社，1993年。

后，世界上的民族分为压迫民族和被压迫民族。资本主义宗主国成为压迫民族，广大亚非拉殖民地、半殖民地民族成为被压迫民族。这种压迫与被压迫、剥削与被剥削的关系，随着一大批殖民地、半殖民地取得民族解放、国家独立，在形式上有所变化，但实质并没有改变，即从旧殖民主义变成了新殖民主义。“资本流遍世界，利润流向西方”，这就是对当今国际剥削关系最深刻也最生动的说明。因此，如果不用世界历史的眼光看问题，就不能从主要方面说明少数西方发达国家的富足与广大亚非拉地区人民的贫困之间的关系。

为了进一步说明这一点，还有一点必须指明，那就是西方垄断资产阶级剥削重点的对外转移。敲骨吸髓的剥削是资产阶级的本性。在资本主义原始积累和资本主义发展的早期阶段中，发达国家的资产阶级除了进行海外掠夺和征服以外，对本国人民的剥削、压迫也是很残酷的。关于这种状况，恩格斯在《乌培河谷来信》《英国工人阶级状况》中，马克思在《资本论》中，以及具有批判现实主义精神的文学家、艺术家的作品中都有生动的描述和深刻的揭示。由于资产阶级的残酷剥削和压迫，激起了18世纪到19世纪70年代欧洲工人阶级的一系列反抗斗争以至革命。鉴于当时的革命形势，马克思恩格斯曾把无产阶级社会革命的希望寄托在英国和欧洲大陆工人阶级身上。然而他们并没有看到这种希望的实现。原因在于，西方发达国家的资产阶级面对本国工人阶级的不断反抗和斗争，为了维护自己的统治，为了缓和国内的阶级矛盾，以求得国内的安宁，开始有意识地进行剥削政策的调整，即相对放松或减轻对其国内工人阶级的剥削，加重对落后国家和地区的剥削，并从这些国家剥削来的高额利润中拿出一部分来，用以在国内收买工人贵族，并提高本国工人的工资和福利水平，以创造一个资产阶级化的工人阶级。二次大战以来，西方发达国家这种剥削重点的转移更加鲜明、更为突出。其手段有如下几个方面：

1. 利用国际贸易中的不等价交换，大肆掠夺发展中国家的财富

由于历史的原因，国际贸易中的商品交换，发达国家出口的大多是制成品，而发展中国家出口的大多是初级产品。西方发达国家往往利用经济技术的优势，提高自身出口的制成品的价格，并压低发展中国家出口的初级产品的价格，从而形成国际贸易中的剪刀差。据统计，从1950年到1979年，第三世界国家出口的初级产品价值下降

4%，而进口的制成品价格却上升了44%。赞比亚1960年可以用190吨铜矿石换回一辆吉普车，到1970年需用360吨铜矿石才能换回一辆吉普车。1960年马来西亚用4吨橡胶可以换回一辆吉普车，到1970年就需用10吨橡胶。1954年，咖啡生产国用14袋咖啡可以换回一辆吉普车，到1961年就需用32袋咖啡才能换回一辆吉普车。1973年坦桑尼亚换回一台拖拉机只需用5吨茶叶，到1981年则需要用7吨。莫桑比克1975年进口一辆卡车需用5.3吨棉花，到1980年得用12.9吨棉花。从1951年到1973年间，发展中国家由于贸易中的“高进低出”所形成的价格剪刀差仍呈扩大趋势。从1981年到1985年，不发达国家的初级产品价格平均被压低30%，而发达国家的机器设备价格却上涨了几倍。在现代科技条件下，西方发达国家对发展中国家的经济掠夺，就是利用自己对高科技的垄断和高科技附加值给商品带来的、并被人为扩大的巨大价格反差来实现的。比如，在我国程控交换机市场上，当我们完全依靠进口时，外商提供产品的价格平均每线高达380美元；而当我国民族工业的产品可以同国外进口的产品竞争时，这一价格大幅度降低至每线70美元。原来的价格竟然是现有价格的近5.5倍。

2. 提高对发展中国家资本输出的利润率

二战后，西方发达国家资本输出的规模日益扩大。发达资本主义国家利用发展中国家地价、原料和工人工资低（例如美国在拉美开办的制造业中，同工种工人的工资仅为美国国内企业的六分之一至四分之一，企业福利开支也仅为美国同类企业的四分之一），以及就地销售产品又免交进口税等条件，扩大资本输出，盘剥那里的人民。跨国公司对发展中国家资本输出的利润率比对发达国家资本输出的利润率要高出50%以上，有的甚至高出将近1倍。美国商务部的报告，1989—1991年间，美国工业在亚洲投资的平均利润率为23.3%，高于它们在24个发达国家投资平均收益率12%的一倍。[①]据联合国统计，1950—1988年，美国在发展中国家的直接投资累计达768.37亿美元，同期却获得利润1773.59亿美元，为投资额的2.3倍。

3. 债务利息剥削

发展中国家要发展自己，开始时最缺乏的是资金。为了发展，还得

① 参见［美］爱德华·S·赫尔曼：《全球化的威胁》，《马克思主义与现实》，1999（5）。

提供种种优惠以获得借款。从20世纪70年代中期开始，西方发达国家的垄断资本利用发展中国家急需发展基金之机，向它们大量放债，每年收取巨额利息收入。对发展中国家来说，它们借入外债一般是为了弥补国内投资的不足，以形成新的生产能力，使自己的产品能更好地满足国内的需求，以减少进口，并扩大出口。外债本息也就可以利用扩大出口的外汇收入来加以偿还。但是在旧的国际经济秩序下，西方发达国家不愿意发展中国家发展过快，以免对自己造成直接的竞争威胁，于是就利用垄断优势和贸易保护主义对发展中国家的出口在各方面（价格、出口方向、规格等）进行限制。外债大量增加，而出口创汇能力却未能得到提高，久而久之，它们的偿债能力下降，发生支付困难，于是利滚利，外债负担愈益沉重。1982年发展中国家的外债为0.831万亿美元，到1990年底猛增到1.341万亿美元，到1993年又继续上升到1.629万亿美元；1997年发展中国家的外债突破2万亿美元大关，达到2.2万亿美元。其中三分之二是长期债务，平均每人欠西方约420美元。发达国家也曾扯起减免债务的旗帜，但为最穷国家债务减免计划所提供的50亿到70亿美元——大致是美国公民每年买运动鞋所花的钱——只占最可能获得债务减免的国家中的五分之一国家债务的5%。①

4. 利用优厚条件吸引发展中国家的高级人才

当今世界，经济竞争、科技竞争日益激烈，其关键又是人才的竞争。西方发达国家为了保持他们在经济和科技上的领先地位，除了在它们之间互挖墙脚之外，还千方百计从发展中国家掠夺人才。从1949年到1973年，美国吸收了22万外国高科技人才加入美国籍，数量之多居世界首位。此后，美国每年吸收1万名外国人加入美国籍。在美国工作但未加入美国籍的外国人才更是不计其数。据联合国统计，1961年第三世界国家就有41万科技人才流入欧美。到20世纪80年代末90年代初，外流人才估计已超过100万。美国国家科学基金会的数字显示，1995年该国科学和工程项目的工作人员达1200万，其中72%的人员出生于发展中国家。发展中国家对他们进行专业培训花费了巨额费用，而他们学成以后流入西方发达国家，其所创造的可观的收入却落入西方雇主的腰包。1999年因受到3年以上高等教育的人才外流，哥伦比

① 转引自李慎明：《全球化与第三世界》，《中国社会科学》，2000（3）。

亚因此损失20亿美元。目前，在美国硅谷和类似产业的劳动力中有23%的移民，其中有6万至7万是来自国外的工程师。1992年美国国会通过了一个所谓“中国学生保护法”，借口中国留学生回国无保障，可以留在美国寻求保护，其目的就是与我国争夺几万名中国留学生。这些留学生，他们中的绝大多数是攻读理工科的，回国以后对我国的现代化建设必能发挥重大作用。不难看出，在科学技术对经济发展愈来愈具有决定作用的今天，西方发达国家掠夺发展中国家的高级人才，已经成为它们剥削发展中国家愈来愈重要的手段。

由上可见，西方发达国家的富足是以西方垄断资产阶级对广大落后国家和地区的剥削和掠夺相联系的；西方发达国家的高工资、高福利是与广大发展中国家人民的苦难相伴随的。当年马克思就曾从世界历史的角度指出：“在谈到工资的降低或提高的时候，永远也不应该忽视整个世界市场和各个国家工人的状况。”①恩格斯当年也曾说过：当垄断资本家从全世界掠夺大量火腿的时候，是会给本国工人一根香肠的。这就是帝国主义国家所谓繁荣的一个秘密。一位非洲国家领导人也曾说，“帝国主义每从我们这里赚走一百美元，就会留下一具尸体”②。然而西方垄断资产阶级的代言人却在制造这样一种神话：“成熟的资本主义”已经无须依赖世界上广大落后地区。说什么“帝国主义剥削贱民地区的时代已经成为过去”，这完全是欺人之谈。只要帝国主义还存在，不论是过去、现在还是将来，其对广大不发达国家进行剥削这一点是不会改变的。

随着经济全球化进程的发展，全球范围内的巨大财富和资本进一步向极少数人手里集中，这必然会加剧少数强国和广大第三世界国家的贫富不均，全球绝大多数人民的生活境遇有可能更加悲惨；生产资料的资本主义占有和生产力的社会化、国际化的矛盾也必然会更加尖锐，这必然会造成广大被压迫人民、被压迫民族的新的觉醒。新一轮的民族民主运动和社会主义运动可能将在21世纪中叶又一次中兴。

---

① 《马克思恩格斯全集》第6卷，640页，北京：人民出版社，1961年。

② 转引自李稼蓬：《科学地比较两种社会制度》，《安徽日报》，1989·10·25。

三、世界历史背景下落后国家的社会主义道路

(一) 马克思对落后国家走社会主义道路的理论探索

关于社会主义道路的探索，这是马克思生前一直在考虑解决的问题。总的来看，在19世纪70年代以前，马克思主要是以英、法、德等西欧比较发达的资本主义国家的情况和材料为依据，从而提出了社会主义革命在西方主要发达国家同时发生的理论。恩格斯在1847年底写的《共产主义原理》中提出，社会主义革命能不能单独在某个国家内发生呢？答曰："不能。"他又说："共产主义革命将不是仅仅一个国家的革命，而是将在一切文明国家里，至少在英国、美国、法国、德国同时发生的革命。"①即先进国家的无产阶级必须同时发动革命才能战胜国际资产阶级。

如何看待马克思恩格斯的这一观点呢？这里有两个方面：

一是从社会主义的最终胜利来说，在单独一个国家内是不可能实现的，因为这是国际范围、世界范围内的事。世界市场的形成，使各个国家的资产阶级突破民族的界限而成为国际资产阶级，于是资产阶级的国际性也就决定了无产阶级革命的国际性。也就是说，社会主义革命的最终胜利是无产阶级世界革命的胜利。

二是就社会主义革命的发生而言，社会主义革命在一些文明国家同时发生是不现实，也是不可能的。这是因为被各国具体情况所决定的各国革命的成熟条件是不可能同时具备的。因此，不可能由社会主义革命最终胜利的世界性而推论出社会主义革命在主要发达国家发生的同时性。

那么，马克思恩格斯为什么会发生这种认识上的偏差呢？这是由历史发展的局限性所致。因为当时各国资产阶级刚刚走向世界，由于空间的广大，它们相互间的矛盾、对立和争斗还没有达到普遍的、激化的程度。与这一点相联系，西欧一些国家的资产阶级为了对付工人阶级的革命运动，不仅加强了国内的武装，而且在一时间还彼此联合

① 《马克思恩格斯选集》第1卷，241页，北京：人民出版社，1995年。

起来组织了国际性的军事同盟。因而在这样的历史背景下，马克思恩格斯比较多地看到了各国资产阶级的一致性、共同性的一面，因而得出了用各文明国家共同进行的革命行动去推翻国际资产阶级的结论。世界上大多数落后国家的历史行程及其社会主义道路问题虽然并没有在马克思的视野之外，但一是由于缺乏有关的研究资料，二是由于东方在当时还不可能成为马克思研究的重点，因此，他们还没有形成相应的关于东方社会发展的社会主义理论，基本上还是设想东方社会将沿着西方社会的道路，即经过资本主义发展阶段，然后再向社会主义、共产主义发展。因此，当时还不可能提出落后国家直接过渡到社会主义社会的可能性的构想。

马克思在19世纪70年代以前关于各先进国家社会主义同时进行的观点，到了70年代以后有了某些方面的重大改变。这个改变表现为，落后国家的社会主义革命可以和先进国家的社会主义革命相互补充，在这个前提下，落后国家可以跳过资本主义制度的卡夫丁峡谷（卡夫丁峡谷是罗马城附近的一条峡谷，在第一次萨姆尼特战争期间，它是古罗马军队必经之地。萨姆尼特人在此伏击并打败了古罗马军队，又说是让战败者走过此谷，以示羞辱。后意为灾难之谷），吸收它的肯定性成果，走向社会主义。马克思曾设想过俄国的农村公社“成为现代社会所趋向的那种经济制度的直接出发点，不必自杀就可以获得新的生命”[①]的可能性。但这是有前提的。1881年3月马克思在《给维·伊·查苏里奇的复信》中反复指出：“和控制着世界市场的西方生产同时存在，就使俄国可以不通过资本主义制度的卡夫丁峡谷，而把资本主义制度所创造的一切积极成果用到公社中来。”[②]俄国农村公社“目前处在这样的历史环境中：它和资本主义生产的同时存在为它提供了集体劳动的一切条件。它有可能不通过资本主义制度的卡夫丁峡谷，而占有资本主义制度所创造的一切积极成果”[③]。

为什么会发生这种改变？这有理论和实际两个方面的原因。

从理论上来说，摩尔根《古代社会》一书出版，马克思从中吸取了科学成果，纠正了或加深了自己对人类社会史和东方社会的某些认

① 《马克思恩格斯文集》第3卷，580页，北京：人民出版社，2009年。
② 《马克思恩格斯文集》第3卷，575页，北京：人民出版社，2009年。
③ 《马克思恩格斯文集》第3卷，578页，北京：人民出版社，2009年。

识，促使马克思去研究和探索东方落后国家走社会主义的特殊道路问题。

从实际上来说，19世纪70年代中期以后，发达资本主义国家的经济迅速发展，政治相对稳定，社会主义革命在短期内难以实现的形势，也促使马克思进一步关注民族民主运动不断高涨的东方国家的社会发展前景，他越来越多地注意研究俄国这个属于东方社会的国家。

通过对俄国的研究，他日益明确地认为，俄国可以避开资本主义前途，在村社土地公有制的基础上，通过俄国革命，吸收资本主义的肯定性成果，而径直走上社会主义道路。但同时马克思又认为，这种可能性的实现，不能离开西方革命的爆发，不能离开西方无产阶级的支持。因此可以说，到这时，马克思是用东方落后国家和西方先进国家的社会主义革命的同时发生论，取代了原先的西方先进国家社会主义革命的同时发生论。这是一个极为重要的理论进步，有着重大的意义。

这个意义主要表现为两点：第一，马克思第一次提出和探讨了落后国家走社会主义道路的可能性，从而使人们明白有两种可能性，而不是像以前那样只知道向资本主义发展的一种可能性。第二，马克思最早认真研究和论证了实现这种可能性的真实依据和实际历史条件。这两点总起来说就为历史开辟了新路，指导并鼓舞了落后国家的人民发挥历史主动精神，为社会主义而进行斗争。

20世纪的俄国和中国革命使马克思所指明的上述可能性变成了现实，从而证明了他的预见的正确性，同时，在实践中，他的关于上述可能性实现的依据和条件的论述还过于笼统、粗疏，还存在某种片面和错误。

第一，俄国革命和中国革命的经验证明，落后国家走上社会主义道路，从内部原因来说，不在于存在多少原始共产主义因素。就俄国而言，农村公社这种古代遗存物在历史进程中，其消极作用日益突出，而且在革命前早已解体。关于这一点，晚年的恩格斯已有论述。他说："事实上，从氏族社会遗留下来的农业共产主义在任何地方和任何时候除了本身的解体以外，都没有从自己身上生长出任何新的东西。”[①]而是在于资本主义新式工业的发展和要有一定数量的无产阶级，不然就根本谈不上社会主义革命的发生。布哈林曾经在《过渡时期的经济》一书中提到：“世界资本主义制度的崩溃，是从最弱的、国家资本主义组织最不发达的国民经济制度开始的。”列宁读后，立即予以纠正：“不对：是从比较弱的开始的。没有一定程度的资本主义，我们是不会成功的。”[②]在中国，如果没有占国民经济10%的现代工业和300万现代产业工人，那么，中国也就不具备走上社会主义道路的物质前提。一些非洲国家在独立以后也曾试图跨越资本主义，建立社会主义，但是没有不失败的。其原因也就在于缺少这样的物质前提（在非洲一些内陆国家，在取得民族独立以前甚至还不存在民族工业，直到20世纪60年代初，非洲的产业工人还仅占总人口的5%，而其中的绝大多数还是非熟练的季节工，真正的产业工人很少）。对此，毛泽东、邓小平在分别接见非洲一些国家的代表团时，总是劝诫他们：“在非洲提出建立社会主义社会，要犯错误。”[③]他们建议这些国家“根据自己的条件，可否考虑现在不要急于搞社会主义”[④]。因为这些非洲独立国家还不具备跨越资本主义卡夫丁峡谷的先决条件。

第二，落后国家走上社会主义道路，从国际条件来说，马克思比较看重落后国家和先进国家的社会主义革命的相互促进，他特别强调先进国家的社会主义革命对于落后国家的示范作用。马克思认为：“只有当资本主义经济在自己故乡和在它达到繁荣昌盛的国家里被战胜的时候，只有当落后国家从这个实例中看到‘这是怎么回事’，看到怎样把现代工业的生产力作为社会财产来为整个社会服务的时候——只有到那个时候，这些落后国家才能走上这种缩短的发展过程的道路。然而，那时它们的成功则是有保证的。这不仅适用于俄国，而且适用于处在资本主义以前的发展阶段的一切国家。”[⑤]晚年的恩格斯改变了这一看法。他说：“与俄国农村公社并存的西欧资本主义生产同时接近了崩溃的时刻，在这一时刻它本身就显示出一种新的生产形式，在这种

① 《马克思恩格斯文集》第4卷，457页，北京：人民出版社，2009年。

② ［俄］列宁：《对布哈林〈过渡时期的经济〉一书的评论》，中央编译局译，60页，北京：人民出版社，1976年。

③ 《毛泽东外交文选》，369页，北京：中央文献出版社，1994年。

④ 《邓小平文选》第3卷，261页，北京：人民出版社，1993年。

⑤ 《马克思恩格斯全集》第22卷，502—503页，北京：人民出版社，1965年。

新的生产形式下将有计划地使用作为社会财产的生产资料——单单这样一个事实，并不能赋予俄国公社一种能够使它把自己发展成新的社会形式的力量。[①]另外，上述关于落后国家与先进的革命相互促进的见解，还存在一个不妥之处。即西方先进国家如果没有发生无产阶级革命，那么能否说，落后国家的人民除了等待就没有可能走上社会主义道路呢？很显然，这一见解低估了落后国家人民创造历史的积极性和主动性。后来的历史证明，这个看法是不对的。落后国家走上社会主义道路的国际条件，不是西方无产阶级革命的示范作用，而是资本主义国家之间，以及资本主义宗主国和殖民地、半殖民地之间的矛盾激化所造成的危机。

（二）列宁关于落后国家走社会主义道路的理论贡献

正是基于对新的历史条件和新的历史事实的科学分析，列宁创造性地实现了两个理论上的重大突破，从而坚持和丰富了马克思关于落后国家社会主义道路的理论，为俄国革命和中国革命的胜利指明了前进的方向。

这两个理论上的突破是：

1. 列宁提出了落后国家无产阶级争取民主革命领导权和把民主革命和社会主义革命联系起来的理论

欧洲的资产阶级民主革命发生在资本主义上升时期，而包括俄国在内的落后国家的民主革命则是在帝国主义时代爆发的。这时俄国无产阶级不但已经成为独立的政治力量，它身受资本主义和专制主义的双重压迫，高度集中，而且已经产生了自己的先锋队——俄国社会民主工党。在这种历史条件下，列宁认为，俄国无产阶级有必要也有可能实现对资产阶级民主革命的领导，以保证民主革命的彻底胜利，并加速社会主义革命的到来。[②]后来，俄国革命和中国革命的历史都证明，落后国家的无产阶级争取民主革命领导权的思想是极为重要的。如果这个领导权落入资产阶级手里，像绝大多数落后国家中所发生的那样，那么在民主革命胜利后它只能走上资本主义道路；如果这个领导权掌握在无产阶级手中，那么落后国家才能在民主革命胜利后避免

① 参见《马克思恩格斯文集》第4卷，458页，北京：人民出版社，2009年。

② 参见《列宁选集》第1卷，558页，北京：人民出版社，2012年。

资本主义前途，而走社会主义道路。因此，无产阶级掌握民主革命的领导权是落后国家跨越资本主义制度的卡夫丁峡谷、走上社会主义道路的关键。

2. 列宁提出了社会主义可能首先在少数或者甚至在单独一个资本主义国家内获得胜利的理论

列宁通过对帝国主义的研究，认为："经济和政治发展的不平衡是资本主义的绝对规律。由此就应得出结论：社会主义可能首先在少数甚至在单独一个资本主义国家内获得胜利。"[①]什么叫资本主义经济和政治发展的不平衡？这是列宁对资本主义从自由竞争阶段发展到垄断阶段即帝国主义阶段的一种科学分析，是指在帝国主义阶段中，世界已被瓜分完毕，后起的帝国主义国家凭借后发优势发展起来，就与老牌的帝国主义国家在原料、市场、殖民地方面发生争夺，甚至发生战争。这样就会造成国际资本主义力量的削弱，就会造成一些裂缝、缺口，当这种情况发生的时候，少数或一个国家就可以在帝国主义最薄弱的环节上发动无产阶级革命，并取得胜利。

很显然，列宁关于落后国家社会主义革命的理论丰富了马克思恩格斯的学说，后来的实践证明了列宁的上述两点理论是正确的。20世纪上半叶，继俄国革命胜利后，不少东方国家取得了革命的胜利，并走上了社会主义道路，从而实现了对资本主义卡夫丁峡谷的第一步跨越。这既是世界历史发展之必然体现，同时也是马克思列宁主义关于世界历史背景下落后国家社会主义道路理论的伟大胜利。

（三）落后国家巩固和发展社会主义事业的艰巨任务

打倒帝国主义，实现民族独立，打倒封建专制，取得民主自由，无产阶级和广大人民群众成为国家和社会的主人，这只是为东方社会主义国家实现现代化，即为实现对资本主义卡夫丁峡谷的第二步跨越提供了前提和基础。但究竟如何实现第二步跨越，即如何吸收资本主义的一切肯定性成果，实现社会主义现代化，从而赶上并超过资本主义发达国家，却是一个更为艰难和重大的任务。

之所以如此，其中一个重要原因在于，落后国家社会主义事业的

① 《列宁全集》第26卷，367页，北京：人民出版社，1988年。

巩固和发展，必须在抵制国际资本主义的大前提下来获得它的一切肯定性成果。关于这个问题，马克思恩格斯有所论述，这在前文已经说了。但是在马克思看来，落后国家的社会主义吸收资本主义的肯定性成果并不是一件特别困难的事情。因为马克思所设想的是落后国家和先进国家社会主义革命的同时胜利，因而在先进国家无产阶级的帮助和支援下，落后国家的社会主义事业吸收资本主义的肯定性成果自然是相当容易的。然而历史的发展超出了马克思的预料，一些落后国家先于发达国家走上了社会主义道路。西方的无产阶级和人民群众当然能够同情、支持落后国家的社会主义革命和建设；但是只要西方本身没有发生社会主义革命，这种援助只能限于道义方面，而没有多少物质力量。在这种情况下，落后国家的社会主义事业必须面对的是西方的国际资产阶级及其国家，他们不可能对社会主义有任何同情，而总是竭力想要扼杀落后民族的一切革命和发展的。因此，如何在抵制国际资本主义的大前提下获得它的一切肯定性成果，就成了特别困难而对落后国家的社会主义发展来说又是特别重要的事情。因为不抵制西方的国际资本主义，落后国家的社会主义就立不住，就可能被分化、西化；不吸收资本主义的一切肯定性成果，落后国家的社会主义也立不住，已经取得的成果也会丧失。在这二者关系的处理上，如果为了吸收资本主义的肯定性成果，而放松或放弃对西方国际资本主义的抵制；或为了抵制西方国际资本主义，而不积极吸收其肯定性成果，甚至搞闭关自守，其结果都会造成对落后国家社会主义事业的巨大损害。

列宁在十月革命后，起初对这个问题有所忽视。这一方面跟当时周围帝国主义的压迫有关，另一方面跟对此问题没有科学认识有关。所以，苏联曾一度采取在国内消灭资本主义，在对外关系上排斥资本主义的措施。但是经过几年实践，列宁开始意识到应该科学地对待资本主义的问题。从1921年起实行的新经济政策中就有大量的利用资本主义的思想和措施，包括在国内利用资本主义的经济形式，在对外关系上利用国外资本主义的积极成果等。在列宁看来，在落后国家里建设社会主义，不能简单地摒弃资本主义，而是要学习、借鉴和利用资本主义一切有用的东西。他在一次演讲中说："有人在这里说，不向资产阶级学习也能够实现社会主义，我认为，这是中非洲居民的心理。我们不能设想，除了建立在庞大的资本主义文化所获得的一切经验教训的基础上的社会主义，还有别的什么社会主义。”[①]他还强调说：“社会主义能否实现，就取决于我们把苏维埃政权和苏维埃管理组织同资本主义最新的进步的东西结合得好坏。”[②]据此，苏联在新经济政策实施时期，允许资本主义经济成分存在和发展，这对恢复经济和改善人民生活发挥了积极作用。在对外关系方面，列宁曾经提出引进西方资本来发展社会主义的设想，限于当时的斗争环境和条件并没有能够实现。

可惜的是，列宁去世后未过几年，新经济政策便停止实行。苏联在斯大林领导下逐渐走上了单一的社会主义公有制发展道路，逐渐消灭了资本主义成分。在对待国际资本主义的关系问题上，强调社会主义经济体系的独立性，认为加入世界经济体系会使苏联成为“世界资本主义体系的附属品”[③]。在此基础上，斯大林提出了两个平行市场论。他认为：“两大对立阵营的存在所造成的经济结果，就是统一的无所不包的世界市场瓦解了，因而现在就有了两个平行的也是互相对立的世界市场。”[④]即资本主义世界市场和社会主义世界市场。斯大林的“两个平行市场”理论，实际上是把自己排除在世界经济和资本主义最新科技成果之外，走进了孤立发展的死胡同。这种发展模式虽然由于行政干预，集中力量片面发展重工业，使工业化速度曾经高得惊人，但它毕竟违背了经济社会发展的整体化、世界化规律，造成了严重的经济结构失衡，发展后劲减少，弊端日益明显。在斯大林逝世以后，赫鲁晓夫、勃列日涅夫相继执政，这种脱离经济全球化轨道孤立发展的模式继续得到推行。虽然他们也曾一度想有所改变，但因行动不力，而成效甚微，致使苏联与西方发达国家的差距进一步拉大。戈尔巴乔夫上台以后，采取全面改革开放政策，但后来走到了另一个极端，从闭关锁国、夜郎自大，到崇洋媚外、仰人鼻息；从害怕外来渗透到请求纳入西方社会，结果搞得不可收拾，使苏联最终瓦解。这样一个严酷的事实从一个侧面说明，正确处理抵制国际资本主义与吸收资本主义的肯定性成果这二者之间的关系，是一个关系到社会主义命

① 《列宁全集》第34卷，252页，北京：人民出版社，1985年。

② 《列宁全集》第34卷，170页，北京：人民出版社，1985年。

③ 《斯大林全集》第7卷，247页，北京：人民出版社，1958年。

④ 《斯大林文选（1934—1952）（下）》，594页，北京：人民出版社，1962年。

运和前途的重大问题。

在这一方面，我们也有过深刻的教训。新中国成立以后，在相当长的时间里我们也是关起门来搞建设，“成就也有一些，总的说来没有多大发展”[①]。这种闭关锁国的做法极大地损害了我国经济、科学和文化事业的发展，导致我国的科学技术比发达资本主义国家整整落后了20年，而且也禁锢了人们对社会主义与当代世界的认识，看不到当代世界的新发展，看不到中国与发达国家的差距，形成了僵化的社会主义模式，阻碍了社会主义的改革和发展。正如邓小平所指出的：“总结历史经验，中国长期处于停滞和落后状态的一个重要原因是闭关自守。”[②]“三十几年的经验教训告诉我们，关起门来搞建设是不行的，发展不起来。”[③]邓小平说，“现在的世界是开放的世界”，“中国的发展离不开世界”，并进一步指出：“应当把发展问题提到全人类的高度来认识，要从这个高度去观察问题和解决问题。”[④]因此，对我们来说，坚持以马克思的“世界历史”理论为指导，坚持对外开放，这是搞好中国社会主义现代化建设的关键。

四、马克思世界历史理论在当代中国的坚持和发展

马克思的“世界历史理论”认为，自从资本主义大工业“首次开创世界历史”以来，各个民族和国家，无论其社会制度和发展水平如何，在经济、政治、文化上都日益联系起来，它们都以不同的方式或快或慢地参与世界历史的整体发展，即成为“世界历史性”的现代国家。特别是在现代，由于以电子信息技术为核心的新科学技术的广泛应用和发展，使地球日益“缩小”，从而把整个世界更加紧密地联系起来。仅就世界经济的发展而言，当今的世界经济相互依赖、相互合作和相互竞争的趋势越来越明显，任何封闭型的经济都是不可能得到较快发展的。世界银行《1987年发展报告》中指出：“虽然各国的发展最终是依靠它们的自身努力，但世界经济也影响着它们的成败。”该项报

① 《邓小平文选》第3卷，90页，北京：人民出版社，1993年。
② 《邓小平文选》第3卷，78页，北京：人民出版社，1993年。
③ 《邓小平文选》第3卷，64页，北京：人民出版社，1993年。
④ 《邓小平文选》第3卷，64、78、282页，北京：人民出版社，1993年。

告根据各国所采取的对外贸易的类型，把范围广泛的41个发展中国家和地区分为4个组别，即强烈外向型、一般外向型、一般内向型、强烈内向型，并进而根据收集到的统计资料，对这些国家和地区1963—1985年的发展状况进行了分析。结果发现，外向型经济的实绩几乎在几个方面都优于内向型经济。[①]

世界银行的这一调查结果也为我国的台湾地区以及韩国、新加坡和拉美一些国家的具体发展进程所证实。韩国、新加坡及台湾地区在20世纪50年代，拉美一些国家在20世纪60年代分别推行进口替代战略。进口替代是以本国或本地区的市场为对象，以强有力的保护主义为前提；在工业发展的初期阶段，这种进口替代工业同本国或本地区的市场、居民消费水平基本上是协调的。但是随着进口替代的深入，经济发展也就受到内部市场规模和资源的限制，同时也不能有效地利用别国的经营管理经验和科技成果，因而增长速度明显放慢，甚至出现停滞现象，这在拉美还引起了严重的社会动荡。韩国、新加坡及台湾地区从中吸取了教训，从20世纪60年代开始实行外向型开放经济发展战略，采取放宽贸易保护政策，减轻关税，放松外汇管理等措施，这对促进他们的经济起飞所起的重要作用是广为人知的。近十多年来，拉美许多国家也转向实行开放政策，经济也有了明显发展。

以上事实说明：外向型经济更能适应当今世界联系加强的客观要求。发展外向型经济的实质所在，就是使一国经济与整个世界经济紧密联结起来，实行对外开放。一方面，取人之长，补己之短，通过引进国外的先进技术、管理经验和资金，使本国经济迅速发展；另一方面，通过国际交换，部分参与国际分工，并按国际惯例在世界经济体系中进行活动，以推动全球经济的发展。

在中国现代化的过程中，邓小平深刻总结了历史的经验教训，站在时代的制高点上，分析研究了处在“世界历史”时代下的当代中国国情，第一次系统和科学地回答了在中国这样比较落后的国家如何建设、巩固和发展社会主义的一系列问题，形成了他的关于建设有中国特色的社会主义现代化理论。这个理论中所包含的对外开放战略、市场经济思想和自主发展原则等，都是对马克思“世界历史”理论以及

① 参见乌杰：《邓小平思想论》，42—43页，北京：人民出版社，1992年。

这个理论中所包含的关于东方落后国家社会主义道路思想的坚持、发展、补充和丰富。下面从三个主要方面来展开具体的说明。

（一）建设对外开放的社会主义

建立开放型社会主义是马克思“世界历史”理论的逻辑结论在当代的实践延伸。

马克思恩格斯立足于“世界历史”的实际，曾经明确指出：“无产阶级只有在世界历史意义上才能存在，就像共产主义——它的事业——只有作为‘世界历史性的’存在才有可能实现一样。”“共产主义……是以生产力的普遍发展和与此相联系的世界交往为前提的。”[①]马克思在强调社会主义、共产主义是“世界历史性”事业的同时，尖锐地批判了“地域性的共产主义”，认为这种共产主义脱离交往的普遍发展，“它们会依然处于地方的、笼罩着迷信气氛”的状态。然而现实的社会主义又是在一定地域内的落后国家中建立起来的。这本身就是一个矛盾。如何使现实社会主义存在于一定地域又不囿于一定地域，从而具有世界历史性的品格，这个问题长期没有解决好。如前所述，没有解决好的原因，一是国际资本主义的封锁，二是自己把自己封闭起来。因此，在这个意义上说，原苏联的社会主义和改革开放前的中国社会主义在相当程度上还是马克思所批判的那种地域性社会主义。

如何使存在于一定地域的现实社会主义具有世界历史性的品格，其关键是要实行开放战略，要建立开放型社会主义。中国社会主义建设把对外开放作为一个基本国策，作为一项根本战略，这在社会主义国家史上还是第一次。

开放就是放开眼界，打开国门，主动迎接经济全球化大潮的挑战，积极参与这一历史进程，积极发展同资本主义世界的关系，使社会主义实践第一次全方位地冲破“地域性”局限，向着“世界历史”迈进。

中国开放战略的实施，首先归功于邓小平。他顺应世界历史发展的大潮，立足于中国国情，提出了全面系统的开放思想。

---

① 《马克思恩格斯选集》第1卷，87、86页，北京：人民出版社，1995年。

1. 对外开放是全方位开放

所谓全方位开放，“就是对世界所有国家开放，对所有类型的国家开放”[①]。这里包括三个层面：一是对发达国家开放，二是对社会主义国家开放，三是对第三世界发展中国家开放。

2. 开放的目的是洋为中用

开放的目的是学习、引进国外的先进经验和技术，将世界上一切优秀文明成果吸收过来为我所用。他说：“必须大胆吸收和借鉴人类社会创造的一切文明成果，吸收和借鉴当今世界各国包括资本主义发达国家一切反映现代社会化生产规律的先进经营方式、管理方法。”[②]

3. 对外开放是一项长期的系统的国策

邓小平认为，对外开放“这不是短期的政策，是个长期的政策，最少五十年到七十年不会变……到那时，更不会改变了”[③]。对外开放是系统的，一是指对先进的东西要进行系统的学习和引进；二是指通过开放不仅要“引进来”，而且还要“走出去”，包括产品的输出、技术的输出、劳务的输出和资本的输出，必须在国际市场的竞争中赢得优势。

社会主义必须开放，只有开放才能建设好社会主义，只有开放才能不断扩大社会主义在全世界的影响，才能促进资本主义世界历史向社会主义世界历史的转变。20多年来，我国的开放实践极大地促进了我国社会主义综合国力的增强和国际地位的提高，从而证明了我国实施的开放战略是十分正确的，它是落后国家的社会主义在世界历史背景下实现现代化的必由之路。

（二）建设市场经济的社会主义

建立市场经济是开放型社会主义的必然要求。

社会主义中国如何才能实现开放，既实现对内开放，又实现对外开放，其基本的机制就是市场。通过国内市场，把中国各地区联系起来；通过世界市场，使中国与世界联系起来。

关于市场与社会主义的关系问题，自社会主义成为现实制度以来

---

① 《十二大以来重要文献选编（下）》，1442页，北京：人民出版社，1988年。

② 《邓小平文选》第3卷，373页，北京：人民出版社，1993年。

③ 《邓小平文选》第3卷，79页，北京：人民出版社，1993年。

就是一个关系到社会主义建设全局的重大问题。

马克思主义创始人曾经设想，一旦社会占有了生产资料，商品生产就将被消除，生产者将按照全面的共同的计划自觉地从事社会劳动。但是马克思的这一设想是就资本主义大工业、社会化大生产和商品经济充分发展基础上所产生的社会主义而言的。

十月革命胜利后，即从1917年到1920年底，列宁把马克思的这一理论付诸实践，企图在苏联推行非商品的社会主义，结果造成了严重的社会危机和普遍的不满。列宁敏锐地认识到，在一个经济落后的国家，无产阶级在取得政权以后，在向社会主义过渡的过程中，在多种经济成分并存的条件下，还必须利用商品货币，发展商品生产，否则就不能迅速发展生产力。但对于商品经济在社会主义社会是否可行的问题，列宁还未来得及从理论上进一步加以探讨就过早地逝世了。

苏联在斯大林领导下，通过工业化和农业集体化，于20世纪30年代中叶建立起了集中的计划经济体制。在社会主义制度下，商品生产的存在是否还有必要，斯大林经过长期实践，到晚年已经明确地认识到，只要存在着全民和集体两种形式的公有制，商品生产和商品流通便应予以保留。在社会主义学说史上，他第一次放弃了商品生产等于资本主义生产的观点。但他坚持认为，在社会主义社会中，生产资料不是商品，价值规律的作用范围仅限于流通领域。

在市场与社会主义的关系问题上，毛泽东在20世纪50年代末期提出过“商品生产与资本主义相联系，就出资本主义；与社会主义相联系，就出社会主义”[①]等正确见解。但这一见解并没有得到坚持，他在晚年还是把商品、货币、市场划入资本主义的范畴，总想割掉这个尾巴。

明确提出建立社会主义市场经济体制的是邓小平。邓小平反复强调计划和市场都是方法和手段，可以运用于资本主义社会，也可以运用于社会主义社会。强调应使市场在国家宏观调控下对社会资源配置起基础性作用，这从而也就从根本上肯定了市场在社会主义社会应有的地位。至此，经过列宁、斯大林和毛泽东的不断探索，到邓小平才最终实现了对马克思经典社会主义理论历史局限性的克服，给社会主

① 周尚文、陈鸿寿：《社会主义150年》，239页，上海：上海人民出版社，1997年。

义经济理论注入了新的内容，指明了市场经济是社会主义生产力发展的必要经济形式。自然经济、商品经济、产品经济是人类社会经济发展的三个依次递进的阶段。在特定的历史条件下，某些经济落后，商品经济没有得到充分发展的国家可以超越资本主义充分发展的阶段而走上社会主义道路；但不能超越商品经济阶段而直接跨入产品经济阶段，不能跨越以工业化和生产的商品化、社会化为特征的现代生产力发展阶段。

另外，社会主义市场经济和资本主义市场经济作为人类市场经济的两种不同方式，只有借助其共同点即市场经济才能获得互相沟通和开放。因此，就我国来说，坚持开放战略与建立和完善社会主义市场经济体制有着深刻的相得益彰的关系。一方面，坚持对外开放，必然要求建立和完善市场经济体制，这样才能得以沟通国内和国际两个市场；另一方面，只有建立和完善社会主义市场经济体制，才能使对外开放、使吸收资本主义的肯定性成果获得渠道和手段。所以，邓小平关于建立社会主义市场经济的思想正确解决了像中国这样比较落后的国家，在世界历史背景下应建立什么样的经济体制去发展生产力和吸收资本主义的肯定性成果，从而达到巩固和发展社会主义的问题，这对马克思“世界历史理论”的发展是一个突出的贡献。

（三）建设自主发展的社会主义

在经济全球化的背景下，各国之间，社会主义国家和资本主义国家之间的交往日益频繁，与日俱增。这既为社会主义国家和其他发展中国家的发展提供了新的历史机遇，同时也为帝国主义国家把第三世界国家和社会主义国家纳入国际资本的统治，纳入西方设定的国际关系网络之中提供了难得的机会和环境。由于社会主义与资本主义所反映的阶级利益在本质上是根本对立的，因此，这两种制度的国家之间，在经济、政治和意识形态上的矛盾和斗争是不可避免的。苏联东欧剧变以后，邓小平指出：以两个超级大国争霸为内涵的冷战结束了，但“另外两个冷战又已经开始。一个是针对整个南方、第三世界的，另一个是针对社会主义的。西方国家正在打一场没有硝烟的第三次世界大战”①。现在世界上仅有的社会主义国家屈指可数，中国又是惟一的社会主义大国，所以以美国为首的西方国家加紧对社会主义国家，特别是对中国进行和平演变。鉴于中国经济实力和综合国力的日益增强，西方国家的政治家和当权者中不少人开始意识到遏制政策行不通，更不能奏效，因而主张接触中国。以接触、合作促中国演变。1997年1月，美国总统克林顿在其第二任期的第一个记者招待会上说：“我仍相信，从长期以来，同中国接触，极有可能对中国产生积极的影响，就像柏林墙倒塌一样。”克林顿主张对中国要以接触为主，通过接触这一桥梁达到遏制与和平颠覆之目的。正如邓小平所指出的：“整个帝国主义西方世界企图使社会主义各国都放弃社会主义道路，最终纳入国际垄断资本的统治，纳入资本主义的轨道。”②对于这一点我们必须保持清醒的头脑和高度的警惕。“国家的主权和安全要始终放在第一位。”③为了坚持对外开放的社会主义方向，为了击败帝国主义国家通过接触并和平演变中国的图谋，邓小平为我国的对外开放确立了以自主发展为核心的一系列重要的原则。

1. 在自力更生基础上实行对外开放

邓小平强调，“独立自主，自力更生，无论过去、现在和将来，都是我们的立足点”④。自力更生建设社会主义是对外开放的基础，而对外开放又有利于增强自力更生建设社会主义的能力。坚持自力更生，这样才不会因对外开放而受制于人，才不会使本国发展的成果流失于外，而被他国攫取。1968年至1974年，巴西曾经创造了经济的奇迹，经济增长率年均为10%，出口增长4倍多；但到20世纪70年代末，由于债台高筑和对国际市场的过分依赖，“巴西奇迹”开始消失，陷入经济困境，巴西成为“有增长而无发展”的典型。这个教训是极为深刻的。

2. 在平等互利基础上积极扩大对外交流

中国作为发展中国家面对的是已经形成了的世界经济体系；由于经济力量比较薄弱，在国际分工中处于不利地位。现在国际经济交流

① 《邓小平文选》第3卷，344页，北京：人民出版社，1993年。
② 《邓小平文选》第3卷，311页，北京：人民出版社，1993年。
③ 《邓小平文选》第3卷，347页，北京：人民出版社，1993年。
④ 《邓小平文选》第3卷，3页，北京：人民出版社，1993年。

和合作中通行的国际惯例和规则主要是由西方强国制定的，其中有相当多的歧视和损害第三世界的极不合理、极不公正的条款。中国要在世界交往中赢得自己的发展，就必须不信邪，不怕鬼，在世界舞台上利用各种场合，敢于和善于对国际现存的经济旧秩序展开有理、有利、有节的斗争，坚持在平等互利基础上积极扩大对外交流，不允许任何国家损害我国主权和民族利益。对此，邓小平指出："中国人民珍惜同其他国家和人民的友谊和合作，更加珍惜自己经过长期奋斗而得来的独立自主权利。任何外国不要指望中国做他们的附庸，不要指望中国会吞下损害我国利益的苦果。"①

3. 必须坚决反对资产阶级自由化

社会主义国家要在对外开放中走向世界，又要在对外开放中"保持自我"、发展壮大自我，只能以社会主义为根本导向。只有实现社会主义与现代化的有效结合，才能确立起一个强有力的政府权威。就中国来说，才能克服现代化建设中的种种困难和对外开放中所遇到的种种风险，才能使中国巨大的地域和人口规模的潜在优势发挥出来，有效地配置相对稀缺的社会资源，并进行为现代化发展所必需的社会动员，使中国的现代化在安定团结的局面下加速发展。因此，坚持四项基本原则，就成为中国改革开放和实现现代化的政治保障。为此，就必须反对资产阶级自由化。邓小平指出："搞资产阶级自由化，就是走资本主义道路。""要搞四个现代化，要实行开放政策，就不能搞资产阶级自由化。"②

4. 必须坚持两手抓的方针

对外开放会带来积极成果，同时也必然会造成一些消极影响。窗户打开会流进来新鲜空气，也会飞进来一些苍蝇、蚊子。当今世界，以美国为首的西方发达国家不仅推行经济、政治霸权主义，还推行文化霸权主义。美国一位社会学家宣称："美国流行文化的传播是长久以来人们为实现全球统一而作出的一连串努力中最近的一次行动。它代替了罗马帝国和基督教徒推行的拉丁语以及（共产党政府推行的）马克思列宁主义。"③西方国家，特别是美国的文化霸权主义，说到底是

① 《邓小平文选》第3卷，3页，北京：人民出版社，1993年。

② 《邓小平文选》第3卷，124页，北京：人民出版社，1993年。

③ 《美国流行文化渗透到世界各地》，美国《华盛顿邮报》，1998·10·25

为了在全球，特别是第三世界普遍制造对美国、对西方的迷恋、膜拜和奴性，用腐朽的资产阶级世界观、人生观、价值观腐蚀人心。对此，邓小平早就提醒人们："对外文化交流也要长期发展。经济方面我们采取两手政策，既要开放，又不能盲目地无计划无选择地引进，更不能不对资本主义的腐蚀性影响进行坚决的抵制和斗争。为什么在文化范围的交流，反倒可以让资本主义文化中对我们有害的东西畅行无阻呢?"[①]为此，邓小平提出要一手抓开放，大胆吸收和借鉴人类社会所创造的一切优秀精神文明成果；一手抓抵制，抓打击犯罪，包括防止和消除文化垃圾的传播和资本主义腐朽思想的影响。要在坚持抓社会主义物质文明建设的同时，狠抓社会主义精神文明建设，要用爱国主义、集体主义和社会主义思想武装全党和全国各族人民。

总之，在世界历史条件下，经济全球化的发展使国家之间的竞争更趋激烈。在这种情况下，落后国家搞封闭会阻碍经济和社会发展，而实现开放又容易陷于依附。我们面临的出路只有一条，就是在开放中求得自主发展，在开放中不断增强以经济和科技实力为基础的综合国力。只有这样，我们才能立于不败之地。

① 《邓小平文选》第3卷，43—44页，北京：人民出版社，1993年。

第九章　现代科技的主导作用

20世纪五六十年代以来，一场以信息技术为中心的新科技革命首先在美国、日本、西欧等西方发达国家蓬勃兴起，以后又逐渐向世界其他国家和地区扩展。这一新的科技革命正在给世界经济、社会生活和观念形态带来巨大影响，它以不可抗拒的力量塑造着我们的时代精神，制约着资本主义和社会主义的发展和人类的未来。科学技术进步已成为当今世界发展的主导力量。

一、现代科技进步的趋势

（一）科学与技术关系的历史发展

科学是认识世界的系统知识，技术是改造世界的工艺手段。唯物史观认为，人类最重要的活动是物质生活资料的生产。纵观人类生产发展史，科学技术始终是生产力的核心。只不过在工业革命之前，科学尚未独立，技术是生产力的核心；在工业革命之后，科学技术才成为生产力的核心。就科学和技术的关系来说，它经历了科学从属于技术、科学从技术中分离出来、科学与技术融为一体等三个发展阶段。

1. 科学从属于技术

人类区别于猿类的最本质特征是劳动，而劳动是从制造工具开始的。劳动工具的制造就意味着技术的产生，同时也孕育了自然科学的萌芽；但这时人们关于自然的知识仍凝结在物化的形态中，还没有从技术中分离出来。拿火的发现来说，它是人类认识客观世界的一次飞跃。人们从摩擦生火的现象中，发现机械运动可以转化为热运动这种自然科学原理的萌芽。但是因为当时还没有上升到理论的高度，所以，这种萌芽状态的自然科学只能以生产技术的形态存在着。在这里，科学和技术没有真正分化，技术包含科学，科学带有明显的经验性、操作性。这种状态一直伴随着人类经历了漫长的原始社会。

2. 科学与技术分离

到了原始社会末期，随着生产力的发展，特别是金属工具的发明和使用，劳动生产率日渐提高，出现了剩余产品，从而使一部分人剥削另一部分人成为可能，也使一部分人不必从事体力劳动而专事于脑力劳动。这种两极分化造成了严重的阶级对立，也造成了体力劳动与脑力劳动的分离与对立。这种分离一方面为科学的发展提供了某种条件；另一方面，这种分离与阶级划分相联系所形成的对立，又阻碍了科学和技术的发展。奴隶主贵族以及服务于他们的知识分子，鄙视生产劳动，鄙视掌握工艺技术的奴隶，也鄙视技术；科学研究则被视为有闲阶级的一种好奇心的满足，视为一种纯粹的理智活动。学术研究和生产实践的脱离，使人们对自然的认识长期局限于对自然界整体性质的思辨性猜测，很少有定量的和实证的描述。这时候，即使是卓越的科学成果也游离于生产技术之外。例如，欧几里得几何学也主要是一种纯逻辑研究，这是一方面。另一方面，几千年的物质生产由于主要依靠手工工具和经验技术，一直处于相对停滞状态。在中国封建社会，那些震撼世界的许多技术上的发明，常常因为缺乏科学的理论和方法，而被窒息，甚至失传。在欧洲中世纪，学术传统和工匠传统的对立也达到了十分尖锐的程度。总之，在古代社会里，无论是东方还是西方，科学和技术都被长期地分割开来了。

14世纪至16世纪，随着工场手工业和商品生产的发展，资本主义生产关系已在欧洲封建制度内部逐渐形成。适应资本主义生产方式的需要，17世纪初，著名的英国哲学家弗兰西斯·培根向传统挑战。他明确指出，理性知识（科学）和经验（生产技术）的结合，是“真正合法的婚配”，正因为人类历史长期以来没有认识到这一点，而使这个合法的婚姻，“被粗暴地和不幸地隔离开来，所以人类大家庭才陷入混乱”。因此他号召“学者和工匠结合起来”。培根的这些深刻思想，经过17世纪、18世纪到19世纪中叶以前的历史发展才获得了初步的体现。科学改变了过去对技术的鄙薄态度，紧跟着生产发展和技术进步，开始超越以往直观思辨的研究，而发展到了实证的研究（即以实验事实为依据并由实验事实来检验的研究），从而具有了科学的形式。

其中最卓越的成果是建立了人类历史上第一个完整的科学体系——牛顿力学体系，它标志着自然科学已经上升为独立的形态。近代自然科学产生以后，也开始显示出对生产技术进步的推动作用。比如漂白粉、硫酸等的制造，就是有赖于化学的发展；许多机器的设计也应用了牛顿力学；有线电讯的发明如果没有电磁理论的创立则是不可想象的。但是，总的说来，在蒸汽技术体系中，占压倒多数的关于技术原理的设想，并不是来自科学理论，而是来自以往积累的经验知识。因为这时的科学在总体上还滞后于技术，不少科学门类还在形成之中，科学的深度和广度还极为有限。自然科学的发展，总的特点还处于这样的阶段，即人们在生产中提出技术改革的要求，进一步的发展又需要解决一些理论问题，从而推动科学的研究和发展，其总的方向是从生产到技术再到科学，这是当时科学和生产技术的基本关系。

3. 科学与技术融合

19世纪中叶以后，情况发生了重大改变。科学和技术的关系日趋紧密，相互作用不断加强，而且科学开始走在技术和生产的前面，显示出巨大的威力。发生这一重大变化的主要社会历史原因有二：

一是资本主义的社会化大工业开始建立，社会生产对科学的需求性空前加强。马克思曾就此指出："只有在这种生产方式下，才第一次产生了只有用科学方法才能解决的实际问题。只有现在，实验和观察——以及生产过程本身的迫切需要——才第一次达到使科学的应用成为可能和必要的那样一种规模。"①

二是科学理论的全面发展使科学向生产技术领域的全面渗透成为可能。这时候，自然科学的主要基础研究领域，如物理学、化学、生物学、地质学都先后建立了相对完整的理论体系。科学理论的全面发展，改变了过去技术进步主要依靠经验积累的状况，为新的科技革命做好了科学理论和知识上的准备。

此后，在经历了近代科学和技术上的历次革命以后，以科学为先导和基础的技术，即科学技术在人类社会文化知识体系中的地位显著提高，科学思想和科学方法深入人心；科学技术以前所未有的发展速度和巨大的历史推动作用，引起了全社会对科学技术的关注。人们开

① ［德］马克思：《机器、自然力和科学的应用》，中央编译局译，206页，北京：人民出版社，1978年。

始认识到新的科学理论是革新生产技术、提高劳动生产率的关键。

由于上述条件的变化，19世纪中叶以来，科学与技术的关系出现了一系列新的特点。在技术发展继续对科学发展产生影响的同时，科学发展对技术进步所起的作用越来越大；到20世纪中叶发生了一个质变，即科学开始由过去的“配角”地位上升为“主角”。以往更多的是由生产到技术再到科学；而现在则更多的是从科学到技术再到生产，从而显示出科学对技术和生产的巨大推动作用。不仅如此，当今从科学发现到技术发明和应用的周期越来越短，出现了同步发展的趋势。于是，科学发现、技术发明和生产发展逐渐形成一个不可分割的整体。在这个整体结构中，生产、技术的发展为科学进步创造了物质前提；科学在理论上的设想又通过技术、生产获得实现。

（二）现代科技发展的基本特点

由于19世纪和20世纪之交的物理学革命对自然科学思想观念和方法的全面革新，以及社会历史条件和文化背景的变迁等因素的作用，现代科学技术的发展与以前各个发展阶段相比，具有显著的特点，出现了一系列新的发展趋势。其中主要有以下几个方面的表现。

1. 高科技全面发展

在自然科学的六大领域，即数、理、化、天、地、生，同时出现了科学技术的突破，并交融发展。数学领域出现了信息技术，物理学领域出现了原子能技术，化学领域出现了新材料技术，生物学领域出现了生物工程技术，天文学领域出现了航天技术，地学领域出现了海洋技术、地热开发技术。另外，还有新能源技术、激光技术等。

信息技术被视为高技术的龙头。微电子技术、通信技术、计算机技术和网络技术可以称为信息技术的核心。微电子技术使越来越复杂的电子系统可以集成在一小块硅片上，使电子设备和系统的微型化、低能耗成为可能，集成电路已经进入大规模集成电路的阶段。通信也因卫星通信、移动通信的发展而获得新的通信手段，从而拓展了应用领域。计算机也已经从单一的计算功能发展成为处理数字、符号、文字、语言、图像以至知识等多种信息，应用领域覆盖了社会各个方面。因特网将计算机技术和通信技术结合，创造了远远大于这两个领域简单叠加的应用空间，从1991年因特网进入商业应用以来，其发展就像火山喷发一样迅速膨胀，给信息产业乃至整个社会带来了革命性的影响。

生命科学和生物技术的发展使人们能够从分子或原子水平上揭开生物构造和遗传的秘密。其研究重点包括：基因组研究、蛋白质结构分析、生物医学和脑科学研究。我国和美国、日本、欧洲一些国家等参加了人类基因组研究，目前已经识别出3～3.5万人体基因。这项工程可以揭开有关人类生长、发育、衰老、死亡和遗传病变等秘密，将帮助人类克服多种疑难病症，对人类健康意义极大。生物技术的发展在生产新疫苗、新的农产品、特殊化学药品，以及提高医疗技术、防治污染和创造新材料等方面正在掀起一场革命，因此有人称21世纪是“生物学世纪”。

环境科学与绿色技术是以可持续发展为指导的清洁生产方式，取代以牺牲环境为代价实现经济发展的传统生产方式为目的的。在重视末端治理技术的同时，更着重在工业生产全过程中减少污染物的产生量，同时要求污染物最大限度地资源化，考虑工业产品的生产工艺，对产品结构、原料和能源替代、生产运营和现场管理、技术操作、产品消费，直到产品报废后的资源环境等诸环节的生态效应。绿色技术、绿色产业正在全球掀起绿色浪潮，21世纪同样是“绿色世纪”。

空间科学和技术是当代科学技术发展最快的尖端技术之一。航空航天技术在半个多世纪中获得巨大发展。人造卫星、宇宙飞船、空间站、航天飞机的研制和成功发射，就是最骄人的成就；其中，通信卫星、地球定位卫星和地球资源卫星已经步入了实用化、商业化的阶段。星际远航也将不再是童话般的梦想。

能源技术研究的重点，一方面是注重节能技术的开发和利用，以及对设备进行技术革新，另一方面更重要的是开发洁净能源和新的替代能源。燃煤高效联合技术已获得开发利用，煤的液化、气化已成为生活的现实，体积小、成本低、运行简单、安全的新一代核电站正在加紧研制，室温核聚变的研究显露出希望的曙光，燃料电池技术也在孕育着新的突破。

材料科学技术也在突飞猛进地发展。功能化、复合化、智能化是当代材料科技发展的显著特征。最活跃的是信息功能材料、纳米材料、高性能陶瓷、生物材料、复合材料等的研究和创造。具有高比强度、高比刚度，耐高温高压，耐腐蚀等性能的材料的研制正在获得新的发展。

2. 科技进步周期不断缩短

科技进步周期包括两个方面：一是指科学发现与技术发明之间的周期，二是指技术成果转化为现实生产力并产生经济效益的时间过程。当代科技发展的趋势之一，就是这两个周期的日益缩短。例如，19世纪科学发现与技术发明之间的周期长达半个世纪以上；而进入20世纪以来，这个周期的时间缩短到一二十年，甚至只有几年。这是由于当代高技术的发明创造所包含的科学因素比以往大为密集，日益以基础科研为依托，这样技术开发与基础研究之间的距离就非常近了。于是，科技的发现和发明呈加速状态，摆脱了以前的慢节奏。全世界的重大科学发现、技术发明在16世纪只有26项，17世纪106项，18世纪156项，19世纪546项；但到20世纪前半叶已有961项，到20世纪60至70年代则已超过了前两千年的总和。①同时，科技成果转化为商品、转化为经济效益的周期也在不断缩短。这个周期，在18世纪约为100年，19世纪约为50年，第一次世界大战前为30年，20世纪20至30年代为16年，第二次世界大战后为7年；而目前在一些发达国家，一些新产品的开发和生产一般只需3—5年，某些先进产品只需1—2年，有的甚至只需要几个月。

3. 高综合化趋势日益加强

所谓高综合化，就是由各个研究领域全面交叉渗透而形成的全面协调与合作。综合化的表现之一是，科学与技术的综合化和各个学科的综合化。过去把科学研究划分为基础研究、应用研究、开发研究三个阶段，今天在实际上已难以完全分清，往往是采取全面推进、互相作用、共同工作的模式。同时，不同行业的协作研究和集中攻关也已成为各国所普遍采用的科研模式。综合化的表现之二是，社会科学、自然科学的交叉配合和交叉学科的纷纷诞生与广泛应用。今天，任何社会经济问题的解决几乎无不依靠自然科学（包括工程技术）提供技术手段，由社会科学提供理论依据、价值观念和真实情况，在它们交叉结合的基础上出现了系统工程学、技术经济学、数量经济学等一大

---

① 参见郑孟煊：《试论科技进步与社会主义认识的深化》，《学术论坛》，1993（1）。

批交叉学科，或被称为“软科学”。它们为决策科学化和管理现代化提供了技术支持。这三者一体化的发展，创造了可观的经济效益和社会效益。综合化的第三个表现是，军民科技一体化。过去几十年，由于国际上军备竞争激烈，因此，科学技术的许多重大创新都首先在军事工业中应用，然后实行军转民。然而由于近年来世界格局的变化，各国都在加速军转民的步伐，在今后将逐步实现军民科技一体化的体制。

4. 软件化与信息化程度日益提高

传统科技进步主要靠改进技术装备和生产工艺来实现，而目前正越来越向软件化方面转化，信息技术发挥越来越大的作用。科技发展的软件化与信息化表现在两个方面。一是软件技术向硬件技术的扩散与渗透，如计算机软件将广泛普及于现代社会中。先进的软件使计算机能够解决问题，进行数据运算和产生新的数据，或者在计算机屏幕上实现可视显示。它控制传感器、机器人及其他自动化机器执行着有效的工作。二是随着软件技术的迅速发展，出现了经济发展软件率日益提高的趋势。今天，许多硬件多功能效用的发挥主要取决于软件的应用。在日、美等工业发达国家，软件在各个产品价格中的比重在飞速增长。硬、软件之比从20世纪50年代的8：2，到70年代的5：5，而现在在许多产品中已达到2：8；据预测，21世纪初，大多数产品中硬、软件之比将达到0.5：9.5。这种趋势被称之为经济发展的软件化。

5. 科学技术国际化趋势日渐突出

随着经济国际化的加强，科学技术也出现了国际化的趋势，世界各国在科技竞争中也要求发展有条件的国际科技合作。可以认为，科技越向前发展，国际合作也越广越深。这是因为，经济全球化使得各国的经济构成你中有我、我中有你，任何国家的科技政策都会影响和牵扯别的国家。因此，任何国家的政府为了取得领先于世界的科技实力，就要采取措施不断加快国际交往、革新与开放的进程，就要在了解别国政策的基础上来制定本国政策。加之科学愈发展，风险愈大，也就愈需要组织各国力量联合攻关。一些地区经济集团也要求加强科技合作，以及为了共同解决关系切身利益的全球问题，这些都促使国际科技合作不断加强。但这种合作必然是有条件的，一是要有实力基础，二是要有利可图。因此，重大的科技合作主要是在科技强国之间进行，发展中国家很难插足其间。穷国可以通过技术贸易来获得新技术，但代价很高。即使是一些合作项目，也会充满着限制与反限制的斗争，这是不能不考虑的。

总之，现代科学技术发展的趋势，显示出全面性、加速性、综合性，以及软件化、信息化和国际化等一系列新的特点。

二、现代科技革命的巨大意义

现代科技革命对社会生产力的发展和对社会变革的作用是巨大的，至于这种作用的性质如何，是好是坏，在学术界有着不同认识。其中有所谓乐观派和悲观派两种观点。

乐观派的代表性著作有丹尼尔·贝尔的《后工业社会的来临》、托夫勒的《第三次浪潮》、奈斯比特的《大趋势——改变我们生活的十个新方向》等。这些著作的作者对科学技术发展、对社会发展持乐观态度。他们认为科学技术的进步将解决现代社会的困境，创造美好的未来；科学技术引起的某些不利影响可以不断地通过科学技术进步去加以消除。例如，与技术相关联的污染问题，可以通过革新技术的方法加以治理；现代药物引起的疾病，可以通过研制新的药物给予治疗；工业社会的种种危机可以借助于科学技术的发展得以克服，并产生一种新的文明。

与此相反，另一些思想家则对科学技术发展持悲观态度。这在理论上以海德格尔为代表。他认为现代科技与工业的发展，将导致地球上人类不能再生存下去的可怕后果。关于这样的前景，他写了许多书，如《论人类中心论的信》。海德格尔关于科学技术的观点对法兰克福学派的社会批判理论有很深的影响。作为法兰克福学派代表人物之一的哈贝马斯认为：科学技术在工业社会已经变成了首要的、第一位的生产力，同时也变成了意识形态，由此造成人的异化，即技术发展超越了控制它的人类能力，导致人本身被技术吞没，最终出现“机器人统治”的局面。

怎样看待这样两种观点呢?

首先，科学技术对社会的作用具有两重性，既有正效应的一面，也有负效应的一面；只要科学技术和人类社会历史在发展中，这两种作用就一定会同时存在，正负构成了一对矛盾。人类可以通过正确认识和利用这对矛盾，达到趋利避害、扬善抑恶的目的。在这个问题上，乐观主义把正效应加以放大，悲观主义把负效应加以放大，因而都是片面的，从总体上说，都是错误的。

其次，科学技术的正效应和负效应的形成除了与科技本身的性质相联系外，还与社会的经济制度、管理体制和人们的文化价值观念相联系，是多种社会因素共同作用的结果。因此不能离开社会系统的复杂作用，过分强调科学技术的独立性和自主性，过分夸大科学技术的作用。乐观主义把一切社会问题的解决都归结为科技发展的作用，把科技看成推动社会发展的惟一功臣，这是片面的；悲观主义把科技看作是一切社会问题（比如失业、战争、环境污染、精神堕落等）的罪魁祸首也是片面的。不难看出，乐观主义和悲观主义都不过是科技决定论的不同表现而已。

最后，科学技术是人创造的，是服务于人的，人始终是科学技术的主体。人之所以要创造科学技术，因为科学技术是一种在历史上起推动作用的革命力量，是人类争取解放和自由的手段。虽然科学技术的发展和应用会同时产生某些负面效应，但随着人类对自然和社会规律认识的深化，以及对社会组织的发展完善，就一定能将科学技术的负面作用控制在合理的范围之内，实现科学技术与人类文明的良性发展。

现代科学技术作为一种革命性的力量，它的社会作用是多方面的。

（一）现代科学技术是第一生产力

这里的生产力是就现代生产力而言的。而从历史发展过程来看，生产力因素的多少及其结合方式、运动形式都不是固定不变的。比如在原始社会中，劳动者是缺少生产经验和劳动技能的原始人，人的最初的工具仅是他本身的肢体。随着石器、贝壳、骨器、弓箭、火、动物驯养和役使等一系列的重大发明，原始社会的生产力才有了初步的发展。进入奴隶社会以后，劳动者已具有一定的生产经验和技能，掌握铁器和其他金属工具，并且出现了萌芽状态的科学技术。进入机器时代以后，劳动者不仅要掌握一定的生产经验和技术，而且主要的还要掌握某种科学技术。进入这个时代以来，科学技术的应用在生产力中才愈来愈成为关键性的因素。

正是基于对近代以来、特别是工业革命以来科学技术巨大革命作用的考察，马克思提出了“科学技术是生产力”[①]的理论，也正是基于现代科学技术对生产力发展的主导性、决定性作用的考察，邓小平提出了“科学技术是第一生产力”的论断。邓小平说：“马克思说过，科学技术是生产力，事实证明这话讲得很对。依我看，科学技术是第一生产力。”[②]邓小平的这一论断，是在新的历史条件下对现代生产力发展规律的深刻揭示。关于如何理解科学技术是第一生产力，学术界已经发表了许多研究成果，这里主要谈以下几点：

1. “科学技术是第一生产力”中“科学”的含义

有人说，这里的科学指的是自然科学。这种理解不完全恰当。在马克思有关的论断中，虽然比较强调自然科学对生产力发展的特别重要性，比如他说：“生产力的这种发展，归根到底总是来源于发挥着作用的劳动的社会性质，来源于社会内部的分工，来源于智力劳动特别是自然科学的发展。”[③]但是他在指出这一点的同时，也并没有否定其他智力劳动对生产力发展的作用。这在马克思下面一段论述中说得更加直截了当。他说：“随着大工业的发展，现实财富的创造……取决于科学的一般水平和技术进步，或者说取决于这种科学在生产上的应用(这种科学，特别是自然科学以及和它有关的其他一切科学的发展，本身又和物质生产的发展相适应)。”[④]可见，科学在生产上的运用，主要是指自然科学，同时也包括与生产有关的其他一切科学。从现在的观点看，这里应包括与生产有关的社会科学、数学、思维科学、管理科学、工程科学、环境科学等。如果说，一百几十年前马克思的上述见解是一种具有历史穿透力的洞见的话，那么在今天，从大科学的角度来理解“科学技术是第一生产力”已经是现代大生产的必然要求。因为现代大生产是愈来愈社会化、综合化、复杂化、智能化、生态化的生产，所以，科学本身趋于一体化及其综合应用才能适应现代大生产发展的要求。

① 《邓小平文选》第2卷，87页，北京：人民出版社，1994年。

② 《邓小平文选》第3卷，274页，北京：人民出版社，1993年。

③ 《马克思恩格斯全集》第25卷，97页，北京：人民出版社，1974年。

④ 《马克思恩格斯全集》第46卷（下册），217页，北京：人民出版社，1980年。

2. 现代科学技术何以成为第一生产力

科学技术是第一生产力，从历史时空上说，这里的科学技术不是指古代的科学和技术，也不是指近代科学技术，而是指现代科学技术，即20世纪中叶以来的科学技术。具体地说，从1946年第一台计算机发明开始，科学技术才成为现代意义上的科学技术，或曰“现代科学技术”。现代科学技术才是第一生产力。那么，为什么现代科学技术会成为第一生产力呢？这里的原因有三个方面：

（1）现代科学技术与以往的科学技术不同，现代科学技术革命是解放和延伸人们头脑的智力革命。过去的一切科学和技术，目的都在于人手的解放，从手工工具到普通机器的发明和使用，发挥了人手所不能企及的巨大作用。随着工具的发展，人脑已经越来越不适应了。比如超音速飞机的出现，使这种飞机的驾驶员接连发生灾难性事故，造成机毁人亡。因为当出现某种异常情况时，驾驶员凭着自己的观察和判断，在还没有来得及采取措施以前，不幸的后果已经成为现实。因此，随着实践的发展，人脑的解放已经日益迫切了。以自动机器的出现为标志的新技术革命适应了这种需要。电子计算机的发明给人类提供了强有力的认识工具，极大地放大了人的智力，扩展了人脑，使人的认识能力获得了突飞猛进的增长。高智能引入机器系统之后，成为实践工具，也极大地促进了人的实践能力的提高。现代科学技术革命日益把工业社会推进到计算机化、数字显示化、机器人化和自动化的信息社会，使信息、知识、智力成为生产力发展的关键因素。

（2）现代科学技术充分显示了相对的独立性和能动性，是走在前面引导生产发展的科学技术。也就是说，在现代科学技术条件下，没有科学的突破，就不会有技术的发明，更谈不上生产力的飞跃发展。打个比方来说，科学技术由昔日生产的“女儿”，转变为现今生产的“母亲”。如果说，最早的蒸汽机、纺织机还可以由有经验的工匠发明创造出来，那么在现在，如果没有现代物理学、现代化学、现代生物学和现代数学等方面的知识，光凭经验摸索是根本不可能发明和创造半导体、激光、光导纤维、遗传工程等先进科学技术及其产品的。

（3）现代科学技术是科学、技术、生产的变革结合在一起的科学技术。这三者互相渗透，同步发展。生产知识化、技术科学化、科学技术化等，极大地缩短了从新科学思想的诞生到应用于生产的时间，使科学通过技术变成了直接的生产力。

3. “科学技术是第一生产力”中“第一”的含义

很显然，这里的“第一”，不是惟一。如果把第一理解为惟一，就会陷入科技决定论。这在前文已经说过了。在我国理论界，明确宣扬这种观点的论者很少，或者说是没有的。但是在具体问题的论述或说明中，有的论者往往不自觉地受到这种观点的影响，这是应该引起注意的。因为科学技术作为第一生产力，它是在生产力系统中，在各种因素的相互作用中实现的。离开了这种相互作用去谈科学技术是第一生产力，那就会把这个命题变成荒诞无稽的空话。

另外，还有的论者把这里的“第一”理解为最终决定力量。于是在他们看来，生产力是社会发展的最终决定力量，科学技术又是生产力发展的最终决定力量。怎样看待这一观点呢？我们认为，生产力是社会发展的最终决定力量，这个命题是马克思主义历史观的基本原理，是没有疑义的；但是把科学技术是第一生产力理解为科学技术是生产力发展的最终决定力量，这就不妥了。因为最终决定力量是指原初动力。科学技术显然不是生产力发展的原初动力，而是在历史发展的人类实践中，特别是科学实验的推动下所形成的促进现代生产力发展的主要动力。换句话说，科学技术是第一生产力，是在生产力发展的主要动力意义上而言的。

那么，如何具体理解科学技术是第一生产力中的“第一”呢？这里所说的“第一”，主要表现在以下三个方面：

（1）科学技术在生产力系统诸要素中上升为主导的、统帅的地位。这表现在，劳动者实现了由体力型或文化型为主，向科技型为主的转变，即西方人所说的“白领工人”超过“蓝领工人”。美国在1956年就实现了这种转变。劳动工具实现了从以手工工具或普通机器为主，到以智能机器为主的转变；劳动对象实现了从以天然材料或经过劳动过滤的材料为主，向以人工合成材料为主的转变；生产管理实现了从经验管理向现代管理的转变。

（2）在产业结构上，实现了以劳动密集型和资本密集型产业为主，向以技术密集型或智能密集型产业为主的转移。欧美、日本等发达国家，由于科学技术的进步，不仅大大提高了第一产业和第二产业的生产率，而且开辟了后来居上的包括信息产业在内的第三产业。以美国为例，在1988年国民生产总值中，信息产业及其附加值已占到40%—60%，而农业只占2%，工业占24.3%。

（3）科技进步的作用成为经济增长的主要因素。即在经济增长中，活劳动的作用及资本投入的作用下降为次要地位，科技进步的作用上升为主导的、决定的作用。西方发达国家在20世纪50—60年代，科技进步的因素在国民生产总值增长中所占的比重已上升为50%，80年代则高达60%—80%。

因此，科学技术是第一生产力，与是否实现了科学技术是第一生产力，这是两个不同的问题。科学技术是第一生产力是就现代科学技术对现代生产力发展中的第一位的推动作用而言的。而是否实现了这种第一位的推动作用，对不同的国家来说，情况是不一样的。发达国家之所以称为发达国家，从经济角度说，是因为这些国家实现了科学技术是第一生产力，或者说，使科学技术变成了第一生产力；相反，广大发展中国家之所以还比较落后，从其经济角度说，离实现科学技术是第一生产力还有或大或小的差距。

现在人们谈论得比较多的知识经济，从其实质和核心内容来说，它也就是实现了科学技术是第一生产力的经济。知识经济是相对农业经济和工业经济而言的。农业经济以体力型的活劳动为主要资源，即我们过去常说的“人多力量大”；工业经济以资本为主要资源；知识经济则是以知识为主要资源，它是使科学技术成为现实生产力并以此为主要动力推动经济全面增长的新型经济。

（二）现代科学技术促进了社会关系变革

现代科学技术变成了第一生产力，生产力决定生产关系和从根本上决定其他一切社会关系，因此现代科学技术革命对社会关系的变革，其影响具有根本性、全方位性。由于现代科学技术革命和所引起的社会关系变革开始的时间还不长，还在进行之中和不断发展之中，因此要对这种影响的深远方面作出系统说明还为时过早。但是，这并不妨碍我们立足现实，就其中某些方面展开论述。

1. 现代科技革命使人们之间的时空联系发生了变化

广播电视的普及、传真技术的发达、计算机网络技术的发展，使人们的空间联系相对拉近，时间联系相对缩短，可以使地域上相距很远的人们，过去通过很长时间才能实现的沟通，现在在短时间内得以实现，从而使人们有地球村之感。信息传播手段的方便快捷，因此，使“秀才不出门，全知天下事”成为现实。社会联系的日益密切，使社会的组织化程度大为提高，过去所说的“天高皇帝远”的情况正在发生巨大变化。由于信息网络的形成，过去互不相识的人们可以在互相隐去身份的情况下，在网上进行交流甚至心灵的沟通。

2. 现代科技革命作为一个原因使国际关系发生了变化

冷战的结束有多种原因，其中一个重要原因是，人们认识到现代科技提供了毁灭人类的手段，如果不加控制，对人类是灾难性的；也就是说，核战争没有赢家。另外，随着科学技术的发展，国与国之间单纯的军事竞争也让位于以科技实力和经济实力为基础的综合国力的竞争，科技帝国主义也逐渐取代往昔的军事帝国主义；后发国家在新的科技革命条件下，可以在新的起点上采取加速战略，变落后为先进。可以说，每一次新的科技突破都为发展中国家提供了赶上发达国家的契机。当然，要使这种可能变成现实，发展中国家也须具备一定财富和知识的积累。

3. 现代科技革命正在改变过去的社会关系

社会关系包括城乡关系、工农关系、体力劳动和脑力劳动的关系。现代科技为缩小这些差别和最终消灭这些差别创造着条件。科学技术的发展和工业现代化，强化了城市的地位，改变了城市居民和工人的劳动条件和生活条件；现代科学技术的发展和农业现代化，改变了农村的面貌，从而在很大程度上改变了原来的城乡关系、工农关系。在电力技术出现不久，恩格斯就曾指出，电力输送的科学发现终将成为消除城乡对立的杠杆。[①]我们现在更有理由说，电视、传真、网络等信息手段的发明，作为城乡之间联系的更为广阔的桥梁，终将为消除城乡对立提供更为坚实的基础。21世纪即将迎来的生物科学和生命技术的飞跃，主要是利用太阳能和生物工程，发展高度知识型的农业产业，包括种植农业（植物工厂）、林业、草业、海业、沙业。它的主战场不是在富裕的城市，而是在贫困的田野、山林、海疆、沙漠。因而生物科学和生命技术的飞跃，将为最终消灭三大差别提供条件。

① 参见《马克思恩格斯选集》第4卷，654页，北京：人民出版社，1995年。

在一些发达国家，城乡之间、工农之间已没有重大差别。随着科学技术的发展，脑力劳动和体力劳动的差别也将会缩小，并最终消除。

4. 现代科学技术改变了过去产业之间和企业之间的关系

这表现为第一产业、第二产业的从业人员减少，第三产业的从业人员增加。当代科学技术，特别是高科技不断向传统产业渗透，促使有些传统产业被淘汰，如半导体、集成电路取代电子管；或是促使有些传统产业衰落，如高分子材料工业使西方国家的钢铁工业成为“夕阳工业”；或是使传统产业面貌一新，提高了产品质量，降低了成本。以上这种情况的发生，必然造成结构性失业和人员的结构性短缺。与此相联系，企业竞争不仅取决于经济实力，主要还取决于科学技术的优势。因此，一方面，有经济实力强的“大鱼”吃“小鱼”的现象；另一方面，也有具有新科技优势的“小鱼”在滚动发展中吃“小鱼”、乃至吃“大鱼”的情况存在。

5. 新科学技术促进了对人的社会行为的规范管理更加有效

比如，作为美国交通命脉的高速公路系统，运用现代高科技进行交通管理，就能有效地处理违反交通法规的行为。又如，纳税管理，每个人的银行存款、信用卡等信息，都输入计算机网络，所以在美国，企业或个人想偷税是比较难的。再如，高科技手段应用于司法侦破，极大地提高了办案效率。

6. 现代科学技术的进步产生了许多新的人际关系问题

比如，现代医疗科学的发展，延长了人的平均寿命，提高了伤病的治愈率，使单位人口（如每万人）中的老年人、残疾人的比例增大，处理与老年人、残疾人的关系成为重大的社会问题。与试管婴儿、器官移植、安乐死等相联系的社会问题，也引起了人们之间新的伦理关系、法律关系问题。

7. 新科技革命对两种社会制度的命运发生影响

关于这一点留待后文作专题说明。

总之，伴随着现代科学技术的进步，人们之间的社会关系正在发生新的多方面的变化。某些社会矛盾得到缓解，或奠定了可能解决的基础；某些矛盾具有了不同的表现形式，或者更加深了，还出现了未曾有过的社会关系和新的社会矛盾。

（三）现代科学技术促进了思想文化变革

现代科学技术作为第一生产力，不仅促进了社会经济结构、人际关系、社会制度等的变革，还促进了思想文化的变革，推动人类精神文明向更高的境界发展。

1. 现代科学技术为文化传播创造了理想条件

在人类历史上，先是以语言作为思想交流的工具。为了克服语言的局限性，即语言表达在时间上的短暂性和空间上的狭小性，在长期的实践中，作为记载和传达语言的书写符号——文字出现了。自有文字以来，人类曾以甲骨、石板、石壁、纸草（芦苇的一种）、泥版（小亚细亚的凯尔地区，发现了烧土块上有尖笔写的文字，写此字时约为4000年前，现存英国博物馆）、竹片、绢帛等为媒体，记录和传播珍贵的思想和文化。而造纸术和印刷术的发明，使成书比较容易，因而人们的生产经验、文化艺术、思想观念才得到较为广泛的流传，但成书速度并不很快。今天，激光技术、电子打字、激光照排、快速印刷等已很普遍，为传播文化、传播科学技术创造了理想的条件。一台电脑不仅可以把文房四宝合四为一，而且还可以修改、复制、储存和传播共享。例如，可以将美国国会图书馆中拥有的1800万册图书全部储存在20盘IBM3850磁带或光盘中，并可以借助卫星传播系统，在8小时内将整座图书馆“搬到”欧洲任何一个国家去。

2. 现代科学技术促进了新的教育革命

教育是创造精神文明的基础。现代科技革命也引起教育功能的变化以及新教育模式的产生。现代科技革命是一次智能或知识的革命，其目的在于利用最先进的科学技术知识，使之及时转化为生产力。这样，通过教育使最新科学技术知识得到传授和发展，并在人类活动的各个领域中加以运用，就成为经济发展和社会进步的主要因素。现代科技革命不仅极大地提高和丰富了教育的社会地位和功能，也深刻地改变着教育的模式和方法。采用电子计算机、录音机、录像机、语音听力设备，以及电视、卫星等，可以进行多种方式的教学；还可以通过这些先进设备，坐在家里业余自学，这就大大提高了教育质量，加大了教育普及的范围和速度。许多新的交叉学科的形成，也使科学研究、教学内容不断更新，增加新内容，涉及新领域。“知识爆炸”，信息如潮，这就促使现代教育不仅要传授知识，还要注意培养学生的实际能力，特别是创新能力，注重在职教育、继续教育。

3. 现代科学技术促进了世界观和思维方式的更新

现代科技革命孕育着新的世界观、新的思维方式。科学技术是人们的世界观和思维方式形成的基础。一个对现代科技无知的人，其世界观和思维方式不可能是现代的；一个人的科学素养达到什么程度，他对世界的看法和思维方式的科学性也相应会达到什么程度。对一个时代来说，也是这样，这个时代的科学技术发展状况也制约着这个时代占统治地位的世界观和思维方式的性质和科学性的程度。在茹毛饮血的原始社会，科学和技术还处于萌芽状态，因而图腾崇拜成为原始人思维方式的普遍特征；在科学和技术有了初步发展的奴隶社会和封建社会中，科学和技术受到排斥和压制，因而宗教唯灵论的思维方式占据主导地位；文艺复兴后，伴随着近代实验科学的兴起，形而上学唯物论的经验论思维方式占主导地位；到了19世纪，由于资本主义生产方式与近代自然科学的发展，黑格尔的自觉的辩证逻辑体系应运而生；接着在无产阶级历史使命的召唤和自然科学三大发现的基础上，又产生了马克思的唯物辩证法的科学世界观和思维方式。马克思主义哲学产生以后，它还将随着人类实践和科学的发展，不断丰富自己的内容和不断改变自己的形式。现代科学技术正在把人类思维推进到唯物主义的辩证系统思维的新阶段。这种思维方式具有系统整体性、多维综合性、开放发散性、信息反馈性等一系列显著特征。

总之，现代科学技术对思想文化变革的作用是巨大的，作为一个极为重要的因素，它正强有力地参与塑造着我们的时代精神。

三、现代科技革命与两种社会制度的命运

（一）现代科技革命何以在西方发达国家兴起

列宁说："要进行社会主义建设，必须充分利用科学、技术。"①

按理说，社会主义本来应该比资本主义更能促进科学技术的发

① 《列宁全集》第36卷，6页，北京：人民出版社，1985年。

展。可是，为什么现代科技革命首先在西方发达国家而不是在社会主义国家兴起？能不能由此认为，社会主义不如资本主义呢？不能。现代科技革命首先在美、日等国兴起，主要有以下五个方面的具体原因。

1. 现代科技革命利用了战前和战中科技进步的成就

20世纪初，微观粒子论、量子论已经产生。1900年普朗克等人最早奠定了近代物理学的基础。20世纪30年代产生的原子物理学、原子核物理学在二次大战中付诸实践。1942年美国在芝加哥建立了世界上第一座核裂变反应堆，1945年爆炸了两颗原子弹。美国把这些科学技术的成果在战后转化为民用，建立核电站，于是开始了战后的新技术革命。

2. 资本主义市场经济促进现代科学技术的发展

市场经济是竞争经济，要在竞争中取胜，资本家竞相开发和利用新技术、高技术，极大地提高了劳动生产率，并从而获得巨额利润。

3. 发达资本主义国家依靠政府大力扶植和促进现代科技的发展

20世纪30年代以前，科学研究还纯粹是一种民间活动。30年代后，开始出现了由资本主义国家组织的大规模的集体研究。如美国1950年建立国家科学基金会，这是美国历史上建立的第一个国家资助的科研机构，由此，美国进入了科学研究的新时期。1939—1945年美国制造原子弹的曼哈顿工程，1961—1969年的阿波罗登月计划，都是由国家组织的重点工程。

4. 重视人才和教育的结果

拿高等教育来说，到1885年美国已有大专院校500多所，培养了大批科学技术人才，为20世纪美国的现代化准备了充足的人才资源。美国目前有3000多所大学，美国青年中有40%的人是大学毕业生。美国除了抓人才培养以外，还大力抓人才引进。二次大战前和战中，为了躲避希特勒法西斯的残酷迫害，大批德国和欧洲其他国家的科学家纷纷流入美国，其中包括爱因斯坦、玻尔、费米等8位诺贝尔奖金获得者，以及其他几十位世界一流的科学家。这些人为美国作出了难以估量的贡献。

5. 发达资本主义国家比较重视应用研究

发达资本主义国家的基础研究、应用研究、开发研究的比例大体是1∶2∶5，重点是投资在开发研究上。

(二) 社会主义国家何故没有带头兴起现代科技革命

反过来，为什么社会主义国家没有能带头兴起新科技革命，这里也有多方面的原因。

1. 经济科技基础薄弱

社会主义国家都是在经济比较落后的基础上建立起来的。后来，帝国主义、法西斯主义发动和支持的针对社会主义国家的战争又极大地损耗了这些国家的国力，极大地妨碍了这些国家的经济发展。苏联二战期间牺牲了2000万人，它的工业有一半遭到了破坏。帝国主义和霸权主义发动的侵朝、侵越等战争，也极大地损伤了中国、朝鲜和越南等社会主义国家的国力。

2. 受到“左”的干扰

社会主义国家长期政策过“左”，严重打击了科学家。苏联从1929年的大清洗起，使几千名科学家遭到迫害。中国的反右扩大化，特别是“文化大革命”也使不少科学家受到打击。这样也就延缓了苏联和中国的科技发展。另外，苏联在斯大林时期用行政命令的办法干预科学技术研究，也妨碍了科学技术的发展。

3. 科研布局不尽合理

这表现在，不重视应用科学，不重视应用和开发研究，只重视基础研究。苏联继承了旧俄国重视基础研究的传统，长期忽视应用研究、开发研究。再加上苏联军事工业的畸形发展，所以苏联就只有在航天技术方面具有某些优势，而在其他领域则落后于西方。

4. 经济和科研体制落后

僵化的经济体制和科技体制阻碍了科学技术的发展。苏联在这种体制下，有75%的科研成果没有能在实际中发挥作用。所以，苏联有许多科技发明被西方买去专利后，西方很快投产，而苏联本身却没有多少被采用。

5. 帝国主义的封锁

帝国主义的封锁和社会主义国家的自我封闭，也极大地妨碍了科技的发展，使科学家难以吸收国外的新成果丰富自己，从而变得目光短浅、视野狭窄。[①]

20世纪70年代苏联经济增长进入停滞阶段，到80年代经济差不多是零增长，经济实力与美国的差距拉大了；而在同一时期，西方发达资本主义国家利用新技术革命的成果，实现了经济长时间地持续增长，并在体制政策、社会运作等方面保证了科技在生产中不断发挥作用。而社会主义国家恰恰忽视了这一点。20世纪80年代形势发生根本改观，苏联东欧社会主义国家经济上不去，人民生活相对差距拉大，加上政治上的错误，从而使社会主义在这些国家遭到了失败。

以上事实说明，科学技术的迅猛发展，对当代资本主义和当代社会主义所带来的影响是重大的、深刻的。很明显，如果先进的科学技术为资本主义发达国家所垄断，那就谈不上社会主义的兴旺发达，社会主义就不可能在与资本主义的竞争中取得比较优势，直至最后胜利。因此，对于社会主义建设来说，如何同现代科技的潮流更好地结合起来，就成为摆在我们面前的具有战略意义的紧迫任务。

（三）现代科学技术革命将把资本主义带向何方

如果从历史发展来看，新技术革命究竟把资本主义带向何方，这还是一个需要认真研究的问题。新技术革命是由发达资本主义国家带头搞起来的，那么，它能不能使资本主义千秋万代延续下去呢？现在西方一些资产阶级学者宣扬技术决定一切，认为科学技术发展了，就能解决资本主义社会的一切问题。对此，邓小平曾经指出："现在世界上有人说，什么都是技术决定，不要完全迷信这个。"[②]社会生活中的各种矛盾、问题，其产生的原因是多种多样的，因而解决的办法也不是单一的。比如，人作为自然的一部分，受到整个自然界的制约。人类社会的不少问题就是由自然原因引起的，比如火山爆发、地震等，给人类造成了种种灾难。对于这类问题，人类只能通过提高自己的抵御能力，力求把损失减少到最低限度。所谓提高抵御能力，包括提高科学技术水平，增强经济实力，还包括提高社会的管理、协作、组织能力。而有些社会问题是由科学技术本身的负面效应造成的，比如环境污染。这类问题也不能单靠科学技术本身来解决。要克服科学技术

① 参见高放：《新技术革命与人类社会的未来》，《新华文摘》，1993（5）。

② 《邓小平文选》第2卷，77页，北京：人民出版社，1994年。

的负面效应，除了依靠科学技术的进一步发展外，也必须提高人们的思想境界和加强法制。还有一些社会问题并不是由于人与自然关系的不协调，而是由于人与人关系的不协调所引起的。这些问题，大至阶级剥削和压迫、种族歧视、东西矛盾、南北对立，小至吸毒、卖淫等，就不是依靠科学技术的发展所能解决的。因此，那种不加分析，认为科学技术能解决一切社会问题，包括能克服资本主义社会所固有的矛盾，从而使资本主义永世长存的观点，是不正确的，是不能成立的。

我们说，科学技术不能克服资本主义社会的固有矛盾，但并不否认，由于科学技术的发展，社会财富的大量增长，发达国家的资产阶级在工人阶级斗争的压力下，可能在其国内通过局部调整分配制度，使工人实际生活水平有所提高，从而使其国内阶级矛盾有所缓和。但这并不能从根本上解决资本主义私人占有制的问题。如果不发生无产阶级革命，资产阶级的剥削将依然如故。另外，随着科学技术的经济功能的不断提高，科学技术愈来愈成为资本家争夺的对象，成为他们增殖财富的手段；在国际交往中也就成为西方发达国家剥削、掠夺发展中国家的主要手段。因此，发达国家的资产阶级在利用科学技术的进步作用使其国内矛盾有所缓和的同时，又利用科学技术作为手段激化了国际范围的资本和劳动的对立。

这种对立终究要获得解决的。按照历史唯物主义的观点，科技革命及其引起的生产力的发展，必将使社会的生产方式和人们的社会关系发生质的变化，这是不以人的意志为转移的历史必然性。另外，现代科学技术的发展也提供了实现这种历史必然性的阶级力量，即形成了一个作为现代生产力代表者的智力劳动无产阶级。当然，这种必然性的实现还有一个长期的历史发展过程。

（四）发展现代科技促进中国社会主义事业发展

在分析现代科学技术在社会主义制度下的作用时，首先应看到，生产资料的公有制为科学技术的发展和广泛运用创造了广阔的天地；其次，科学技术的进步也必将极大地促进社会主义事业的发展和社会主义制度的巩固，促进社会主义国家人民生活水平的提高。因此，社会主义和科技革命必须结合起来，才能实现二者之间的良性互动，才能使科学技术实现社会主义所赋予它的人道价值，同时使社会主义获得来自科学技术的强大动力，才能解决当代人类所面临的最迫切的问题和开辟人类美好的未来。

中国在社会主义实践中，第一次在战略意义上把科技革命和社会主义命运联系起来加以论述的是邓小平。为此，他提出了如下一系列重要的理论观点：

1. 实现现代化的关键是科学技术现代化

邓小平指出："四个现代化，关键是科学技术的现代化。没有现代科学技术，就不可能建设现代农业、现代工业、现代国防。没有科学技术的高速度发展，也就不可能有国民经济的高速度发展。"[①]邓小平从我国现阶段的实际出发，指出："要使中国实现四个现代化，至少有两个重要特点是必须看到的：一个是底子薄。帝国主义、封建主义、官僚资本主义长时期的破坏，使中国成了贫穷落后的国家……第二条是人口多、耕地少。"[②]"中国式的现代化，必须从中国的特点出发。"[③]现在中国还处在生产力水平远远落后于发达国家的社会主义初级阶段，而要缩小与世界先进水平的差距，要实现现代化，就既不能像早先的西方发达国家那样靠掠夺别国去实现现代化，因为中国是社会主义国家。另外，也不可能以牺牲本国人民生活水平的提高为代价，因为现代化必须依靠人民，必须给人民看得见的利益，才能调动广大群众进行社会主义现代化建设的积极性。再者，也不能像有的国家那样靠出售资源走向富裕、走向发达，如西亚那些盛产石油的国家。中国人均资源相对贫乏，这一条路子显然走不通。当然也不能靠"引进"，购买一个现代化，现代化也是买不来的。道路只有一条，即走"依靠科学技术进步和提高劳动者素质"来发展经济的道路。

20世纪80年代以来，我们在这方面做了不少工作，我国的现代化建设也取得了巨大成就，但是我国长期以来主要依靠大量投入人力、物力、财力来发展经济的做法并没有能得到根本改变，基本上仍然是一种高投入、低产出，高消耗、低效益的粗放式的经济生产模式：产品成本高，科技含量低，单位产值能耗高。如前所说，美国的国民生

① 《邓小平文选》第2卷，86页，北京：人民出版社，1994年。

② 《邓小平文选》第2卷，163—164页，北京：人民出版社，1994年。

③ 《邓小平文选》第2卷，164页，北京：人民出版社，1994年。

产总值的高科技含量已达80%，日本为75%。我们国家在一些较为发达的地区，如经济特区，科技含量在国民生产总值中占到60%左右；但在一些落后的省份，自然型农业经济和粗放型农业经济还占有很大比重，高科技含量的占有率不到15%；乐观的估计，全国平均水平大概在30%左右。这种状况说明，必须把加强科技进步放在经济和社会发展的关键地位，我们现在距这一任务的实现还存在很大差距，还必须作出艰巨的努力。

2. 中国必须在高科技领域占有一席之地

四个现代化的关键是科学技术现代化，而科学技术现代化的关键又是发展高科技。高科技才能带来高效益。20世纪80年代后期至90年代，高科技蓬勃发展，高科技产业在发达国家已经开始成为新的经济增长的主要支柱。中国的发展、中国的科技进步如果不愿意跟在别人后面一步一步地爬行，要实现跳跃式的追赶，就必须发展高科技。所以，邓小平说："在高科技方面，我们要开步走，不然就赶不上，越到后来越赶不上，而且要花更多的钱，所以从现在起就要开始搞。"①另外，高科技是国家综合国力的基础，是一个国家兴旺发达的标志。谁在科学技术上落后，谁就可能在经济上受制于人，在军事上被动挨打，在政治上成为强权政治的附庸。他说："如果六十年代以来中国没有原子弹、氢弹，没有发射卫星，中国就不能叫有重要影响的大国，就没有现在这样的国际地位。这些东西反映一个民族的能力，也是一个民族、一个国家兴旺发达的标志。"②

现代科技尤其是高科技，具有高投入、高风险的特点，而我们的经费投入很有限，再加上我们的人才基础、科技基础还比较薄弱，我们不可能在所有领域全面出击，必须"有所为，有所不为"。中国必须自己发展高科技，在世界高科技领域占有一席之地。

在邓小平这一思想的指导下，我国政府实施科技攻关计划、高科技研究发展计划、攀登计划、火炬计划、星火计划、新技术推广计划等科技计划，设立了国家自然科学基金和国家社会科学基金，建立了国家重点实验室、国家工程中心、重大科研工程及工业性试验项目，实施了技术创新工程、产学研结合工程，努力推动科学技术的加速发

① 《邓小平文选》第3卷，184页，北京：人民出版社，1993年。

② 《邓小平文选》第3卷，279页，北京：人民出版社，1993年。

展，使科学技术为国家经济和社会发展作出了越来越重要的贡献。过去10年建立的53个高新技术产业开发区，1998年销售收入4839亿元，出口85亿美元，年增长43%和32%。现在仅53个高新技术产业开发区的出口即相当于1978年的全国出口总额，这说明高新技术开发区具有很强的活力，真正成了发展高新技术和对外开放的窗口。

在今后10年到20年的时间内，实现"发展高科技，实现产业化"的目标，在我国历史上将是一次伟大的战役，是决定中国未来在世界中地位的一次伟大战役，是中国发展道路上一次革命性战略转折。这犹如革命战争年代从游击战转向阵地战，由内线防御转向外线作战一样。发展高科技，面对的是世界各发达国家强大对手的激烈竞争。我们应该而且能够在竞争中发挥自己的优势，寻找取胜的机会，确立自己的发展战略，从而逐步取得胜利。

3. 发展教育造就宏大的科学技术队伍

当今世界国际竞争的中心，由军事、政治向经济、科技方面转移。现在不少发达国家和发展中国家为了适应时代的这一新格局，都在致力于发展综合国力，以此来提高自己在国际竞争中的能力和地位。而科技的发展、经济的振兴，乃至整个社会的进步，都取决于劳动者素质的提高和大量合格人才的培养。百年大计，教育为本。必须坚持把发展教育放在突出的战略地位，加强智力开发。经济竞争、科技竞争、人才竞争，归根到底是教育的竞争。因此，一个国家改变经济的落后状况，步入现代化的先进行列，其关键就是要抓好教育，培养人才，促进科学技术的兴旺发达。

邓小平一贯强调人才是我国社会主义事业成败的关键。他说："中国的事情能不能办好，社会主义和改革开放能不能坚持，经济能不能快一点发展起来，国家能不能长治久安，从一定意义上说，关键在人。"①从这样一个思想出发，邓小平对科技队伍的建设给予了极大的关注。他说："我们向科学技术现代化进军，要有一支浩浩荡荡的工人阶级的又红又专的科学技术大军，要有一大批世界第一流的科学家、工程技术专家。造就这样的队伍，是摆在我们面前的一个严重任务。"②

---

① 《邓小平文选》第3卷，380页，北京：人民出版社，1993年。

② 《邓小平文选》第2卷，91页，北京：人民出版社，1994年。

人才从哪儿来？靠发展教育事业加以培养。邓小平说："发展科学技术，不抓教育不行……抓科技必须同时抓教育。"[①]因为"科学技术人才的培养，基础在教育"[②]。邓小平对教育的看法，始终是将其置于实现现代化的宏伟目标中去考虑。他说："我国的经济，到建国一百周年时，可能接近发达国家的水平。我们这样说，根据之一，就是在这段时间里，我们完全有能力把教育搞上去，提高我国的科学技术水平，培养出数以亿计的各级各类人才。我们国家，国力的强弱，经济发展后劲的大小，越来越取决于劳动者的素质，取决于知识分子的数量和质量。一个十亿人口的大国，教育搞上去了，人才资源的巨大优势是任何国家比不了的。有了人才优势，再加上先进的社会主义制度，我们的目标就有把握达到……中央提出要以极大的努力抓教育，并且从中小学抓起，这是有战略眼光的一着。如果现在不向全党提出这样的任务，就会误大事，就要负历史的责任。"[③]

科学要走在经济发展的前面，教育必须走在科技发展的前面。今天的教育，明天的人才，后天的贡献。正如联合国教科文组织的报告所指出的那样："教育在全世界的发展正倾向于先于经济发展。"邓小平正是从这样的实际出发，要求把教育放在优先发展的战略地位。他说："科学技术方面的投入、农业方面的投入要注意，再一个就是教育方面，我们要千方百计，在别的方面忍耐一些，甚至于牺牲一点速度，把教育问题解决好。"[④]

要发展科技、发展教育，就必须尊重知识、尊重人才、尊重教师。"一定要在党内造成一种空气：尊重知识、尊重人才。要反对不尊重知识分子的错误思想。"[⑤]邓小平强调，要提高包括教师在内的广大知识分子的政治地位、社会地位和生活待遇。不仅学生应该尊重教师，整个社会都应该尊重教师。要采取多种措施奖励优秀教师，要十分重视和关心教师队伍的建设。

以邓小平科技和教育思想为指导，国家人事部实施了"百千万跨世纪人才"培养工程计划；国家教委从1993年起实施了跨世纪优秀人

① 《邓小平文选》第2卷，40页，北京：人民出版社，1994年。
② 《邓小平文选》第2卷，95页，北京：人民出版社，1994年。
③ 《邓小平文选》第3卷，120—121页，北京：人民出版社，1993年。
④ 《邓小平文选》第3卷，275页，北京：人民出版社，1993年。
⑤ 《邓小平文选》第2卷，41页，北京：人民出版社，1994年。

才计划，1998年又开始实施创新人才计划；中国科学院实施了“321”跨世纪人才工程。在人才培养方面，这些计划的实施已经取得了很大的成绩。

4. 面向世界进行合作共进

邓小平认为“科学技术是人类共同创造的财富”①，完全可以采取“拿来主义”，以使我们在更高的起点上前进。不必重复别人走过的道路，这样便可以节约时间和费用，又可较快地缩小差距。我国科学技术水平还比较落后，“学习先进，才有可能赶超先进”②。邓小平还进一步指出：“我们不仅因为今天科学技术落后，需要努力向外国学习，即使我们的科学技术赶上了世界先进水平，也还要学习人家的长处。”③在1995年6月全国科学技术大会的开幕式上，江泽民继承和进一步阐述了邓小平的这一观点，他说：“我们现在技术上还比较落后，应努力学习、借鉴别国的长处，即使我们实现了现代化，也还是要不断地向其他国家学习，取长补短。科学技术，总是要同世界各国如切如磋，如琢如磨，才能取得更快的进步。”④

邓小平非常重视引进国外的先进技术、先进成果以及先进管理技术，非常注意引进国外智力、引进人才，同时主张扩大学术交流与合作，请一些外国专家来参加我们的重点建设和各方面的建设。最近四五年中，全国聘请了三四十万外国专家来华服务。另外，我们也派出了大批的留学生、专业技术人员和管理人员到国外进行学习和培训，加强国际科技交流与合作。一方面，“走出去”，积极参与国际重大科技项目的投标；另一方面，“请进来”，对一些不损害国家安全的重大科研项目积极向国外招标。这样，既可以提高我国的科技水平，缩短与世界先进水平的差距，又可以吸收和利用国外资金，分散了风险。

学习的最终目的是为了吸收和创造，是为了发展。1984年，邓小平在视察上海宝山钢铁公司时强调，掌握新技术，要善于学习，更要善于创新。他对引进国外先进技术提出了两点要求：“第一要学会，第二要提高创新。”⑤江泽民说：“创新是一个民族的灵魂。”在全球经济

① 《邓小平文选》第2卷，91页，北京：人民出版社，1994年。
② 《邓小平文选》第2卷，91页，北京：人民出版社，1994年。
③ 《邓小平文选》第2卷，91页，北京：人民出版社，1994年。
④ 《江泽民同志在全国科学技术大会上的讲话》，《人民日报》，1995·6·5。
⑤ 《邓小平文选》第2卷，129页，北京：人民出版社，1994年。

竞争和科技竞争日益加剧的情况下，谁不去创新，而趋于保守，谁就将遭到淘汰。DEC的创建人肯奥尔森，在他因创新而辉煌了20年之后，由于趋于保守，看不出小型桌面计算机即个人计算机的发展前途，结果被挤出了DEC。王安在20世纪70年代果断抛弃60年代曾称霸一时的电子计算器，另起炉灶，把公司变成了首屈一指的文字处理机供应商；但到了80年代，王安由于没有意识到兼容性软件的重要性而陷于惨败。相反，微软公司却因此崛起。高科技产业的发展就是这样“残酷”。因此，依靠科技创新，寻求并不断创造新的产业增长点和制高点，才能保持竞争优势，实现高科技的跨越式发展。

5. 深化改革，解放科技生产力

邓小平说，革命是解放生产力，改革也是解放生产力，改革就是要改变不适应生产力发展的经济体制、政治体制、文化体制、教育体制、科技体制，等等。由于科学技术是第一生产力，因此通过改革解放和发展生产力，在首要的意义上说，也就是解放和发展科技生产力。针对我国以往的体制中经济建设与科学研究脱节的弊端，邓小平指出：“现在要进一步解决科技和经济结合的问题。”在方针问题和认识问题解决以后，还要解决体制问题。他说：“经济体制，科技体制，这两方面的改革都是为了解放生产力。新的经济体制，应该是有利于技术进步的体制。新的科技体制，应该是有利于经济发展的体制。”[①]当代科技革命暴露了我国社会主义的传统模式在经济、政治、文化教育、科技体制等方面存在的问题。这些问题包括：对科技、教育、人才等重视不够，运行机制不健全，平均主义和分配不公交相困扰等。当然，最突出的一点还是暴露了计划经济体制的弊端。因此，在一定意义上可以说，中国的改革开放正是对现代科技革命挑战的某种回应。

科技生产力的解放，科技发展与经济发展的结合，说到底必须借助于市场的作用，必须建立社会主义市场经济体制。市场机制优化资源配置，使科技进步所需要的各种要素（资金、人才）向技术水平高、竞争能力强、市场前景看好的项目或单位倾斜，使科研更易于出成果，使已有的成果迅速转化为生产力。

市场经济的利益机制和竞争机制会刺激企业去采用新技术降低成

① 《邓小平文选》第3卷，108页，北京：人民出版社，1993年。

本，增加利润，保证技术能在广泛的范围内发挥作用，并不断提高其水平。

市场机制下的利益分配，主要是根据效益原则进行的。科技进步与单位和个人的切身利益挂钩，这样有利于调动科技人员开发新技术的积极性和企业采用新技术的积极性，同时也有利于人才的成长和使用。

在过去的20多年中，中国的粮食、肉蛋、畜牧和水产品产量的大幅度增长，家用电器、个人计算机、程控交换机、软件产品、生物制品等的大发展，出口增长很快，都是在政府的产业政策指导下，在市场经济环境中，包括科技人员在内的广大人民群众的伟大创造和自觉奋斗下而取得的成就。应该说这些成就还是初步的。经过不懈的努力，我们必将迎来一个科学技术捷报频传、科技生产力潮头奔腾的辉煌时代。

第十章　实践与意识及语言

意识是地球上最美的花朵。灿烂的人类文明是美丽的意识花朵结成的丰硕之果。因此，人类意识的起源是自然发展史上的一个伟大事件。

人类意识是由猿类心理进化而来的。从猿类心理发展到人类意识，这是一个巨大的飞跃。产生这个飞跃的动力是什么，这是关于意识起源研究中的一个重要的颇有争议的问题。正确阐明这个问题，对于克服唯心主义和形而上学，坚持世界统一于物质，坚持社会存在决定社会意识的马克思主义观点，都有着极为重要的意义。

一、实践与意识主体的形成

意识总是人的意识，就是说，人是意识的主体。这一点，是除了少数物活论者以外的一切思想家、哲学家的共识。那么，人怎样才有意识，或者说，人怎样才成为意识主体，对于这个问题，回答就大相径庭了。

在这个问题上，最早的观点是“灵魂说”。原始人由于不了解梦境、回忆等意识现象，认为人体中有一种灵魂在主宰。灵魂又从何而来呢？基督教《圣经·创世纪》中说：耶和华上帝用地上的泥土造了亚当，将生气吹进他的鼻孔里，他就成了有灵魂的活人。接着又造了夏娃。他俩后来偷吃了智慧果，就有了意识。于是，意识的产生被赋予了神秘的性质。

在近代历史上，随着生物进化论的形成和发展，意识起源的“自然选择说”被一些科学家提了出来。这一理论的提出，开始于拉马克，完成于达尔文。达尔文认为："智慧诸能力由天择进步。"[①]他设想，当类人猿的精神能力的某些细微变化而有利于生存时，这些精神能力就得到保存和发展，从而进一步进化为人的精神能力。在达尔文这一思想的影响下，此后一些学者分别从人的直立行走、狩猎活动和脑容量的增加等不同角度来阐发自然选择导致人类意识形成的途径。

自然选择说的优点在于：其一，它对意识起源的理解打破了以往"灵魂说"的束缚，认为意识是自然界进化的产物，这就从根本上排除了上帝的干预。其二，它描绘了意识作为自然界产物的产生、发展过程，为辩证唯物地说明意识的形成提供了思想资料。其三，推动了对意识的生理机制和生物学前提的研究。其不足之处在于，他强调了人类意识的自然属性及其起源的自然原因，而忽视了人类意识的社会性及其起源的社会原因。

马克思主义经典作家克服了自然选择说的局限性，不仅肯定了意识起源的自然原因，而且指出了意识起源的社会原因，认为劳动是人类生活的第一个基本条件。劳动不仅完善了人的身体组织，而且是促进意识产生和发展的基本因素，是人作为意识主体得以形成的根本条件。这表现在构成意识主体的三要素：人的思维器官（即人脑）、人的思维能力和思维形式（即逻辑形式）等都是在实践中历史地形成和发展的。

（一）实践与人脑结构的形成及完善

人的思维器官是从动物智力子系统演化而来的。人的思维器官——人脑是人体承载智力的子系统，它具有比高等动物的脑更复杂、更有序的结构。

1. 关于脑容量的增加

人类学的资料表明，形成中的人学会劳动后，脑的发展大大加速。这首先表现在脑量的增加，在生物进化的不同梯级上，脑的重量与大脑皮层厚度的增加，是与物种活动的发展、智力经验的增加相联系的。因此，脑科学历来都采用脑的重量与身体重量比例的变化作为脑发展的标志。哺乳动物的脑要比在体积上与其类似的现代爬行动物

① ［英］达尔文：《人类原始与类择》，马君武译，47页，北京：商务印书馆，1957年。

的脑重10—100倍，灵长目动物平均脑重量比相同体积的非灵长哺乳目动物的脑大2—20倍。按相同体重比较，人的平均脑量比类人猿扩增了好几倍。当然，人也并非一开始就拥有这样硕大的脑，人的脑量是在进化过程中逐渐增大的。有人作过统计：距今300万—150万年之间的人脑，其容量为600—800毫升；到距今150万—100万年之间人脑的脑容量平均为800—900毫升，到距今大约50万年以后，人类的平均脑容量才逐渐达到了现代人的标准，即1400毫升左右。上述数字表明，在250万年间，即从南方古猿到智人，脑容量扩大到近两倍，其速度远远超过其他生物脑的进化。脑的高速发展显然是由于社会性劳动的推动。

2. 关于脑结构的重组

人脑重量的增加，并不是单纯的量扩大，而是新质的增加。美国学者麦克莱恩对人脑的结构和历史发展进行了综合研究。他发现，人的大脑有三个层次，最外层是新皮层，它是尼人（即于1856年在德国杜塞尔多夫尼安德特河流附近的洞穴中发现的古人类，距今约7万年）到智人（即早期智人）阶段进化的产物。它是智力、想象力、辨别力、计算力的发源地。它的发展是跟人的劳动相联系的。中间层是缘脑，这是从哺乳动物遗传下来的，它控制着感情。缘脑里面是爬行动物脑，它是从爬行动物那里继承来的，人的一些本能的、无意识的行为是由它控制的。

麦克莱恩认为，人脑是历史发展的结果。人脑在发展过程中，旧质并不完全消失，而是有所保留，但下降为次要的层次。鱼类没有大脑皮层，低级哺乳动物的脑中，大脑皮层的古老部分占优势，新皮质刚刚显现出来；人脑则相反，新皮质占95.9%，旧皮质只占4.1%。大脑皮质按其复杂程度可区分为三个等级。大脑比较解剖资料学表明，在刺猬和老鼠的大脑皮质中，第一级区和第二级区的分化刚刚表现出来，完全没有皮质的第三级区。到了类人猿阶段，脑皮质的第二级区和第三级区才表现出来。从类人猿向人的过渡，脑的发展主要是与脑的第三皮质区面积的增大相联系的。在人脑中，第三级皮质区占据着两半球皮质面积的67%，它是接受加工和储存信息的联系区，是认知区和拟定行动程序的设计、调控区。在考察大脑皮质结构的变化时，还应注意到这样一个事实：即神经元和神经元之间的神经胶质比例的变化。现在已经查明，在复杂的神经过程实现中，起决定作用的不仅是神经元，还有围绕着神经元的神经胶质。神经胶质指数的增加，表明脑的个别区域机能的可控性的提高。随着动物的进化，皮质的神经胶质与神经元的比例数越来越大；人脑比低级猿猴增长了4倍，比高级猿猴增长了2倍。

3. 人类劳动促进了人脑的形成

脑结构的重组在人类起源阶段表现出循序渐进的性质。古人类学的研究表明，南方古猿的脑已经按人脑的某些特殊样式进行了重组，这一点同制造最粗笨的石器相联系。在直立猿人时期获得重要增长的脑区是下顶区，狩猎的生活条件构成了这一发展的基础。在尼人时期得到迅速增长的下颌区，是同有声语言的产生和发展联系着的。最后在新人时期，人脑中最重要的前额区急剧地发展起来，它同人类生活条件和活动条件的复杂化息息相关。由此看来，大脑皮质分层次的结构，是长期历史发展的产物。

脑科学研究表明，身体各器官在大脑皮层上有一定的投射区。投射区的大小不是与各部位的大小成正比，而是与使用程度成正比。也就是说，这个或那个器官被使用得越多，它在脑皮质层中的代表区域就越大。如果把猿脑和人脑的运动皮质层的功能区域图解加以对比，就可以看出，在猿类大脑皮层运动区，管理上下肢的比例是相等的，而在人类大脑皮层运动区，管理上肢的区域则比下肢大得多。在大脑皮层中，手区的比例特别大；手区中，大拇指的比例更大。手是劳动的器官，拇指是手指之母，在劳动中的作用特别大。大脑皮层的定位区中，嘴舌等语言器官所占的比重也极大。脑定位区的这种特点证明了劳动和语言的推动作用，它们是大脑发展的两个主要推动力。而“语言是从劳动中并和劳动一起产生出来的”[①]。可见，人脑和人的意识的产生都离不开人的社会性劳动。

（二）实践与思维能力的形成及发展

在人类实践中，特别是生产劳动中，不仅形成了人们进行意识活动的大脑，而且形成了人的意识活动能力，即人的思维能力，它是把原始信息加工成观念化信息，以及以已有观念为材料创造新观念的能

① 《马克思恩格斯选集》第4卷，376页，北京：人民出版社，1995年。

力。这种能力也就是人的智力。人的智力是意识主体的最基本、最主要的构成部分，也是人的主体性活动之源。那么人的智力是从何而来的呢？恩格斯说："人在怎样的程度上学会改变自然界，人的智力就在怎样的程度上发展起来。"[①]

人类的思维大体经历了直观动作思维、直观表象思维和抽象概念思维等三个阶段。其思维结构的基本要素分别是动作和在动作基础上形成的表象，以及通过对表象的概括、升华所形成的概念。与这三个阶段相对应的人的思维能力，就是直观动作思维能力、直观表象思维能力和抽象概念思维能力。这三种思维能力，在归根结底的意义上，都是在人的实践活动中形成并依次获得提升和发展的。

直观动作思维是直接与人的实践活动相联系的思维，是从人的实践中获得某种分化的最初形式的思维。这里所谓的与实践相联系，是指直观动作思维的"动作"与人的实践活动中的动作具有同一性。但是作为动作思维的动作与实践动作又具有不同一性，即差别性。这种差别表现在：直观动作思维的动作是对实践动作的一种行为表征。皮亚杰的发生认识论认为，思维是由动作"内化"而成，人类思维的发生和儿童思维的发生一样，最初是和动作活动相联系的。儿童的行走动作和动手动作，对个体思维的萌芽和形成具有重要意义。直立行走动作的发展不仅使儿童能主动接触事物，而且能扩大儿童的认识范围，发展儿童的空间知觉，并使动作有更精细的分工，更加协调、敏捷、灵活，从而发展为直观动作思维，并孕育着直观表象思维。

儿童的手的抓握、触摸动作的发展，增强用手作为认识器官来感知外界事物性质的能力，并逐步掌握成人使用工具的方法和经验；由于手和眼的协调运动，发展了儿童对隐蔽在事物中的复杂属性和关系进行分析和综合的能力，从而产生以视觉为主的直观动作思维，即对眼前直观的运动着物体的思考。例如，三岁前的儿童只有直观动作思维，主要凭感知和行动来思考外界事物，孩子以竹竿作马，或以小枕头作马，当作为马的表征的竹竿或枕头弃之一旁，骑马的事就终止了。这种"骑马"的动作是可以借助不同的物体重复进行的。皮亚杰说："实际上，如果我们能够重复进行某一动作并能把它扩展到一个新

① 《马克思恩格斯选集》第4卷，329页，北京：人民出版社，1995年。

的情境中去，那么这个动作就可以被视为一种具有感知运行性质的概念。”[①]但是这作为具有某种概念性质的思维动作，这种对对象的反映和把握还不是观念的、思维过程本身的东西，它并不是以观念的形态存在于头脑中的，而仅仅存在于运用工具的物质动作中。因此，活动的或行动的概念并不是严格意义上的概念，它还仅仅停留在动作本身，并没有实现由动作向观念思维的转化。因此，皮亚杰认为，在前运算阶段的思维具有“实物性质”，“换言之，感知—运动智力的格局还不是概念，因为它们还不能在思维中被运用，它们之起作用仅限于实践上的和实物上的应用”[②]。

直观动作思维是人类思维发展的第一步。随着行走动作和手的动作的发展，儿童进一步认识到事物的各种关系和联系，知觉概括性也随之提高，这就为发展直观表象思维和概念的产生准备了条件。如6岁前的儿童，只有具体的形象思维，主要凭具体形象来思维外界事物，“过家家”“看病”的模仿性游戏，主要凭表象、形象进行。进入小学年龄阶段以后，抽象思维能力才逐渐发展起来。儿童心理的研究表明，儿童形成最初的信号性条件反映是思维产生的前提条件。思维起源于对事物“意义”的理解，如吃过一次梨子，知道了梨子的滋味，以后再看到梨子的时候，就知道梨子是好吃的。而儿童的感知内化为表象性认识，则为抽象思维的产生提供了直接感性基础。然而，这还不是真正成熟的思维活动。抽象思维开始进行的标志是对客观现实进行初步概括的、间接的反映。只有儿童不断地与外界交往而指向某些事物的时候，当儿童的思维操作能力（分析、综合、抽象、概括）不断发展的时候，当感知表象和语言相互结合的时候，人的真正成熟的思维即抽象思维才逐步产生和发展起来。

从人类思维发展的历史来看，人类思维能力的发展过程同人的个体思维能力的发展过程是相近似的。“孩童的精神发展则是我们的动物祖先、至少是比较晚些时候的动物祖先的智力发展的一个缩影，只不过更加压缩了。”[③]“直立行走，手脚分工是从猿到人转变过程中的重要契机，也是人类思维产生的必要条件。肯尼亚的卢多尔夫地区所发

① ［瑞士］皮亚杰：《儿童的心理发展》，傅统先译，30页，济南：山东教育出版社，1982年。

② ［瑞士］皮亚杰：《发生认识论原理》，范祖珠译，27页，北京：商务印书馆，1990年。

③ 《马克思恩格斯选集》第4卷，382页，北京：人民出版社，1995年。

现的二三百万年前南方古猿打制的砾石工具，尽管加工的随意性很大，同天然石块很难区别，但已表明他们开始有了人类思维（低级的分析综合能力）。经过北京猿人阶段、尼人阶段到智人阶段，随着工具制造水平的日益进步，人的自觉意识和抽象思维能力大大发展。精细石器的产生、复合工具的制造（木杆上装上箭镞）、雕刻、绘画的出现，标志着人类活动的目的性和思维综合、概括能力的空前提高。从使用天然工具到利用天然工具来制造工具（打制石器），是人类抽象思维产生的关键环节。没有一只猿手曾经制造过哪怕是最粗笨的石刀，只有在制造劳动工具的活动中，人才真正形成了对外物的意识，真正形成自觉的人类意识活动。”①

由上可见，在思维尚未相对独立以前，物质的感性活动是观念活动本身形成的一个阶段；不管看起来多么抽象的思维活动，在其起源阶段都是以某种物质的、实践的形式存在过。不仅如此，当思维获得自己的概念基础后，思维活动作为相对独立的活动，也是随着实践活动的发展、在实践的推动下获得发展的。另外，尽管随着人类思维能力的发展，观念活动所凭借的物质支撑点会越来越少，观念活动可以大大超前于实践活动，但观念活动和物质活动的联系是永远不会割断的。观念活动的超前性归根到底是为实践活动发展的需求所决定，是在实践活动许可范围内的前导运动。人的观念活动只有不断地与实践活动相接触，才能获得活跃的、富于创造性的源泉，才能永葆其青春活力。

（三）实践逻辑内化积淀为思维逻辑

思维逻辑是人们认识客观世界、探索新知识的工具。人的理智和思维都内在地包含着逻辑因素。人的认识过程及其成果是通过并借助于逻辑形式而存在的。可以说，思维逻辑对于人类思维具有某种根本性，是人类思维的灵魂。那么，人类的思维逻辑是从何起源，是如何形成的呢？

逻辑就广义而言，是指世界的内在联系的辩证性和规律性。广义的逻辑包括客观逻辑和主观逻辑或思维逻辑。客观逻辑是指不以人的

① 曾杰、张树相：《社会思维学》，35—36页，北京：人民出版社，1996年。

意志为转移的客观世界的辩证规律性。主观逻辑，即反映客观世界辩证关系的思维形式，亦即思维自身的辩证规律性。马克思主义哲学在承认存在着事物本身的客观逻辑的同时，也承认存在着具有客观意义的主观逻辑。但主观逻辑，即思维逻辑形式不是空洞的外壳，而是事物的客观逻辑在人的思维中的反映和再现。因此，只有联系现实世界本身的客观逻辑来研究主观逻辑，有关主观逻辑起源的问题才能得到科学的说明。

客观逻辑如何可能转化为人的主观逻辑，若从这种转化的客观基础来说有两个方面：一是各种物质形态都普遍具有反映的特性；二是诸种事物的组织结构都具有传递、接受和储存外界信息的功能。由于这两个方面的原因，所以在无生命物质中就存在通过物理、化学的形式来表现的逻辑转移。所谓逻辑转移，就是一个系统的结构特征在另一个系统中被映现出来。

生命的出现使自然界的逻辑转移具有了新的意义和形式。从此，无机界运动发展的逻辑第一次转化为生物有机体的形态逻辑和活动逻辑。比如，鱼的形体的流线型，它的尾、鳞、鳃等的各部分及作为整体的运动逻辑是对水作为液态的、流体的运动逻辑的适应和再现，是后者向前者的一种逻辑转移。当然，生物的活动逻辑在本质上是机能的感知或本能的逻辑；只有当人产生以后，外界事物的客观逻辑才第一次达到意识再现。这是因为外部事物的形式结构和运动规律以人的实践为中介获得了观念的反映，使这种自在形态的逻辑具有了主观的意义，转化成了人的意识的思维逻辑。因此，要揭示思维逻辑的起源，只能到人的实践活动本身中去寻找。

什么是实践？实践是具有一定目的的主体凭借手段改造客体以达到某种现实结果的物质活动。主体和客体既在人类实践中生成，又是人类实践得以进行的两个根本方面。世界是统一的物质世界，最初没有意识，也没有主体和客体之分。自从在劳动中产生了人，也就产生了主体。有了人的意识，有了人的精神活动和实践活动，自然也就成了人所要认识、所要改造的客体。当人类把自然界、客观的物质世界作为自己的实践对象和认识对象时，也就产生了主客体的对立和矛盾。这种对立表现在：主体是一个具有多种需要的存在，而客体自然界又不能直接地予以满足，于是人类必须改变自然界以适应自己的需要，可是客体自然界又在多方面对这种改造加以制约。这种主客体在实践中所必然产生的对立不是僵死的，而是统一中的对立，对立中的统一。也就是说，一方面，实践中产生了主客体的对立和矛盾；另一方面，又在实践中实现了主客体的相互渗透和转化，为主客体矛盾的解决提供了现实途径。

这个现实的途径，具体说来就是工具的制造和使用。工具既是主客体之间进行物质联系的中介，从认识论的角度说，它又是客体的客观逻辑向主体的思维逻辑转化的中介。也就是说，以实践为中介的外在事物的客观逻辑向人的思维逻辑的转化，实际也就表现为，实践过程中的客体的客观逻辑通过工具为中介向主体的思维逻辑的转化。这种推移之所以可能，是因为制造和使用工具的物质活动，同时也是把客观逻辑通过工具及其使用获得表现和转移的活动。工具的制造必须选择具有某种属性的材料；工具的制造必须符合于对某种对象的改造，即工具的属性与对象的属性必须具有某种强制性联系。这种强制性要得以成立，就必须使工具以否定性的形式体现客体在时间、空间、排列顺序、性质规定等方面的结构或客观逻辑；因此，工具的加工、定型以及工具的使用就是以人的活动这种否定性形式再现客观逻辑的过程。或者说，是客观逻辑转变为人的运用工具的活动逻辑的过程。事物的客观逻辑对人说来是内隐的，使用工具的活动使这种内隐的逻辑变成了外显的操作程序、操作逻辑，成为人们可以直接加以感知的现实的对象，成为人们思维观察的对象。如前所说，人的思维是在直接动作思维的基础上进一步发展为直接表象思维和抽象概念思维的。在这种提升过程中，人的活动的操作逻辑也就随之转化，上升为人的思维逻辑。

由此可见，既然主体人的思维逻辑来源于劳动操作逻辑，而劳动操作逻辑又依据着客体的客观逻辑，因此，思维逻辑、劳动操作逻辑与客体的客观逻辑在内容上有着天然的同构性。但是，这种同构性并非等同性。这是因为客体的客观逻辑和人的活动操作逻辑是以特殊性的形式存在的，而主体的思维结构则是以普遍的抽象的形式存在的。那么，如何实现从客体结构和实践结构的特殊形式到主体的思维结构的普遍的抽象形式的转化呢?

列宁说：“对黑格尔来说，行动、实践是逻辑的‘推理’，逻辑的式。这是对的……人的实践经过亿万次的重复，在人的意识中以逻辑的式固定下来。这些式正是（而且只是）由于亿万次的重复才有着先入之见的巩固性和公理的性质。”①

列宁的这段话是说，实践中包括了或提供了逻辑“推理”的逻辑的式的客观形态，思维逻辑是经过千百万次的实践、从实践中所包含的客观形态的逻辑的式中提升出来的。那么，是行动中的什么东西固定为逻辑的式？众所周知，逻辑的式是形式结构，因而它只能由某种形式结构转化而来。这种作为客观原型的形式结构，就是实践过程中的行动程式。

实践活动是一组动作，动作的相互关系是行动的形式方面的东西。人类实践既是一种创造性的活动，又是带有重复性的活动。实践的重复性，表现在行动的形式方面就是行动的程式。即在多次重复的实践活动中，行动的形式渐趋稳定，动作的相互联系固定为一种程式。这种程式对于具有重复性的活动来说具有一般性和普遍性。当然，在人类生活中，完全重复的实践活动是没有的。在具体的实践活动中，针对不同的对象，只要对上述具有一般性的行动程式作出适当的调整，就可以适用于各种不同的具体情境。因此，具体的、个别的实践中，行动形式方面的特殊性、个性对应着的是外界事物的具体存在形式，重复的实践中所形成的具有普遍性的行动程式所对应的是客观世界的最普遍形式。在实践中，外在事物的客观逻辑之所以可能转化为人的思维逻辑，正是通过重复实践过程中所形成的行动程式内化、积淀，而变成了人的思维的逻辑式，即人的逻辑心理结构。这种逻辑心理结构所具有的思维形式，也就成为人们进一步认识事物规律的观念性工具。

总之，意识主体以及构成意识主体三要素的人的思维器官、思维能力和思维形式等都是在自然发展的一定阶段上人类实践的产物，是在实践中历史地形成和发展的。离开了实践，也就谈不上意识主体的产生和进化。

① 《列宁全集》第55卷，186页，北京：人民出版社，1990年。

二、意识的形成是一个信息变换过程

（一）信息是意识主体与客体作用的中介

意识是人脑对对象进行反映所形成的映象。这种映象在感性认识中是以表象的形式存在的，而在理性思维中则是以概念的形式存在的。

唯物主义认为，人脑中的任何映象都不是主观自生的，而是物质的产物。它来源于物质对象，但是映象和对象虽然有着相近似的相符合的地方，而又有着质的不同。比如，观念的苹果虽然来自现实的苹果，但只是思想中的东西、精神性的东西，它并不是客观实在的东西，是不能当作水果来吃的。

那么现实的对象如何移入人脑转化为观念的映象呢？这个问题长期困扰着人们的思维。

公元前4世纪原子论的创始人古希腊哲学家德谟克利特力图对此进行说明。他说，物质的表面分泌出了细微的液粒，这些细微的液粒通过空气影响人的感官，使人得到物质的“意向”。德谟克利特关于客观向主观转化需要中介的思维是可贵的，但是他对这种中介的说明毕竟只是一种猜测，因而是不能令人信服的。由于这个问题长期不能解决，到17世纪英国哲学家休谟那里，也就形成了对知觉来源的怀疑和不可知观点。休谟说：“你说，我的实践驳倒了我这种怀疑。但是，你这样说就误解我提问题的意思了。作为一个实践的人，我是完全同意这种说法的；但是作为一个哲学家，有几分的好奇心——我且不说怀疑主义——我就想追问追问这个推论的基础了。”①休谟是说，因为无法证明客体如何进入人脑的问题，所以他才对知觉来源抱怀疑态度。

其实，这个问题直到列宁时代也未能彻底解决。正因为如此，列宁在《唯物主义和经验批判主义》一书中郑重提到：“对于那种看来完全没有感觉的物质如何跟那种由同样原子（或电子）构成但却具有明显的感觉能力的物质发生联系的问题，我们还需要研究再研究。”②

① ［英］休谟：《人类理解研究》，关文运译，32页，北京：商务印书馆，1982年。

② ［俄］列宁：《唯物主义和经验批判主义》，中央编译局译，32—33页，北京：人民出版社，1960年。

从那以后又过去30多年，到1948年美国贝尔电话研究所的数学家申农对信息的系统论述，从而标志着信息论作为一门独立学科的诞生。尔后又经过了几十年的开拓性的发展，形成了现代信息科学。这从而也就为人们进一步研究和理解意识的形成，为科学说明对象向映象的转化提供了新的科学材料。

按照信息论的观点，信息是意识主体与意识客体相互作用的中介，意识的形成在本质上是作为意识主体的人以自己的认识器官和机能组织，以及认识定势的结构和功能，在实践基础上接受和处理信息的过程。

什么是信息？对于这个问题人们从不同角度进行了多种多样的说明。1975年有人做过统计，有关信息的定义达37种之多。之所以会有这么多的定义，其中一个重要原因是由于物质世界中，小至微观领域的原子系之间的运动联系，大至宏观领域的星系之间的运动联系，均可以用信息的变换关系来表示。因此，信息概念广泛运用于各门具体科学中，人们从不同的具体科学的角度来说明信息，这样也就使它获得了多方面的含义。我们这里所要说明的信息，不是特殊领域的信息，而是信息一般，即不是从某一具体科学的角度，而是从哲学角度来揭示的信息的一般本质。

从哲学的角度看，信息是反映出来的事物性态。

“反映”是一般唯物主义认识论的基本概念。列宁利用“追溯法”把反映概念加以推广，即把研究自然进化的最高产物（人脑）所得出的这一概念，反过来推广到自然界中。列宁说：“假定一切物质都具有在本质上跟感觉相近的特性，反映的特性，这是合乎逻辑的。”[①]这里所说的反映，就是广义理解的反映。作这种理解的反映，其反映者是信宿，即信息的接受者；被反映者是信源，即信息的发出者。信源是一个物质系统，信宿也是一个物质系统。在这两个物质系统发生相互作用的过程中，当作为反映者信宿的物质系统凭其反映功能，表征、再现作为信源的物质系统的性态。这种表征、再现出来的事物性态，就是信息。比如，水果飘香，水果是信源，人的嗅觉器官就是信宿。香就是通过人的嗅觉器官所反映出来的水果的一种状态，一种化学信

① ［俄］列宁：《唯物主义和经验批判主义》，中央编译局译，81页，北京：人民出版社，1960年。

息。由此可见，信源的内容在没有以某种形式传输给信宿以前，单就信源的内容来说，还不构成信息，它只是信息的潜在形式。只有信源的内容，或事物的性态通过信宿反映出来、表征出来，才是信息。因此，信息过程和反映过程具有直接同一性。信息的产生和传输、利用的过程，就是信宿对信源的反映过程，而反映的过程也就是信息产生的过程。所以，信息和反映的关系，实际是互为条件、相互促进的。不与信息联系的反映，或不与反映联系的信息，都是不可能存在的。

但广义理解的反映，就其包含的内容来说，是有着高低不同的层次区别的。这种区别主要表现在，随着物质的进化，与此相联系的物质反映功能的进化，导致了反映形式的进化，从而引起了信息传递方式的进化。

从作为反映者信宿的不同性质及其反映功能的角度说，可以把不同的反映分为高低有别的三种类型：

一是，反映者是非生命物质，它通过机械的、物理的、化学的形式所进行的自在性反映。这种反映无所谓主次之分，作为反映产物的信息是一种原始的自然信息。它是在无意中进行传递的。它对反映者非生命物质来说是无所谓意义可言的。当然，这并不排除这种反映及其所表征的信息对作为认识主体的人而言的意义。

二是，反映者是生物有机体，反映者和被反映者开始萌发了主次地位之分，出现了处于主导地位的反映者和对反映的自为性，即生物体为了维持自身的生存和发展而进行的反映。与此相联系，这种反映也就有了一定程度的选择性和主动性。一切生物体都能依赖自身的特殊结构接受和传输信息，而且能够利用信息调节自身的行为，同外界进行物质和能量的交换，以实行自我更新。当然生物对信息的利用或信息反馈是本能的、自发的。

三是，反映者是进行实践的社会人。人作为能动的社会存在物，其本质特征就在于能进行有目的的社会实践活动，从适应环境发展到能动地改造环境。在实践过程中，反映者和被反映者区分为主体和客体。主体对信息的选择性和使用的合目的性大为增强。人类不仅能在获取、储备信息基础上进行信息加工，形成人工信息；而且能够自觉地利用信息反馈，调整自己的行动，控制客观对象，改造客观世界。不仅如此，人类具有的社会信息与生物信息相比，在传递形式上也有本质区别，它能够用语言符号来表征事物，传输信息。

总之，在把现代信息科学引入意识发生论的过程中，除了要说明和遵循信息运动的一般规律，更要说明和遵循受这种一般规律所制约的人的能动反映过程中的信息运动的特殊规律。只有这样，才能深刻揭示意识的本质及意识的形成过程。

主客体的相互作用及其辩证统一，是考察人类能动反映过程中信息运动的基本出发点。主体活动有相互联系的两种形式，即实践活动和认识活动。由此决定了主体与客体最基本的关系也就是两重关系，即实践关系和认识关系。在实践关系中，主客体之间进行物质变换；在认识关系中，主客体之间进行着信息变换。主客体之间的这两重变换是相互联系、相互促进的。在物质变换过程中，主体作用于客体，引起客体的结构、状态或性质的变化，使其本质得到暴露，从而才能使客体作为信源发射出各种信息，通过信息媒介作用于人的感官，并经过大脑的加工转化为主体的意识，在人的观念（思维内容和思维形式）中留下了客体的烙印，使主体的观念成为表征客体的观念信息。也就是说，没有实践过程中的物质变换为前提和基础，就不会有认识过程中的信息变换关系的产生，就不会有人类意识的形成。这是一方面。

另一方面，主体又把自己的意向、需要融进了信息接受和加工之中，即形成观念映象的活动之中，当他以这个“观念信息”为指导进行实践活动时，又把自己的观念对象化、物化，把人的目的、意向通过客体加以实现，使客体成为人的本质力量的确证，成为表征主体信息的媒介，从而使主体获得自我认识。可见，实践不仅为主体反映客体和主体的自我反映提供了信息，而且提供了这种反映的现实道路。

因此，人类实践活动中的物质变换和人类认识活动中的信息变换不是相互脱离、截然分开的，而是辩证统一的。实践中的物质变换过程和认识中的信息变换过程本身就是一致的。这种一致性，使实践活动的合目的性决定着人的认识活动的有目的性，决定着认识活动过程中接受信息、加工信息和利用信息的目的性，从而体现了人的认识是客观尺度和价值尺度的辩证统一，即“按照客观事物本来面目来认识”和“按照人的需要来认识”的辩证统一；体现了人的认识的反映特性和创造特性的辩证统一，即人的反映活动是能动性、创造性的反映，人的创造活动是在反映基础上的能动创造。

（二）意识是对信息加工制作的产物

人类意识的形成过程到底如何呢？实际它是主体获取、加工和处理信息的过程。

观念认识活动所指向的客体，当然就是外部现实世界中与认识主体相关联的事物、事件和现象；但认识主体所关注的是它们的信息方面或信息过程。也就是说，认识的直接目的是为了获取关于它们的信息内容，通过对关于它们的信息内容的掌握，达到对作为客体的事物、事件和现象（存在状况、结构、属性、本质、关系、运动变化过程及规律等）的观念把握。因此，观念认识所把握直接对象，并不是那些作为客体的事物本身，而是关于它们本身的存在状况、结构、属性、本质、关系、运动变化过程及规律的信息内容。也就是说，事物本身是观念认识的间接对象，事物的信息才是观念认识的直接对象。因此，从直接对象的意义上说，认识客体即信息客体，或信息化的客体。

人通过实践有意识地接受和获取外部客体本身的信息资料，这是一个对外部客体的感知过程。感知是认识主体和认识客体在信息方面的一种认识论意义上的转化和转换；是外部认识客体在认识主体的认识器官中向意识事实的初步转化，向观念化的信息客体的初步转化。没有这种转换和转化，认识主体就不可能对认识客体进行观念的加工和处理，就不可能观念地掌握客体，因而也就不可能形成关于客体的知识。

现代神经生理学大量的研究成果表明，人体的各种感受器官都是信息的接受装置。不同的感受器官由于“专业化”分工不同，接受的信息也是不同的。如视觉可以接受形状和颜色的信息，听觉可以接受声音的信息，嗅觉可以接受气味的信息。不仅如此，由于亿万年进化的结果，即使是同一感受器官内，许多不同的神经组织和特异性细胞也都表现了极为不同的“专业化”现象。现代视觉分子学研究的最新成果已经证明：视网膜上“专业化”了的细胞，有的只对平行线有反应，有的只对垂直线有反应，有的对一定的曲线、图形有反应。可以说，人体的各种感觉器官的众多的特异神经细胞，都是对应于各种信息而专司其职的，这就使其信息的接受和初步分类成为可能。

人的不同的感觉器官感受到不同的物质刺激，接受到不同的信息，这种接受的过程也是信息转换的过程，即由外界的信息客体转化为主体内在的观念化信息客体。各种感觉器官接受各种物质信息的过程，也就是把这些信息，不管它是光子、分子、声波、压力、温度等，都一律编译成生物电流的脉冲信号，并通过神经纤维传给大脑的过程。如视觉感觉器接受光的刺激时，视网膜吸收到光子后，能使许多钙离子流入光感受器细胞质内，钙离子又能阻止很多钠的正离子流入光感受器，由于量子增益产生光电转换，从而产生电脉冲信号。这些电脉冲信号携带着一定信息，沿着神经纤维通路传递到大脑。

人的大脑是中央信息处理机，它的结构和功能是极其复杂的。由于它的封闭性，我们现在还不十分了解它。美国的舍别尔教授采用新的扫描电子显微镜对人脑进行的研究表明，人脑由5000多万种细胞构成，总数约为1000亿个。每一个神经细胞或神经元中，又有1000～10000个突触，也就是说大脑约有数量为10^{14}～10^{16}个突触。神经元通过突触传递信息，因此，每个神经元可以传递成千上万的信息。每一个神经元储存信息的能力相当于一台微型电子计算机。据统计，一个人的大脑在一生中能够储存1000万亿个信息单位。人的大脑就是这样大约由1000亿个神经细胞组成的蛛网密集、交叉缠结、极为复杂的神经网络系统。当以电脉冲为载体的信息传递到大脑时，就开始进行极为复杂的变换活动，这一整个过程同时又伴随着观念化客体的符号化过程。

认识主体通过有意识、有目的的观察和感知，接受和获取关于认识客体的信息资料（即通常所谓的感性材料），在现实过程中，往往要把这些信息资料归入自己的认识定势中原有的一定的概念和概念框架，用概念性的思维工具和作为它们的表达手段的语言符号加以指认和陈述。因此，现实的感性客体在认识主体的头脑中向意识事实的初步转化，向观念化信息客体的初步转化，又往往是以概念性的思维工具及作为表达手段的语言符号为中介和载体的。这表明在观念认识活动过程中，信息客体的观念化过程同时又伴随着符号化过程。对人说来，就是语言符号化过程。这也是人的认识这种高级的社会反映形式的一个显著特点。在观察、感知过程中经过转化和转换的观念化、符号化的信息客体，就能够呈现在认识主体的大脑中成为思维活动加工、处理的对象。

这些信息客体可以在人们的大脑中储存起来，也可以借助于某种具有符号化功能的物质载体加以记录和保存下来，而成为一种认识、思维的储备客体。这种储备客体可以根据认识、思维的需要，随时被思维所采用，成为思维加工、处理的对象。

还必须指出，不仅未经思维活动进行深度加工处理的观念化、符号化信息客体可以成为认识、思维的储备客体，而且经过思维活动深度加工处理的观念化、符号化的信息客体，在转化为系统化的知识体系、理论体系的内容以后，也可以成为被思维活动在必要时重新加工处理、重新认识的储备客体。这些储备客体，不仅可以以意识形式存在，而且还可以降沉到意识阈限之下，以潜意识的形式存在。认识主体既可以在意识领域内，也可以在潜意识领域内对储备信息进行加工。在意识领域的这种思维加工，表现为概念、判断、推理；在潜意识领域表现为顿悟、直觉、灵感。顿悟，即在求索的过程中，顿时领悟到问题的关键，而获得对一定事物的理解。顿悟产生的前提是，人们已经在潜意识中储存了关于一定事物的若干印象，这些印象具有差异性和不完整性，并且引起了主体的注意，在他的头脑中画上了问号。主体正是运用他储备的逻辑思维的规律和方法寻找问题的解答。这种求解的推理和判断过程可以在潜意识里进行。一旦完成，便浮现在意识中，表现为猛然醒悟。顿悟作为一种认知能力被称之为直觉；作为一种突发性心理过程又被称之为灵感。任何类型的储备客体，不仅可以为直接获取、收集和储存它的认识主体所取用，而且经过传播、交流和转移，还可以为其他认识主体所取用。

人类认识的连续发生发展的情况表明，一定的认识主体原先以不同的方式储存的信息资料或信息内容，可以作为接受和获取关于新的外部客体的信息材料，并对之进行思维加工处理的内在的背景信息而起作用。大脑皮质从感觉映象中获取的外来信息与主体认识结构中的内在信息相互作用。这种相互作用表现为如下两种情况：

一是主体利用内在信息作为工具对外来信息加以同化，从而使认识在原有基础上进一步深化、完善。这里有两个方面：其一，是对外来信息中与内在信息同质的部分加以消化、吸收；其二，对外来信息中与内在信息异质的部分加以反驳，化不利自身的因素为有利的因素，使自身走向深化和丰富。

二是外来信息与主体内在信息发生了尖锐的矛盾，原来信息中的内容不能说明或驳斥外来信息的内容，在这种情况下，外来信息就成为变革原来内在信息的工具。这往往意味着认识上的飞跃。

无论是主体利用内在信息作为工具对外来信息加以同化，还是主体利用外来信息作为工具对内在信息加以变革，都是人脑对感知（外来信息）和记忆信息（内在信息）通过分析综合的加工改造创造出新信息的过程，这也就是思维的过程。思维实质上是对主体认识结构中凝结着的信息所进行的一种再行分析综合、加工改造的逻辑推演过程。在这一推演过程中，思维一方面揭示着这些信息之间的更为深刻、丰富的关系，另一方面又在此基础上创造出新的信息。这种揭示出来的信息之间的更为深刻、丰富的关系，这种创造出来的新信息，以及整个思维过程都可能重新被记忆整合到既有的认识结构中去。这样，主体认识结构的图式在这一过程中不断地被改变着、建构着，从而不断地提高着主体的认识能力。

现在我们可以得出这样的结论，意识主要是人脑同外部世界进行信息变换的过程，是在接受、获取信息的基础上储存、加工和处理信息的过程。

三、符号与语言

（一）符号是一种信息传递手段

如上所说，意识主要是人脑对外部事物作出的反映，或者说是对外来信息进行加工处理的过程。这种过程只有借助一定的符号系统才能进行。因为符号是对象的标志，是信息的载体，是外在对象向人的主观映象转化的中介、工具和手段。因此，从这个意义上说，没有符号，人类的意识活动以及与此相联系的人类实践活动就不能进行。正是在这个意义上，所以卡西尔说："人是符号的动物。"也就是说，人类正是通过符号作为最基本最普遍的中介物来认识世界和进而改造世界的。

那么，什么是符号？符号是使用者赋予意义或价值的事物的标志。

被符号标志的事物，可以是现实具体的事物，也可以是抽象的概念和思想。符号不是对象本身，只是对象的标志。符号和对象之间没有内在的决定关系或必然关系，符号的性质和形式并不决定于对象的性质和形式。

一般说来，信息的传递有两种手段：一是信号，二是符号。比如鹞鹰的叫声对于雏鸡是危险的信号，布谷鸟的叫声对人类能报知春天的来临，等等。信号所反映的是事物之间存在的某种客观联系，因而信号所传递的信息内容和表达这种内容的形式都是客观的、必然的。而符号作为传递信息的另一种手段则有自己的特点，符号自然也具有一定的物理状态或形式，但这种状态或形式却完全是由认识主体主观确定的，它所代表的内容也是使用者赋予的。比如，红色代表革命。红色是一种物质现象，革命是一种社会现象，它们之间并没有必然的客观的联系；只有当人们对红色赋予革命含义的场合，它才成为符号。同样，十字路口的红绿灯也是符号；在这种场合，红色只代表停止，并不代表革命。

但是能否由此认为符号是纯粹主观的呢？不能。符号具有主观性，这是没有疑义的。这里的主观性是指使用者用什么符号来作为某个事物的标志，或者说赋予某种符号以标志的意义，这是可以主观地加以选择的。关于这一点，美国人类学家怀特指出："在任何情况之下，一个符号的含义和价值都不是由其实在形态的固有特性所产生或决定的：适用于哀悼的色调可以是黄色、绿色或任何一种颜色；紫色未必是象征王权的颜色，在中国的满清王朝，皇族之色是黄色。"各种符号的含义、来源取决于使用它们的有机体，人类有机体将含义加诸实在事物或事件之上，从而使它们成为符号。用约翰·洛克的话来说："各种符号'具有为人类任意强加于其上的含义'。"①但是切不可夸大这种主观性、任意性。这是因为人对符号的选择具有受客观制约的相对性。

① ［美］怀特：《文化的科学——人类的文明与研究》，25页，济南：山东人民出版社，1988年。

（二）符号选择的相对性

符号选择的相对性表现在：

第一，在同一个认识过程和同一个理论体系内，当确定用一定的符号来标志一定的对象以后，就不可能再任意用这个固定的符号去标志另外的对象；同时也不允许用另外的符号去标志这个已有固定符号的对象。不然就会引起混乱。当然离开特定的认识过程和理论体系，那就另当别论了。

第二，符号是人类社会的一种文化现象。一个符号系统是在一定历史阶段上，人们经过约定按一定规则构成的体系，因而当人们选择新的符号来标志某种新出现的事物时，这种选择就必须受到上述规则的制约，必须遵循上述规则。

第三，选择某种符号并赋予其某种特殊意义要受到民族性的制约，这里包括民族的习惯、礼仪、观念、意识形态、民族心理等多个方面。比如，西方白色人种用白色象征着纯洁、善良和爱情；而在中国，白色象征着恐怖、奸诈，所以才有“白色恐怖”“白脸奸贼”“白骨精”等比喻。因此，符号的选择必须符合和体现民族性格。

第四，符号的选择还要受到历史条件的制约。这是因为人类历史是个发展进步的过程，符号作为人们实践的中介物，必然表现出人类发展过程的历史印记。比如在苏米尔的楔形文字中“男”“女”两个字是用两性的不同生殖器的图形来表示的，这说明他们在创造这两个字时还处于人类社会的极早期，所注重的是男女两性的自然差异。而在汉语中，“男”“女”这两个字的表达方法则大不相同：“男”表示“田”里的“劳动力”，而“女”字据说是一个跪在地上的女人的形象。这说明我们的祖先在创造这两个字时是处于人类社会的比较发展的阶段上，已经注意到了这两种人在社会活动中的分工和地位的关系。

由此可见，选择什么符号来表征某种意义，就这种选择而言，只有相对的主观性和任意性，但不能把它绝对化。

另外，一定的符号所表征的意义同所指称的对象的关系，不是主观的、任意的，而是一种内在必然的关系，具有内在的同一性。因为符号所表征的意义是对所指称的对象即客体的反映。从根本上来说，符号所表征的意义就是关于所指称的对象即客体的信息内容。主体可以选择某种符号来表征和反映客体的意义，但不能任意地把主观的东西赋予或强加于客体，因而也就不能在主体反映客体的认识关系中主观地任意地规定某种意义。符号表征的意义总是决定于客体，决定于主体对客体的正确反映，表现为主体所掌握的关于客体本身的信息内容。一个符号单元（词）或一个符号系统所反映的意义的丰富性和深刻性，决定于它所反映的关于客体本身的信息内容的丰富程度和深刻程度。所以，对符号所表征的意义，必须根据它们所反映的对象即客体的实际情况、实有特点来理解。我们不能离开对对象的反映，离开对客体的信息内容的掌握来理解符号所表征的意义，不能把这种意义说成是纯粹主观约定的。这里所坚持的是关于意义的产生、形成的唯物主义反映论原则。而关于意义的纯粹约定说，实质上是主观主义或唯心主义的。①

（三）语言是一种共识符号系统

语言是一种符号系统，语言是人类借以传递、存贮和加工信息的主要手段，它是一种与人类思维直接联系在一起的特殊的符号系统。但是思维行程所使用的符号系统并不一定都是语言符号系统。语言符号是一种共识的声音符号，即在同一群体内不同个体的思维行程中都共同使用的一种通用的声音符号系统。

动物没有语言这种共识符号系统，但动物思维也要使用符号，这种符号可称之为个体的特殊符号。比如，日本北方寒冷的山区有一种雪猴。沿海岸附近的沙地里长着地瓜。1963年的一天，年轻的雌猴伊莫从沙地里拔出一块沾满沙子的地瓜，拿到水里洗净来吃。一个月后，另一只雪猴也模仿着做了。又过了4年，又有15只雪猴学会了洗地瓜。9年以后，即到1972年，这群雪猴几乎全部学会了洗地瓜。

学会洗地瓜这是一个复杂的系统思维过程。它包括：（1）地瓜可吃；（2）沙子不能吃；（3）用前肢或嘴去掉沙子比较困难，效果也不好；（4）用水洗效果理想，也比较容易；（5）用水洗地瓜，然后再吃。雌猴伊莫无疑已完成了这样一个思维过程，才发明了洗地瓜的行为方式。伊莫在思维过程中，地瓜、沙子、水一定要用3个不同的符号

① 参见夏甄陶：《关于认识的语言符号中介》，《哲学研究》，1994（6）。

代表，而这3个符号不是通过声音表达的，也不是群体通用的共识符号，因而也就不能进行“交谈”；也就是说，另外的猴子都无法直接享用伊莫的智力成果，而仍然必须亲身经历伊莫所经历过的思维符号的分析综合过程，并独自得出伊莫最早得出的结论。这就是说，这些猴子的思维都是互不通气的个体思维，每个个体都具有独特的思维符号。

而人类思维就不仅仅是个体思维，同时也是类思维。作为个体思维，特别是个体的创造性思维中除了运用共识符号即语言符号以外，往往还运用思维者自己创造和懂得的特殊符号来标志某种对象。如果这种特殊符号经过解释和说明，获得了同行以至社会的公认，那么，这种特殊符号也就转变成了人类共同体的共识符号——语言符号了。这就是说，高等动物有思维，动物思维存在着因个体而异的特殊符号系统；人类思维中也有特殊符号，但主要是使用作为共识符号的语言。特殊符号不能用来进行思想交流，只有转化为共识符号才能作为思想交流的工具。动物思维中不存在共识符号系统，因而动物思维仅仅是个体思维；人类思维中存在着特殊符号与共识符号系统之间的相互渗透、相互转化、相互促进，因而人类思维既是个体思维，同时又是类思维。这是人与动物思维的原则区别。

当然，对动物群体来说，其内部个体之间也有信息传递，但这种信息传递是以信号为载体的传递，不是以共识符号为载体的传递。比如，昆虫在交配季节，雌虫分泌一种化学物质，使雄虫能在几千米内找到雌虫完成交配，该化学物质就是雌虫发出的求偶信号。对于人类来说，既有使用信号的信息传递方式，也有用符号的信息传递方式，而且后者是主要的。这种方式，主要是语言。[①]

人类是怎样获得语言这种符号的传递方式的呢？说到底，是因为劳动。

人类祖先是依赖工具而生存的动物，从使用天然工具到学会制造工具，这一劳动过程促进了智力水平的进一步提高，从而为人类意识的产生和语言的形成提供了需要和可能。因为要学会制造工具，要成功地猎取大野兽，原始人必须共同劳动，相互交换各种日益增多的和复杂的劳动。集体劳动的好处不仅在于共同劳动的物质成果大大超过

① 参见蔡俊生：《关于思维和语言起源问题的对话（一）》，《哲学动态》1990（8）。

个人劳动所得，而且还在于在一个劳动集体中，使个别成员所掌握的信息变成全体成员的共同财富。而信息要成为全体成员的财富，只能用人人都懂得的手段来传递。简单的信息可以用手势做符号来传递，而复杂的信息靠手势已经无法传递和表达了。这时候的人“已经达到彼此间不得不说些什么的地步了。需要也就造成了自己的器官：猿类的不发达的喉头，由于音调的抑扬顿挫的不断加多，缓慢地然而肯定无疑地得到改造，而口部的器官也逐渐学会发出一个接一个清晰的音节”[①]。这就是语言符号的产生。

通过劳动，人类语言从无到有，从不完善到完善，大致经历了四个进化阶段。

（四）人类语言进化的历史过程

1. 前语言阶段

这是利用调节信号进行人际交流的阶段。人的语言是在动物的调节信号的基础上发展起来的。瓦托夫斯基说：“动物通过一些有效信号，例如警告、命令、危险、发现食物的信号以及交配的信号等等，的确调节着自己以及本种内的其他个体。因此，语言极有可能是从这种有声的、手势的，或其他种类的调节信号中发展起来的。”[②]人类的语言正是在动物器官和动物的调节信号的基础上持续前进的结果。

2. 动作语言阶段

这是利用手势等动作符号进行人际交流的阶段。动作语言是以手作为主要的皮质外语言器官，配合脚、头和其他身体部位的运动姿势，同时借助人的视觉印象进行人际间的思维交流和信息传递。这是以劳动——人的共同活动为基础，产生了交流信息的需要。共同的劳动也使人明白了一种手势动作的意义，手势成了一种符号。

3. 意向语言阶段

这是用意向语言进行人际交流的阶段。意向语言，又称物象语言，属有声语言的早期形态。意向语言的基本成分是单一而固定的单音语，其实代表一个句子。譬如，儿童学习语言要经过一个以词代句

---

① 《马克思恩格斯选集》第4卷，376页，北京：人民出版社，1995年。

② ［美］瓦托夫斯基：《科学思想的概念基础——科学哲学导论》，范岱年等译，52—53页，北京：求实出版社，1989年。

的阶段。幼儿说“糖”“妈”这类单音词，实际表达了“给我糖吃”“我要妈妈”的意思。另外，这种语言的抽象程度还比较低，每一个词汇指向特定的实体，还没有表述动作的词，比如，“跳”“给”“说”，即只有静态指向词，没有动态指向词，更没有把动静态词组合起来的句子，因为这需要极强的记忆力和形象直观的思维能力。

4. 概念语言阶段

又称分音节语言，它标志人类语言的成熟阶段，也是有声语言的最高阶段。概念语言的基本元素是词，由词组合成各种叙述句、疑问句、祈使句等。“抽象性是概念语言的最显著特征。词不再仅仅指示个别的感性存在物，专有名词与个别概念逐渐演变为普遍名词与类概念”[①]。

（五）语言是推动人类及其思维向前发展的重要杠杆

思维与语言起源于劳动。至于动物有没有思维，目前有分歧。一种观点认为，动物有思维。持此种观点的论者引用恩格斯的话说：“整个悟性活动，即归纳、演绎以及抽象……分析……综合……是我们和动物所共有的。”[②]另一种观点认为，动物的悟性活动是前思维活动，动物没有思维，只有人才有思维。那么对人来说，思维和语言的产生是否同步。一种观点认为不同步。其中一个理由是，人对事物的认识，意会在前，言传在后；不能言传的东西，不等于不能思考。另一种观点认为同步。其理由是，思维只有借助语言符号才能进行。

如何看待这些分歧呢？从前文的分析可知，动物也有思维，只不过是，动物思维所运用的不是共识符号——语言，而是个体的特殊符号。所以动物思维就其内容来说，还是具体情境思维，不是抽象思维。人的思维是具体情境思维和抽象思维的统一。人的思维就具体情境中的思维而言，它早于语言的产生；就它的高级形态——概念思维而言，是与有声语言的产生同步的。

与此相联系的一个问题是，动物有没有意识？有人说，动物也有意识；另有人说，动物只有意识的萌芽。说动物有意识也好，或者说动物只有意识的萌芽也好，这里的核心问题是要说明人的意识与动物

① 黄龙保：《初级阶段语言研究二题》，《天津社会科学》，1992（3）。

② 《马克思恩格斯全集》第20卷，565页，北京：人民出版社，1971年。

意识的区别。其区别可以从两个角度来加以说明：一是就思维形式而言，人的思维主要在于概念的形成和运用，这一点前文已经说过了；二是就思维内容而言，人的意识说到底是一种自我意识，即关于人的生命活动本身的意识。

人和动物的生命活动都是渗透着意识的生命活动，这一点是共同的。不同之处在于，人能把这种渗透意识的生命活动本身作为意识的对象，对这种活动本身进行认知、评价、选择和设计。比如，因得到美味食品而高兴，这种心理活动人和动物都有。但是，只有人才能对自己的心理活动加以感知和评价。这就是我们常说的"我感到高兴"，或者说"不能高兴得太早"等。这正如马克思所说的"人则使自己的生命活动本身变成自己意志和意识的对象"，这样，"他自己的生活对他是对象"[①]。也就是说，人同自身的关系也就成了对象性关系。一旦把自己也变成对象，人的意识就开始二重化，即分化为对象意识和自我意识。因此，在这个意义上说，人的活动是有自我意识的或有意识的，动物的活动是无自我意识的或无意识的。

当人类的语言伴随着意识在劳动中产生以后，它也就立即成为推动人类和人类认识向前发展的重要杠杆。这种作用表现为如下几个方面：

1. 语言是思维发展到概念思维的必要前提

语言作为符号具有抽象性，它所标示的对象已经失去了作为具体的个别存在的特征，而成为某种类的一般的东西。与语言的这一特性相联系，由于分音节语言的产生，人的认识过程发生了根本的变化。随着词的出现，人才能把属性从对象中抽象出来，把事物的联系从事物本身中抽象出来，人的意识才能反映外部对象中一般的东西。也就是说，只有语言，才能使意识所反映的事物的属性和关系体现为词的形式，从而使关于事物的感性形象转化为或表达为思维的观念形态，即概念，并运用这些概念进行理性认识活动。也可以说，没有语言的产生，也就不会有概念思维。

2. 语言是"自我意识"形成的基本条件

如上所述，人与动物在意识上的根本区别在于人有自我意识，即

① 《马克思恩格斯全集》第42卷，96页，北京：人民出版社，1979年。

有对自己生命活动的意识。人之所以能对自己的生命活动加以意识，其中一个基本条件是人有语言。语言符号具有感性的物质形式，语言能把关于人的生命活动的主观印象和经验用词这种可感的形式固定在思想内容中。那么，它在思维的主体面前也就成为一个特殊的客体，从而使人的自我意识成为可能。

3. 语言推动着脑的发展

语言作为现实的意识，一方面是人脑思维活动的直接产物，另一方面又反作用于人脑，成为人脑进化的最强有力的刺激力。日本角田信忠教授研究日语发音特点和日本人大脑特点之间的关系的过程中，发现日本人的左脑对元音和音节同时起作用；而讲别的语言的人则是右脑对元音起作用，左脑对音节起作用。讲日语的人的左脑不仅承担语言功能和逻辑功能，而且也承担情感功能；而以别种语言为母语的人，左脑只承担语言和逻辑功能，情感功能是由右脑承担的。这表明，语言作为活动的结果，反转过来对人脑的形成和发展产生影响。①

4. 语言促进人的记忆力和思考力的发达

美国动物学家亚克斯做了一个关于黑猩猩色彩记忆的实验，结果发现黑猩猩的色彩记忆时间很短，如果超过四五秒钟，色彩的记忆就消失了。而人不同于黑猩猩，当某种颜色消失以后，在数秒钟内，眼睛里还保留着色彩的残留印象，而且还能长时间地记住那个色彩。这是因为某种颜色不仅作为感觉被人感知，而且作为关于色彩的语词直接地刻到了头脑中，所以人的记忆是作为词语记忆的。另外，语言是理论思维不可缺少的工具，它作为符号代替复杂的事物在头脑中进行联系、运作和组合。它不仅可以实指，标志实际存在的事物；也可以虚指，标志想象中的事物。这一特点，就为促进人的思维的想象力、创造力提供了可能和动力。

5. 语言促进了人的社会性的生成和社会的发展

语言作为共识符号是人们进行思想交流的手段。有了语言（包括口头语言和文字语言），人际间的信息联络变得方便、快捷。人们除了通过实践获得直接知识以外，还可以通过语言的交流获得大量的间接知识，这样，一个人的知识变成大家共同的知识，大家的共同知识也

① 参见侯才：《关于语言对人脑的作用》，《光明日报》，1983・4・18。

不断转化为个人的知识。因此，从本质上说，语言是把个体的人结为群体、社会的一种纽带。不仅如此，通过语言的中介，上代人的知识变成了下代人的知识，每一代人都在前一代人知识积累的基础上开始自己的历史活动，又把自己创造的新的知识融入人类知识的宝库中。在这种历史的联系中，语言成为人类文化遗传的手段，成为人类社会进步的阶梯。

第十一章　认识世界与改造世界

人类生活的全部历史，就是不断处理人与世界关系的历史。人类通过实践活动，现实地改造世界，并通过认识活动，观念地把握世界。改造世界和认识世界是人类活动中互相联系的两个方面。人们在改造世界的过程中认识世界，又以认识世界的成果去能动地改造世界。

马克思主义认识论是以实践为基础的能动的反映论，它科学揭示了认识的本质和认识发展过程的一般规律。我国现行的马克思主义哲学教科书关于马克思主义认识论的阐述，从基本方面来说是体现了马克思主义的哲学精神的，但也有若干不完善之处。因此，如何在进一步挖掘和搜求马克思主义关于认识论的丰富思想及有关研究成果的基础上，广泛吸取其他哲学认识论中的合理思想，以及从具体科学中吸取有关的养料，使马克思主义哲学认识论趋于完善化和系统化，就成为当代哲学工作者所要完成的一项重要任务。

为了能对上述任务的完成尽些微力，下面就马克思主义认识论的层次体系作一个大体的勾勒，并就其中所涉及的若干内容作一些具体的说明。

一、马克思主义认识论的逻辑体系

（一）马克思主义认识论的层次结构

马克思主义认识论是一个由若干层次构成的理论体系。这里包括四个层次，即逻辑根据层次、基础核心层次、内在机制层次和微观展开层次。

马克思主义认识论的逻辑根据是关于物质和精神关系问题的辩证唯物主义说明，即物质决定精神，精神又反作用于物质。因此，马克思主义认识论的第一个层次可以表述为“物质→精神→物质”。

物质如何决定精神，精神又如何反作用于物质？对于这个问题的科学解答又引申出了关于实践与认识关系的辩证唯物主义说明，即认识从实践中来，又回到实践中去。也就是说，人们在改造物质世界的实践过程中，产生了作为认识成果的精神，又以这种认识成果去指导人们的实践，从而进一步去改造客观世界。由此，“实践→认识→实践”，就成为马克思主义认识论的第二个逻辑层次，即基础核心层次。

认识如何从实践中来，又如何回到实践中去，即认识从实践中产生的机制，以及认识指导实践的机制分别又是什么？对于这样两个互相联系的问题的回答，又引申出了认识在实践基础上通过“反映”形成观念；又在一定观念指导下，通过“设计”去指导和规范实践的结论。于是，“反映→观念→设计”，也就成为马克思主义认识论的第三个逻辑层次，即内在机制层次。

反映通过哪些形式或认识阶段形成观念，由此引申出了感性、理性、统性等三种认识形式或三个认识阶段的理论，它们构成了“反映”的三个子层次；观念从内容来说，又表现为认知观念、价值观念和审美观念等三层内容，它们构成了“观念”的三个子层次；设计的具体步骤又可分为确立目标、选择方案和制订计划等三个环节，它们是“设计”的三个子层次。以上三个方面所包含的若干子层次，是马克思主义认识论的第四个逻辑层次，即微观展开层次。

马克思主义认识论的上述四个层次构成了马克思主义认识论的理论体系，这个体系可以表示如下图：

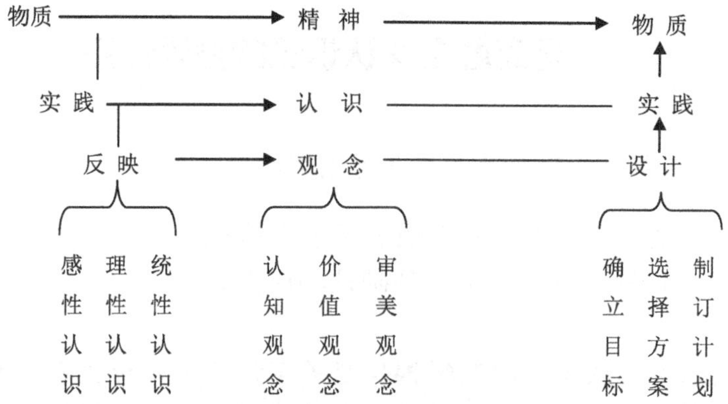

从逻辑联系来看，上述理论体系表现为一个从抽象到具体、从贫

乏到丰富的不断展开的过程，这里既体现了马克思主义认识论的唯物论，又体现了马克思主义认识论的辩证法，是认识的唯物论和辩证法的具体的统一。

（二）马克思主义认识论的逻辑根据层次

“物质→精神→物质”是马克思主义认识论的逻辑根据层次。

在认识论中，历来存在着两条根本对立的认识路线：一条是主张从物质派生感觉和思想，从客观到主观，即坚持“从物到感觉和思想”的认识路线；另一条是主张从感觉、思想派生物质，从主观到客观，即坚持“从思想和感觉到物的认识路线”。这两条认识路线的矛盾，是哲学上唯物主义与唯心主义两大基本派别的矛盾在认识论上的表现。

一切唯物主义哲学都主张物质第一性、意识第二性，坚持从物到感觉和思想的认识路线，认为客观世界独立于人的意识而存在，认识不过是客观世界在人脑中的反映。反映论是唯物主义的基本原则贯彻于认识论的必然的理论结论。

一切唯心主义哲学都主张意识第一性，物质第二性。把物质世界看作是主观或“客观”的精神的产物，把认识看作是先于物质、先于实践经验的东西，奉行从思想和感觉到物的认识路线。

马克思主义产生以前的唯物主义立足于反映论的立场，对唯心主义认识论进行过多方面的批判，指出唯心主义把人的认识归结为神秘的天启、某种客观精神的自我认识，或是先验的生而知之，不仅理论上十分荒谬，甚至和常识也是完全背离的。旧唯物主义揭露唯心主义认识论的错误，坚持从世界本身认识世界的反映论立场，在方向上是完全正确的，在历史上也曾经起过积极作用；但它本身存在着根本缺陷，即没有能真正解决认识的本质问题，因而不可能彻底驳倒唯心主义。这种根本缺陷，在世界观层次上，表现为旧唯物主义只看到物质对于精神的根源性、决定性，而完全忽视精神对物质的能动反作用，因而这种决定论成了线性的机械决定论。与这一点相联系，旧唯物主义在认识论层次上只看到客体（认识对象）对主体（人）的作用，而完全抹杀了主体在认识活动中的能动性，陷入了一种消极、被动的直观反映论，因而未能如实反映认识活动的实际情况，反而给唯心主义留下了许多攻击诘难的借口。与之相反，唯心主义片面夸大精神的能动性，在认识论上片面夸大主体的能动作用，结果使得认识活动中的主体能动作用变成为一种不可理解的神秘的东西。

在批判旧唯物主义认识论和唯心主义认识论的过程中，马克思主义哲学从世界观的高度，既坚持了物质决定精神，又坚持了精神反作用于物质的观点。以这样一个世界观理论为指导，在认识论领域第一次科学地解决了认识活动中的主体能动性与认识论的唯物主义基础相统一的问题。马克思主义哲学认为，认识活动中主体与客体、主观与客观的统一，既不能像唯心主义那样从主体的观念活动来理解，也不能像旧唯物主义那样单纯从客体的或直观的形式来理解，二者统一的基础是实践。马克思主义认识论以实践为基础来说明认识的本质，认为实践观点是马克思主义认识论的首要的基本的观点，认识是实践基础上主体对客体的能动反映。因此，马克思主义认识论是以实践为基础的能动的反映论。这样，在认识论领域中，既坚持了唯物主义反映论原则，从而与旧唯物主义认识论划清了界限；又坚持了能动性原则，从而与唯心主义的抽象能动性划清了界限。

（三）马克思主义认识论的基础核心层次

"实践→认识→实践"是马克思主义认识论的基础核心层次。这是人们所熟知的。但是在理解上，也并非完全一致。下面就此谈几点认识。

1. 不能把根据层次和核心层次混为一谈

以往的理解，把"由物质到精神，又由精神到物质"，与"由实践到认识，又由认识到实践"这两个不同的认识论层次，用"即"字把二者联系起来，给人以一种等同之感，这是不妥的。

物质与精神的关系是哲学世界观的层次，实践与认识的关系是哲学认识论的层次，这两个层次是不能等同的。前一个层次是一般，后一个层次是特殊。前者是马克思主义认识论的世界观根据，后者则是这种世界观根据在马克思主义认识论核心层次的延伸和体现。

以上这两个层次中所涉及的物质与实践，以及精神与认识之间的关系，也是一般与个别、总体与部分的关系。物质是一个广泛已极的概念，它有极大的普遍性与涵盖性，而实践只是人的有目的的物质活动，是物质的一种能动存在形式。二者相比较，前者是总体，是一般；后者是部分，是特殊。换句话说，与认识相联系的实践，只是整个物质世界中存在于主客体之间的一种物质性变换关系，只是人类反映客观世界的直接通道和现实途径。因此在认识论中，实践是物质和精神相互联系、相互作用、相互转化的中介。可见，物质和实践是不能等同的。另外，精神与认识也有区别，精神也是一个高度抽象的总体概念，而认识则是侧重从主客体联系的角度去说明精神由何产生的概念。

精神论一般包括两个方面的内容，一是精神发生论，即认识论，它致力于对认识活动和知识成果的发生学考察。就是说，它是致力于说明人们如何获得知识的。二是知识论，它把成果形态的知识作为逻辑上预先给定的东西，致力于考察知识的本性、知识的标准、知识明证性的基础等问题。

2. 全面理解实践对认识的决定作用

以往的理解，局限于认识的起源、发展动力、认识的真理性检验标准和认识的目的等四个方面，来说明实践对于认识的决定作用，而没有把这种决定作用置于主客体关系的逻辑联系中作进一步深入的考察，这是不够的。因为，在认识论的范围内，主体和客体的区分是一个必要的前提，而且是一个客观的事实。当认识论考察认识的发生和发展的时候，便立即可以发现，认识的发生和发展决定于主体和客体之间的具体的相互作用。主体是指处在一定的历史条件和社会关系中从事实践活动和认识活动的人，客体是主体的实践活动和认识活动所指向的对象。在人类出现以前，既没有作为主体的人，也没有与主体相对应的客体。主体和客体都是在实践中形成发展起来的。正如马克思所说："生产不仅为主体生产对象，而且也为对象生产主体。"①实践创造了主客体。在实践过程中，主体和客体之间又进一步相互推动、相互生成。因此，实践对认识的决定作用，首先就在于实践创造了认识的主体和客体。其次，作为认识主体的特征表现的思维器官、认识能力、语言、逻辑、认识图式，等等，也无一不是人类历史实践的产物。换句话说，实践不仅创造和提供了主体认识客体的物质性工具，

① 《马克思恩格斯选集》第2卷，10页，北京：人民出版社，1995年。

而且创造和提供了主体认识客体的精神性工具。

总之，实践对于认识的决定作用表现在：首先，实践创造了认识的前提性条件，即创造了认识主体和认识客体，创造和提供了认识工具；其次，实践是认识的来源、认识发展的动力、检验认识真理性的标准、认识的目的。

（四）马克思主义认识论的内在机制和微观展开层次

“反应→观念→设计”是马克思主义认识论的内在机制层次。

从实践到认识是一个反映过程。也就是说，从实践到认识是通过反映实现的。反映的成果就是观念的形成。认识到实践是一个设计过程。就微观展开来说，设计是一个确定目标、选择方案和制订落实计划的过程。我们过去把认识从实践中来的过程分为感性认识和理性认识两个阶段是不全面的，还有第三个阶段，即综合感性认识和理性认识的统性认识阶段。其次，把认识的内容仅仅理解为事实认知，即求真的认识，也是不全面的。人的认识从内容角度来说，应该包括认知观念、评价观念和审美观念。最后，认识回到实践中去的中介环节是什么，在以往的认识理论中也没有能得到很好的概括和说明，这也是一个缺憾。下面就这些分别来谈一些体会。

二、认识过程的三个阶段

（一）感性、理性、统性三阶段的认识

以往人们把认识分为两类：一曰感性认识，二曰理性认识。长期以来，我通过对一系列完整认识过程的研究发现，人类认识除了以上两类以外，还有第三类认识，那就是统性认识。

统性，即统一性和整体性。世界上的事物都是作为统一的整体而存在的，因而都具有统性。

所谓统性认识，不是从感性角度所理解的感性具体，也不是从理性角度所说的思维具体，而是指感性和理性相综合的认识的统一性和整体性。

在人类认识的形成过程中，以上三类认识的先后顺序是感性认

识、理性认识、统性认识。

从认识的手段来说，感性认识的手段是感知，理性认识的手段是抽象，统性认识的手段是综合。

从认识的内容来说，感性认识是人们通过感官对事物的外部联系和外在表现形式的认识，因此，感性认识可以简称为现象性认识。理性认识是关于事物的本质和规律的认识，因此，可以把理性认识简称为本质性认识。统性认识是关于事物的现象和本质相统一的现实运动过程的认识，因此，可以把统性认识称之为现实性认识。

从认识对象的角度说，现象是客体的表层，本质是它的深层，现实则是现象和本质的统一，是全体。黑格尔说："现实是本质与实存……所直接形成的统一。""实存即是现象。"①"无形态的本质和无休止的现象……以现实为它们的真理。"②

（二）理论认识必须上升到统性认识

现行哲学教科书只讲现象和本质，以及满足于对二者辩证关系的一般理论考察，而不讲现象和本质的现实具体的统一；与此相联系，只讲在实践中形成的感性认识必须上升为理性认识，理性认识必须以感性认识为基础，而不讲理性认识形成以后，还须进一步与感性认识相综合，以达于统性认识，这样才能用来指导实践。应该说，这是不完善的。

感性认识具有生动丰富的特点，这是它的优点。但是感性认识只是人的认识的起始阶段，人的认识不能停留在感性阶段。因为感性认识除了有上述优点以外，还有与上述优点相联系的局限性，即表面性。因此，人的认识如果停留在感性认识阶段，那就难免会陷入片面的经验论，甚至会被复杂的现象所迷惑。所以，人的认识必须透过多变的现象去寻找和揭示其中稳定的联系，即事物的本质和规律。也就是说，必须使感性认识发展到理性认识。

理性认识的特点是它的深刻性。正如列宁所说："物质的抽象，自然规律的抽象，价值的抽象及其他等等，一句话，一切科学的（正确的、郑重的、不是荒唐的）抽象，都更深刻、更正确、更完全地反映

① ［德］黑格尔：《小逻辑》，贺麟译，295页，北京：商务印书馆，1980年。
② ［德］黑格尔：《逻辑学》，杨一之译，302页，北京：商务印书馆，1966年。

着自然。”[1]深刻性无疑是理性认识的优点。那么，理性认识还有没有局限性呢？关于这一点，现行哲学教科书是没有涉及的。它把认识达于理性阶段看作是认识的最高阶段，其实，这是不对的。统性认识才是认识的最高阶段，理性认识只是达于统性认识的一个必经环节。因为理性认识本身也有局限性，因而有待超越。这种局限性表现在，人的认识从感性阶段上升到理性阶段，使感性认识的表面性得以克服的同时，也丧失了感性认识的优点，即它的生动、丰富的特性。或者换句话说，理性认识所把握的事物的本质和规律，是以理性的抽象形态存在的本质和规律。因此，黑格尔说，感性认识所反映的“现象世界”变动不居，保持着转化和变化的原则；而理性认识所反映的“规律的王国”“却没有这个原则”，是静止的，[2]因而在这里形成了两者的对立。为了克服这种对立，人的认识就不能以达于理性认识为满足；不然，就可能会陷入思辨的教条和唯心主义。关于这一点，列宁指出：“人类认识的二重化（比如，观念中的“一般的房子”和个别房子的对立化——引者注）和唯心主义（=宗教）的可能性已经存在于最初的、最简单的抽象中。”[3]为了克服理性认识的局限性和由此可能引起的认识上的失误，就必须使理性认识发展到统性认识。

统性认识的客观根据就在于事物的现象和本质作为现实运动过程的辩证统一。具体说来就是，事物的现象是事物的本质形之于外的动态表现，事物的本质是事物现象的藏之于内的静态联系。人的认识既不能有迷恋于感性认识所反映的“现象世界”，也不能陶醉于理性认识所反映的“规律的王国”，而必须将二者加以扬弃。统性认识就是要对事物运动过程作整体考察，去揭示和说明上述“内”与“外”、“动”与“静”相统一的各种具体形式。马克思的《资本论》就是按上述认识顺序而展开的。《资本论》第1卷从商品现象入手，到达于对资本主义生产过程的本质认识；在第2卷中，把本质认识扩展到流通过程；到了第3卷，马克思以上述本质理论为依据，详尽地分析了资本现实运动中的各种具体形态。用马克思的话说，是“揭示和说明资本运动过程

① ［俄］列宁：《哲学笔记》，中央编译局译，142页，北京：人民出版社，1960年。
② 参见《马克思恩格斯全集》第25卷，29—30页，北京：人民出版社，1974年。
③ ［俄］列宁：《哲学笔记》，中央编译局译，421页，北京：人民出版社，1960年。

作为整体考察时所产生的各种具体形式”[①]。也就是说《资本论》第3卷表述了马克思对资本运动过程的统性认识。不难看出，统性认识并不是对现象和本质相统一的一般理论考察，而是对这个统一的动态过程和所采取的具体形式的考察。

完整的认识过程必须经过感性认识、理性认识、统性认识三个阶段，即由现象入门，通过本质抽象，进而达于对现实的观念把握。

伟大的物理学家爱因斯坦在总结自己的科学探索的体会时曾指出：“纯粹的逻辑思维不能给我们任何关于经验世界的知识；一切关于实在的知识，都是从经验开始，又终结于经验。”[②]爱因斯坦这里所说的“经验”是指感性经验，即感性认识。所谓“从经验开始”，就是说，理性认识是运用逻辑思维从对经验的概括中产生的。所谓“又终结于经验”，是说理性认识又必须回到经验，联系经验，与经验相综合，才能科学地再现事物的本来面目，才能现实地把握对象。也就是说，相对于统性认识，感性认识和理性认识都是不完备的认识，把感性认识绝对化或把理性认识绝对化，都是片面的、错误的。感性认识和理性认识只有以统性认识为归宿，只有以扬弃的形式综合于统性认识之中，它们各自的正当性和合理性才能得到正确和科学的说明，这样也才能使我们对事物的认识达于全面性和整体性。

比如，人们在生活实践中获得了关于某物药用价值的感性认识，这种发现无疑具有个别性、偶然性。为了从个别中发现一般，从偶然中发现必然，那就必须以上述感性认识为基础，去探求此种药物价值的内在根据，即本质。在获得了这种本质性的认识以后，还必须结合临床实践中所形成的关于使用此种药物的临床经验，才能最终形成关于此种药物价值的统性认识。这里包括每天药用次数、每次药用量、辅助药物的使用、辅助医疗手段的运用等的与具体病情的现实关系的认识，只有在获得了关于此种药物价值的统性认识以后，才能正确设计医疗方案，这样也才能做到对症下药，药到病除。

（三）指导实践的是统性认识

过去人们总以为是从感性认识到理性认识，由理性认识再到实

① 《马克思恩格斯全集》第25卷，29页，北京：人民出版社，1974年。

② 《爱因斯坦文集》第1卷，313页，北京：商务印书馆，1976年。

践；其实，这是不准确的。实际上，由理性认识到实践，只会把理论变成公式，结果必然弄得一无是处，既败坏了理论的声誉，也会使革命实践受到损害。因为反映事物本质和规律的理论都具有不同程度的普遍性，因而是不能直接搬来运用于具体实践的，必须把普遍理论具体化，即把普遍理论与反映具体情况的感性经验相综合，形成关于具体实践的统性认识，或曰实践观念，才能用它来指导某一具体的实践活动。

现实工作中的教条主义、本本主义，并不一定否认理论、本本来源于实践，来源于对感性认识的总结。它们的失足之处恰恰在于运用理论、本本去指导实践的时候，不懂得必须把理论、本本与反映现实情况和具体实践特色的感性经验相结合，形成关于这一具体实践的统性认识，而企图绕过这一“中介环节”，当然只能陷于失败的境地。

马克思的下面一段话是大家熟知的。他说：“最蹩脚的建筑师从一开始就比最灵巧的蜜蜂高明的地方，是他在用蜂蜡建筑蜂房以前，已经在自己的头脑中把它建成了。劳动过程结束时得到的结果，在这个过程开始时就已经在劳动者的表象中存在着，即已经观念地存在着。”[①]那么建筑师是如何在自己的头脑中建筑房屋呢？显然他要运用建筑房屋的理性认识，即关于房屋建筑的理论和数据，但仅有理论和数据还不够，他还必须运用关于房屋建筑的感性认识，即关于房屋的感性形象，并把这些理论和数据体现在一定具体的感性形象之中，这样才能使观念的房子在建筑师的头脑中建筑起来。

由此可见，指导实践的认识，既不是单纯的感性认识，也不是纯粹的理性认识，而是按照合规律性与合目的性相统一的原则，建构起来的理性认识与感性认识按一定具体形式综合起来的统性认识。

三、认识内容的三个层次及其统一

（一）认知、价值、审美三观念的内涵

传统认识论把外界事物的属性、本质和规律作为认识的对象，应

① 《马克思恩格斯全集》第23卷，202页，北京：人民出版社，1972年。

该说，这抓住了认识对象的一个基本方面。但对完整的认识对象仅仅作这样的理解，又是很不够的。

认识的目的说到底是为了服务于实践。实践是主体改造客体，化自在之物为为我之物，满足人的物质生活和精神生活的需要，不断争取自由的活动。

为了正确进行实践活动，人必须借助一定的物质条件和按客体自身的规律办事。正如马克思所说："人在生产中只能像自然本身那样发挥作用，就是说，只能改变物质的形式。不仅如此，他在这种改变形态的劳动本身中还要经常依靠自然力的帮助。"[①]因此，人在实践中必须遵循客体的必然性，遵循客观的规律，即坚持真的原则，这样才能使实践活动获得成功。

为了正确进行实践活动，主体还必须按照自己的需要、目的和尺度，来影响和改造客体，使客体产生适合于主体的效应。动物只是适应自然界，而人则是通过实践改造世界，创造自己所需要的产品。因此，实践必须坚持善的原则。所谓善，就是使客体同主体接近和为主体服务的实现。

为了正确进行实践活动，还要把真的原则和善的原则统一起来，即实现马克思所说的内在尺度和外在尺度的统一，去寻求主体和客体之间的融洽与和谐，即坚持美的原则。马克思说："人也按照美的规律来构造。"[②]

为了在实践中坚持真的原则、善的原则和美的原则及其统一，也就必然要求人们去认识真、认识善、认识美。即不仅要认识事物的本体属性，形成认知观念，而且要认识事物的价值属性，形成价值观念；还要认识事物的审美属性，形成审美观念。

事物的本体属性是事物的质的内在规定表现于外的属性，马克思说："一物的属性不是由该物同他物的关系产生，而只是在这种关系中表现出来。"[③]这里是强调本体属性是事物本身固有的、不依赖于主体人的存在。

事物的价值属性，是事物满足人的需要的属性，它并非事物所固

① 《马克思恩格斯文集》第5卷，56页，北京：人民出版社，2009年。
② ［德］马克思：《1844年经济学哲学手稿》，中央编译局译，58页，北京：人民出版社，2000年。
③ 《马克思恩格斯全集》第23卷，72页，北京：人民出版社，1972年。

有的，也不是主体人的单纯的设定。马克思认为“物被赋予价值”，即价值不能离开物，价值总是物的价值；也不能离开人，价值总是对人而言的价值。因此，马克思认为，价值“是从人们对待满足他们需要的外界物的关系中产生的”①。这就是说，价值不仅依赖于作为价值属性载体的客体，而且也依赖于作为价值的“赋予”者的主体。

事物的审美属性，是事物满足主体审美需要的属性，它是一种特殊的价值属性。它随人的审美活动而产生，是人赋予外物的属性。“美”是感性地显现在客体中的“人的本质力量”，是主体感受到的主客体之间的融洽与和谐。作为审美属性载体的事物，可以是作为人的作品、作为人的本质力量对象化的人化自然、社会事物和精神产品，也可以是天然自然。天然自然之所以被作为美的属性的载体，是因为人们通过想象、移情，使天然自然成为人的想象力和创造力的表征，从而显示了美。比如，黄山风景区的两处景点，“猴子观月”和“八仙过海”，就是通过人的审美创造，而使那两处的天然石头被拟人化，赋予了某种灵性，从而获得了审美价值，以至引得游人驻足，流连忘返。

作为对事物本体属性反映的认知观念，其所表征的是客体的本质和规律，其直接目的在于求真。因此也可以说，认知观念是“真假之分”。事物认知的结果是主体对事物本质和规律的理解、陈述、解释，构成关于客体的科学认识和真理体系。

作为对事物价值属性反映的价值观念，其所表征的是客体能不能满足价值主体的一定需要和利益。也就是说，作为客体对一定的价值主体有没有价值、有什么样的价值、有多大的价值。价值认识的直接目的是求善。因此，也可以说价值认识是“善恶之辨”。通过对客体的价值属性的说明，一方面向人们提供关于客体满足主体需要的知识。在这个意义上说，价值观念也是一种认知，即对客观价值事实的一种认知；但另一方面，价值认识又不同于一般的认知。这种特殊性表现在：价值认识不仅是提供关于客体价值属性的知识，而且与此相联系也表述价值主体对客体价值属性的态度，是否满意，是否喜欢，是欣赏还是厌恶，是亲近还是排斥。人们总是要喜欢、选择和创造那些对自身有肯定意义的客体，要疏远、排斥那些对自身具有否定意义的客

① 《马克思恩格斯全集》第19卷，202页，北京：人民出版社，1963年。

体。因为客体的价值属性是客体对人的利益关系属性。因此，人对客体价值属性的认识，不可避免地渗透了价值主体的价值取向和态度情感。因此，价值认识从本质上说，或者从主要点来说，是通过主体的态度情感等主观意向性形式所反映出来的客体的价值属性。价值认识的方向，是使客体趋向主体，适应主体。

作为对客体审美属性反映的审美观念，是通过感性和情感所表现出来的一种审美体验，是主体与客体之间的融洽与和谐所产生的情感愉悦。审美认识的直接目的是求美，因此，可以说，审美认识是“美丑之说”。审美认识，首先是一种认知观念，即对客体审美属性的一种认知；其次也是一种价值观念，即对客体的审美价值的判断。但是又不能把审美认识等同于一般的事实认识或价值认识，因为它有其特殊性。审美认识主要不在于求知，而是对客体的情感体验；审美认识也蕴含着价值内涵，但它不同于一般的价值认识。审美认识虽然受到价值观念的影响，但它是一种摆脱功利和私欲的愉悦感、和谐感和自由感。用康德的话说，“美感是一种自由的快感”[①]。说它是自由的，是指这种审美体验中的快感不是由任何利害关系所引起，不是占有的快感，而是纯粹的鉴赏，是一种情感的陶醉，是一种意趣的体味，是对人的本质力量对象化和完美形式的“自我欣赏”。

（二）认知、价值、审美三观念的统一

认知观念、价值观念、审美观念作为认识内容的三个层次，是相对独立的，但又是统一的。这种统一可以从认识客体的角度、认识主体的角度，以及从主客体相互作用的认识过程的角度去分别加以说明。

1. 三者统一的客体根据

作为认知观念、价值观念和审美观念反映对象客体的三重属性，即本体属性，价值属性和审美属性是统一的。具有本体属性的事物，不一定有价值属性，即可能有价值属性，也可能没有价值属性；具有本体属性和价值属性的事物不一定有审美属性，即可以是美的，也可以是丑的。但是，事物的审美属性必然依存于一定的价值属性。审美属性和价值属性又必然依存于一定的本体属性。美的事物一般说来至

① ［德］康德：《判断力批判》，宗白华译，17页，北京：商务印书馆，1964年。

少是对人无害的事物，而事物的价值属性又必然是以事物的本体属性为基础、为载体的。比如，牛的机体具有脂肪、蛋白质等本体属性，正因为它有这种本体属性，所以才能被人食用；而当这一属性同人的食用需要发生关系时，本体属性就派生出了价值属性。在食用过程中，牛肉作为食品以其色、香、味俱佳，被人们品味、欣赏，也就获得了审美属性。不难看出，牛肉作为食品的审美属性、价值属性与牛肉的本体属性是相联系、相统一的。这种统一，是认知观念、价值观念、审美观念相统一的客体根据。

2. 三者统一的主体根据

人作为认识主体是知、意、情的统一。因此，人的心灵可以分析为知、意、情三部分或三个层次。知、意、情既是主体的认识成果在人脑中的积淀，同时又是主体继续进行认识活动的工具。作为认识工具，知是主体的认知结构，意是主体的评价结构，情是主体的审美结构。主体的认知结构、评价结构和审美结构统一于主体的思维模式。或者说，主体的认识模式是主体的认知结构、评价结构和审美结构的统一体。作为统一体，这三方面的结构在认识活动中不是单独发挥作用，而是作为认识结构的总体发挥作用的。尽管主体的目的是认识客体的本性属性，或是认识客体的价值属性，或是认识客体的审美属性，从而使认知结构或是评价结构、或是审美结构在认识总体结构中的作用突出出来。但是，这种突出总是以它们三者在认识总体结构中的互补作用为前提和基础的。比如，欣赏一首动听的歌曲，无疑使认识总体结构中的审美结构的作用突出出来，但同时又是以欣赏者对乐曲的基本知识的掌握和对乐曲的价值评价为前提的，不然他就不会形成富有音乐感的耳朵，也不会从中获得高级的精神享受。主体的认知结构、评价结构和审美结构通过认识结构所实现的统一，这是认知观念、价值观念和审美观念相统一的主体根据。

3. 三者统一的认识论根据

事实认识、价值认识和审美认识可能是同步形成的，也可能是不同步的，但总是在认识活动的具体的历史的发展中实现统一的。一般说来，人们从事事实认知活动，总是以追求一定的价值为目的、为动力的，不然也就失去了进行认知活动的意义。尽管在许多情况下，人们在获得了某种事实认知的同时，还并不了解客体的价值意义和审美意义，但在认识的具体历史发展中，对客体的事实认识必然要发展到对客体的价值认识和审美认识。同样，人们获得了关于客体的某种价值认识，可能还并不清楚作为价值负载的本体前提，但在认识的具体历史发展中，也必然会使人们或对客体价值根源的追寻中形成对客体的事实认识，或对客体价值的享受中产生审美认识，从而形成关于客体的包括事实认识、价值认识和审美认识在内的比较完整的认识。这就是三种认识相统一的认识论根据。

真善美在观念中的统一，最终是通过实践活动而得以实现、巩固和提高的。真善美统一的观念追求，服务于创造真善美统一的实践活动。就其内容来说，它是对创造真善美统一的实践活动的观念反映。人类历史的发展和进化过程就是真善美从实践统一到观念统一再到实践统一的不断转化，及其统一的水平和程度不断提高的过程。

真善美的观念统一及其向实践转化，不是自然实现的，而是通过人的设计活动实现的。

四、设计是认识到实践的中介

人类基于实践的认识过程，是从实践到认识，又从认识到实践。人在实践中通过反映获得对客体事物的认识，或者说，反映是从实践到认识的中介。那么，从认识到实践的中介是什么？是“设计”。

（一）设计对人的活动的规划

设计是人类的基本活动之一，是人的精神能动性的集中表现。它是主体在获得对客体认识基础上的观念创造，是主体对客体改造活动的前提；它标示了人的实践活动区别于动物本能活动的一个根本特点。即人的活动不是本能的，而是按预先的设计自觉进行的。就设计与实践的关系来说，设计以实践为轴心，为归宿；实践则是以设计为蓝本，为规范。

实践是人的客观物质性的价值创造活动，设计作为对人的实践活动的规划，因而它就必须遵循实践的客观物质性与价值创造性相统一的原则。不然，它就没有客观依据和现实意义。由此，我们可以对设计的内涵作如下规定：设计就是主体带着自身的内在尺度——价值、理想，在客观条件和客观规律所提供的可能性空间中对实践进行的规划；即实践主体对将要进行的实践活动的目的、方案及实施计划等的制定和选择。

当然，这只是对设计所作的最一般的规定。由于人类实践的丰富多样性，因而服务于不同实践的设计，也就有着各不相同的特点和要求。人们可以从不同角度对设计进行分类。比如，按设计的对象分，有政治设计、军事设计、经济设计、科技设计、工程设计、文化教育设计等；按设计所涉及和影响的范围分，有战略性设计、战役性设计、战术性设计，或宏观设计、中观设计、微观设计等；按设计所涉及的时间跨度分，有近期、中期和远期的设计。另外，还可按设计目标的多寡，分为单项设计与综合设计等。总之，设计的类型和情况是复杂的。在遇到问题时，必须具体情况具体分析，这样才可能对不同的设计作出正确判断。

在人类发展史上，自从有了人的实践活动，也就有了相应的设计。随着实践活动的发展，人的设计方式和水平也在发展、提高。换句话说，一定时代的人们进行设计活动的方式和水平总是与该时代的社会历史条件相联系的。在古代小生产占优势的社会中，设计往往是依靠主体的直觉判断和经验作出的。因而可以把这种设计称之为经验型设计。随着人类社会从古代进入近代，小生产也就逐渐为社会化大生产所取代。在这种情况下，经验型设计的局限性日益明显，故而在愈来愈多的领域中，经验型设计也就逐渐为科学型设计所取代。所谓科学型设计，是指按一定的科学程序，运用科学的设计技术和思维方法，确立目标，拟定行动的预选方案，从中选择最优方案，并制定科学的实施计划的一种活动。为了满足科学型设计的需要，各种智囊团、信息库、咨询公司便应运而生。它们运用现代科学的理论、方法和手段参与各种设计活动。

正确的设计是人采取有效行动，达到预期目标的前提。一个人如何设计自己的人生目标，关系到他的人生价值能否实现；一个企业如何设计自己的经营战略，关系到一个企业的命运；一个国家如何设计自己的发展战略，关系到一个国家的前途。特别是当代实践相对于人类以往的实践愈来愈呈现出整体综合化、规模大型化、节奏加速化、手段现代化，以及由此而带来的风险巨大化等新的特点，因而设计得正确与否对当代实践的成败得失，意义更为重大。

设计作为实践的前提，不是凭空产生的，而是以一定的认识为指导的。因此，为了使“设计”作为一个独立范畴获得哲学定位，就不仅要正确揭示设计与实践的关系，还要正确说明设计与认识的关系。

如前所述，反映作为从实践到认识的中介环节，这是人们的共识。现在的问题是：认识回到实践中去的中介环节是什么？这个问题在中国共产党的十一届三中全会以前，在我国哲学界还没有被明确提出来，当然也就谈不上进行理论的研究和解决。十一届三中全会以后，在解放思想、实事求是的思想路线指引下，我国哲学界才明确地提出了这个问题，并在一段时期内作为一个热点进行了认真的讨论，较有代表性的观点有四：

一是把认识区分为“描述性认识”“评价性认识”“规范性认识（改造世界的蓝图），此三种认识依次递进。认为“规范性认识”是认识回到实践的最后一环。

二是按照“知性理性”“辩证理性”“实践理性”依次发展的思路，认为“实践理性”是由认识向实践飞跃的中间环节。

三是认为“实践观念”（即指一种在理性认识的基础上为直接指导和支配人们自己的实践活动而产生的具体观念）是认识转化为实践的过渡环节。

四是认为“决策”是认识转化为实践的中介环节。

以上四种观点，撇开具体思路不谈，其共同之处在于，都力图去说明认识向实践飞跃的中介环节。至于这个环节是什么？虽然各自的概括和语言表述不尽一样，但在内涵上也有相同或相通之处，即指关于客观事物应改造成什么，以及如何改造的这样一种认识、一种观念或一种决断。因此，在这个意义上说，上述观点对于“认识回到实践的中介环节是什么”这个问题的最终解答都是有启发意义的。但是，毋庸讳言，上述各种观点都还未能对这个问题提供正确的解答。对此，下面来作一些具体分析。

在我看来，认识转化为实践是一个动态过程。因此，作为认识转化为实践的中介环节，它必然是一个动态性关系范畴。依此看来，“规范性认识”“实践理性”“实践观念”都不能作为从认识到实践的中介环节，因为它们都不是动态性关系意义上的范畴，而是作为静态的既成结果的范畴。

另外，我认为，“决策”虽然是一个动态性关系范畴，但把它作为认识向实践转化的中介环节，也不妥。这是因为：第一，决策不仅是相对于人的实践，而且是相对于比人的实践更广的人的活动，即人的行为而言的。因此，“决策”作为一个行为科学的范畴，比作为认识论范畴更为适合。第二，在认识到实践的转化过程中，无疑包含着决策。但是在这里，它所标示的不是从认识到实践的整个动态转化过程，而只是其中的一个环节。也就是从关于实践的预先方案到关于实践的实施方案之间的一个转换环节，即对若干个准备行动的方案进行选择以期达到优化目标的活动。这就是说，在决策以前既有一个确定目标的任务，又有一个为实现目标而制定多种预选方案的任务。在此基础上，才可能进行决策。

另外，在选择了某一行动方案以后，还有一个制订实施方案的计划的任务，而包括上述几个步骤的完整过程恰恰是一个设计过程。在这里，决策只是整个设计过程中的一个程序、一个阶段。因此，脱离整个设计过程，而孤立地把决策作为认识转化为实践的中介环节是不妥的。

在我看来，认识回到实践的中介环节只能是设计。因为只有设计才体现了从认识到实践的联系的中介性、动态性。

（二）设计连接着认识和实践

一方面，设计不同于认识，但又要以认识为基础；设计作为一种精神操作又有别于实践操作，但实践操作又必须以这种精神操作为前提。

另一方面，设计作为一个动态性关系范畴，它既意味着对感性经验和理性知识的选择和现实运用，意味着对主观价值需求的评判和取舍，同时又意味着现实客体的变革和对未来理想客体的追求，意味着对目标和手段相统一的实践活动过程的观念演习。

过去我们只笼统地谈论由认识到实践，而对如何实现这个飞跃总是说不清楚。原因在于我们没有弄清“设计”这个范畴所具有的独特含义，总是自觉或不自觉地将设计、计划、规划等还原成或等同于一般的认识。当然，设计作为中介性范畴，具有认识属性的一面，但又不同于一般的认识。这表现在以下三个方面：

1. 认识的对象是既有客体，设计的对象是理想客体

认识不管是事实认识、价值认识还是审美认识，所把握的是既有客体的本体属性、价值属性和审美属性。设计则是利用积淀于人脑中的事实认识、价值认识和审美认识和对未来的、理想的客体进行规划，是对真善美统一的更高程度和更高水平进行追求的观念表现。

2. 认识的本质特征是反映，设计的本质特征是创造

认识是主体对客体属性从不同侧面的反映；设计则是根据人的价值需要和现实可能，在观念中创造实践活动的理想模型。

诚然，反映作为认识的本质特征，反映中也有创造。比如，反映中的观念建构。但这里的创造从属于反映，它是反映能动性的一种表现。同样，（观念）创造作为设计的本质特征，在观念创造中也有反映。为了创造必须先弄清问题，把握客观可能性，然后才可以作出选择和规划。但这里的反映从属于创造，是创造的前提性环节。

3. 认识的路向是追求客观可靠性，设计的路向则是追求现实可行性

无论是非之分、善恶之辨、美丑之说都强调要有可靠的客观根据，不然就立不住，就不能成立。设计也强调客观根据，但是更强调要现实可行，因为现实可行不仅包括了根据的客观性，而且从更广的意义上强调了主客观条件的许可性、操作的易行性、实施的效益性等。

总之，设计是一个既联系着认识、实践，又有别于认识、实践的中介性的，内涵极为丰富的相对独立的哲学范畴。

（三）设计的三个步骤

要保证设计的科学性，就必须遵循科学的设计程序和方法。科学的设计程序和方法是设计活动自身运动的规律的表现。

设计程序是指设计过程中所经历的若干步骤。科学的设计程序大致说来要经过确定目标、选择方案、制订实施计划等三个步骤。其中，每一个步骤又包含一些具体环节。

1. 确定目标

目标是指人们从事活动所期望达到的理想结果。所谓确定目标就是对活动的发展前景或结果作出选择和规划。

目标的选择必须准确可靠，先进可行。为此，首先就必须及时掌握准确、完整的信息，以作为正确确立目标的依据。其次，在掌握信息的基础上，要善于发现问题。因为设计总是针对一定问题的，是为解决问题服务的，不然设计也就没有了对象，那样也就谈不上设计。当然，问题可能是一个，也可能是多个问题同时存在。在多个问题同时存在的情况下，就要注意区别主要的和次要的、眼前的和长远的、全局的和局部的问题。设计者必须在众多问题中，首先抓住主要的、长远的和全局性的问题，同时兼顾其他问题。最后，问题发现后，要针对问题确定目标。目标必须具有明确性。这表现在：要明确追求的理想结果是什么？衡量理想是否实现的量化指标有哪些？实现理想结果的时限如何？等等。当然，目标的制定，既要有明确性、确定性，但也要留有“余地”，要保持一定的“弹性”。正如邓小平所指出的：“不能把目标定得不切实际，也不能把时间定得太短。”[①]邓小平制定的关于我国实现社会主义现代化分“三步走”的战略目标，就是在对当今时代特点和中国国情科学认识的基础上形成的一个伟大的但又切实可行的目标。

2. 选择方案

目标确定以后，就要多方面寻求实现目标的有效途径，这就进入拟订方案的阶段。方案的拟订是很重要的，不然，目标的实现就要落空。在这里，讲大话、讲空话，都不行。方案的制订，就是要根据掌握的信息，按照既定的目标，拟订达到目标的方法、步骤。方案较之目标来说，更为接近将要进行的改造客观世界的实践活动。由于事物本身的复杂性，预选方案要有两个或两个以上，这样才有可供决策者选择的余地。同时，要对各个方案进行可行性分析，使所有的预选方案都建立在切实可行的基础上。有了几个预选方案，就要进行选择决断。所谓选择决断，就是在多种预选方案中选择一个较为满意的方案，或者在各种预选方案的基础上综合出一个满意的新方案。这里的所谓满意的方案，是指在对可行性、效益性、时间性、风险性等方面进行综合评议、权衡利弊的基础上，所选出的最能合乎人的需要和利益，又比较稳妥的方案。在这里，决策是一个关键性步骤。因此，必须采取既积极又慎重的态度。对于看准了的，就要下定决心，不能犹

① 《邓小平文选》第3卷，224页，北京：人民出版社，1993年。

豫动摇、优柔寡断，不然就会贻误时机。而对一时还拿不准的，也要通过局部的试验、试点，及时取得信息反馈。如邓小平所主张的“摸着石头过河”，“走一步看一步”。在有了比较大的把握以后，再作决定。

3. 编制实施计划

任何一个行动方案都只是提出了目标和实现目标的基本途径。为了实施方案还须编制具体的实施计划，以求合理组织人力、物力、财力，落实责任，协调关系，安排进度，从而把实施方案具体化。

总之，设计是一个以认识为基础，经过确定目标、选择方案，以及编制实施计划等依次递进的步骤，是一个向实践不断接近的过程。

（四）设计的科学方法

正确的设计除了要遵循科学的程序以外，还必须运用科学的方法。其中，特别要注意运用如下一些科学方法。

1. 调查研究法

调查就是了解情况，研究就是对调查来的材料进行分析加工，以求对事物有一个综合的本质的了解。如果对历史和现状情况不明，就会难下决心，也就难以展开设计。调查研究应贯穿设计的全过程。其中的每一步骤都应以调查研究为基础。事前调查研究，为设计的第一步骤的展开作准备；事后调查研究，对第一步骤的进行加以评判、审议和修正。

2. 未来预测法

设计立足于现实，但指向未来。由于现实中包含了未来的萌芽，所以要立足现实，看到未来。所谓看到未来，就是要从现实存在的错综复杂的各种矛盾中看到发展的多种可能性。设计就是要在认识多种可能性的基础上对人的实践活动进行规划，以创造条件，避免不利的可能性，而争取有利的可能性，使之变成现实。

3. 系统综合法

这是科学设计的最重要的方法之一。它要求在系统分析的基础上进行系统综合。所谓系统分析，就是把对象放在系统中加以分析，即从整体与部分、整体与环境的相互联系中去考察对象。这里的所谓系统综合，就是在系统分析的基础上，在统筹原则、重点原则、连锁原则和发展原则的指导下，对规划对象的各部分进行合理配置和综合平衡。

4. 选优决策法

选优决策法，即对多个预选方案的利害得失，通过论证、比较，在综合衡量的基础上，选取比较满意的方案的方法。这里的论证、比较，不仅要运用准确的数据、严谨的逻辑，还必须运用社会科学的方法，对预选方案的各方面进行全面的论证和评估，最后作出审慎的决策。

5. 实践反馈法

实践反馈法对于设计而言，就是实践主体根据实践中出现的某种结果，某种新信息、新变化，从而修正实践方案，抑或调整实施计划，以至变更实践目的，使主客体作用达到一致，使实践活动能顺利地、合目的地进行下去的一种方法论原则。

五、从必然走向自由

（一）自由问题的三种理解

必然和自由是揭示自然、社会和人本身发展的客观规律与人的自觉活动之间的相互关系的一对哲学范畴。必然指不依赖于人的意识而存在的自然、社会和人本身发展所固有的客观规律，自由是在掌握必然的基础上对客观世界进行改造所实现的主体与客体之间真善美的和谐统一。

自由问题是哲学的中心问题之一。人类几千年来的哲学发展史，从根本上说，就是通过对宇宙人生关系的不断深入、全面地把握，在理论上争取人类解放和自由的思想斗争史。但是在如何理解自由和争取自由的问题上，不同的哲学派别在答案上是不一样的。这里有消极自由论、绝对自由论、理性自由论和实践自由论等的区别。这里先谈关于自由的前三种理解。

1. 消极自由论

消极自由论把自由归结为人对自身之外的某种最高力量或必然的服从。这在旧唯物主义那里表现为听从自然的安排，在宗教唯心主义那里表现为听从命运的安排。无论是以自然主义形式或以神秘主义形式表现出来的消极自由论，虽然都肯定了必然对人的客观制约性，但又夸大了这种制约性，完全抹杀了主体的能动性，这也就抹杀了自由本身。因此消极自由论，从本质上说，是一种否定自由的宿命论。

2. 绝对自由论

绝对自由论与消极自由论相反，它从一个极端跳到了另一个极端，完全否认了必然性对人的活动的制约性，认为自由是完全排斥必然的绝对意志的自由，自由就是“由自己”，就是“为所欲为”。贝克莱说，自由就是脱离必然的人的精神的绝对自由。他把心灵的有条不紊、互相连贯看作是“自由的标记”[①]。休谟说：“所谓自由只是指可以照意志的决定来行为或不来行为的一种能力。”[②]在现代西方哲学中，唯意志论的主要代表叔本华和尼采都主张绝对的意志自由。绝对自由论虽然肯定了人的意志自由这一合理之点，但是它把意志自由理解为脱离必然制约的主观任意性，则是不正确的。对此，黑格尔说：“就任性作为决定这样或那样的能力而言，无疑地是自由意志的一个重要环节（按照意志的概念来说，它本身就是自由的），不过任性却不是自由的本身，而首先只是一种形式的自由。”[③]

消极自由论和绝对自由论在必然与自由关系的理解上从两个极端揭示了必然和自由对立性的一面，这从而也就迫使不少哲学家力图去超越此二者单纯外在的对立，而从内在方面去寻求二者的统一。在这种探索过程中，首先迈出了实质性一步的是理性自由论。

3. 理性自由论

理性自由论认为，自由意味着合理，即合乎事物发展的内在规律（道理）。因此，在这种观点看来，自由就是对必然的理性把握，即对必然的认识。在近代哲学史上，最先提出“自由是对必然的认识”这一重要命题的是17世纪荷兰唯物主义哲学家斯宾诺莎。黑格尔继承和发展了斯宾诺莎的这一珍贵思想。他说：“自由一般是以理性为内容的。”“无知者是不自由的，因为和他对立的是一个陌生的世界。”[④]人

① ［英］贝克莱：《人类知识原理》，关文运译，45页，北京：商务印书馆，1973年。
② ［英］休谟：《人类理解研究》，关文运译，85页，北京：商务印书馆，1957年。
③ ［德］黑格尔：《小逻辑》，贺麟译，302页，北京：商务印书馆，1980年。
④ ［德］黑格尔：《美学》第1卷，朱光潜译，121页，北京：人民文学出版社，1958年。

只有认识了必然性，才能获得自由。所以他说："内在的必然性就是自由。"[①]由于黑格尔把自由和必然看作是对立统一的，所以，他认为世界历史的必然性实现同作为世界历史实质的"自由意识的进展"也是统一的。他说："世界历史无非是'自由'意识的进展；这一种进展是我们必须在它的必然性中加以认识的。"[②]由此看来，黑格尔不但把自由看作是对必然性的认识，而且看作以此为前提的创造世界历史的活动。这是黑格尔超出前人的地方。不过黑格尔把人的活动看作纯粹意志的活动，说明他对自由与必然关系问题的解决，仍然是建立在唯心主义基础上的。

（二）自由是对必然的认识和积极利用

马克思主义哲学在人类思想史上第一次科学地解决了必然与自由的关系问题。认为必然是自由的根据，自由是对必然的认识和积极利用。马克思主义哲学批判了消极自由论的观点，认为自由是人的主体性的充分体现。"人不是由于有逃避某种事物的消极力量，而是由于有表现本身的真正个性的积极力量才得到自由。"[③]马克思主义哲学也批判了绝对自由论的观点，并克服了理性自由观的不足，指出："自由不在于幻想中摆脱自然规律而独立，而在于认识这些规律，从而能够有计划地使自然规律为一定的目的服务。"[④]毛泽东作了更为简练明确的概括："自由是对必然的认识和对客观世界的改造。"[⑤]这种认识和改造的基础就是人们的社会实践活动，首先是物质生产活动，人们通过实践认识必然，又以对必然的认识为指导去改造世界。所以马克思说："自我实现，主体的物化，也就是实在的自由，——而这种自由见之于活动恰恰就是劳动。"[⑥]劳动是自由之基础，发展之动力。

在劳动实践基础上，主体获得作为客体的自然必然性、社会必然性和支配人本身的必然性的认识。前者所反映的是外部客观事物的必然，后者所反映的则是主体内部客观事物的必然。对前一个必然的反

① ［德］黑格尔：《小逻辑》，贺麟译，105页，北京：商务印书馆，1980年。
② ［德］黑格尔：《历史哲学》，王造时译，57页，北京：生活·读书·新知三联书店，1956年。
③ 《马克思恩格斯全集》第2卷，167页，北京：人民出版社，1957年。
④ 《马克思恩格斯选集》第3卷，455页，北京：人民出版社，1995年。
⑤ 《毛泽东著作选读》下册，833页，北京：人民出版社，1986年。
⑥ 《马克思恩格斯全集》第46卷（下册），112页，北京：人民出版社，1980年。

映，形成了观念形态的外在尺度；对后一个必然的反映，形成了观念形态的内在尺度。这两种尺度的相互作用及其统一，就表现为经过人脑运作所形成的实践目的，以及目的指导下的方案、计划等“理想意图”的东西。理想意图是主客体矛盾在观念中的解决，还不是现实的解决；只是真善美的统一即自由在观念形态上的表现，还不是物化的现实。提出目的只是为了实现目的，为了实现目的就必须借助手段。手段作为一种相对独立的力量，它既是主体创造能力的本质体现，同时又是某种客体通过形式变换的生成物。因此，手段既是目的指导下的选择和创造，同时又是对目的的直接主观性的一种超越。所以，手段一旦被运用起来，它就成为主客体相互作用的中介物，它实际上联系着主体和客体，使主体和客体从作为目的的主观意向性的对立统一，经过作为工具的主客体中介运作性的对立统一，最终导致作为实践结果的主客体现实性对立统一的实现。实践结果的形成，也就是主客体矛盾的现实解决、真善美和谐统一的现实生成。在这一过程中，自在世界变成了人化世界，人成为世界的主人。同时，人也从自在之人变成了自由之人，即人成为人自身的主人。所以，从最根本的意义上说，自由就是主客体之间真善美的现实的和谐统一。

（三）人类自由的实现是一个历史过程

自由作为一种理想境界，它的实现是一个过程，是一个从必然不断走向自由的社会历史过程。从实践的、辩证的和历史的观点来看，自由和自由的实现也是有限与无限相统一的过程。

所谓自由的有限性，这里是指，人们只能在一定的客观和主观条件下进行认识世界和改造世界的活动；在一定时空条件下，人们自身的能力和潜能总是有限的，所以，一定社会中的人们所能获得和实现的“自由度”“自由权”都具有有限性。

所谓自由的无限性，是指人类在世代的更迭中，其认识能力和实践能力是可以无限地发展的，人类认识世界和改造世界的科学知识是可以无限地积累的，人类认识和改造世界的客观条件、物质手段是可以无限地丰富的。所以，随着人类不断向世界的深度和广度进军，人的“自由度”会不断提高，人的“自由权”会不断扩大。

马克思主义认为，自由并不是“永恒的人类本性”，而是人类历史发展的产物。“最初的、从动物界分离出来的人，在一切本质方面是和动物本身一样不自由的；但是文化上的每一个进步，都是迈向自由的一步。”①

总之，自由的获得和实现是一个历史的发展过程。用毛泽东的话说：“人类的历史，就是一个不断地从必然王国向自由王国发展的历史。这个历史永远不会完结。”②

（四）从“必然王国”到“自由王国”的飞跃

长期以来，人类一直生活在“必然王国”之中。所谓“必然王国”是指人们被物化的社会关系支配，即受物支配的社会状态；而“自由王国”则是指人支配自己的社会关系，即人支配物的社会状态。在生产资料私有制的条件下，特别是在资本主义条件下，人无法驾驭自己活动造成的社会关系。这种社会关系以物的形式反对人本身，把人置于其统治之下。马克思认为，一旦社会占有了生产资料，产品对生产者的统治将随之消除，人的生存条件将由人自己支配和控制，个人和社会才能达到统一，组成真实的集体或“共同体”。而“在真正的共同体的条件下，各个人在自己的联合中并通过这种联合获得自己的自由”③。“在那里，每个人的自由发展是一切人的自由发展的条件”④。

在人成为社会关系的真正主人的同时，人也才能成为自然的真正的主人。那时候，人们才能深入全面地认识自然界的发展规律，大力提高科学文化水平；积极改造自然，大力发展物质生产，创造出丰富的物质产品，合理调节、控制人与自然的关系。正如马克思所指出的：“社会化的人，联合起来的生产者，将合理地调节他们和自然之间的物质变换，把它置于他们的共同控制之下，而不让它作为一种盲目的力量来统治自己；靠消耗最小的力量，在最无愧于和最适合于他们的人类本性的条件下来进行这种物质变换。”⑤

只有在人成为自然的和社会的真正主人的基础上，人才能成为自

① 《马克思恩格斯选集》第3卷，456页，北京：人民出版社，1995年。
② 《毛泽东著作选读》下册，845页，北京：人民出版社，1986年。
③ 《马克思恩格斯选集》第1卷，119页，北京：人民出版社，1995年。
④ 《马克思恩格斯选集》第1卷，294页，北京：人民出版社，1995年。
⑤ 《马克思恩格斯全集》第7卷，928—929页，北京：人民出版社，2009年。

身的真正主人。人争取改造自然和改造社会的自由，说到底，是为了争取人的全面发展的自由。前者所说的自由只是获得人的全面发展的手段性自由，后者所言的自由才是运用手段性自由所实现的目的性自由，这才是人类自由的高级阶段。

马克思指出，在物质生产领域中，“这个领域始终是一个必然王国。在这个必然王国的彼岸，作为目的本身的人类能力的发挥，真正的自由王国，就开始了。但是，这个自由王国只有建立在必然王国的基础上，才能繁荣起来”[①]。为什么说在掌握外在必然性的人类生产的领域还始终是一个必然王国呢？这是因为生产领域的自由只是就盲目的外在必然性而言是一种自由，而就人本身而言，它仍然是处于必然性之中，即处于必然王国之中。什么是人本身的必然性？即马克思所指出的：“劳动作为使用价值的创造者，作为有用劳动，是不以一切社会形式为转移的人类生存条件，是人和自然之间的物质变换即人类生活得以实现的永恒的自然必然性。”[②]这种永恒的必然性对于野蛮人和文明人一样，都是无法超脱的。这就是说，人类生活永远需要这个一般的基础，不然人类社会和人类生活就不能存在。但是这个一般基础又是可以加以提升的，即把物质生产作为谋生的目的，提升作为实现人的全面发展这一更高目的的手段，即社会生产力充分发展阶段上的物质财富的极大丰富，人们不再为谋生而困扰，人类主体的目的不再是为了获得生活资料而进行物质生产，而是“发展人类的生产力，也就是发展人类天性的财富这种目的本身”[③]。换句话说，只有当人类能力的发展成为目的本身时，才在那里开始了自由王国。

从以谋生为目的进行物质生产的此岸，到以人的能力的发展为目的进行自由活动的彼岸的飞跃，是以“工作日的缩短是根本条件”[④]。人们从事物质生产的必要劳动时间就会大为缩短，那么从事自由活动的时间即自由时间就会大为增加。这种增加是以生产力的发展为前提的。由于生产力的发展，人类就无须把时间和精力都花费在物质资料生产上，而可以腾出一部分时间去从事物质生产以外的科学、艺术、

① 《马克思恩格斯全集》第7卷，929页，北京：人民出版社，2009年。
② 《马克思恩格斯全集》第23卷，56页，北京：人民出版社，1972年。
③ 《马克思恩格斯全集》第26卷（Ⅱ），124页，北京：人民出版社，1973年。
④ 《马克思恩格斯全集》第25卷，927页，北京：人民出版社，1974年。

体育、旅游等活动。这种自由时间的增大，对于人类自由的发展具有决定性的意义。马克思认为："整个人类的发展，就其超出对人的自然存在直接需要的发展来说，无非是对这种自由时间的运用，并且整个人类发展的前提就是把这种自由时间的运用作为必要的基础。"[①]在自由王国中，人类有了充分的自由时间，也就有了全面而自由发展的广阔天地。这个时候的物质生产劳动由于时间短、自动化程度高、操作十分方便，因而不再是一种负担，而成了以发展自身能力为目的的活动，成了人类生活的一种需要。

进入自由王国就是实现共产主义的远大理想，达到人与自然、人与社会、人与自身的真善美的高度统一。当然，共产主义的"自由王国"是相对于"阶级对立的旧社会"而言的，它也不是人类社会发展的"终极"，它必须不断地充实自己、发展自己，向着更深更广的"自由王国"进军，这一历史过程永远不会完结。

① 《马克思恩格斯全集》第47卷，216页，北京：人民出版社，1979年。

主要参考文献

一、经典著作

[1]《马克思恩格斯选集》第1—4卷，北京：人民出版社，1995年。
[2]［德］马克思：《1844年经济学哲学手稿》，中央编译局译，北京：人民出版社，2000年。
[3]［德］恩格斯：《自然辩证法》，中央编译局译，北京：人民出版社，1971年。
[4]《列宁选集》第1—4卷，北京：人民出版社，2012年。
[5]［俄］列宁：《哲学笔记》，中央编译局译，北京：人民出版社，1974年。
[6]《毛泽东选集》第1—4卷，北京：人民出版社，1991年。
[7]《邓小平文选》第1—2卷，北京：人民出版社，1994年。
[8]《邓小平文选》第3卷，北京：人民出版社，1993年。

二、学术著作

[1]［德］黑格尔：《逻辑学》，杨一之译，北京：商务印书馆，1966年。
[2]［德］黑格尔：《小逻辑》，贺麟译，北京：商务印书馆，1980年。
[3]马家俊主编：《马克思主义认识论》，长春：吉林人民出版社，1986年。
[4]任忱：《哲学学导论》，太原：山西人民出版社，1987年。
[5]许征帆主编：《马克思主义与当代》，北京：中国人民大学出版社，1987年。
[6]黄顺基、李庆臻主编：《大动力——科学技术动力论》，北京：中国人民大学出版社，1990年。
[7]于洪卫主编：《实践唯物主义研究概述》，东营：石油大学出版

社，1990年。
[8] 谢道文主编：《唯物史观形成史研究》，合肥：安徽人民出版社，1991年。
[9] 肖前、李秀林、汪永祥主编：《辩证唯物主义原理》，北京：人民出版社，1991年。
[10] 陈章亮、姚伯茂主编：《科学技术革命与马克思主义》，上海：上海交通大学出版社，1992年。
[11] 吕星斗主编：《邓小平和他的事业——研究选萃》（上、下），北京：中共党史出版社，1993年。
[12] 王金福：《马克思主义哲学体系的反思》，苏州：苏州大学出版社，1993年。
[13] [苏] Я.Я.罗金斯基、М.Г.列文：《人类学》，王培荣等译，北京：警官教育出版社，1993年。
[14] 肖前主编：《马克思主义哲学原理》（上、下册），北京：中国人民大学出版社，1994年。
[15] 陈先达：《陈先达文集》，北京：当代中国出版社，1995年。
[16] 肖前、李淮春、杨耕主编：《实践唯物主义研究》，北京：中国人民大学出版社，1996年。
[17] 曾杰、张树相：《社会思维学》，北京：人民出版社，1996年。
[18] 栾玉广主编：《自然辩证法原理》，合肥：中国科学技术大学出版社，1997年。
[19] 王宁、薛晓源主编：《全球化与殖民批评》，北京：中央编译出版社，1998年。
[20] 张世鹏、殷叙彝编译：《全球化时代的资本主义》，北京：中央编译出版社，1998年。
[21] 赵明义等：《有中国特色社会主义的真谛》，济南：山东人民出版社，1999年。
[22] 周绍森、陈东有著：《科教兴国论》，济南：山东人民出版社，1999年。

三、论　文

[1] 李景源：《实践和思维主体的形成》，《人文杂志》，1985（5）。
[2] 张一兵：《马克思“必然王国”向“自由王国”转换的理论真谛》，《哲学研究》，1994（8）。